本书由中国人事科学研究院组织翻译并资助出版

Public Administration and

Public Management Classics

ACADEMIC FRONTIERS SERIES

ACADEMIC FRONTIERS SERIES

公共行政与公共管理经典译丛

学术前沿系列

Public Administration and Public Management Classics

"十二五"国家重点图书出版规划项目

公共行政中的价值观与美德

比较研究视角

[荷] 米歇尔·S·德·弗里斯（Michiel S. de Vries）

[韩] 金判锡（Pan Suk Kim）   主编

熊缨 耿小平 等 译

Value and Virtue
in Public Administration
A Comparative Perspective

中国人民大学出版社

·北京·

《公共行政与公共管理经典译丛》
总　　序

　　在当今社会，政府行政体系与市场体系成为控制社会、影响社会的最大的两股力量。理论研究和实践经验表明，政府公共行政与公共管理体系在创造和提升国家竞争优势方面具有不可替代的作用。一个民主的、负责任的、有能力的、高效率的、透明的政府行政管理体系，无论是对经济的发展还是对整个社会的可持续发展都是不可缺少的。

　　公共行政与公共管理作为一门学科，诞生于20世纪初发达的资本主义国家，现已有上百年的历史。在中国，公共行政与公共管理仍是一个正在发展中的新兴学科。公共行政和公共管理的教育也处在探索和发展阶段。因此，广大教师、学生、公务员急需贴近实践、具有实际操作性、能系统培养学生思考和解决实际问题能力的教材。我国公共行政与公共管理科学研究和教育的发展与繁荣，固然取决于多方面的努力，但一个重要的方面在于我们要以开放的态度，了解、研究、学习和借鉴国外发达国家研究和实践的成果；另一方面，我国正在进行大规模的政府行政改革，致力于建立与社会主义市场经济相适应的公共行政与公共管理体制，这同样需要了解、学习和借鉴发达国家在公共行政与公共管理方面的经验和教训。因此无论从我国公共行政与公共管理的教育发展和学科建设的需要，还是从我国政府改革的实践层面，全面系统地引进公共行政与公共管理经典著作都是时代赋予我们的职责。

　　出于上述几方面的考虑，我们组织翻译出版了这套《公共行政与公共管理经典译丛》。为了较为全面、系统地反映当代公共行政与公共管理理论与实践的发展，本套丛书分为六个系列：（1）经典教材系列。引进这一系列图书的主要目的是适应国内公共行政与公共管理教育对教学参考及资料的需求。这个系列所选教材，内容全面系统、简明通俗，涵盖了公共行政与公共管理的主要知识领域，涉及公共行政与公共管理的一般理论、公共组织理论与管理、公共政策、公共财政与预算、公共部门人力资源管理、公共行政的伦理学等。这些教材都是国外大学通用的公共行政与公共管理教科书，多次再版，其作者皆为该领域最著名的教授，他们在自己的研究领域多次获奖，享有极高的声誉。（2）公共管理实务系列。这一系列图书主要是针对实践中的公共管理者，目的是使公共管理者了解国外公共管理的知识、技术、方法，提高管理的能力和水平，内容涉及如何成为一个有效的公共管理者、如何开发管理技能、政府全面质量管理、政府标杆管理、绩效管理等。（3）政府治理与改革系列。自20世纪80年代以来，世界各国均开展了大规模的政府再造运动，政府再造或改革成为公共行政与公共管理的热点和核心问题。这一系列选择了在这一领域极具影响的专家的著作，这些著作分析了政府再造的战略，向人们展示了政府治理的前景。（4）学术前沿系列。这一系列选择了当代公共行政与公共管理领域有影响的学术流派，如新公共行政、批判主义的行政学、后现代行政学、公共行政的民主理论学派等的著作，以期国内公共行政与公共管理专业领域的学者和学生了解公共行政理论研究的最新发展。（5）案例系列。这一系列精心选择了公共管理各领域，如公共部门人力资源管理、组织发展、非营利组织管理等领域的案例教材，旨在为国内公共管理学科的案例教学提供参考。（6）学术经典系列。这一系列所选图书包括伍德罗·威尔逊、弗兰克·约翰逊·古德诺、伦纳德·怀特、赫伯特·A·西蒙、查尔斯·E·林德布洛姆等人的代表作，这些著作在公共行政学的发展历程中有着极其重要的影响，可以称得上是公共行政学发展的风向标。

　　总的来看，这套译丛体现了以下特点：（1）系统性。基本上涵盖了公共行政与公共管理的主要领域。（2）权威性。所选著作均是国外公共行政与公共管理的大师，或极具影响力的作者的著作。（3）前沿性。反映了公共行政与公共管理研究领域最新的理论和学术主张。

　　在半个多世纪以前，公共行政大师罗伯特·达尔（Robert Dahl）在《行政学的三个问题》中曾这样讲道："从某一个国家的行政环境归纳出来的概论，不能够立刻予以普遍化，或被应用到另一个不同环境的行政管理上去。一个理论是否适用于另一个不同的场合，必须先把那个特殊场合加以研究之后才可以判定"。的确，在公共行政与公共管理领域，事实上并不存在放之四海而皆准的行政准则。按照建设有中国特色的社会主义的要求，立足于对中国特殊行政生态的了解，以开放的思想对待国际的经验，通过比较、鉴别、有选择的吸收，发展中国自己的公共行政与公共管理理论，并积极致力于实践，探索具有中国特色的公共行政体制及公共管理模式，是中国公共行政与公共管理发展的现实选择。

　　本套译丛于1999年底由中国人民大学出版社开始策划和组织出版工作，并成立了由该领域很多专家、学者组成的编辑委员会。中国人民大学政府管理与改革研究中心、国务院发展研究中心东方公共管理综合研究所给予了大力的支持和帮助。我国的一些留美学者和国内外有关方面的专家教授参与了原著的推荐工作。中国人民大学、北京大学、清华大学、厦门大学等许多该领域的中青年专家学者参与了本套译丛的翻译工作。在此，谨向他们表示敬意和衷心的感谢。

《公共行政与公共管理经典译丛》编辑委员会

序　言

学术前沿系列
公共行政与公共管理经典译丛

　　我们生活在一个急剧变化的社会，公共行政领域也不例外。公共行政学是与法学、政治学、社会学、工商管理、经济学、心理学以及工程技术相关联的一个研究和分析领域。尽管公共行政学的发展历程各国有别，但现代公共行政学的发展受到了政治学和法学的极大影响。伍德罗·威尔逊（Woodrow Wilson）发表的题为《行政学研究》的论文是公共行政学科一个历史性的里程碑，该文认为，行政的科学概念需要从政治的争吵中脱离出来。自那时起，人们提出了反映特定时期公共行政状况的多种范式。

　　经济危机时期出现的一些范式的共同特征包括高效性和经济性。比如，在美国和世界其他地方处于经济大萧条时期，随着工商管理的发展出现了名为"最佳方式"的范式。同样，自20世纪80年代后期，经济和金融危机席卷全球许多国家，出现了新公共管理（NPM）理论，强调管理主义和管理技术、社会契约论和企业家精神、市场推动型技术、公民"顾客"论、放松管制和市场交易，以及加强绩效管理。

　　可以说，没有高效的行政，民主就无法发挥作用，但是其他关于价值和美德等方面的观点则可能更加切中公共行政的本质和动态。过分强调工具性管理主义曲解了公共行政的意义。高效性和经济性不能完全反映涉及公众以及公共结果现象的复杂性。单凭商业型管理模式并不能解决公共部门内的所有问题。新公共管理或后新公共管理可能适用于某个国家，但它并不是普遍适用的，因为每个社会各有不同。因此，要超越严重依赖经济和管理理论的新公共管理和后新公共管理，就有必要对治理的基本方式和工具性方式进行批判性分析。

在金融动荡时期，人们容易牺牲美德和价值而追求高效性和经济性。实际上，价值和美德这两个要素仍是公共行政的核心。美德是被视为公共领域内良好道德行为之基础的原则。它是基于高道德标准的一种思想和行为模式，这些标准可以看作广义的价值。价值可以被定义为选择合适的行为过程或结果时的广义的偏好。价值反映了一个人、一个组织或一个国家的是非观、善恶观，能够帮助人们在解决人类共同的问题时选择方案。从更高的层面上说，价值对于善良的、富于同情心的组织以及这里所说的公共行政的存在和进一步发展也至关重要。再上升一个层面来说，对于展现出智慧、勇气、温和与公正等品德的社会中优质生活的发展，价值也可作出重要贡献。当诸多价值互相碰撞，需要作出个人抉择时，当需要对不同价值进行权衡取舍时，当一个人不能再倚赖一般的规则时，美德就变得尤为重要。价值和美德特别需要体现个人行为特点和责任感的内在品质。有关美德和价值的论述对于公共事务的发展，尤其是公共行政的发展来说仍至关重要。由于道德和伦理是全球公共事务的核心因素，所以共同的美德和价值应该在公共行政领域得到更广泛的讨论、传授和推广。我们需要对行政领域面临的道德和伦理问题展开更多的学术讨论，而本书满足了这一需求，同时也满足了公共服务方面的教学和教育需求。

本书是国际行政科学学会美德和价值工作组多年工作的成果。该书首先论述了在公共行政中价值和美德的特殊意义，接着从多个视角探讨了价值和美德的创造和维持，最后概述了世界不同国家公共行政中道德和价值方面存在的问题及其解决方法。我们很荣幸有诸位杰出的同事参与了本书的写作。世界各地的许多著名专家为本书作出了贡献，其中包括查尔斯·加洛法罗（Charles Garofalo）、贝里·索伦（Berry Tholen）、迪米特里厄斯·阿基瑞德斯（Demetrios Argyriades）、伊万娜·索比斯（Iwona Sobis）、埃莉诺·奥斯特罗姆（Elinor Ostrom）和文森特·奥斯特罗姆（Vincent Ostrom）、沙姆苏尔·哈克（Shamsul Haque）、艾尔克·德·琼（Eelke de Jong）、约兰塔·帕里道斯凯特（Jolanta Palidauskaite）、克里斯汀娜·W·安德鲁斯（Christina W. Andrews）、穆斯·辛单（Moses Sindane）、辛西娅·林奇（Cynthia Lynch）、托马斯·林奇（Thomas Lynch）、工藤弘子（Hiroko Kudo）、布鲁斯·卡廷（Bruce Cutting）、亚历山大·库兹敏（Alexander Kouzmin）。

非常感谢所有章节的每一位作者，本书的成功问世离不开他们的付出。2011年5月，我们得知了亚历山大·库兹敏逝世的消息。他的离世是全球公共行政界的重大损失。亚历山大·库兹敏曾活跃于各类国际研讨会和对话，并积极出版论著。他非常乐意成为本书的作者之一，并写作了很有价值的一章。他将长存于他的著作当中，我们也将深切怀念这位朋友兼同事。

最后，我们要对帕尔格雷夫·麦克米兰出版社（Palgrave Macmillan）及其编辑团队表示深深的感谢，其专业精神使得本书更有价值、更受关注。

金判锡和米歇尔·S·德·弗里斯
于韩国首尔和荷兰内梅亨

目 录

学术前沿系列
公共行政与公共管理经典译丛

第 *1* 章

本书简介

米歇尔·S·德·弗里斯
金判锡

1.1 引言

1
公共价值被定义为在以下几个方面形成规范性共识的价值：
(1) 公民应该（或不应该）被赋予的权利、利益和权力；(2) 公民对社会、国家和其他公民的义务；(3) 政府及其所制定的政策都需要遵循的规则（Bozeman, 2007: 13）。多年来公共价值一直是公共行政的核心，主要的公共价值包括公平、公正、正义、诚实、廉洁、持续性、保密性、问责性、透明性、回应性等。但是，许多人认为公共价值的重要性在最近几年有所削弱。巴里·博兹曼（Barry Bozeman, 2002）就曾警告人们新出现的"公共价值失灵"这一问题，因为当下列情况发生时，公共价值就会失灵：(1) 价值表达和聚合的机制失灵；(2) 发生"不完全垄断"；(3) 产生利益的囤积；(4) 缺乏公共价值的提供者；(4) 目光短浅危及公共价值；(5) 重视资产的可置换性而危及公共资源的节约；(6) 市场交易对基本的人类生存产生威胁。

因此，如何促进政府中的公共价值和美德就成为世界各地公共行政与公共政策领域许多实践者和学者普遍关心的问题。尤其

2　因当地和国际的经济都趋于停滞，经济效率这一价值被高度重视，而新公共管理和（或）经济自由化进程中整体环境的变化与转变则使得公共利益或公开性等价值受到严峻挑战。

这一问题是否是暂时性的还有待观察。一些公共行政领域的学者将诸如"行政伦理"这一用语描述成一个具有矛盾概念的词语，而对于行政伦理的批判则甚至在出现新公共管理之前就为世人所知。当我们向我们的同事提及我们准备写一本关于公共价值和美德的书时，他们其中一人认为，此书肯定只能是薄薄一册，言外之意就是公共部门对于价值观与美德的关注实在太少，而其在公共行政中的实践情况也实在太糟。

如果问这样的观点是否合理，唯一的学术性回答当然是：行政伦理的水平在理论和实践上各不相同。有些人在公共行政中表现出更多的美德，而且也获得体面的伦理价值，而另一些人则不然。一些机构采取了大量措施提高行政伦理，而另一些机构则很少这样做。

另一种观点则认为许多关于行政伦理的言论已经过时，这些言论都是根据20年前或更早的信息得出的。它们都基于传闻、偏见，并且认为多年来公共部门的一切都毫未改变。但是正如本书所要论证的，在过去20年间许多事情都发生了变化。人们对公共行政学科中行政伦理的关注已大大提高。改善行政伦理实践的措施的理论基础已经增强。最后一点但也是最重要的一点，世界各地都出现了涉及行政伦理、美德和廉洁的新实践。无论在发达国家，还是在许多发展中国家，伦理和伦理领导力最近都已成为影响政治—行政领导职位最具决定性的资格条件之一。

1.2　本书计划

本书旨在表明我们作为公共服务学者、实践者和顾问的立场。在服务公众方面我们视作理所当然的假说和未被言明的、未经检验的事物是什么？由于我们经常站在公共资金或公众信任的监管人的位置上发言和思考，也由于人们通常并不清楚政治人物（政务官、立法机构成员或地方选举官员）是否认为自己参与了一个道德过程，或者说一个运用了道德规则的过程，所以我们需要特别说明这些问题。

3　相应的，本书说明了公共部门管理和公共服务新近的发展和进步。它详述了公共行政学科发展取得的进步（第一部分）、公共行政相关理论发展取得的进步（第二部分），以及公共行政实践中处理有关价值观与美德问题取得的进步（第三部分）。这些趋势、描述、理论和比较使本书有可能回答行政伦理为何各有不同，以及它们的差异性有何基础等问题。有关公共行政及相关领域的价值观与美德的文献极其丰富，但是，本书的目的不同于以前的那些著作。许多关于价值观与美德规范性概念的书籍在其目标和分析上也很规范。它们认为价值观对于公共管理者是极其重要的，而这些价值观本来就存在于他们的日常工作和所有决定中。那些书籍回答了为什么拥有公共诚信很重要，为什么公共行政者应该展现美德以及哪些价值观应该是公共行政的核心等问题。其中一些书本质上更具哲学性（Bozeman，2007），另一些则更为务实（Cooper，2000，2006；Garofalo and Geuras，2006），书中询问并告诉读者在一些具体情况下他们能做或必须做的事情。许多书都区分了美德与价值观的不同维度，例如价值观的职责、规则和后果及其工具性与基础性维度。

尽管我们通常认可——有时也不认可——近期出版的那些书籍的作者所提出的建议，而本书则不同。本书虽同样对价值观与美德这一问题进行了论述，但其目的主要不是告诉读者如何举止有礼，如何作出决定或如何采取行动。本书试图超越这种规范化的方式并提出问题："当你想要基于价值观与美德完成一个诚信行为时，如果你希望公共管理者的行为得体，践行良好价值，展现美德，那么理论告诉你可以做些什么？世界各地的实践关于哪些是有效的、哪些不是这一问题又告诉了你什么？"

这些理论不仅仅局限于公共行政理论。本书仅第一部分聚焦于公共行政学科内的发展。除这些理论之外，本书还运用了社会心理学、制度论、社会学以及组织学的相关理论来分析这些利害攸关的问题，而且往往得出迥异的因果关系并随之提出了相关建议。第二部分的重点则放在了以行动回应这些学科的相关理论，以及判定这些回应是否合乎情理。这种开放的态度也体现在我们关于公共行政中的价值观与美德的观点上。第三部分则重点讨论世界各国的不同实践。世界各国都采取了哪些行动和政策？它们是否有效？在介绍这些类型、趋势和实践之前，首先有必要界定　4　本书的两个核心概念，那就是价值观与美德。

1.3　价值观与人权

文献中对价值观有不同定义，但是一种较好的有效的定义则是：价值观就是在判定事物是否合意和良好的重要性上所持的共同、持久的信念或理想。因此价值观也是指导、判断（组织和社会的）行为和政策的标准、原则或指标。1948 年联合国大会通过的《世界人权宣言》中列出了公共部门最为基本的价值观，这就是所有人民和所有国家应达到的共同标准。它第一句话就提出"人类家庭所有成员的固有尊严及其平等的、不可剥夺的权利乃是世界自由、正义与和平的基础"。随后它又强调了言论和信仰自由、远离恐惧和匮乏的自由，以及受法律保护的重要性。

《世界人权宣言》的 30 个条款明确指出了所有人，不分种族、肤色、性别、语言、宗教、政治或其他见解、国籍或社会出身、财产、出生或其他身份，都有资格享有这些价值。这些价值包括生命、自由、人身安全的权利；任何人都不得使为奴隶或奴役；法律面前人人平等，并有权享受法律的平等保护而不受任何歧视；在未经获得辩护上所需的一切保证的公开审判而依法证实有罪以前，有权被视为无罪；任何人的任何行为或不行为，在其发生时依国家法或国际法均不构成刑事罪者，不得被判为犯有刑事罪；任何人的隐私、家庭、住宅和通信不得任意干涉，他的荣誉和名誉不得加以攻击；人人有权享受法律保护，以免受这种干涉或攻击；有权在经受迫害时寻求和享受庇护；有权享有国籍；有权婚嫁和成立家庭；享有财产所有权；享有思想、良心和宗教自由的权利，包括改变其宗教或信仰的自由；享有主张和发表意见的自由；享有参与治理本国的权利；有平等享受本国公共服务的权利、定期选举权、社会保障权、工作权、同工同酬权、组织商会权、休息权；有权享受维持本人和家属的健康和福利所需的生活水准，包括食物、衣着、住房、医疗和必要的社会服务；在遭遇失业、疾病、残疾、丧偶、衰老或在其他不可控的情况下丧失谋生能力时有权享受保障；有受教育的权利以及自由参加社会的文化生活的权利。

许多国家的宪法中都提到了这些基本价值观，而且都将其描绘成一个社会要努力达成的目标，将其看作评价公共政策和机构建设的基本标准，因为主要是政府负责维护这些价值观。在八项千年发展目标（千年发展目标是为了应对世界发展中的主要挑战而提出的 2015 年要达到的八个目标，是 2000 年 9 月在联合国千年首脑会议上通过的《千年宣言》中包含的行动和目标）中也提及了这些价值观：消除赤贫和饥饿，实现普及教育，促进性别平等及为妇女赋权，降低儿童死亡率，改善产妇保健，与人体免疫缺陷病毒/艾滋病、疟疾和其他疾病作斗争，确保环境的可持续性，以及全球合作促进发展。这些价值观对政府的行为也产生了重要影响。违反基本的人权将引发激烈的批评，无法实现千年发展目标则被视作卑劣可鄙。以上这些价值观对政府要达成的目标提出了要求，区分了公共管理者与私营部门雇员工作的性质。公共行政如其目标宣言所称，旨在服务公共利益（cf. pp. 248）。

价值观对于规定如何达成这些目标即实现良治同样重要，对于规定公共机构如何处理公共事务和管理公共资源以确保人权的实现也很重要（UNESCAP, 2009）。这关乎政府如何塑造与公民、社会团体、市场、私营或志愿机构的关系，在这种情况下，基本价值观则包含以共识为导向、参与性、遵循法治、有效且高效、负责、透明、反应迅速、公平以及包容（UNESCAP, 2009），或是世界银行所给出的六个标准：公民应该能够参与选举他们的政府；应该有言论自由、结社自由、出版自由；应该政治稳定，没有暴力/恐怖行为；公共服务的质量应该显示成效，即政府应该能够制定和实施合理的政策与规定以允许和促进私营部门发展；应该有法治保证警察和法院执行合同，减少犯罪和暴力；应该对腐败行为——无论轻重——加以控制以减少以公谋私行为，以及防止精英和私人利益损害国家利益（http://info. worldbank. org/governance/wgi/faq. htm#2）。

1.4 义务论伦理

在这些对公共部门行为有指导意义的价值观中，那些指导公共管理者与公共行政的措施、决定和行为的价值观引起了人们的注意。有时候这些价值观被写入行为规范的相关规定中，以促使公共管理者遵循法律面前人人平等、信任和公平竞争等原则，依法作出决策，同时要求他们行为谨慎合法。这些公共管理者的行为和措施首先要受到这些规定的约束。在伦理哲学中，这就是基于义务论伦理的实践。

　　义务论伦理认为应该根据行动的性质对行为做出评价。这是一个以规则为基础的理论，告诉我们每个人都必须遵循的格律（maxim）。罗斯（Ross，1930）认为道德行为有七个正确作为的特征：行善的义务，不作恶的义务，正义的义务，自我改进的义务，补偿的义务，感激的义务，以及守诺的义务。义务论伦理以规则，即显见义务（prima facie obligations）为基础，表明应该做什么，而且也考虑了所有的格律。说真话以及诚实是基本的义务。但是，有时候这些规则也有冲突。这也是在平衡这些格律时需要一种元规则（meta-rule）的原因。而这种元规则就是判断是否以合理的方式对义务进行平衡的规则。这些元规则的例子包括"己所不欲，勿施于人"，或是康德（Kant）提出的"你只能按照你希望能够成为普遍规律的行为准则去行动"，而且"总是将人性视作一种目的，而不只是手段"。在这一理论中，不应撒谎，即使其后果可能更加具有吸引力，但是当另一个更为重要的规则介入时，诚实这一基本规则将被取代。所以，在不作恶即不伤害他人这一义务面前，忠诚这一义务就需退居次席。公共行政的根本原则之一就是要求公职人员依照法律法规履行职责。一般说来，绝大多数国家的公务员法都规定了公务员的主要职责和义务。马克斯·韦伯（Max Weber）已经强调他们的行为首先主要是受到规则的约束。在他看来，他们必须遵循规定行事而不受其个人情感影响。但是，人们有时候也认为，对于只是遵循规定这种规则的理解也有可能导致公共管理者冷漠、倦怠、消极、效率低下、无礼、起不到帮助作用并滥用权力（cf. Crozier，Thompson），而且也很可能导致目标倒置，规则本身变成了目的和行政程序，并不被视作一种方法，而是成为了价值本身。在关于公共行政的文献中，许多学者对规则引导行为的控制力进行了批判。马奇和奥尔森（March and Olsen，1989）就认为，官僚们为了自身利益尽最大可能地增加正式程序，将其当成一种仪式。其结果是有了标准操作程序而忽视了行为的后果。遵循规则和程序成为目标本身，也成为良好治理的象征，但这并不是良好治理。最近这还被称为行政之恶（Adams and Balfour）。

1.5　目的论伦理

　　诸如人权宣言等提出的价值观告诉公共行政者，其行为、决定和政策应以是否与这些价值观相一致作为判断标准。换句话说，这些价值观应根据其结果来进行评判。在哲学理论中，目的论伦理学（结果主义）就提出，一个人的行为的结果是至关重要的。目的论伦理学认为，一个特定行为的结果是对该行为进行有效道德判断的基础。换句话说，一个道德的行为就是产生好的结果或坏的后果的行为。一个人行为的好坏决定该行为是否符合伦理。因此，如果不诚实，信任就会受到侵蚀，人们会受骗因而作出错误的选择，而信心也会受到损害。因为诚实带来的结果比说谎更积极，因此诚实就是正确的。只有在说实话的效益成本率比说谎话的效益成本率更低的情况下才能说谎。例如，当一个危险的状况远未得到控制时，你却告诉人们情况已得到控制从而避免了恐慌，那么这一理论就认为说谎是一个正当行为。但是，当这一谎言使人们进入实际上并未得到控制的地方，并且危及他们的生命时，说谎就是一个不正当行为了。所以，一个人的行为正当与否完全取决于其行为结果。道德行为被定义为最大限度地平衡善恶。道德行为的评判标准是其对人类的贡献和伤害的避免。

目的论背离了功能的也许甚至是功利的理性。它是一个实用性理论，其基础主要是对不同选择进行成本与效益的计算，其原则是选择具有最大功用的行为。将这一理论应用到公共行政的日常实践中似乎是很好的做法。马克斯·韦伯在1922 年就提出，典型的公共行为的显著特征就是它是基于目的性的“理性”行为，比如一种功能性理性。一般来说，一个人也许应该说实话并且做到诚实，因为说谎和欺骗可能会导致一些问题，但是在有些情况下，这一原则可能会产生有害的后果，那么它就是不适用的，而说谎就成为正当的行为了。特别是在公共职位中，官员们被选来服务公共利益，他们必须不断根据社会利益对其行为进行权衡。

1.6　美德及其实践

8　　　　上述讨论带来一个重要问题，即如果目的论和义务论逻辑相互冲突时应该怎么办。在这种情况下，美德的概念就变得非常重要。美德很早以来就是公共服务的传统核心原则。当美德被视为一种良好品质时，它可以被放入更宽泛的价值概念中。在公共行政领域，它可能包括道德意识、遵纪守法、自我激励、个人适应力、无畏、坚持不懈、政治敏锐性、领导力和沟通技巧等。这些情况中最容易的就是遵守规则。当结果令人失望，或是更坏时，至少根据规则这些行为或决定是正当的。这样做可能对于公共管理者个人和公共组织的自我利益来说也是最好的，正如哲学告诉我们的那样，任何人都有权甚至是有义务做最有利于其自身利益的事以及满足自己的愿望。这一经典的原则早已被古希腊哲学家运用到了公共行政者和公务员以及其他个体身上（Devettere, 2002）。如果人们不遵循这一原则的话，这个世界可能更难让人理解，事情将更难被预测。通常这样的追求是没有问题的，因为它涉及的实践符合社会价值，与规则并行不悖，并且于人于己都没有害处。个人追求自身利益的实践无关乎道德与可塑性，即使他身处公共行政者之位。只要这种追求不与其他价值观相冲突，美德的概念就不适用于这些情况。

当个人的最佳利益与社会的行为准则、规则规范、传统和文化相冲突，或是对其他个人、团体甚至是整个社会造成负面影响时，道德行为很容易产生或缺失。有关道德行为的一个最经典的例子就是勇气。勇气意味着对他人的关心，即使这意味着自身将处在受伤害或有危险的处境中（MacIntyre, 1985：192），也可以说是不同的价值产生了冲突。在勇气的例子中，冲突包含了为了关心他人或顾忌原则以致危及自身的情况。美德不只限于这个经典的有关勇气的例子，现如今也体现在诚实、负责以及具有充分的传统意识、美学观念、利他主义和责任感当中（MacIntyre，1985：226ff.）。纵观历史，道德行为的标准已从《圣经》教育我们的爱、和平、善良、信念、希望、慈善、谦虚、真诚和礼貌转变为诸如1797年弗朗西斯·朗姆（Francis Lumm）爵士的纪念碑文上所写的道德观正确、举止优雅、友谊持久、传播慈善，以及雅可比思想中所主张的追求平等、博爱和自由（cf. MacIntyre，1985：237）。

根本原则没有变：当这些社会价值观相互冲突或与个人的利益相互冲突 9
时，美德的作用就显现出来。在那些情况下，会出现两难的选择利益的冲突、对一个行为的不确定感，即区分道德与自私的一种选择。道德行为意味着脱离单纯的目的论和义务论理性，根据个人的美德，忠诚于现有团体或同伴制定的规章。

因此，尽管美德与个人性格和制度不同，但是却与之相关。制度给予人权利、地位、奖惩，公共部门的奖惩措施尤其遵循规则。促廉洁、反欺诈、反腐败的措施，比如实施行为规范以及违反规范的惩处措施，强调主流价值观，并且以道义论和目的论的形式倡导道德行为。这些手段通过改变不诚实和腐败带来的后果而改变最佳个人利益的程式。这里理解的美德并不是为了外部奖励或者结果而作出的行为或是选择，而是因为美德被评判为本身就具有价值。这并不是由于经济上的奖惩，也不是因为道德行为或不道德行为将导致职位升降，而是由于内化的价值观，使得人即使在与自身利益冲突时，还是会作出某一选择，这在公共行政中通常被定义为遵守规章规范。美德是个人的品质，因其本身而被重视和推崇。美德不仅使生活更美好，也是美好生活的一部分。

从哲学上说，这个理论是有问题的，因为它与先前的理论不同，不能教授我们在面对伦理困境时应如何作为。该理论给出的答案为我们应该对自己的选择感到满意，或是设想我们敬仰的人也会这么选择。这个理论的结果是，领导者的特质对于整个机构的道德标准是最重要的。他们必须以身作则，通过道德的行为促进他们下属按美德行事。

道德行为并不一定是私人的行为或决定。此类行为和决定可以以现今所称的"对话式伦理"为基础来证实。在行政实践的每个方面对话都扮演着中心角色，对话式伦理基于联合领导/共治的宽泛概念而建立。它由科尔伯格（Kohlberg）首次提出，并由哈贝马斯（Habermas，1993）推而广之。这类伦理认为这些基准如果不能获得每个利益相关者的首肯的话，将是无用的（Habermas，1993：82；Linklater，1998：91）。标准只能通过向全人类开放的对话才能确立。善恶标准不应由个人的推理而决定，而应该由人们公开而自由地展开讨论来 10
决定。参与讨论的人唯一的驱动力是对更佳观点的追求（cf. Linklater，1998：92）。

1.7 本书纲要

本书以下章节将会探讨在公共行政学领域与价值观相关的理论和实践发生的重要转变，然而人们对公共行政学中美德的关注仍旧太少。

在第 2 章中，查尔斯·加洛法罗批判近期的这种对良好治理实行一刀切的方法，认为其忽略了文化、能力、复杂度的不同（比如在公共管理方法中所见的不同），没有涉及在公共产品与公共服务外包中的重要价值观的本质与管理，简单地将重心由公共治理转移到私人治理，威胁到问责制和透明度这些民主原则。同时，他认为，重建公共服务伦理的需求得到了重新强调，这体现在众多行为准则和反腐项目中。全世界的倡议都旨在鼓励治理中的正直品质。然而转型过程却十分艰难。单靠标准本身并不够，若不了解良好治理的重要性和本质的复杂性，政府转型可能会威胁公共价值观和道德主体。因此，他认为就当前的伦理倡议而言，谦虚是必要的。他呼吁将公共行政者看作道德主体、受托人、管理人以及技术人员，并呼吁培养道德能力。

在第 3 章中，贝里·索伦概述了对管理主义的批判以及工具性价值在其中的主导地位，他认为工具性价值无法兑现诺言。索伦认为，基于先前的章节以及他自己对麦金太尔（MacIntyre）关于道德的著作的分析，而不是创造公共行政学中的经济人假设，我们需要负责任的、融于社会的人，他们能够为自己着想，有适当的判断力，有批判性的态度，善于自省，以实践为导向，并能发展自我。这也就是索伦所称的公共美德方法。这种方法得出的经验就是，公共美德能由教育、组织、制度性安排和社会环境等创造和维护。在描述这一方法时，索伦指出了相关的困境和陷阱。

在第 4 章中，迪米特里厄斯·阿基瑞德斯指出作为美德的一部分，公共丑闻和腐败类问题是系统性的，甚至是普遍的，需要靠领导力、社会责任感和按道德行事的诚挚意愿来处理。他也批判上个时代对美德和价值观缺乏关注，那时的主流理论是新公共管理，该理论主张短期利益重于长期的可持续性和基础性，而且因为公共服务荣誉感的下降以及未能吸引到最好的专业人才致使公共服务被削弱。他重新提到了希腊以及东方的哲学，这些哲学认为美德是基于知识，或者确切地说是基于深厚的知识之上的，这些知识主要来自榜样；美德并不是为了追求外部奖励或是强制内化，而是出于"自我"，也就是一个人的良心和职业道德；最后，美德主要依靠的是为自身行为负责的个人责任感（无论是自然产生的还是规则要求的）。我们需要的位于伦理核心的是连贯的、一致的理性与认知，而不是直觉与情感。然而这与公共行政学当前的趋势相悖，在当前的公共行政学中，以集体利益为价值导向的集体道德的转型已被个人利益的价值导向所取代。

艾尔克·德·琼在第 5 章中讨论了背景环境的影响，尤其是人们活动时周围的文化的影响。他认为体制是根植于文化的，作为制约因素和偏好起作用，它们把自己与不确定性规避、权利距离、男性主义和个人主义等维度区别开来。因此，举例说来，新公共管理或多或少都受到推崇，但是在不同国家，这种推崇在维度和程度上都有所不同。这同样适用于公正的概念，它在不同的背景下内容有别，比如在一种文化中强调现有团体的权利，在其他国家则强调对待新进人员的灵活性和公平性。

因此，价值观在不同的国家和不同的机构中是有差别的。为了成功地在机构内使这些价值观转型或保存，以及为了培养出有道德的劳动力，我们需要对组织中的新进人员进行教育和社会化。在第 6 章中，伊万娜·索比斯和米歇尔·S·德·弗里斯探讨了机构内针对价值观与美德进行教育和社会化的作用。从心理学的观点出发，他们认为，为了在公共行政者当中建立价值观，更多地关注社会化可能会有益处。他们认为，社会心理学告诉我们，新进人员在第一年能够适当地社会化，尤其是在面对引发认知失调、不一致和不平衡的两难处境时，这种社会化能够防止公共管理者依据自身的经验改变态度，摈弃所需的价值和道德行为。他们必须被置于将会发生认知不平衡的各种处境下。这不是领导要做的工作，而是由同事或有经验的组织成员来完成。这旨在对各种期望心照不宣地达成共同理解———一种心理契约，不是对表现进行偿付的期望，而是对认知（通过认知建立共同的、合理的信任）的广泛学习和适应过程带来的结果的期望。

在第 7 章中，根据埃莉诺·奥斯特罗姆和文森特·奥斯特罗姆所做的制度分 *12* 析，规则非常关键，缺乏清楚明白的规则是产生错误概念、道德危机以及奥斯特罗姆所称的谎言网络的原因。尽管事实上，规则可以在不同的场合和环境下产生不同的效果，但它们还是能够并且实现了高效性、平等性、责任感、适应性以及与一般道德的一致性（这对本书非常重要）。因此，当解释人们的行为动机时，我们需要了解他们的工作规则，了解参与者是出于（社会）习惯还是依据规则作出了清醒的判断。因此我们很有必要对规则的来源做一番调查，看看规则是不是清晰、明白、稳定。正如奥斯特罗姆所说，当运用一个公平、高效的方式来分配稀少的、彻底减少的服务时，这些规则是非常有必要的。这类具有操作性的、共同选择的并且符合章程的规则决定着人们的决策。

在第 8 章中，布鲁斯·卡廷和亚历山大·库兹敏认为，正如之前章节所讨论的那样，这类社会化行为和清晰规则的目标是，公共行政人员作为政府决定的实践者，必须忠实地投身于他们被托付的任务。他们分析了与其他政府部分相关的公共行政，并讨论了公共行政人员的职位，他们在国家政府权力机构中处于次级地位或者被称之为次型 B。这从属于孟德斯鸠的三权分立说。因此公共行政势必受到许多相关人员的影响。所以，他们寻求机会传播有政府明确承诺的好政策。此类政策容易理解，受到执行者的拥护，能有条不紊地把政策承诺的目的与公共领域具体的行动有逻辑地联系起来。因此公共行政人员不是领导者而是追随者，不是开创者而是建言献策者，不是操纵者而是思想者。然而他们扮演的角色必须既有封建乡绅的虔诚之心，又有政治骑士的足智多谋。

基于以上的观点，我们得不出一刀切的解决方案，该方案主要取决于规则、文化、公共行政者的地位和社会化程度。但是迄今为止，公共行政领域却有很多相反的实践。这些实践假定有放之四海而皆准的解决方法，未把文化差异考虑在内，认为公共行政部门与其他私营部门一样，将人员社会化，使其变成高效的生产力量，却不注重价值观与美德。我们可以想象全世界公共行政领域的美德和价值观存在问题，并且能够理解已经出现的问题。

接下来的章节将讨论公共行政中的价值观与美德在实践中如何植根于各类文化
13 和规则之下。其中三个章节所讨论的地区主要涉及许多拥有共同传统而又有遗留问题的国家。中欧和东欧国家存在原有制度遗留问题，他们都努力朝市场机制转型；拉丁美洲国家被强制签订了华盛顿共识，它们都曾在上个十年试图脱离那种意识形态。非洲国家有共同的殖民印记，它们政治动荡、民族分裂，并正在努力寻求发展。接下来的章节指出一些事实，即积极的发展和进步的措施是有目共睹的，但是它们需要时间把自身从历史的束缚中解放出来；相关国家的首要考虑似乎是如何在公共行政领域促进专业化，更多地关注价值观，却较少关注美德；制定规则确实需植根于各国文化中，而且制定规则只是迈出第一步，公共部门执行和整合这些规则则是一个更加复杂的问题。

在这些章节之前有个章节讨论的是发展中国家所面临的伦理困境。在这一章节中，沙姆苏尔·哈克认为，尽管全球的行政伦理标准（包括精英政治、客观、绩效、成就、竞争等）天生存在并适用于西方社会，却并不符合发展中国家的社会环境。哈克认为，这是因为在发展中国家，一方面现实与模仿采用的行政伦理间存在着差距，另一方面又缺乏可靠有效的体系来落实这些伦理标准。这尤其适用于新公共管理，因为新公共管理具有外生性，与新公共管理相关的伦理和发展中国家内生性的伦理环境不一致或不相容。在绝大多数亚洲国家，人们支持国家和政权，相信协商一致的决策，喜欢追求集体的支持和家庭价值观，这些观点和信念与新公共管理不一样，后者强调市场力量至高无上、个人自我利益优先。因此新公共管理伦理的主要原则也不适用于发展中国家的社会现实。进一步来说，一个主要问题是在新公共管理相关的伦理占主导地位的情况下，以结果为标准的伦理的要素（如生产力、效率、竞争力和绩效）在全球范围公共服务领域取得了重要地位，而美德伦理的重要性则整体削弱。

这个结论切中要点，这一点在世界不同地方的真实发展情况中得以体现，接下来的章节对此进行了讨论。

首先讨论的是中欧和东欧国家，它们原来的体制十分相似，约兰塔·帕里道斯
14 凯特在第 10 章中告诉我们，纵使在这个有共同历史遗产的特定区域，自转型起，公共行政的价值观就得到了立法部门的关注，不同的国家关注度迥异，但共同点是强调以结果为评判标准的伦理而忽略美德。转型背后的理念是把公共行政由人民的主人变为公众利益的公仆。帕里道斯凯特探讨了法治是如何在宪法的价值观以及与公共权力机构相关联的公民权利中建立的。她认为各国在公共权力机构的基本任务、行政部门的权力、对公务员的限制以及行政部门总体原则上的看法都是不一样的。从

波兰、阿尔巴尼亚这些国家的专业主义，波黑、保加利亚、克罗地亚的注重合法性，到匈牙利和斯洛伐克的政治中立都是如此。如约兰塔·帕里道斯凯特所说，人们通常会讨论遵守法律的责任、听从上级指示、提高专业知识、尊重保密信息等问题，但是尊重公民权利、富有责任心和荣誉感却仍很少在新的规则里面提及。公共行政行为的内容各国并不相同。在道德行为准则方面，我们可以看到类似的多样性，它们通常都注重内部事务，而忽略与公民之间的互动。

拉丁美洲在 20 世纪 80 年代被强制签订华盛顿共识。这些国家最近才从中脱离出来，同时引入了一些法律手段来宣传诸如透明性和责任制等价值观。在第 11 章中，克里斯汀娜·安德鲁斯认为自新千年开始，规范行动—规则制定就已开启，同时旨在规范招聘、减少侍从主义和对社会项目的滥用，尤其是促进公共部门的有效性和效率的培训项目也在整个大洲展开。她认为良好治理的一个前提是有好的政策，这样政府就不再那么具有侍从主义色彩，而更多地注重公民的需求。这就是华盛顿共识强加于人的限制条件危害到了公共部门价值观与美德之维持和发展的原因之一。在华盛顿共识中，政府被看作问题本身，而非解决问题的机构。拉丁美洲政府改变了自讨苦吃的形象，恢复了积极的社会角色，能有效处理经济危机、减轻贫困，同时为公共部门的美德和价值观的发展创造了机会。但是，她同时表示，这一过程耗时较长，因为要建立一个将美德与价值观内化的公共部门，需要适当的招聘程序，涌现新生代政客和公务员。她还指出社会控制和制裁的重要性。这些措施的制定尤其是实施和内化都需要时间。它们需要来自流动的文明社会的压力，需要新生代的政治家，尤其是相信公共部门能在有效政策的基础上有所作为。 15

在第 12 章，穆斯·辛单也强调了后一观点。他讨论了非洲国家价值观与美德的发展问题。这些国家拥有同样的殖民历史，都存在种族分裂和政治动荡以及发展水平低下等问题，而且各国都在努力界定它们共同的价值观。穆斯·辛单指出，需要建立合适的基础设施、制度和框架，以便坚持和促进公共行政学中的价值观与美德。为完成这一任务，非洲统一组织等国际组织在确定行为框架与原则时的确扮演着重要的角色。但是，问题仍旧严重，不道德的行为也很严重。现实情况就是如此，穆斯·辛单表示，因为建立促进价值观与美德发展的框架后，如果不在公共服务中实施、执行、协调和综合，就是没有意义的。实践取得了很多成果，但仍有很多有待完成。

这将我们引入了本书的最后两章内容，也就是在公共行政学中的价值观与美德的维持和发展方面，发达国家是否有大幅的进展提出问题。这个问题在最后两章中得以解决。在第 13 章，辛西娅·林奇和托马斯·林奇介绍了经合组织。在第 14 章，工藤弘子对日本的价值观发展进行了案例研究。然而两项研究的结果都不怎么乐观。

辛西娅·林奇和托马斯·林奇在第 13 章中表示，经合组织很少关注培养"好"人，该组织同样拥有以改革或现代化为名的规章制度。该组织强调政治领导力和规则制定政策的可能性，却忽略了个人的品质和美德。它强调民主的重要性、市场经济的发展，但是仅介绍了一些促进公共部门发展的常规程序。在章节结束时，他们提出了希望，即希望更多地关注公民个人、公务员和政府官员，并关注他们的价值观、性格和美德。

在第 14 章，工藤弘子指出，作为能力胜任和品德正直的灯塔，公共行政的最初概念护卫着日本的国家公共利益免受短视的政客行为危害，但是这一概念却在 20 世纪 90 年代早期消失了，该章还描述了其消失是如何由一些深思熟虑的政策所引发，这些政策有的与新公共管理理念相一致，对官僚制度的失败和胡作非为表示怀疑，有的则是要削减政府规模。在她对日本国内发展情况的描述中，一些细节性内容很重要，它使得人们了解通过培训和宣传来建立规则并适当地实施规则所耗费的时间，尤其是在这些规则与传统价值观相冲突时；还使人们懂得强调并遵守这些规则所带来的副作用。像前面章节的那些作者一样，工藤弘子也指出在注重规则和采用合规手段时，需要以正直的手段为辅助，允许公共行政有效适当地运用其自由裁量权。在分析中，工藤弘子指明了主要的困境。我们可以通过建立规则和法律把有益的价值观强加于公共行政部门，但是如果我们不采取一些方法来推广和宣传美德的重要性的话，将形成危害。工藤弘子呼吁培训部门不能仅仅解释规则，还要关注道德决策，也就是所有公务员都要遵循美德和伦理行事。

在最后一个章节，编者讨论了之前章节得出的结论，并认为尽管价值观与美德对于今天所称的良治来说都至关重要，但是因为追求公共部门的高效率，二者，尤其是美德被忽略了。在找回良治的这两个基本条件的过程中，我们可以看到公共行政学的实践只关注有关价值观的规范，如透明、忠诚、专业，仍然忽略了美德的重要性。我们正采取行动来推广专业、忠诚和政治中立，但这些行动忽略了作为道德主体、受托人、管理者以及技术人员的公共行政者以及培养道德胜任力时所需要的内化的勇气、同情心、深厚的知识和认知。似乎在持续促进公共行政管理的有效性尤其是效率（在作为学术学科的公共行政学的发展中显而易见）时，美德被忽视了。在建立良好治理时，对效率的强调已经达到了极限。仅仅强调操作技能、操作标准和操作知识而不注重将公共行政的相关个人转变成为人民服务的、社会化的个人（他们能够为自己着想，有适当的判断力，有批判性的态度，善于自省，以实践为导向，并能发展自我），将威胁公共行政的质量。

第 2 章

当代公共服务的治理与价值观

查尔斯·加洛法罗

2.1 引言

在过去几年里，治理，特别是良好治理，已成为分析和探讨发展与其他政策时经常提及的话题（Aktan and Ozler，2008；Brinkerhoff and Goldsmith，2005；Weiss，2000）。在此过程中，学者们发现，拘泥形式的政府治理结构和步骤与实际决策之间经常发生脱节现象，"预先存在的根深蒂固的认识和实践始终存在，并不断形成统治公民的方法"（Brinkerhoff and Goldsmith，2005）。新制度和不必要的旧做法之间的这种紧张关系被称为"国际发展中的体制二元论问题"（Brinkerhoff and Goldsmith，2005）。享有优先地位的公共服务伦理也受其自身的体制二元论的影响，从而导致法律道德和事实道德之间产生较大差距。要承认并想法缩小这种差距，我们要有能力不仅对良好治理的不同定义进行调和，而且要把这些调和融入到实践中。正如布林克和戈德史密斯（Brinkerhoff and Goldsmith，2005）所提出的，谁能否认问责制、响应能力和透明度是良好治理的特征？谁能否认专断、不公和滥用是不良治理的特征？挑战在于要将这些特征放到具体环境中加以研究，澄清我们选择背后的价值观，使这些价值观在能够决定这些选择的结果的组织和网络中具体化（Pollitt，2003）。

正如阿基瑞德斯（Argyriades，2006）分析过去 20 年的治理时所说，这是一项艰巨的挑战。尽管全球政治、经济、文化等条件各异，但一刀切的治理理念与诸如企业型管理等各种过分吹嘘的改革实践结合以后，各国廉政与绩效均受到侵蚀。公共话语被虚伪和政治姿态所主宰，反过来，我们亲历了真正的伦理和专业化的发展历程，同时，学术期刊、研讨会和政府顾问急于表明他们正与政府一道，同瘟疫般蔓延的腐败斗争到底。然而，这些努力几乎没起到任何作用，事实上，阿基瑞德斯（2006）认为，"……官方言辞与显而易见的现实间的失调是造成公众冷嘲热讽和公信力下降的最主要原因"（157）。当我们从统治转向治理时，公共机构的形象和信誉已经受到严重损害了。然而，这里最重要的一点是，在转变背后，个人或是机构都认为，他们的美好愿景是适合所有国家和文化的良好治理，不管具有什么样的特殊情况和特殊利益。

作为一种概念，良好治理与经济增长、环境保护和机会平等一样，很容易在抽象层面上得到支持，但很难具体化并予以实施。换句话说，良好治理概念中隐含了各种价值观的冲突，如政府的合法性、治理能力、公民与顾客的角色对比等（Kamarck，2002；Kettl，2002，2009；Moore，2002；Stivers，2008；Suleiman，2003；Treverton，2005）。然而，不幸的是，像国际货币基金组织和世界银行一样，许多机构与学者在倡导全球趋同时，往往采用单维模式而忽略文化、能力和复杂性。因此，总的来说，在证据不明显但植根或高贵或天真的雄心壮志的基础上，我们建立了假定领导力、创新甚至转型拥有同一目的、动机和机会的劝告性伦理。这类似于向公共服务灌输私有化、外包化和新公共管理，而在过去 20 年中，新公共管理演变成了各大洲和各种文化的信仰，它们已经被提升为良好治理的典范。

相应的，《公共行政中的价值观与美德》一书的逻辑和结构，预先假定并体现了政治、地理和文化复杂性在全球公共服务伦理发展与实施中的重要性。在认识到超国家、区域、国家及地方对更加重视政府伦理的呼吁带来的益处时，必须立足于治理，同时关注在特定制度环境下的特殊偏好和实践，才能细致入微地了解公共服务伦理。这并不是否认普遍价值观与美德的存在。相反，它只是要认识到，治理制约了对公共服务伦理的考虑，而且良好治理可以用诸多不同的方式进行定义，好的政策和实践也同样很多，这取决于政治、经济、文化的迫切需要与利益。良好治理的概念不能被认为是明确的、可一致采用的或互相同意的。因此，本章提出了本书的三个目的：第一，思考公共服务价值观与公共部门改革的关系，特别是传统公共行政和新公共管理；第二，探讨下一轮可能到来的公共服务改革、公共价值观管理以及对管理思想和行为的影响；第三，对全球性的公共服务伦理和价值观作出总结，包括未来治理与公共价值观可能发生的演变。

2.2　公共行政和新公共管理：契约状态下的价值观管理

在过去 20 年里，世界各地的学者分析并比较了支撑传统公共行政和新公共管理基础的价值观和结构，试图解释和评价当代治理中的主要挑战和变化（Bishop et al.，2003；Box et al.，2001；Bumgarner and Newswander，2009；Dobel，2005；Gilman，1999；Hondeghem，1998；Hood，1991；Mathiasen，2005；O'Flynn，2007；Stoker，2006）。毫无疑问，对于此类著作的读者来说，他们对韦伯式的官僚制度和新公共管理的主要特点了如指掌，因此只需要进行简要介绍。传统的公共行政从政治输入着手，由官僚机构监督其服务。公共管理者是一些重视合规性、厌恶风险的官员，他们对公共利益和公民参与的重视极其缺乏。垄断公共服务、规则、等级和稳定是传统公共行政环境的特征。

与此相反，新公共管理的目的是，通过打破垄断、实行激励机制促进行为改变、应用绩效目标、赋予公共服务雇员和消费者以力量等方式，推翻韦伯式的官僚制度。实现这些目标的主要手段包括：签约或外包公共服务，透明度，问责制。这就引出了本章我们所考虑的两个关键问题中的第一个——契约状态下的价值观管理，它揭示了公共行政者或新公共管理者和私人供应商之间的关系。本节需要考虑的第二个关键问题是公共机构内部的价值观管理，以便为了解当今传统公共行政者和新公共管理者发挥作用的组织舞台提供一个背景。

确切地说，数量不断增长的有关公共方案和服务外包的文献大多都在回避一个问题，即为何人们说公共部门比私营部门效率低、效益少，而且在这个过程中，没有与外包公共产品和服务中利害攸关的价值观之性质与管理相联系。更具体地说，我们必须至少简单认识三个关键问题，以便理解契约状态下的价值观管理：（1）固有的政府职能概念；（2）主权；（3）国家行为原则。固有的政府职能概念的基础就 20 是保护公共价值观的义务，博兹曼（2007）认为这些价值观就"以下方面达成规范性共识：（1）公民应（或不应）拥有的权利、利益和特权；（2）公民对社会、国家以及他人的义务；（3）政府和政策应遵循的基本原则"（13）。

然而，跟所有基于价值观的问题一样，公共的及私人的价值观与责任之间的区别受制于与治理相关的各种竞争性的假设，主要包括与私营部门相对的政府机构的规模、范围和有效性，公共资源和权力向私营部门的转移，以及外包合法性。例如，外包支持者可能会认为，公共资源和责任从公共部门向私营部门转移，仅仅是为了纠正严重失衡的混合经济体制以及认可私营部门的先天优势。因此，从这个角度看，私有化，包括外包，其本质不是技术而是思想。此外，关于外包的一个重大问题就是，私人和公共参与者的混合或对第三方的依赖。更具体地说，正如格特曼（Guttman，2002）所主张的，这种混合"冒着政府化的风险（第三方），并由此（否定）其部署背后的最初逻辑"（13）。如果第三方与公务员有质的不同——如更具有企业精神——那么让他们"对公共目标负责可能改变他们合人心意的素质"，而且"同样，使公共服务更具'企业精神'、'为客户办事'以及'公事公办'的做法可能削弱或否定公共服务一开始所重视的那些素质"（13）。

第二个问题——主权——曾被形容为"唯一分隔公共区域和私营区域的最重要的特点"（Moe，1987：456）。主权国家拥有使用武力的合法权利，它们不能将其权利赋予行政相对人并保持主权，它们有"权利建立保护和转移公共及私有财产的规则"（456—457）。在决定"把一种功能的执行权利分配给公共或私营部门时，首要考虑的问题是：这种功能的执行是否必然涉及妥善保持主权的权力？或者这种功能是否主要是私人性质，而不需要主权国的任何强制权力？"（457）。

然而，沃奎尔（Verkuil，2007）认为，在理论和实践中，这个问题都更为复杂。例如，接受马克斯·韦伯的观点，即主权是由国家行使的权力时，主权其实也一直在被共享，正如政府成立公司并授予其合法权力行事。然而，沃奎尔（2007）认为，授予主权权力会破坏治理能力。对私有化而言，人们察觉到的威胁主要是对问责制和透明度的民主原则的威胁，不加权衡地从公共治理转到私人治理。从本质上讲，外包主权所固有的政府职能会损害民主决策。

与契约状态下的价值观管理有关的第三个也是最后一个问题——国家行为——一直是许多法律界和公共行政学者关注的焦点，尤其是在新公共管理、公私合伙以及外包时代。例如，吉尔摩和詹森（Gilmour and Jensen，1998）认为，私有化导致了问责制的大量缺失，而且有效的公众问责制需要对国家行为有一致的理解。然而，这样的理解必须预先假定对主权职能有所理解，包括土地征用权、选举、行政区划、监禁、税收以及征兵。根据吉尔摩和詹森（1998）的观点，问题在于这一系列传统的政府职能或主权职能缺乏"理论基础来证明它们是正确的或详尽的，虽然它们能够激发本能认知"（251）。因此，吉尔摩和詹森（1998）提出了一个草案，认可政府把权力移交给非政府部门以便维护适当和有效的约束与问责措施：（1）确定行动者；（2）确定功能；（3）确定行动；（4）确定保障。虽然吉尔摩和詹森并没抱有幻想，只要市场占主导地位，政府将不会为此过程承担责任，但他们（1998）指出，对于市场的考虑不是人们表达出的对于政府绩效的唯一担忧。其他问题还包括违反契约、不当行为和欺诈。

外包决策会带来许多复杂问题、恶劣后果和影响。例如，在美国，肯尼迪（Kennedy，2001）认为，"国家行为原则未能配合政府外包的政治现实，这极大地削弱了我们进行宪法问责的能力"（2）。然而，外包决策往往很少或者根本不考虑这些因素。相反，这种决策通常由更高效率、更小政府和更高利润的欲望所驱使。做决策时忽略国家行为、主权和固有政府职能等问题，让管理者和承包商仅基于私利本身来确定外包的性质、范围和条件。

然而，国与国之间的新公共管理与传统公共行政差异较大。例如，在欧洲，英国和荷兰是新公共管理的坚定支持者，但像德国这样具有牢固的行政法律传统的国家更注重法律问题，而较少关注管理主义价值观。法国历来是平等的保护者，而斯堪的纳维亚国家一般都被认为拥有功能性的官僚政治。此外，公众对政府和国家的态度也有重要差别。例如，英国人与美国人对国家持怀疑态度，而在荷兰，公众一般对公共管理者高度信任。在法国，公共管理的最高职位留给精英，而此类工作在其他国家被认为缺乏吸引力。最后，欧洲新公共管理处于不断变化之中，一些国家因为新韦伯主义、私有化努力的失败、新型私人垄断部门的产生、反全球化运动和全球经济危机等，导致新公共管理引起强烈反应。然而与此同时，新公共管理在东欧和南欧才刚刚兴起（Van de Walle，2009）。

　　然而，在契约之下，我们还面临两个有关价值观管理的关键问题：（1）为什么公共部门比私营部门效率低、效果差？（2）在契约状态下如何管理公共价值观？要回答这些问题，我们首先可能需要重新考虑外包过程中的基本假设，包括古德塞尔（Goodsell，2007）所说的赞成外包和反对政府直接管理的概念偏差。例如，重新考虑将公共价值观强加于承包商而使私营部门失去优势的主张。该主张意味着公共价值观阻碍了政府效率，而效率才应是政府以及私营部门的首要价值。因此，我们质疑：如果这意味着忽视公共价值观，我们还希望政府像私营部门声称的一样高效吗？

　　我们还可能会问，如果像罗森布鲁姆和皮奥托维斯基（Rosenbloom and Piotrowski，2005）所声称，将宪法的和行政法律的规范应用于承包商是受到限制或者不负法律责任的，那么为什么外包还是有益的？我们能否推断，这些规范将不会影响私营部门的效率和利润，但确实会影响公共部门的效率和有效性？或者，我们也可能会问，如果实施宪法的和行政法律的规范需负有法律责任，外包是如何获利的？因此，我们也在考虑，承包商如何既坚持公共价值观，具备高效性，同时还赚取利润。虽然许多学者都以各种方式进行了解读，但是这个问题的答案不是不言自明的。例如，科恩和艾米克（Cohen and Eimicke，2008）认为，政府不应将所有的规则和规定强加于承包商，但有义务要求其合作伙伴的行为合乎伦理，而弗里曼（Freeman，2003）提出通过她所说的"公开化"扩大政府进入传统私人领域的范围，"通过公开化，私人会越加致力于服务传统公共目标，把此当成取得获利机会的代价，否则国家可能直接提供商品与服务"（1285）。除了贿赂作为外包工具带来的影响外，弗里曼的说法是耐人寻味的，但跟科恩和艾米克一样，她明显地倾向于古德塞尔（2007）所指出的概念偏差。

　　最后，一些学者已经讲述了公共价值观与外包的关系，包括库珀（Cooper，2003）、科恩和艾米克（2008）、狄金森（Dickinson，2009）。例如，狄金森（2009）认为，"合同可以修改，制定很多规定，这将有助于建立行为标准、执行基准以及国内法庭的执行手段"（336）。更具体地说，狄金森（2009）建议，合同要详细说明培训要求，授权承包商进行自我评估，包括在谈判过程中给予公众参与的机会等。这些规定背后的首要目标是确保承包商问责制。

　　然而，尽管这些建议可能有价值，但是总体而言，特别是根据澳大利亚的经验，可以总结出针对契约之下的与公共价值管理相关的更具挑战的、特点更明确或更站得住脚的观点。马尔根（Mulgan，2005）认为，澳大利亚处于一种"变迁与犹豫不决的状态中"，因为政府认识到"完全免除承包商遵循公共服务标准的不利的政治后果"，同时政府不愿"强制承包商完全遵守公共服务道德准则"（56）。因此，马尔根（2005）建议，"可能会出现一个新的共识，即某些价值只适用于公职人员，而其他价值则适用于所有的公共服务提供者，无论他们来自公共部门还是私营部门"（56）。马尔根（2005）断定，公共服务价值其实"不能扩展到承包商的所有活动中，某些领域可以豁免，特别是严格的内部问题，如获得商业信息和任命程序，这些不会直接侵犯公众"（67）。马尔根（2005）的观点是，"把承包商排除在

23

适用于公职人员的道德行为的高标准之外可能是一个时代的遗留问题，彼时，部门之间的界线不那么模糊，并且私人承包商很少履行公共职能"(68)。然而，与其他地区一样，在澳大利亚，"现状似乎远没有稳定下来"，"公共和私人之间的界线很可能会变得更加模糊，而且公共部门价值观的独特性甚至会变得越发不清晰"(69)。

2.3   公共机构的价值观管理

24   波利特（Pollitt，2003）认为，情境问题与公共管理不是同一件事。无论公职人员是赞成传统行政理念还是新公共管理概念，在履行自己的责任、促进职业发展时，他们面临同样的紧张。这两种理念持有互不相同的价值观，但都必须不断地决定在特定情况下哪些价值观应优先考虑。除道德价值观外，两者还受到恐惧、厌恶、疲劳、时间和预算限制以及信息缺乏等的激发。民主价值观（如问责制）、一般价值观（如正直）、职业价值观（如美德）、人文价值观（如礼仪）之间的冲突司空见惯。因此，如果我们要了解当代公共服务中的这些全球性挑战，就必须理解组织内部的实际情况。同样，我们现在讨论本章的第二个问题——公共机构内部的价值观管理——以便具体研究在哪种组织环境中，传统公共行政者和新公共管理者都能够在全球范围内发挥作用。

为了具体化这些问题，我们重点关注伦理资源中心（Ethics Resource Center）发布的 2007 年《全国政府伦理调查》并以此为出发点，该调查涉及美国各级政府。我们发现该调查描述了其所声称的公共行政伦理危机。美国政府所有机构一直在伦理方面表现脆弱，充斥着不道德的行为，报复举报政府不端行为的员工，为一己之利，对于道德组织文化建设以及提高政府透明度和信任度漠不关心。根据该调查，"政府总体的不端行为非常多"(iv)，而且"在政府工作场所伦理文化的力度不断降低，令人采取不端行为的压力却在不断增加"(iv)。各级机构大多缺乏有效的伦理与合规计划，只有不到 10％的人拥有稳固的伦理文化。政府雇员最常见的不端行为大致分为利益冲突、滥用职权或恐吓行为以及说谎（2）。欺诈以多种形式在政府及商界盛行，如篡改文件和财务记录，欺骗客户、供应商或公众，以及谎报工作时间（4）。个人价值与组织价值之间的冲突也是司空见惯，向道德标准妥协的压力不断增加，而高层领导似乎并没有意识到这一问题。

虽然举报热线已引起了立法和监管方面的大量关注，但是用在处理报告谎言、篡改文件和滥用职权上的时间却不到 1％。员工不举报不端行为的两个主要原因是恐惧心理和担心举报也徒劳无益，大多数人认为举报后也不会进行纠正，而且大约有 1/3 的人担心管理层会进行报复（8）。21％的雇员"认为高层领导不会因为他们自己违反伦理标准而被追究责任"，25％的雇员认为"高层领导默许对举报人进行报复"，而且"30％的政府雇员不相信高层领导会信守承诺、承担责任"(9)。

　　该调查的结论是，"随着时间的推移，政府伦理危机已经显现，而且弥漫在各 *25*
类政府职能和各级政府中"，同时"对政府廉政的公共信任已处于危险之中"（37）。
但调查结论还显示，道德风险可以降低，公众信任可重新获得。现在所需要的是稳
固的伦理文化和实施得当的伦理以及合规计划。伦理必须提上公共服务的议程，必
须对现有伦理计划进行评估，领导者必须提供激励措施以激发变革。

　　2007 年《全国政府伦理调查》留给我们很大解读的空间，使我们将公共管理
放入具体情境考虑，总的来说包括自由裁量权、伦理困境、道德能力，以此作为公
共价值观管理、传统公共行政和新公共管理的思考背景。如果使用"杯子是半满
的"乐观方法，我们可能会认为，大概 79％的雇员认为领导会因违背伦理标准而被
追究责任，75％的雇员认为高层领导不会纵容对举报者的打击报复，70％的雇员认
为高层领导会信守承诺和责任。在不完美的公共行政领域，这些数字令人印象深
刻。因此，我们可以推断出，政府伦理健康程度没有我们最初想的那么可怕。但
是，考虑到在跨政府机构中，道德一般具有模糊性和不连贯性，这样的推断就过于
乐观了。因此，如果脱离情境，这些数字带给我们的只会是更多的问题，特别是遵
循伦理实施自由裁量权方面。

　　行使自由裁量权，需要考虑许多问题，这些问题远远超出了简单的或直接的上
下级关系，或者组织忽视伦理责任仅仅是因为信息不足所致这一假定。举例来说，
我们必须考虑到，公共组织具有规避冲突的普遍趋势，这往往源于人事上的繁文缛
节和对诉讼的恐惧。即使管理者有伦理意识和能力，如果作出了有违组织规范的判
断，就足以劝阻政府中那些最热心的伦理倡导者的坚持。因此，我们重申，如果我
们要加深了解、提高做出积极改变的可能性，那么行使行政自由裁量权以及作出伦
理判断时必须视具体情况而定。

　　把握自由裁量权的情境要求细致地了解其发生的环境。因此，我们要提供标准
化的自由裁量权，即具有洞察力的自由裁量权，而不是学术文献中指向不明的、道
德规范中模糊不清的自由裁量权。例如，管理者以各种不同方式对雇员行使自由裁
量权，对他们的绩效、纪律和任务作出判断和决定。在管理岗位上自由裁量权的范
围内也存在不作决定、忽视违规行为、避免冲突和可能的诉讼等现象。因此，自由
裁量权包括管理者判断特定行为的能力，确定某种违规行为是无意还是有意，是属 *26*
于非生产行为模式的一部分还是一个独特事件，职场人际关系是否适当，以及决定
不进行处罚（尽管组织规则和程序规定他们可以进行处罚）。

　　标准化的自由裁量权也规定管理者要在宪法、法律与组织的约束和条件下行
事。法院判决、法律和程序必然意味着，在大多数情况下不单独或不单方面进行管
理决策和行为。如果不端行为是解雇或其他纪律处分的基础，那么对不端行为可
以有不同解读并且必须与绩效挂钩。其实，任何纪律处分都需要判断与鉴别，因
为管理者试图平衡多种因素以作出合理决策。通常情况下，除了极其恶劣的行
为，如伪造工作记录或破坏工作场所等情况，管理者要考虑员工的工作记录、为
组织服务的时限、过错的严重性等因素；如果管理者偏向原谅或忽略某个违纪行
为，那么他必须考虑到其他因素，如其他雇员对偏袒做法的看法、利益冲突和滥

用权力等。

2007 年《全国政府伦理调查》通过正确和错误的案例对比证明哪些是伦理不端行为，而不是通过拉什沃思·基德（Rushworth Kidder，1995）所说的正确 VS正确的对比方式或通过约瑟夫·巴达拉科（Joseph Badaracco，1997）所说的决定性时刻。基德和巴达拉科分别以正确 VS 正确的挑战和决定性时刻作为真正伦理困境的特征。在困境中管理者面对的是不同的价值观、优先权和解读，而不是正确VS 错误或道德诱惑的情况（在这类情况中某一选择在伦理上明显优于另一选择）。但正确 VS 正确的问题可能会使管理者陷入决定采取正确还是错误行为的斗争中。例如，偏袒显然不符合伦理，不应该鼓励而要惩罚，同时，也应该人性化对待员工，并尽力全方位地核实某一具体情况，而不是机械地严厉地惩罚员工。因此，管理者应拥有道德能力和判断错误的能力，也就是能权衡相互冲突的价值观、判断可能的选择并采取符合伦理的行为。最后，道德能力与自由裁量权一样，必须视具体情况而定。如果管理者作为道德主体想要更清楚地了解权力和对其地位的承诺，那么就必须澄清道德能力的主要特点。

然而，我们也必须承认，想法和论点本身不可能带来组织或管理的变化。此外，我们也需要关于原则和实践、激励以及对治理的不同解读的承诺和策略。波利特（2003）指出，只有付出相当大的努力，从几个方面长时间地运用多种策略，才能有意识地改变公职人员的伦理和动机。一方面，由于公共服务中流行着不同价值观和职责，加之我们认识到在公共服务中注入伦理能力和勇气仅靠精英话语并不够，自然有些人会丧失信心和进取的热情。另一方面，我们可能受到下一轮公共服务改革——公共价值管理——的鼓舞，公共价值管理可能促使我们超越对传统公共行政与新公共管理之间辩论的范围，朝着更有前景和更富成效的理论与实践前进。

2.4 公共价值观管理

最近 20 年中，传统公共行政和新公共管理经历了各式各样的学术批评，一时被推崇，一时被贬抑，越来越多的人开始关注开拓第三条道路的可能性，实施有效和负责的实践（O'Flynn，2007）。甚至有学者提到根据对人类本性和动机的不同假设建立一个新的范式（Stoker，2006）。例如，传统的公共行政及其"等级世界观"建立在这样一个核心命题的基础上——"人们需要有规可循"，而新公共管理则认为"人们有个性和创业精神"，因此需要特别激励来引发特定的行为（51）。新兴的第三种范式——公共价值观管理——则从共产主义或合作的角度出发，"假设人们需要分享并支持对方的观点"（51）。在确定问题和任务的所有权及提高性能方面，合作关系优于规则或激励机制。因此，公共管理者需要不同的技巧和策略，以实现传统的效率、责任制与公平的目标。尽管从一般意义上来说，目标是相同的，但它们是在一个新的、复杂的网络环境中进行表述、讨论和评估的。

许多学者，包括奥尔福德和休斯（Alford and Hughes，2008）、雷尼等（Rainey et al.，2008)、奥弗林（O'Flynn，2007)、斯托克（Stoker，2006）和史密斯（Smith，2004)，提出了关于下一个可能出现的阶段的重要问题，甚或公共服务的范式，即公共价值管理。他们还一致将这一动力和灵感跟穆尔（Moore，1995）的《创造公共价值》联系起来。例如，雷尼等（2008）认为，尽管未能为公共价值观提供一个明确的定义，但穆尔的确提出了一个模糊的定义："公共价值包括政府活动产出过程通过代表政府进行适当授权，并考虑到公共产品生产中的效率和有效性。当公共管理者根据公民表达的愿望进行生产时，他们就创造了公共价值"(3)。

然而最近，雷尼等（2008）认为，博兹曼（2007）所提出的公共价值观概念跟穆尔（1995）的概念相似但不相同。如前所述，博兹曼（2007）认为，"一个社会的'公共价值观'应就以下方面达成规范性共识：(a)公民应（或不应）拥有的权利、利益和特权；(b)公民对社会、国家以及他人的义务；(c)政府和政策应遵循的基本原则"(13)。在博兹曼看来，关于公民应拥有什么、应该提供什么以及政府应如何工作的共识模式应该是明显的。雷尼等（2008）认为，这种观点跟穆尔的观点在许多方面相似但又不同。这两种观点都强调公民的价值、提供产出和成果是公共价值的来源，同时都关注公共价值的失灵。然而穆尔（1995）认为，"公共价值通常指针对公民和客户的结果价值，并随着产出效率和有效性的增加而增加"。而博兹曼（2007）则"更多地强调了公共价值观的存在是独立于生产过程的，但很明显会受生产过程的影响而提高或降低"(6)。

奥尔福德和休斯（2008）从另外一个角度出发，探讨从新公共管理到公共价值观管理演变的可能路径，认为新近对协作化、网络化或联合治理的强调，与传统的公共行政和新公共管理存在相同的缺点，即注重"某一最佳方案"，而且运用该方案的公共部门缺乏透明度。迄今，对新公共管理常见的主要批评包括将公民当成顾客、片面强调绩效衡量、淡化民选官员的作用等。认识到这些主要的批评后，奥尔福德和休斯（2008）断言，我们需要在一个更明确的背景下，承认不同的方法可以共存于同一个组织。他们认为，从实际角度看待项目、组织和整个公共部门，会更好地了解公民在什么情况下重视什么。

公共价值观包括公共物品、市场失灵的补救措施以及制度安排，这些制度安排可以通过法治、产权保护和合同执行来实现市场的运转以及秩序的建立。公民个人从这些准则和结构中受益，但他们之所以看重这些准则和结构，也有超越自身利益的原因，并认识到了其规范性承诺及目的，如公平、民族自豪感以及对社会弱势群体的关注。奥尔福德和休斯（2008）承认，公民需求和愿望之间的调解会产生固有成本，包括偏好的冲突与变化、不完善的政治进程以及集体价值的确定。最后，考虑到协作治理在某些情况下可能有用，但并不适合所有情况，同时，协作关系需要信任，而建立和维护信任并不容易并且会受到公职人员问责制要求的阻碍，奥尔福德和休斯（2008）建议应用权变理论和设计规则来应对公共管理的复杂性，而不是采用"某一最佳方案"。

公共价值观管理是后官僚、后竞争力的思维方式，它让我们超越新公共管理中占主导地位的市场对政府的狭隘方法（O'Flynn，2007)。作为公共选择理论的替代

28

29

品，它既强调与权利和责任有关的终极价值观，也强调导致这种终极价值观的工具价值观。这就是新实用主义，其战略是重新定义如何迎接效率、责任和公平的挑战，同时不依靠市场激励机制而推动改革（Stoker，2006）。同时，公共价值观管理能否复苏共同利益并被广泛认可为良好治理的关键，仍有待观察。

2.5 公共价值观和伦理的全球概况

在过去的 25 年中，世界各地各个级别的学者和机构都强调了复兴公共服务伦理的需要，并已开发了多种模式、方法和框架，以便理解和执行伦理标准、伦理培训和其他倡议，从而满足这一需要。在国际层面上特别令人关注的是反腐败项目，如联合国、经济合作与发展组织（OECD）、透明国际组织都在宣传和发布法规、政策及报告，努力应对这一问题（Menzel，2007）。其他重要问题包括：良好治理、公共服务的伦理管理原则以及建设伦理基础设施，其中包括"政客成为伦理治理的倡导者和示范者；有效的法律框架；问责机制；可行的行为、教育和培训准则；活跃的公民社会"（Menzel，2007：152）。从非洲到亚洲到澳洲到西欧、中欧、东欧，再到美洲，个人和机构倡议发起的目的是鼓励治理。但是，毫无疑问，鉴于世界各地文化传统和实践的广泛不同，普遍认可的嵌入式公共服务伦理尚未出现，但正如刘易斯和吉尔曼（Lewis and Gilman，2005）认为的那样，"全球各地的专业公共管理者拥有一些相同的核心价值观，这些核心价值观跟他们的角色和所受培训有关，跟文化特性无关"（229）。

30　　然而，尽管诚实、信任和稳定等已被确定为全球伦理标准的核心价值观（Cooper and Yoder，2002），而且超国家的、区域的、国家的和地方的组织都在呼吁公共服务伦理，然而可以预见的是，从原则过渡到实践是一个艰难的过程。把公共部门伦理这一重点转化为有效的措施和方案，首先需要了解什么催生了辩论和当前关注伦理意味着什么。例如，马圭尔（Maguire，1998）认为，有一系列力量在发挥作用，包括公共生活标准相较过去受到更多威胁的这种看法，确信高标准行为的现有框架存在不足这一观点，以及政府受到公众和媒体更多监督这一事实。但马圭尔认为，"驱动当前辩论的更根本问题是，公共管理变化对价值观和伦理观有什么影响，以及伦理制度如何重新调整和振兴以适应不断变化的公共部门环境"（23）。"具体的伦理管理问题，"马圭尔认为，"是如何将结果、风险承担与管理的灵活性整合进公共问责制的适当程序和适当标准，这些对于建立良好政府很有必要"（25）。

虽然马圭尔（1998）的观点无可非议，然而很明显，她没有深入挖掘到良好治理的重要性和本质的复杂性。例如，考虑公共机构内部或政府官员和公民之间信任的意义、影响和重要性。虽然经常提到信任和透明度，但是信任、政府以及不同国家所采取的道德措施之间的关系仅仅是一种假设。然而，信任是一个众多学者已经讨论过的复杂现象，而且鲁斯欧（Ruscio，1996）认为，它"与人的本性不可分割，是人们合作的原因和政治的根本目的"（455）。因此，某种程度的谦逊关乎当前伦理倡议以及信任的建立和维护。此外，如果信任以伦理一致性、标准和价值为前提，那么公共管理者的信任就是努力提高公共服务的作用的一个重要因素。例如，公民、选举出的管理者、立法者、法官与媒体必须承认和理解为公众利益服务的复杂性与混乱性，正如贝恩（Behn，1998）的提问："我们为什么会假定一位公司管理者、非营利性社会服务机构管理者、宗教组织管理者或政党管理者能够对政治进程有一些贡献，而一位公共管理者不会呢?"（221）

贝恩的问题涉及我们前面所讨论的自由裁量权。每个国家不同层次的公共行政者必须在履行其日常职责时行使自由裁量权。没有自由裁量权，公共服务就不能正常运行，因此，否认、妨碍或阻挠行使自由裁量权或假装它不存在是不道德的。此外，行使自由裁量权与作为道德主体（Garofalo and Geuras，2006）的公共管理者的地位相关。否认自由裁量权就是否认管理者是具有自主权、尊严和判断的道德存在体，否认工作能力，否认适当的资源和工具，而且否认公民应获得的拥有专业水平和质量的服务。然而，自由裁量权的辩论往往把问题限于过于狭窄的框架内，或者导致肆无忌惮、不负责任的自由裁量权，或者导致根本不存在自由裁量权。但是，自由裁量权是道德机构、合法性和问责制中不可分割的并持续存在的一部分。 *31*

为了促进全球伦理的发展与实施，从业者和学者将确定一套理想状态下共同的道德原则，合作构建在多种行政制度下行使自由裁量权，在具体情况和日常行政的内在困境中运用道德推理、判断以及价值观，并致力于道德上的话语建构。当前面临的挑战是，说服那些持怀疑态度甚至是愤世嫉俗的公民、政客、记者以及管理者自身，使他们相信这些目标不仅符合他们自身的利益，而且还能谋求公众利益。显然，这两种努力，包括促成实践者和学者合作并克服整体不信任，都需要人们的努力、拥有紧迫感以及不同国家和文化中的不同资源。价值观和对它们的解读及其重要性不可能在真空中发展，而是在具体情况下发展，这再次彰显了具体问题具体分析的必要性，以及确定、描述与解释的必要性。

我们还知道向公共服务灌输伦理观念不是严格意义上的智力辩论或更多信息的传递。一般来说，管理者在面对伦理规范并承诺在其工作环境内外都认真对待伦理后，不能"打哈哈"。相反，全球公共服务道德的成熟将把公共行政者的公众形象和自我形象与道德主体、受托人和管理人以及技术人员联系起来。这也将涉及伦理能力的培养，而且也可能涉及奥斯本（Osborne，2006）所认为的新公共治理的继续演变：新公共治理如同公共价值观管理一样，承认在现代公共管理中存在分散性和不确定性，并承认网络的重要性与相互依赖和信任的必要性。

最后，我们知道，有一点是可以肯定的：当代治理的根本特点是全球化力量、新公共管理、外包以及企业和政治的丑闻，这些使人们呼吁改革和恢复伦理。矛盾的是，当代治理却阻碍实质性的、持续的公共服务中的良好举措的实施。例如，外包被抬升为一个渐进的而非政治化的过程，是良好治理的一部分，而不是公共服务 *32* 相对低姿态的表达，也不是在许多政体中寻租的机会。因此，在人们理解假定的改革的真正本质并参与其中，而且理解其对公共价值和道德机构可能产生的威胁之前，各地的公共行政者不会成为公共服务的真实呼声和代表。时间将证明一切。

第 3 章

公共美德方法

贝里·索伦

3.1 引言

33   自古以来，有关政府与领导力的著作就对统治者和管理者的价值观与美德十分关注。关于政治哲学和道德的著作中有很大一部分都涉及应对某些人性和诱惑的方法，而这些人性和诱惑被认为是危害公共利益或共同利益的原则的。柏拉图（Plato）、西塞罗（Cicero）、奥古斯丁（Augustine）以及许多其他思想家都论述到，位高权重的人要么容易为他们（或者是他们的亲戚朋友）的自身利益而滥用公共权力，要么容易受到诱惑不去遵循现有的评估准则而误入歧途，要么将其职位和权势的延续与公共利益混为一谈，不一而足。在其著作中，这些思想家指出某些法律，或者主流理念，或者其他的社会特征，并没有妥善地解决这些诱惑，反而进一步地激发了这些诱惑。有鉴于此，柏拉图还有其他一些人主张作出具体的部署——有时需要一场彻底的社会革命——来支持公共价值观与公共美德及其合理发展。

近年来，关注公共行政中价值观与美德的作者确定了现代版本的公共利益的特定威胁——管理主义。某些作者认为，某些管理的威胁缘于科学主义，而这种科学主义已经成为公共管理的核

心特征，它导致僵化地运用规则、程序化以及政策制定与治理的工程化倾向
（Farmer，1995，2005；Fox and Miller，1995；Jun，2006）。其他作者则认为受新
公共管理影响的公共行政改革也存在管理威胁，这种威胁包括将类似商业方法引入
公共组织当中（Bozeman，2007；Dent et al.，2004；Dibben et al.，2004；
Haque，2001；Pollitt and Bouckaert，2000）。还有一些作者将有关管理主义的评
论结合起来进行研究（Denhardt and Denhardt，2007）。虽然在诊断当前公共管理
中公共性与公共利益的威胁方面存在着这些差异，但这些评论家看起来似乎都同意
必须制定应对来自管理主义威胁的补救方法。这一补救方法包括在公共组织内部重
振公共价值观与公共美德。一些评论家仅仅暗示了这种选择性，其他的评论家则已
经做出努力提出这样的补救方法。这在以下著作和书籍中都有所体现，如《新公共
服务》（Denhardt and Denhardt，2007）、《公共管理的社会建构主义》（Jun，
2006）、《公共价值管理》（Stoker，2006）、《反思方法论》（Farmer，2005）、《后现
代公共行政》（Fox and Miller，1995）等。

　　这些可选择方法在很多方面都有所不同，有些甚至相互攻讦。本书中，笔者将
关注它们的共同特征：它们呼吁在运用僵硬的规则与效率驱使的实用主义之外，建
立一种新型的公共操守。某种程度上，它们都明确地依赖一种美德伦理框架。基于
这一共性，笔者为这一组公共管理理念贴上"公共美德方法"的标签。

　　在本章的第二节中笔者将讨论公共美德方法的核心要素。在第三节中，笔者将
集中探讨美德伦理的核心要素。提倡并维护价值观与美德，取得遵循美德伦理的实
践性结果是第四节的主题。

3.2　公共美德方法的核心要素

　　能用"公共美德方法"的标签进行统一分类的作者，首先都是以批判的态度看
待治理中的管理主义，其次表明了提供一个可选择的方法的决心。在本节中，笔者
将首先从批判的角度勾画公共美德方法——这一勾画是基于管理主义的遵从者对管
理主义进行的评论。然后，笔者将对其积极的一面进行论述，即他们提供的替代性
方法。

3.2.1　管理主义评述

　　一般来说，对管理主义的评论是对公共行政的批判，批判其过度倾向科学主义
和技术层面的东西。"工具性实用主义"的态度已经成为主流，其目的在于维护对
组织流程的合理控制。官僚机构倾向于将管理者和行政人员变成"道德上中立的技
术人员"（Jun，2006：175）。这个条件的重要特征就是与公民相关的组织中的非人
性化氛围。公共管理的重点在于功能性自主权、技术技能、去政治化活动，其中包
括过于强调公共管理的理性分析、效率、计划和目标维护的专业性偏见。公共管理

领域的专业人士像工程师一样行动；他们将问题看成严格的技术问题，需要通过运用现有的知识来解决。除了将之视为政策对象之外，他们与公民没有接触（Farmer，1995；Fox and Miller，1995；Jun，2006）。

这种工具性方法无法实现其承诺。首先，它不是，也不可能是非常有效的，因为它依靠的是非常狭隘的理性理念，并没有考虑个体的实际动机构成，并过于高估合理监督的可能性（Jun，2006：12，22，29）。其次，公共管理的主要形式导致对公共管理中公共性的忽视。公民和公民组织经常被视为治理和发展市场经济的绊脚石。这些公民社会的行动者被认为是"被动的团体：他们接受政府服务和干预"（Jun，2006：31，33，41）。官僚机构已经成为内部重点关注的对象。这使得公共官僚机构不仅出现功能性障碍，同时也使其实践活动失去人性（Jun，2006：71）。公共管理并非真的会产生正义、恰当解决问题的办法、信赖和公信力以及合法性（Farmer，1995；Fox and Miller，1995）。

有关管理主义的一般性评论多见于公共管理领域学者的论述中，如朱恩（Jun）、福克斯和米勒（Fox and Miller）、法默（Farmer）等。他们的评论在很多方面与《批判性管理研究》中所体现的很相似。然而，很多有关公共管理的管理主义的评论家注重它的特定形式，即新公共管理。这一系列理念已经成为过去15年公共领域中的许多改革的依据。这些改革包括：组织内部拥有更多的自主权、向绩效产出管理的转变、在公共组织中引入管理技术、私有化和契约主义以及竞争。

尽管看似内容有所不同，但它们都是建立在同一套理念和范式之上，其中，寻租的个人和组织是重点。这一范式包括具体的本体论——经济人本体论（homo oeconomicus）。同时，它也建立在具体的认识论上——经济个人主义和对市场机制功能的信任。从理论视角出发，它通常采用理性的或公共的选择理论以及各类新制度论。最后，它的核心价值是效率。有时，它甚至被简单地贴上了"像经营企业一样经营政府"的标签，但实际上，它是一个综合的方法。

有些新公共管理的评论家侧重新公共管理背后的理念中包含的内在矛盾。从实践层面上看，这些矛盾使得新公共管理无法实现其承诺的效率（可参考Denhardt and Denhardt，2007：22；Dibben et al.，2004；Pollitt and Bouckeart，2000）。

很多情况下，新公共管理的评论家指出了为实现（其他）公共价值观而产生的负面影响（Box et al.，2001；Bozeman，2002，2007；Denhardt and Denhardt，2007；Jun，2009；McCabe and Vinzant，1999；Terry，2003；Thompson，2006）。哈克（Haque）对于这类文献进行了综合评述，并系统化提出，当前的治理模式下公共性的削弱可以分为以下五种类型：

- 公私差别模糊。
- 服务惠及者的构成范围变窄。
- 公共部门角色作用削弱。
- 公共问责制的问题日渐显露。
- 公共服务中的公信力面临越来越大的挑战（Haque，2001）。

3.2.2 公共美德方法的特点

一些管理主义和新公共管理的评论家提出了一个公共管理的替代性途径。这些替代性方法的名称五花八门：朱恩的"社会建构主义方法"（Jun，2006）、博兹曼的"管理公共性"（Bozeman，2007）、斯托克的"公共价值观管理"（Stoker，2006）、奥尔福德和休斯的"公共价值实用主义"（Alford and Hughes，2008）、登哈特的·"新公共服务"（Denhardt and Denhardt，2007）、加洛法罗和吉罗斯的"统一道德"方法（Garofalo and Geuras，2006）等。这些替代性方法已经在其名称中显示出相似性，即都涉及美德和价值观。更重要的是，所有人都指出，倾向于工程技术和经济计算的公共管理将价值观排除在外，而他们的方法则为之提供了一个替代性的途径。这一途径将价值观和美德放在了核心位置。公共美德方法的倡导者认为，很有必要对公共管理的含义进行重新定位。我们必须回到公共机构，在那里，公共性的价值观真正成为主导。这并非改变工具的问题，而是关乎重新定位的问题（Dror，2001：31；Farmer，1995；Jun，2006：34；Spicer，2007）。

本方法的起点不可能是经济人。原子个体的本体论也不应该成为主导，成为主导的应该是个体的社会嵌入性。灵感不应该在经济学手册，而应该在社区主义和共和主义中找寻（Denhardt and Denhardt，2007；Jun，2006：199）。①

在提倡公共美德方法的论著中，最典型的特征就是判断力和反思性、承诺和责任、提升个人能力与公共协商能力。按照理想的方式来讲，公共管理中的个体不应该成为法则或规则的运用者，而应该成为能够自行思考并拥有适当的判断力的人。他们应该具备批判的态度，例如，如有必要，能够揭发、举报错误或不法行为（Farmer，1995：11，2005；Jun，2006：169，188，194）。以反思（Farmer）和实践为导向（Jun）的管理者能评估其自身的行为，并对决策负责，质疑行政程序，纠正个人或组织失误。官僚机构中的自我反思之人则试图理解官僚制度的那些限制条件和非人性化因素，并克服它们（Jun，2006：174）。

公务人员必须勇于奉献、认真负责。他们的愿望和骄傲就是奉献社会（Denhardt and Denhardt，2007：29，115）。他们坚持专业价值和精湛技能。他们的职责并非仅仅是实现组织目标，他们也为公共利益作出贡献（Denhardt and Denhardt，2007：28，121，123）。

一个基本的概念就是个体的成长或发展。个体并不等同于他当前的喜好，而应该是内外管理的基础。对于公共管理，这意味着为公民赋权成为核心。同时，对于公务人员来讲，学习和道德发展是非常重要的（Jun，2006）。后者将有助于美德的培养（Dror，2001：96；Jun，2006：203）。在这方面尤为重要的是某些人给他人提供的道德角色模范（Dror，2001：97，ch 12；Garofalo and Geuras，2006）。

---

① 在一些公共美德方法拥护者的著作中，相关肯定性的参考资料可以找到认识论的后现代主义的理论。然而，笔者在此暂且忽略认识论的问题。

除开工具理性和个体发展，要求在对话中进行协商（Fox and Miller，1995；Jun，2006：168，170，194；Stoker，2006）。登哈特的《新公共服务》中的核心内容是服务，而服务指的是：协商并调和公民与社区团体之间的利益，并创造共享的价值观（Denhardt and Denhardt，2007：28/29）。哈贝马斯描述的沟通理性，应代替韦伯式工具理性成为主导（Jun，2006：63）。

公共美德方法的很多拥护者想要将他们所批判的方法的要素融合到自己的主张中。科学、效率以及新公共管理的其他要素和传统的方法不应该完全摒弃。然而，这些主张在整合方式上各有不同。

● 有些人简单地声称他们的观点是囊括一切的，无须研究可能存在的冲突或真正形成一种系统论调（Denhardt and Denhardt，2007；Garofalo and Geuras，2006）。

● 其他人看到了潜在的冲突，但在他们的观点中融入了某种"平衡"的理念。然而，他们并没有真的对该问题进行详尽阐述（Bozeman，2007）。

● 根据具体问题，有些人试图提出美德方法是如何囊括其他方法的问题（Alford and Hughes，2008；Kane and Patapan，2006；Macaulay and Lawton，2006）。

● 其他人通过整合不同的方法进行详尽的阐述，如朱恩的准黑格尔辩证论观点（Jun，2006：9，13）。

为了评估公共美德方法中的整合目标，我们必须探究管理价值观（规则、效率等）和该方法的典型价值观之间的潜在冲突。此外，我们还必须深入检验整合理论（如朱恩的理论）的内部一致性。在此，鉴于篇幅的缘故，笔者将不探究公共美德方法的整合目标，而仅仅关注提供的替代性方法的含义。

公共美德方法的拥护者花了很多精力，指出管理主义存在的问题和负面效应。
38 此外，他们论著中有很大一部分都是处理其替代性（整合的）方法的核心要素和认识论基础。在公共美德的管理到底应该如何发生并维持这个问题上，拥护者说得就比较笼统了。然而，在他们的主张中，可以发现多处有助于深入这个问题的规范性传统——美德伦理。很多地方提到了美德，提到了相关实践活动，如关于判断、反思、协商（这些都是美德伦理的典型要素）的讨论会。通过对美德伦理进行详尽地阐述，笔者将能够从公共美德的视角制定关于实现、维护价值观与美德的课程。

3.3　美德伦理学

美德伦理学可以理解为一种传统，它可以追溯到柏拉图和亚里士多德学说。作为一种不同的形式，它还可以追溯到禁欲主义伦理（Annas，1993）。同时，不同背景的作者如马基雅维利（Machiavelli）、休谟（Hume）和康德在其作品中都有明显论述。20 世纪 80 年代，美德伦理重新被引入哲学和科学论著当中，尤其是阿拉斯戴尔·麦金太尔（Alasdair MacIntyre）的著作《追寻美德》（*After Virtue*；

MacIntyre，1985）。①

麦金太尔试图重振亚里士多德式的美德伦理。他曾说过，我们正活在道德黯淡的时代。事实上，当今的主流道德伦理即为道德空虚。正如他所说的，我们活在了情绪主义时代，在这个时代，道德主张实际上不过是个人喜好的表达。我们文化的主流形式就如同管理者一样，对价值目标漠不关心，只在乎有效地实现特定目标（MacIntyre，1985：4，20，26，33）。在对道德事务现状的批判中，麦金太尔在公共管理中预示了新公共管理的批判。他的回答就是，回归亚里士多德的方法。

对亚里士多德来讲，伦理就是实现美好的生活。每一次人类活动都是为了达到一定目标；理解我们的生活和行为意义的唯一方法就是与目标相关联。实现目标包括遵循特定的美德——如勇气、节制、慷慨、谨慎、正义等——来生活。遵循这些道德准则生活，也可以创造一个更加稳定而幸福的生活（Aristotle，1982）。亚里士多德眼中的美德是"一个谨慎的人将作出决定时，决定人的行为和情绪的固定的心灵状态"（Aristotle，1982：1106b36-38）。这种性情或态度可以通过培养极端情绪来形成。例如，通过缓和恐惧、轻率等情绪，一个人可以变得更加勇敢。发展个人美德，意味着使个人在具体环境中的行动更加卓越。发展个人美德并进行自我提升是人类可能达到的；不管人们多么趋于达致卓越，他们都并不完美。实际上，亚里士多德认为，人类倾向于满足个人欲望，或获取比应得的更多的东西，即贪婪性（Aristotle，1982：1129b4-6）。人们需要的是在一个城邦的环境中，以持续的道德培训的形式进行的教育（Burnyeat，1980）。

美德被定义为"谨慎的人将作出决定"，这似乎给出了一个重复累赘的答案。然而，亚里士多德的观点其实是，在特定的环境中，无法通过运用某些规则或法则预先对什么是道德的作出判断，还必须考虑特定背景和环境。由于美德是一个人必须学习和形成的一种品质，有些人可能比其他人更容易在特定的情况下作出正确的判断。根据亚里士多德所述，在一定程度上已经形成了自己能力的那些人，将可以识别是否卓越。有些人更为杰出，他们比其他人形成了更好的判断力，就像有音乐天赋的学生能够辨别艺术大师的卓越之处一样。

谨慎的美德或实践的智慧（phronesis；prudentia）在亚里士多德理论中具有核心地位。从某种意义上来讲，它囊括了所有其他美德。这是作出良好判断的能力，能决定或参与到特定情形下的恰当行动中去。谨慎在于实际推理或深思熟虑，然而，这并不能理解为对法律或规律或其他法则的运用（Aristotle，1982：1141b15；Ebert，1995；Gottlieb，2006；Kane and Patapan，2006；Wiggins，1980）。

亚里士多德对伦理的简单阐述给了我们一个相当抽象的有关美德和道德发展的概念。此外，亚里士多德的论著从很多方面聚焦在古希腊的特定情形及其统治精英上。麦金太尔试图使美德伦理学跟上时代。他确实这么做了——在其论著中对"实践"的理念进行讨论并公开发表。

39

———————————

① 为重振美德伦理学作出贡献的其他人包括：富特（Foot，1978）；希梅尔法布（Himmelfarb，1996）；平科夫斯（Pincoffs，1986）；斯洛特（Slote，1992）；华莱士（Wallace，1978）。

实践就是"在社会里建立的任何连贯的、形式复杂的合作性人类活动"，例如足球运动、建筑活动、农耕或任何学科的科学研究。通过这些实践，可以实现或获得内在善和外在善。典型的外在目标是声望、地位和金钱。这些是可以通过参与其他活动获得的东西。然而，内在善只能通过以某种特定的方式——合作的方式参与到这种实践活动中来现实。外在善可以是个人财产和所有物。通常，它们是竞争与零和竞赛的产物。然而，内在善可以为整个共同体创造成就，如知识、健康或艺术等（MacIntyre，1985：187-190）。

美德就是那些可以获得的个人品质，其有助于我们将内在善运用到实践中去。"它属于实践的概念……善的获得，需要我们在实践中将我们自己的位置放在与我们相联系的其他实践者之下。"特定的实践活动要求特定的美德。然而，有些美德对每个实践活动都是非常重要的，如正义、勇气、诚实等。

实践并非一成不变的活动，它们具有一个历史演变过程。这些实践活动不应与组织或机构混淆起来（如象棋俱乐部、大学、医院等）。组织，从性质上和必要性来说，都与外部善相联系。它们从事着获得金钱和其他物质的事务；它们有着权力和地位的结构，同时，它们也给予金钱、权力和地位作为奖励。没有机构，实践活动就无法存在。但是，在机构中为共同善而进行的合作很容易受到机构竞争的影响。这里就要讲到美德的一个重要功能：没有正义、勇气、诚实，实践活动就无法抵抗机构中的腐败力量。共同体的构成与持续——以及机构——本身具有实践活动的所有特性。一个政治共同体，如果要实现（部分）成员的利益和地位，就必须是这样的一种实践活动。在这个政治共同体里面，公民学习如何遵循所有实践所需的一般美德。通常，我们都是在某个特殊的共同体中学习实践美德（MacIntyre，1985：195）。

实践中的卓越这一美德意味着麦金太尔关注的是机构成员作为专家和专业人士的角色。做好事，意味着以最佳的方式结合具体的相关技能和判断力。麦金太尔的实践观点或许可以和中世纪的行会制度相媲美，在行会制度中，成员被训练、培养成精通贸易的大师，成为别人的典范。

麦金太尔勾画了这样一个理想画面：该画面的很多方面都和管理的画面相反。他提供了一个个人主义者和经济学家视角的替代性选择。个人寻租不是一个正面的特征，因其关注的是外在善，所以是一个令人遗憾的特征。他的著作对公共管理作为商业机构进行了批判。麦金太尔也认同对科学主义的批判；他表示自己对社会科学能否提供坚实理论和预测持悲观态度。专业知识不应被理解为理论知识，而应是和某个特定实践活动相关的卓越技能。①

美德伦理方法从某种程度上说，在注重结果和结论方面类似于功利主义的伦理理论。拥有美德的个人也对目标和结果保持敏锐的眼光。但是，一个很重要的不同

____

① 在本书中，我们将批判性地评估麦金太尔关于美德伦理的论述（不是一般意义上的道德伦理学），以及对现代（公共）组织的具体评判。For such evaluations, see for instance Beadle, 2006；Du Gay, 2000；Horton & Mendus, 1994；Nussbaum, 1999；Tester, 1999. See also papers presented at the symposium on MacIntyre and the Manager in *Organization* 2（1995）2.

在于，在美德伦理学中特殊的目标只能在特殊的情境和环境中才会清晰明朗起来。在特定的情形中考虑采取适当的行动，不是计算哪个行动能够最有效地实现既定的目标。就像医生必须找出健康对于某个特定病人来说意味着什么——应考虑其特定的性格特征和可行的选项，政府官员在特定情况下必须考虑为共同利益而行动到底意味着什么。

同时，美德伦理方法和义务论方法有着一定的共同点。二者都认为，不管面临什么样的问题或处于什么样的情形中，均应该进行适当的考虑。对于义务论者来说，这些是基本规则，就像康德提出的行动法则要经受"绝对律令"（categorical imperative）的考验。美德伦理学指出，所有实践活动都具备的一般美德包括诚实、勇气、正义和理性。然而，后者与前者在一个重要方面存在不同。对于美德伦理学家来讲，一般的考虑并不是在特定情况下采取适当的行动可以推断出的规则，也不是断然禁止某些行动的规则。遵循一般美德的行动仍然要求在特定的情况下作出适当的判断。

41

3.4 美德伦理学课程

如何创造和维持价值观与美德？麦金太尔研究的美德伦理方法不包括明确的建议列表。然而，有些课程被隐约提及。为了使这些课程系统化，笔者在此将其分成四个层面：教育、组织、制度背景和社会环境。

3.4.1 教育

伦理品质，从美德伦理角度看，并非能够在某个时刻完全获得或形成的某种知识或个人条件。它是一种持续性的发展过程。这将影响职业培训阶段的道德教育，同时，在公共机构中实施时也会造成影响。道德教育必须是持续性的、国际化的以及塑造人的品性的。

培养实践智慧或良好的判断力和美德需要培训与长期坚持。然而，这并不意味着它只是一个适应的问题。实践智慧还是一个智力层面的东西——深思熟虑。深思熟虑不应该被简化为演绎推理或运用一般法则。能力必须培养，而培养能力的一个好方法就是让学生和公务员面对（想象出来的）实例，共同对其进行反思。这还包括困境培训这一类型。个人必须学会观察和处理复杂的特定情形：不同的人可以对某一情形进行多方面的定义，以认清他们的野心、与该事例相关的不同价值观、情景因素的影响等（Cooper，1998：170-171；Macaulay and Lawton，2006）。根据朱恩的论述，教育规划不应该建立在实用主义和实证主义方法的基础上，并且不应将其局限于技术技能上。项目规划必须训练行动技能（Jun，2006：249）。

在道德教育中，激励可能发挥积极的作用，但这仅仅是为了特定的目的。激励——一种外在善——可能有利于将新人引入某个特定的实践活动中。麦金太尔举了一个例子：通过给孩子一些糖果来试图说服他学习象棋（MacIntyre，1985：188）。在拥有下象棋的经验之前，显然这个小孩并不知道（更不用说启发）它的内在善。在将其引入实践活动中之后，激励就只是一种外在善——可能会削弱放在实践活动及其内在善上的注意。

3.4.2 组织

对于伦理管理，一直存在着关于规则和制裁（外部措施）与更多诸如准则和培训等内部措施之间的持续争论——许多人都提到过的所谓的弗里德里希—法纳之争（Friedrich-Finer-debate）或许可以作为范例。在美德伦理领域，这两者都没有最终发言权。真正的问题是如何将这两种措施优化整合在一起。至少我们可以认为，它们不得相互矛盾，它们不得自我破坏正确的判断力和行为的培养（Cooper，1998：165）。

公共机构成员应该将其机构视为实践活动实施的背景。机构决策和行动必须能够被明确识别为实现或至少是支持内在善。

> 主张审慎原则的行政管理机构要求重塑一种社会思潮，其中，公共部门被誉为独特的领域……这样一种社会思潮将鼓励聘用具有公共精神以及有用的人……良好的管理决策和行动的实际例子对这个教育过程至关重要，这些例子可以揭示公务员经常遇到的复杂情境和疑惑，在个别情形中也可以帮助作出关于适当行动的坚定判断。（Kane and Patapan，2006：720/721）

在那种环境中，人们能很自然地学习并且能够向更有经验的人学习。必须确定角色模范，可以是领导者或上级，也可以是其他人（Cooper，1998：174，187）。如果行为必须作为榜样，那么应公开组织内个人处理疑难事件的方法。每个人必须能够看到在特定的事件中做了什么、为什么这么做。今天，透明度常常成为问责的理由。在这里，美德伦理指向了一个更深层次的原因：它是学习榜样行为的一个条件。人们甚至可以因作出榜样行为而受到奖励。然而，必须要确保这些奖励（也就是外在善）不会产生歪曲效应。晋升和其他奖励不得建立在约束能够实现的特定结果的基础上。必须保证它真的是一种值得奖赏的卓越行为。同行审议的形式——也就是涉及真正能够判断该领域的这些行动和行为的其他人士——似乎是恰到好处。

在实践活动中，竞争并不存在任何原则性错误。在艺术、科学和其他方面，竞争是实践发展的功能性因素之一。然而，专业知识的衡量必须从实践活动内部目标之功能的角度进行，而不是从外部措施角度进行。同时，正如道德教育中采取的激励措施一样，评估也必须由同一实践活动中的其他杰出专业人士依据与内在善有关的品质衡量标准进行。

为了运用个人技能并进一步培养相关技能，组织应提供足够的专业自主权

（Denhardt，2007；Jun，2006：242）。它甚至可能意味着组织要保持较小的规模
（Cooper，1998：192）。然而，仅仅进行权力下放和提升自主权是远远不够的，它
们甚至可能产生负面效应。要知道，权力下放和提升自主权也是在新公共管理影响
下重塑公共管理的重要方面。更多的自主权不会单纯地造就更谨慎的行为，它可能很
容易导致"工程式实践"等行为。权力下放和提升自主权的一个前提条件是内在善，
行政管理中的公共性是得到重视的（Kane and Patapan，2006；Terry，2003）。

　　组织的设计必须使得成员不会受到诱惑去选择内在善之外的私利（外在善）。
换句话说，组织应这样设计，以便个人无须在保留现有工作和遵守道德之间作出抉
择（Cooper，2004：402）。至此，有人可能会想到，韦伯论述官僚制特征的有关劳
动条件：任期、养老金等（Weber，1991）。即便在特殊的条件下，当组织发生某
些差错的时候（当他人违背内在善的时候），组织结构必须能够使其成员在无须牺
牲过多个人利益的情况下尽力纠正所发生的事情。这个基本准则以恰当保护揭发者
的形式体现（Bovens，1998）。然而，美德伦理看到的是维持共同体的完整性需要
一定的勇气（Cooper，1987：323）。一个理想的组织结构是远不够的。在职业教育
及以后的教育中，必须明确，品德高尚首先意味着有一定的勇气，并愿意牺牲个人
利益。

　　实践活动中的组织必须鼓励批判性反思。在所有行动中，并不只是领导
者——作为典范存在——对内在善的持续关注必须显而易见。这意味着不能以局
限的方式理解组织责任，它不仅仅指的是责任或职责。负责任应该从美德的角度
进行理解：这是事关为共同的事业而努力、事关建设和奉献的，而不是试图避免
受到责备。

　　最后，从某种意义上说，应该首先提及的是：招聘。从社会中了解到的一般性
美德的重要性可以说对公务员的招聘产生了一定的影响。在挑选新的政府官员的时
候，不仅要考虑（技术）专业知识和功绩，还要考虑道德品行。对于后者（道德品
行）应有正确的理解。它不仅仅是指拥有清白历史的问题，还应该指在道德判断中
显示一定程度的卓越能力。而且似乎是，道德水准越高，应考虑给予的级别也越　　*44*
高。在实际情况中，上述考量有利于在招聘公务员时分析其关于道德判断的历史记
录以及进行具体评估（Hart，1994）。

3.4.3 制度背景

　　组织（和随后的实践活动）总是在有其他组织或行动者的背景下行使职能的。
这种背景的设计可能影响到组织及其成员的伦理取向。从美德伦理的角度看，公
共组织之间关系的竞争性设计似乎比某个实践活动中个体成员间的竞争更不利。
所有政府组织本身可以（而且必须）被视为一种实践活动。认同这种巨大的，甚
至更为抽象的实践要困难得多。关注自身组织的收入这一行为不太可能得到同行
的纠正。

　　拥护公共美德方法的具体外部行动者注重的是公民。在他们提出的取代管理主

义和新公共管理的方法中，公务员和许多公众之间进行协商是核心内容之一。从上文可以看出，其主要动机在于，用沟通理性代替工具理性，以（更好地）解决社会问题。

这里不去探究亚里士多德的实践理性的理念和哈贝马斯的沟通理性之间可能存在的基本冲突。① 我们可以聚焦在下述问题上：公共协商的安排什么时候、以什么形式对内在善的实现以及公共组织中的道德行为发生作用？仅仅通过引入新的公民参与权来加强公共对话很可能是不够的。这些将只会导致削减约束和战略行为（也就是遵循程序，而非真正参与到对话中）。这样，协商的安排就无法实现沟通理性和提升美德行为的目标。在某种程度上，必须对公共组织内的每个人明确表明，与公民的对话是公共组织职责的一个重要组成部分。这也是必要的规范表达。（和公民团体）接触会面临困难，但不应将这样的困难工作委托给专门的公关部门或初级公务员（或者是作为某种惩罚）。高级或优秀的官员必须参与到接触和对话中，并表明使用了特殊技能，而这也是实践活动的一个关键部分。

3.4.4 社会环境

我们学习在政治共同体和社会中运用美德（尤其是这些基本的美德，如正义、勇气和真诚）。如果一个共同体仅仅从（角斗士的）竞技场或市场的角度，而不是作为一个具有共同利益的实践活动来理解自己，那么个人将无法为每个具体的实践活动做好适当的准备（MacIntyre，1985：195）。麦金太尔为我们呈现了当代形势的悲观画面。在《追寻美德》的结尾，他将现在比作黑暗时代，在这个时代中，君主们试图在充满敌意的世界背后坚守信仰（MacIntyre，1985：263）。

然而，对我们这个时代的这种看法可能过于悲观。但是，即便我们不接受这个看法，它也让我们记住了社会条件可以促进也可以破坏公共管理中的美德和价值观的维持与发展。有人可能会说，社会公共意识太薄弱了或太强大了——这两种情形都使得维持美德变得愈加艰难。

首先，过多的公共性。根据公共美德方法中的主张，公众参与度必须高度重视。例如，非政府组织提倡的积极参与协商的倡议深受欢迎（Jun，2006：215）。然而，在社会中，对公共管理的期望可能太高了。公众期望公共管理立即解决所有问题，同时期望不同的公众呼吁和公共需求都能得到答复——这样可能对公务人员施加了过多压力（Cooper，1998：191）。

其次，过少的公共性。麦金太尔对当代社会所持的悲观论调可能是错误的。可是，问题仍未解决，公共管理中的美德很难维持，其社会背景中的公共性、社会公共利益和作为实践活动的政治共同体并未受到广泛支持。在寻租（合法的或非法的）占支配地位的社会背景下，从道德方面保护实践活动就变得更为困难。然而，在美德伦理的理念中可以找到勇气的影子，因此，美德可以通过树立好的

---

① 比较公共美德方法的综合目标，参见本章第二节的结尾。

榜样来培养。

3.5 结语

在本章中,笔者聚焦于公共管理的一系列理论,它们形成了笔者所命名的公共美德方法。这种方法的坚持者都认同一种评论和一种替代方法。评论解决了公共管理中的管理主义或新公共管理(作为特别的一个例子)问题。公共美德方法中的替代方法,则侧重于个体责任感、个人判断和协商,而不是个人寻租和计算。公共美德方法或多或少明显地依赖于我们主张的美德伦理思想,尤其是麦金太尔详尽描述的那些。笔者利用麦金太尔的详尽描述制定了发展和维持公共管理中的价值观与美德的课程。这些课程分为教育、组织、体制背景和社会环境四大层面。

在论述过程中,由于篇幅有限,笔者跳过了一些潜在的基本性问题,如公共美德方法作为整合的方法具有的一致性以及美德伦理课程潜在的实证有效性。后者在 46 之后的章节会谈到。从重要性方面来讲,本章中的美德伦理视角和后面的章节有所不同:它表明,这些多学科的方法必须且可以进行整合。

第 *4* 章

历史视角下的伦理与全球化：
苏格拉底对当今的重要性

迪米特里厄斯·阿基瑞德斯

47

雅典人，我尊敬并深爱着你们，但是我宁愿服从（我的良知）而不屈服于你们。只要我还有生命和力量，我要永不停息地实践和教授哲学，劝说任何我所遇之人追随我的方式，说服他说："哦，我的朋友，为什么你们作为伟大、万能、智慧的雅典之城的市民，如此关心积累大量的金钱、荣誉和名望，而忽略智慧和真理呢。"——柏拉图《苏格拉底的申辩》（引自《苏格拉底的审判和死亡》）

4.1 摘要

仅在 20 年前，任何有关伦理的公共讨论或提及伦理与公共领域的关系都顶多只会招来侧目。伦理通常被视为太过模糊、太受文化限制、太主观、太敏感，因此不能被纳入政治研究和公共行政学院的课程，也不能成为国际论坛的高层辩论会的议题。现在情况发生了变化，实际上，自 20 世纪 90 年代中期开始就发生了剧变。这并不是对伦理或诚实以及它们在公共生活中的角色进行重新评估的结果，相反，它是在国际性腐败激增以及因面临贪污腐败却不作为而导致愈发强烈的危机感之后受到了重视，而这种危机感也在全球化进程中越发强烈（Caiden et al.，2001）。

自 1997 年以来，标志性的《联合国反对国际商业交易中的贪污贿赂行为宣言》（A/RES/51/59）发布后，涓涓细流变成了滚滚洪水。然而这一变化也有它的不利之处。正直被等同于不腐败，"伦理工程"被认为是提高公共生活中的廉洁度的关键。其他的似乎并不重要。有的做法只见树木不见森林，学校和公共机构的培训课程与伦理的主题无关，而是讲授公司政策和相应的各种指南，表面上看，这能使人们轻而易举地作出与现行规范一致的决策，或者能使他们解决管理的舒适区（comfort zone）的一些困境。但是嫁接于公司政策或由高管指派的"伦理"频繁地、不断地沦为附属品，使管理金玉其外，使服从的做法合法化，同时也抑制了员工对基本原则的质疑，或者阻止其提出普遍认可的领域之外的敏感问题。

基于短期的权宜之计，伦理被掏空了，它在引导个人和团体制定有原则性的路线，以及在促使人们为各自行动负责方面起到的主要作用被否认了。对于一些人来说，这些实践可能听起来非常雄心勃勃，但另外的一些人会因过度的"理论化"或"泛化"而否定它，有人可能还会十分正确地加以补充说，这是一种对于现行价值观和美德的研究，能帮助我们开拓新的视野。这种研究始于苏格拉底和柏拉图。他们将伦理研究提升到了全新的层次，并不仅仅是遵循法律法规，也不仅仅是迎合所谓的"切身利益"。

可以肯定地说，这些也是重要的。他们依赖于可追溯至文明起源的信仰体系。他们强调，服从是法律、宗教和伦理的基石。传统上，只要与"国王和国家"相关联就是神圣的，对于教堂和其他宗教权威、军事力量或者老者的权威的尊重号召人们服从、忠诚，数个世纪以来，引起了接近"判断悬置"（suspension of judgement）的迅速反应。在全世界范围内，个人与集体的对立以及自我决断与社区成员制带来的约束之间的对立产生的由来已久的冲突，大多数都以支持集体而告终。

随着有理有据地宣称反对传统力量，呼吁良知的自由抵消来自有组织的社会的反对声音，这种平衡随着时间慢慢地转移了。这必须被视作伦理辩论的一个重要成果，而这个辩论始于古雅典时期的苏格拉底和柏拉图。苏格拉底和柏拉图质疑的是"判断悬置"、自由意志的投降，以及责任的缺失。相比他们的同辈人，我们更应牢记规则和法律法令解决的是"此时此地"的问题，法典上的许多法条都是极不道德的，它们使行为合法化，如奴隶制和种族隔离，甚至在我们这个时代也是如此。正是基于此，以及新情况下出现的新需要，我们对于伦理的研究必须超越表象，超越已接受的真理，超越"实用"的顾虑……管窥全豹。在这一方法上，希腊人堪称先锋。在城邦衰落与全球帝国兴起的转折点，他们指出了新的方向，并提供了公共美德内涵的新内容。这改变了历史，改变了我们政治体系的基础。在我们这个时代也是如此，当国家不再宣称它代表"上帝在人间的征程"——借用黑格尔的话——苏格拉底的重要性就可见一斑。它真诚、深刻地指明了我们应关注的方向，即我们应拥有什么样的全球性的价值观与美德。

4.2 引言

在新公共管理和新自由主义思想影响下技术理性与工具理性取得的胜利深远地影响了伦理的公开讨论进程。从好的方面来看，伦理似乎得以重新出现，事实上，它在良好治理和公私部门中责任管理的语境下被放到了最显眼的位置。然而从另一方面来讲，很快就明显地看出，在新公共管理中伦理这一议题主要是做表面功夫。它仅仅在一定程度上被勉强接受，前提是不会侵犯管理者的特权或是严重阻碍追求经济效率和效果。实际上，有人可能认为，现实中的伦理可能被本末倒置了。尽管对拉罗什福科（La Rochefoucauld）怀有敬意，但他的《道德箴言录》里有这样的格言，它很快成为一个掩饰或是佯装——假装很道德；有人会说，为了从笨重的束缚中解放"具有开拓精神的管理者"，邪恶需向美德致敬。充斥着"使命宣言"和"伦理工程"，伦理成为了促进放松管制、权力下放和"去官僚化"等政策措施的附属品，通常导致公共部门走向私有化道路。

在20世纪90年代和我们所处的年代所盛行的对过度的新管理实践和腐败丑闻的厌恶，要求我们重新评估失灵的新自由主义政策。与伦理相关的价值观，诸如法治、正当程序、公正、公共服务、平等和团结，在过去的20多年里一再衰落，如今正重振旗鼓。然而遗憾的是，数十年来"凑合"使用"工具性推理"、"技术主权"（Oakeshott，1962：25）和只讲"怎么做"不讲"是什么"，这些都使得伦理丧失，而且催生一种狭隘的国家工具性概念，即国家主要是一种用来解除一些特定的限制功能所需的"工具"或"设备"。这个领域被管理顾问所侵袭，而且很大程度上被他们所主导，他们如古时的智者一般，给出说教性的指引和政策性建议，而这些大多数都是依据短期的制度要求得出的。遗憾的是，员工培训大部分反映的就是这种方法。这种方法旨在进行能力建设以内化及遵循组织机构要求遵守的主要行为准则。"实现美德的五个简易步骤"可能是对一些尝试使伦理回归管理的恰当描述。

当然，如果我们搁置这些有限的步骤，将伦理辩论再次引入管理中，并促进就组织机构和整个公共部门中什么代表着可接受的行为的问题达成共识，这样做可能是错误的。但是，我们也不应该相信只是起到装饰作用的培训计划和"伦理工程"，或者，更糟糕的是它们仅仅提供"不在场证明"，因为它们不反映一种坚定的决心，即管理者或是政府领导人从不在追求成功的过程中越过一些界限。有太多例子显示他们缺乏这样的决心，尤其是在最近一些年，这些众多的例子使得他们在这方面无法令人满意。基于权宜之计，或是不惜一切代价要取得胜利，伦理很有可能被证明具有致命的缺陷，使得伦理本身不值得信任。伦理的论证是或者应该是与经济人区分开的。伦理既不拒绝又不排除它，但排序与之不同。功利主义思想和工具理性遵循的路径不同。

公共丑闻的涌现以及全球腐败的流行不仅仅证明了过去错误方式的失败，同时显示了这是系统问题。换句话说，它不能通过惩罚性措施或是间歇性的方式来解决。它更多需要的是领导力、社会责任感和依照伦理而行为的真诚意图。我们现在悲哀的窘境号召我们"回到基本点"，也使得我们去反省关于伦理的讨论是如何在欧洲乃至全世界开始的，是什么随着时代的更替推动着它、促进着它、培养着它，它要达成的目标又是什么，人们会想起苏格拉底的时代和生活，因为尽管存在着明显的差异，其与我们生活的时代还是有着惊人的相似性。他的时代是一个充满危机的时代，传统价值衰落，古代的法律力量根植于数世纪之久的信仰体系。质疑的时机已经成熟，但是并不是所有的方法都可行。柏拉图的杰出贡献就是建立了基于理性需求上的、质疑已被普遍接受的真理的、且普遍适用的伦理构想。部分是出于这个原因，这一构想能在亚历山大及早期的罗马帝国时期产生共鸣。

与那些早期岁月相似，当前世界正在经历全球化，旧的价值观受到挑战，传统的信念不再像以往那样为人尊重或者广为接受，在冲突的利益中，甚至法律规也是更多地代表着不完美的妥协，而不是追求长期公共利益的举措。渐渐地，我们被迫重新审视我们的基本假设，质疑我们自身的信念，从而在一个我们生活其中的、多样化的、快速变化的环境中为竞争的信条和利益留出空间。为了在这个非常困难的探索中建立可信度，正如柏拉图和苏格拉底所说，我们需要将伦理植根于知识当 *51* 中。"实现美德的五个简易步骤"和指南不会使我们做到这一点。因为，根据之前分析，伦理的目的要求我们超越指南的字字句句，超越被动地遵循的法律规则的词语本身，尽管这些也可能很重要。本质上看，它融入了决策者个人的责任感。它要求决策者毫无保留地接受自己的话语或行动的意图以及它们引起的任何后果。特别是对于公共服务人员，伦理意味着要表态承担责任；当我们需要"直言面对权威"的时候，当然不要躲藏。

4.3 是系统问题，但不是新问题

大约两年前的伯纳德·麦道夫（Bernard Madoff）投资诈骗案被认为是撼动世界经济的经济危机中最令人震惊、最有警示意义的插曲，这不仅仅是因为它涉及庞大的金额，还有很多其他原因。对于本杰明·布莱克（Benjamin Blech）博士，我们应感谢他对于这件惊天丑闻的具有洞见的评论。这样的洞见来自一个知名机构的法律哲学教授毫不奇怪，这所知名机构在纽约州还教授宗教学。布莱克教授在他所给的忠告中提到了伦理学作为一门研究学问所具有的三个重要来源。他的评论实际上涉及伦理学的另一个关键层面，即与文化交织的方面，而后者虽然被严重忽视了很多年（Jabbra and Dwivedi，2005；Umeh and Andranovich，2005），现在却重新成为比较管理学的热门话题。在探索伦理的谱系时，我们既需要知道它与法律、宗教的关系，也需要认识到它与文化的相关性。这解释了为什么一直以来在对主要政治议题的讨论中都缺少伦理这一话题。因此，进入 20 世纪 80 年代之后，直至 90 年代早期，人们尽量避免谈论伦理和腐败，更准确地说，人们更多的是为了世界不

同地方的政治而争执，不是为了伦理的研究而争论（Argyriades，2001）。

　　在准备写这一章的时候，世界 20 个主要工业国家的领导人正在为自 1929 年以来最严重的全球性经济衰退而困扰（*The New York Times*，2009）。这次危机有很多根源；现在已经明确的事实是，它其实很早就已经到来了。在两篇分析时下困境原因的犀利的评论文章中，美国著名的评论家、诺贝尔经济学奖获得者保罗·克鲁格曼（Paul Krugman）用他的专业知识进行了"有缺失的理论化"工作。他认为，大衰退不仅仅是过度宽松管控和华尔街铤而走险的冒进所造成的，学术圈根深蒂固的自大也是一个原因——他称之为一种过分乐观的世界观，这也快速影响了华盛顿和广泛领域（Krugman，2009a：36-38）。保罗·克鲁格曼认为一种根植于 80 年代的正统的经济学理论，尽管遭受了灾难性的失败，但还是可能会强劲持续。

52　　　　看起来华盛顿仍旧被一种意识形态所控制，仍旧认为政府干预无论如何都是不好的，而让私营部门自行其是总是好的。（Krugman，2009b）

　　长期持有这种观念，造成了已临警戒线的收入差距[①]，还有随之而来的财富、权力和机会日益向少数人集中，这种情况不仅发生在美国，世界范围内都是如此（Dwivedi, et al.，2007：59）。那种贪婪、自傲、滥用以及肆意妄为会跟风而起——实际情况也确实如此——它们无须像麦道夫诈骗案以及一系列广泛困扰全球的丑闻那样苦心经营（Argyriades，2006）。腐败和肆意妄为在一个"管制宽松"以及反政府论调不容置疑的世界里找到了自由滋养它的土壤和无限的生机。它表明这些现象仅仅是偶然事件，是没有明确原因的偶然突发事件。然而，它们都陷入一种模式之中，代表深思熟虑的政策选择的可预见性结果，持久而深刻地影响和改变着世界。不仅仅在经济学方面，还有商业管理以及公共行政学，这种情况是 20 世纪80 年代、90 年代的真实情况，甚至 21 世纪头十年也如此。

　　事实上，丑闻泛滥的余波时至今日还影响着世界，这让人想起了另一名诺贝尔奖得主约瑟夫·斯蒂格利茨（Joseph Stiglitz）博士的名言。他用一个比喻告诉我们：一个意外，如果发生在繁忙的交通路口，那确实就是"意外"，但是如果一两天之内有十辆摩托在这个地点出事，那就不应该再被忽视为"纯意外"。不管有的人怎么说车手的驾驶技术问题，问题根源最有可能是这个十字路口本身。相似的，公共和私人的领域都出现了严重的过失和大量腐败，其数目和类型都显示出特殊的重要性，达到了临界点就可能会暗示存在严重的系统错误。这些错误加速扩张，传播到全世界，又一次提醒我们，在这个地球村上，没有一个国家能够独善其身。腐败和恶行迅速跨越国境，很快成为大范围的流行病症（Apostolou and Thibaudoux，2007：223 - 237；Behnke，2007：11 - 36；Bowman and Claire Connolly-Knox，

---

①"保证富有者最大限度受益，1980 年到 2007 年间美国收入最高的 1% 者真实收入增长了 7 倍。但是真正的中产家庭仅增长了 22%，还不到它过去 27 年中所增长的 1/3。"（Krugman，2009b）See also *The Economist*，a 14-page Special Report April 4-10，2009，p. 11.

2008：627 – 639；de Graaf and Huberts，2008：640 – 653；Nieuwenburg 2007：213–224)。

经验证明伦理学不是在真空环境中发展起来的。事实上，这些疾病迅速传播，如此轻而易举，甚至侵蚀了那些被认为是无懈可击的机构，这应当引起我们停下来反思一下 (Johnston，2009：23)。它们迫使我们反思法律、宗教、文化和教育在两方面上至关重要的作用，一方面它们能够滋养、维持我们认为是伦理的、成功的一些行为，并使其特定形式合法化，另一方面避免行为脱离某些既定的规则。近 30 年来对政府作用的批评与诋毁削弱了公共部门的伦理基础，并且减弱了这些赖以存在的基础和制度框架，它们引发了进一步的质疑。我们要反身自问，这个趋势究竟要把我们引向何方；或者，换句话说，降低了公共生活伦理标准的制度缺陷可能下一步就将给民主治理带来缺陷。

为保持活力，民主和健全的治理依赖于受过教育的公民以及具有公民倾向、负责任、致力于实现长期共同利益的公共官员。本杰明·布莱克的宣言中暗含着一个明显的挑战。我们传递给下一代，以及公民和公仆的价值被我们选择接纳的角色模型 (role models) 和我们崇拜的英雄形象恰如其分地表述出来了，实际上这成为了他们的缩影。我们予以慷慨赞颂，或是因为宽容而默许的行为模式、性格特征以及行为最终都将广为流传。这些价值的失败应该使我们后退一步，重新考察我们的假设，审视我们行进的真正方向。

这一失败在多个领域都显而易见。这正是克鲁格曼要传递的信息。他回顾了 1929 年的大萧条以及约翰·梅纳德·凯恩斯 (John Maynard Keynes) 对大萧条原因的分析，严厉批评了他视之为"毫不重视基础的短期投机"态度 (Krugman 2009a：37)。本杰明·布莱克博士的评论中也暗含了这种担忧：长期的可持续发展对抗短期的利益。强调了文化、英雄和模范的重要意义后，布莱克提醒我们警惕重视个人财富和成功甚于重视社会福利的这种价值体系所产生的危险。作为一条普遍规则，公共服务职业化每天要执行的正是公共利益 (general interest)。如果情况并非如此，如果有大量明显的官员行为不当的事例，人们就会发觉公共服务领域，甚至社会上广泛存在着一种冷漠态度，这种冷漠态度侵蚀了政府官员的职业道德。已经被讨论很多的公共服务的腐化 (Caiden and Caiden，2002) 有很多层面的影响，最明显的是公信力的严重衰退和该职业不再吸引最出色优秀的人才。另两个值得我们注意的事实是，公众如何看待这种严重倒退以及官员对自我有何期许。毫无疑问，这两者相互紧密联系，但是归根结底，两者都回到了社会高度重视的价值观上，而这些价值观都被视为是与公共服务职业一致的。

布莱克教授和克鲁格曼两人用不同的方法，都强调了一个转变，这种转变随着时间的推移改变了相关的价值，这是社会各阶层直接或间接地归属于特定价值观、追求和活动领域的价值。事实上，他们更重视这些转变发生的方式，时常是剧烈的，但有时也是伴随问题而来，不易被觉察的。鉴于近期的事件，我们尤其要注意这一问题的两个层面。其一，前文已简要提及，支持的法律框架和相关信仰体系不容忽视的重要性。对这种重要性的忽视导致了近期发生的这些事件，直指伦理学去制度化蕴含的极大危险。另一层面同样与近期事件的模式有关，对这样一种观点提供了支持，即在最终分析里，价值的转变也是以知识为基础的。这一观点反映了希腊的独特贡献。它论证解释了尽管伦理学与宗教、法律密切相关，但是它的起源却是一个完全不同于宗教和法律的独立领域。重要的是，知识也是职业伦理——还有公共服务伦理——的基础。"希波克拉底誓言"就是一个最早的例子。职业化的漫长过程在任何一个专业领域都是从坚忍不拔的毕生追求并掌握知识开始的。相应的，这是以对自我知识的追问为前提的，或者用苏格拉底的话说，是告诉我们自己有多无知的悖论。

在《普罗塔哥拉篇》（Protagoras）中，苏格拉底和智者辩论并进行论证，就像我们会看到的那样，这在柏拉图的对话中常常出现。知识被视同于人类美德。尽管不完全是原创（Burnet，1959：69，Barker，1952：89 et. seq.），但是这一观点在那个年代还是很稀少的，需要简短的解释。"美德"在古希腊语（arête）中，并不指自我们这个时代初始就与之联系起来的那些特质，包括虔诚、道德和慈善行为。它最多包含了坚持、勇气以及天赋和才能；我们现在用以形容具有这样特征的人或产品所用的词汇应该是"高质量"。和现今情况相似，这个词汇被用以形容人以及无生命的事物（Nehamas，1998：77）。正是由于这个缘故，提高这种质量不仅被看作可能的，而且也是十分必要的。苏格拉底（公元前470—公元前399）以及他同时代的人们对此具有广泛的共识。他们的分歧在于需要精进的知识种类是什么，获取知识的途径以及——同样很重要的——知识应被用以达成什么目的。这种意见的根本分歧和分裂可以说在于伦理学作为系统性探究领域的根源（Nehamas，1998：70）。从雅典的苏格拉底开始，这种分歧持续了超过24个世纪，历经环境的变化和世界的变革。

对知识的这种看法和知识的重要性是贯穿柏拉图很多对话的一条脉络（Vlastos，1978：7 et. seq.），在《普罗塔哥拉篇》中被强化提出。其中，苏格拉底论辩道，实际上，坚毅只与智者——那些拥有深刻知识的人（tharraleoi met'epistemes）同在。在柏拉图和苏格拉底的思想中，深刻的知识（episteme）显然不同于纯粹的意见（doxa）（Barker，1952：89）。作为印象和依靠感官而产生的结果，意见被

55 认为在作出重要决定上是一个不可靠的引导，尤其是在解决伦理的两难境地上更是不可靠。在回答为什么人们应该展现坚毅品质时，意见无法给出指导。这时需要理性和深刻的知识。如果没有这样的基础，坚毅就会只是有勇无谋。

希腊人普遍认为知识是值得赞颂的，因为所有知识本身也是善的，苏格拉底对此尤其笃定。然而，在公共生活以及其他方面面对困难的选择时，理性活动者要选择正确的道路、做出伦理上的选择时，所需的批判的知识却被认为是另一种东西（Charmides，165c；Protagoras，311，312，319）。善恶的知识需要探究的方式而不是科学和艺术领域所用的方式。它需要对各种原则全面地、深刻地认知，因为只有这样，这种探究才能理解什么是"美好生活"。不同时代对"美好生活"的理解差别很大。他们由此塑造了各种不同的英雄和模范，囊括各种关于美德的不同观念。苏格拉底和柏拉图则遵循了新的方向，明显地用基于对知识的追求来断定德行

和美好生活；不是凭借转瞬即逝的直觉或突发奇想，而是凭借深刻的洞察力，这种洞察力能采取适当方式找到解决原则冲突的答案。

4.4　作为角色模型的苏格拉底

柏拉图（公元前 428—公元前 348）和亚里士多德（公元前 384—公元前 322）都认可苏格拉底的地位（Nehamas，1998：73），这支撑起了他们二人各自理论体系的精髓。然而对苏格拉底来说，通往真理的道路或方法成为他全部伦理学建构的核心。在《高吉亚斯》中，他被描绘成"除了争论本身，不同意其他任何事"（*Gorgias*；488A，Vlastos，1978：10）。苏格拉底所称的知识来自其终其一生的思辨（elenchus），它可以被粗略地理解为反思、分析、自我约束和审查（Nehamas，1998：72-79）。自我——良心的声音——出现在对话中，最著名的是《克里托篇》[①]、《斐多篇》以及他最著名的《申辩篇》中，同时作为道德最终裁判人和守护者而出现。在卡夫卡著名的短篇小说中，它是"法律门前"，在苏格拉底伦理学建构中，它则是"坚守岗位的守门人"（Kafka，1958：61）。在雅典对他的审判中，它是一种内在的声音，是他所呼唤的唯一的神明。他选择尊重这一"声音"，甚至不惜牺牲自己的生命。对苏格拉底来说，湮灭这一声音，违背他的神明必定比死亡还要糟糕。很明显，如果这样的话，必定要他牺牲思辨的正直性，解除在岗位上的守卫者。相应的，这样将会暴露他的灵魂，事实上是陷他的灵魂于危险之中，正如苏格拉底曾在《斐多篇》中说过的那样，他将这一灵魂视为最珍贵的、最有价值的、自我永垂不朽的一部分。

值得注意的是，苏格拉底之所以走向死亡，用他自己的话说，他"不是法律，而是人们"的"受难者"。他拒绝"以怨报怨，以恶制恶，破坏他所订立的契约和协议，同时对他最不应该犯错的人犯下错误"（《克里托篇》）。然而令人难忘的是，他同样拒绝沉默而赴死：

> 雅典人，我尊敬并深爱着你们，但是我宁愿服从（我的良知）而不屈服于你们。只要我还有生命和力量，我要永不停息地实践和教授哲学，劝说任何我所遇之人追随我的方式……（*Apology*，p.33）

想想说这段话的年代（公元前 399 年），它们听上去就是在呼唤正直与美德；尤其是公民美德，当然也是对言论自由和良心自由的呼唤。苏格拉底甘冒不受欢迎的风

----

① 《克里托篇》结尾，说到了这方面：

"苏格拉底：'这是我听见的好像在我耳中喃喃细语的声音，像神秘耳中长笛的声音；我说的那个声音，在我耳中发出嘈杂的声音，让我听不到其他东西。而我知道你说的任何其他事都是徒然的。说吧，如果你还有话要说。

克里托：我没什么要说的了，苏格拉底。

苏格拉底：那么就让我遵从上帝意志的指示。'"

险，拒绝运用世俗伎俩，质疑了在他看来无法通过批判分析考验的那些观念。他的风格并不是说教。在宣称知识就是美德时，更确切地说是探究的结果以及"善"的实践时，他没有假装他有所有的答案。事实上，与之相反，在《申辩篇》中，他质疑了特尔斐神谕，而该神谕宣称，苏格拉底是最有智慧的人。实际上，他认为自己只是知道他自身的无知而已。① 他把将这一观念传播给所有人视为责任，视为他一生的使命，指导他人走上研究的道路，质疑已有观念，并总是将美德放在比成功更重要的位置。他强烈要求公民同伴们：

> ……说：哦，我的朋友，为什么你们作为伟大、万能、智慧的雅典之城的市民，如此关心积累大量的金钱、荣誉和名望，而忽略智慧与真理呢。（*Apology*，p. 33）

不可否认，《申辩篇》中出现的苏格拉底是一个"圣人"和"先驱"。《斐多篇》的结尾写道："……我所认识的所有人中最有智慧、最公正、最好的人"——在此后每个时代都能引发回响，树立了人类至高的"角色模型"。在《克里托篇》、《斐多篇》以及《申辩篇》中，我们看到一个有原则的人，一个伟大正直的人，一个异常坚韧、有洞见和原创性的人，一个践行信仰的人。他是某种英雄，可能是一个反英雄式（anti-hero）的英雄，但显然是与之前数百年住在万神殿里，塑造文化与价值的人截然不同的另一种模范。如果说"有钱人"是我们这个社会心照不宣选择去崇拜的人（Blech，2008），长期以来，勇士就是公众想象中出类拔萃的英雄。这种类比毫不夸张。"马背上的人"在西方的民间传说中引人注目，在其他一些地区，也是伟大与美德的象征和范例。北美和欧洲大多数的年轻人，仍旧是听着列奥尼达斯（Leonidas）、亚历山大大帝（Alexander the Great）、凯撒（Caesar）、理查·科尔德林（Richard Coeur de Lion）、彼得大帝（Peter the Great）、拿破仑（Napoleon）或者华盛顿（Washington）的故事长大的。②

在欧洲和美国，对武士、十字军战士、征服者和帝国建设者们的崇拜达到前所未有的高度，这种情况也并不是西方社会独有的。例如，在《薄伽梵歌》中，我们发现这样的字句：

> 阿朱那，居住在所有身体里的灵魂不能被屠杀……除了考虑你的责任，你还不应放弃；因为没有什么比正义的战争更受战士的欢迎……它是通向天堂的一扇大门。（*The Bhagavadgita*，p. 66）

实际上，《薄伽梵歌》还有其他一些段落，对伟大这一特性表达了不同看法：

---

① "他，哦，人们，就是最智慧的，像苏格拉底，他知道事实上他的智慧一无是处。" *Apology*，p. 26.

② 20世纪文学，也给作为反英雄的勇士以声名。然而值得注意的是，在最近的伊拉克和阿富汗战争中，古希腊戏剧在这方面的关联——以及尖锐——才被消除。当然，不是目中无人，战争施加的心理伤害以及很多勇敢的英雄引起正直的丧失都是古希腊悲剧诗人探索的主题。See Healy, 2009: C 1&5.

美德的代表：	伟大的人所做的任何事，一个平凡人同样也能做；不论他树立起什么标准，大部分人都遵守着同样的规范（op. cit. p. 93）
宽大；无私：	他履行自己的职责，不求回报，是一个托钵僧（Sanny asi）……"（op. cit. p. 137）
自制：	对于那些脱离了欲望和愤怒的智者，那些升华了自己思想的人，永恒的平静之所，无所不在。（op. cit. p. 135）

很明显，整个世界中，我们时常遇到势均力敌的多种价值观间此消彼长的较量。尽管互不兼容，它们还是提供了各种各样的伦理观点，而且归根结底，为社会提供了关于美德和美好生活的相互竞争的模式（Argyriades and Dwivedi，2009：76-80）。它们促使一些对立观念彼此竞争，个体的人与集体中的人对立，思想家和哲学家与那些"行动家"对立，建设者与和平缔造者与战士和征服者对立，全球主义者以及理想主义者与那些关注此时此刻的现实政治人物对立。这种拉锯战还在进行，促成了本杰明·布莱克的最新评论，在他看来，个人私欲得不到满足以及对金钱创造者的英雄崇拜将产生长期影响，对此他表达了深刻关切。

　　和布莱克博士没什么不同，苏格拉底同样谴责了他的雅典同胞花费大量精力去积累财富和追求物质成功的倾向，相较而言，他们花在精神充实和智力追求上的精力太少了。考虑到他贯穿一生所展现的对城邦的忠诚和具有的公民责任感，即便是在极端情况下也不例外，那么认为他在《申辩篇》或是《斐多篇》中表现出来的是对公共福利或是城邦伟大性的漠视，是一种错误的解读。没有任何证据可以证明他因为价值观之间严重的冲突而转移或是放弃了对城邦的忠诚与责任，更不要说其无条件的"拯救灵魂"的天性。事实恰好相反，苏格拉底在公众审判之前为他的案子做了辩护，但是没有获胜，此后为了不违背城邦法律，他拒绝出逃。一致性（consistency）是他捍卫的标准，而不寄希望于永恒的救赎。几个世纪以后，对末日审判的恐惧将重振死后有来生的宗教信仰。对于苏格拉底来说，美德就是它本身的赏赐，而不是对天堂的投资。在加尔文主义的伦理中，如韦伯和吉登斯（Giddens）所写的那样，自治（autonomy）和自由需要付出代价，即"空前的内在孤独"（Giddens，1971：128）。远不同于修道院式的隐退，应该说恰好相反，对美好生活的追求需要"紧张的世俗活动"和"一贯的有原则的生活……不是单一的善行，而是善的一生，融合成一个统一的系统"。对苏格拉底而言，完整的责任和个体的自律取代了后来出现的"从恶到忏悔，到赎罪，到救赎，再到新的恶的循环"（Weber，1967：117）。

　　苏格拉底和柏拉图以及亚里士多德的分歧在于，他在美德与知识之间建立了因果关联以及对于知识与探讨的重视。苏格拉底一生所体现的连贯性（coherence）与一致性，是柏拉图的伦理学建构中的基本美德。这些建立在一个前提之上，即理性与认识（而不是本能或情感）才是关键选择所需的，因为单凭它们就能够引导意志作出正确的行为。如我们所见，知识在这方面起到了关键作用。它严格的诉求，包括对"自我知识的探求"（gignoscein auton eauton），在柏拉图看来，引导我们自

58

制，使掌握知识的人能够负责任地、适当地运用全部知识（Barker，1952：124－125）。它由能力建设开始，这是柏拉图和苏格拉底高度重视的，能力建设是为了能区分真正的知识和无知，而由此可以知道自己的局限之处。这可能引导人们发现所有科学的最高点，而柏拉图和苏格拉底认为，这就是知识的目的以及对所有其他学科的应用。

认为知识总是寻求"善"的观念始终位于柏拉图和亚里士多德思想的核心。它像一条主线贯穿于他们全部哲学著作之中。它支持了他们对"主导技艺"（master art）的探讨，就是：

> 规定城邦中应该学习哪种科学，哪类公民应该学习什么，学到什么程度；我们甚至看到最尊敬的能力也来自于此，比如战略、经济、修辞学……既然政治学运用［这些］科学，［它的］目的就必须包括其他那些的目的，因此，［它的］目的必须对人们来说是善的。（Aristotle, *Nicomachean Ethics*，I.2）

类似的观点还出现在亚里士多德的《政治学》开篇中：

59

> 每个城邦都是某种共同体，而每个共同体都建立于某种善的观念之上：因为人类总是按照他们认为的善去行动。但是，如果所有共同体都以善为目的，那么城邦或政治共同体，它们中的最高层次，包括了所有其他（共同体），追求的就是比其他任何共同体都更高程度的善。（Aristotle, *Politics*，I.1）

它的中心目标以及无所不包的范围阐释了政治与伦理学的紧密联系。事实上，对于亚里士多德和柏拉图来说，二者之间结合的地方就是对人来说善的东西，是对"美好生活"（幸福伦理学①）的追问。而他们同样也说明了其重要程度，尤其是柏拉图，他将它与研究这种科学最高点联系起来，并说明它是治理中的专业知识。尤其是在《理想国》里，通过对正义的追问，很大部分读起来像是训练统治者的手册（Book VII，521c-541 especially）。如果整体目标没有被发展成为能够作出符合伦理的、正义的长期判断的批判选择能力，那么它高度精确的特质以及对抽象研究和数学的强调将不是合理正当的。在他的《政治家》中，柏拉图更倾向于实践。他看重工作经验，这个观点是他与他的学生亚里士多德所共有的。然而，柏拉图就治理所作的编织的隐喻充分展示了目的单一性、连贯性与一致性的重要，而这些正是伦理的核心。

几乎无疑的是，雅典人柏拉图以及斯塔利亚人②亚里士多德都十分看重伦理判断，这反映了伯罗奔尼撒战争痛苦的后果给雅典民主制所带来的深刻危机有多么严重。这场危机的特点是，各种毫无节制的决定，时常带来灾难性的结果。我们都知

---

① 原文为 *eudaemonian ethics*，*eudaemonian* 指由理性的积极生活而带来的幸福。——译者注
② 斯塔利亚，一个马其顿城市，靠近希腊的萨罗尼加。——译者注

道，作为公民大会一次决策会议的主席，苏格拉底就拒绝合作通过一项决议，他认为这项决议既不公正，又有误导性（Barker，1952：86）。还有，他和柏拉图都对投机主义感到震惊，该主义的标志就是通过被称为智者的收取费用的咨询师和训练师，来对知识进行分配，对美德加以指导。苏格拉底称，智者是"一个售卖商品（数学因素①据说可以滋养灵魂）的商人或小贩"，他（智者）夸张地称赞自己的产品，毫不顾忌它们究竟是好是坏（Nehamas，1998：79）。

要将这种行为与现今我们社会的行为模式进行类比，或是发现后培里克里时期雅典的混乱状况与影响当今世界的低迷状态之间的相似之处，都不是什么难事。在那时和今天，由于公共生活中出现萎靡不振、腐败和投机主义现象而对伦理重新关注，重新认识伦理在政治以及治理中所应扮演的角色，都是绝非偶然的。尽管自柏拉图与亚里士多德时代以来，很多事情都发生了变化，但是没有什么能够改变他们 *60* 的方法和思想的重要性。从根本上说，他们将政治革新视为"教育你的主人"的明确前提，而这也是系统地、严格地而孜孜不倦地对知识进行探讨，以及对伦理本质进行探讨的原因。

我们同时代一位批判的观察者以类似的方式谴责了部分是由于学校和教育机构失败而造成的伦理急剧下滑倾向：

> 没能够更新崇高的政治科学的观念（Collini et. al.，1983），没能为 21 世纪的治理提供指导，它臣服于潮流，膜拜市场，在面对政治品质大幅下降时又消极无为。（Dror，2001：31）

4.5 政治与公共生活的规范化基础

明显和柏拉图类似，德罗尔（Dror）从政治和公共部门伦理广泛的结合处入手，寻找着走出危机的答案和方式。他号召我们要"重新肯定政治和治理在负责集体选择时的首要地位，并且提供一个规范化基础使〔他们〕能够实现 21 世纪需求条件下〔他们的〕使命"（Dror，2001：31）。用对"规范化基础"的探求支持主要公共利益决定性决策中"政治和治理的首要地位"，也是公元 4 世纪时雅典所关注的问题，毫无疑问，它们肯定也是今天公共生活中所关注的，不仅在国家层面，而且在国际层面。

希腊的黄金时代被长期的内战和自我怀疑所取代，最终导致大部分城邦生活明显的衰退。20 世纪 70 年代末以及最后几十年间，由政府主导的像联合国这样的国际组织所推动的一个创造、重建和发展的时代，以一种类似的方式让位给一场反革命，不管这场反革命还提倡什么其他价值，至少公共福利不再优于个人财富。由里根和撒切尔夫人（Margaret Thatcher）开始，对政府严厉的攻击开启了长久持续的

---

① Mathemata，可教可学的东西，译为数学因素。——译者注

"国家的空心化"（Harlow，2001：6）以及"侵蚀公共服务"（Caiden and Caiden，2002）进程，而那仅仅是个开端而已。显而易见的是，作为新自由主义思维的衍生物，一场再造运动席卷美国以及世界范围内的新公共管理领域，挖空了民主制度本身①以及"公共"不同于私人领域的所有重要观念。"公共产品"和"公共利益"也被破坏，实际上常常被看作虚构的或是无关紧要的东西而被遗弃（Clark，1998：109 et. seq.；Dwivedi, et al.，2007：121）。

社会不复存在。玛格丽特·撒切尔夫人这么说，她可能说对了。反革命活动确
61 实造就了一个强烈的自我关注于个人成功和物质富足的状况，通常无视其对作为一个整体的社会以及世界所造成的后果和影响。麦道夫欺诈案是最近的、最惊人的公共丑闻，但绝不是唯一的，它体现了一种不仅控制着经济生活，也控制着公共生活的精神状态。它被充分地描述为：

> 从共同体利益价值取向的集体道德转向个人利益价值取向的个人能力道德（自我主义伦理；Rokeach and Ball-Rokeach，1989），从而形成了方法论和基本的心态……即支持财务成功是唯一要考虑的价值，推广那些立即生效的短期方案，完全无视从长期看它们可能会给机构或社会整体中的其他成员带来问题。（Kakabadse, et al.，2003：479）

我们把它称之为"革命"或是"反革命"，总体而言，是因为它试图取消战后最初 30 年的成就，最终攻击这些成就得以成立的价值观和美德——责任感的美德和包容、公平、责任、世界团结的价值观。事实上，在对凯恩斯的疯狂的攻击中（Krugman，2009a），新自由主义运动和新公共管理试图扭转已持续两个世纪的潮流，取消它留下的遗产和一系列改革，这些改革的根源可以追溯得很远，甚至回到启蒙时代。北美和欧洲，甚至其他各大洲的法规（état de droit）都根源于这一传统，它带来法治和正当的法律程序，19 世纪晚期以及 20 世纪初的公共服务改革，行政国家，甚至是联合国及其下属各机构的建立，开启了随后的多边治理。去殖民化和《世界人权宣言》（1948）都属于这一多边主义和民主人道主义传统。几乎没有什么迹象显示新自由主义思想家和新保守主义者的大部分敌意同时针对社会福利计划和战后多年的国际精神（Argyriades，1996a，1996b，2001，2006）。

有一本著作的名字显示了这个方向，即福山（Fukuyama）的《历史的终结》，它出现在苏联突然解体之后不久。书中指出，1989 年到 1993 年发生的一系列事件终结了一场意识形态斗争，也耗尽了 20 世纪思想家和实践家的注意力（Argyriades，2006a：160）。与这一路径相一致的是，作为整体，人类出乎意料地进入了一

---

① See David H. Rosenbloom, "History Lessons for Reinventors" in *Public Administration Review*，March/April 2001，Vol. 61（2）pp. 161-165. 与众不同的是，罗森布鲁姆总结道："重新发明的关键文献被深深地湮没了。完全不清楚重新发明者是否知道他们在发明什么……民主制度的观念和它与行政管理的关系被模糊了。他们号称支持民主价值，但是却不贬低选举、代表制度，以及管理决策中代表、参与、透明和公平的法律要求。"

个"转变"的时代，属于过去的都被认为是过时的、彻底消失的（Hughes，1998：242）。当然，与此同时，未来全球繁荣的愿景对大多数人来说还是一个遥远的海市蜃楼。

尽管有一种终结过去的氛围，但 20 世纪最后几十年还是充满不定的一段时间。世界各国冲入一场危机之中——既有道德的也有经济的；这是 1928 年以后世界经历的最深刻的一场危机（Zakaria，2009：38）。现在，世界各国领导，包括戈登·布朗在内，在 G20 连续会议上签署过华盛顿共识（Stiglitz，2002），并通过它的"自我规制"，希望这个时代能走向终结，并最终成为过去的事（*The New York Times*，2009：A1 & 9）。然而，多年来世界上大部分的政府核心机构遭受破坏，要达到新的平衡，让伦理重新回到它应有的公共位置可能还需要一段时间。

新自由主义平台和新公共管理改革一个引人注目的层面是去制度化；换句话说，是解除或大幅削减代表过去几十年合法性的制度框架。最显而易见的是，它以"4D"（去中心化、去官僚化、缩小规模和放松规制）的形式出现，在很长一段时间内，这些被奉为新自由主义教义中的公理（Fraser-Moleketi and Argyriades，2009）。而且，在其价值等级体系中，管理学给予"3E"（经济、效率以及效用）首要地位（Harlow，2001），实际上，这必然会使其他重要价值降低等级。经济学标准大行其道，它们使用工具理性，事实上意味着，只要是"支付"了或是生产出希望的结果①，任何方式都可行。道德疑虑被看作恶心的，或是胆小的；毫无疑问，那些疑虑无法在"现实世界"中实现。

无须去强调它，用新霍布斯主义的术语来说，"外面的世界"是真正的丛林，只有适者能生存；一个充满着个人主义的世界，被经济的、贪婪的、自我中心主义的、捕食者的、争取最大利益的倾向驱动着。在这一方面，政府部门和私人部门没有多大差别。"这场改革传统中处在政府一方的，都是一个个利己主义者，纯粹为了他们自己的所得"（Stillman，2003：33-37）。"政治、商业和政府管理之间的亲密无间"（Newland，2007：35）进一步恶化了这种态度。它得出结论，认为已经该顺应新的全球形势了。用"新"对抗"旧潮流"（Boyne，1996：679），新公共管理学认为"政府不仅应采用商业管理的技术……也应采纳商业的价值"（De Leon and Denhardt，2000：89-97）。除此之外，"现代性"要求一个伦理层面。用摩尼教的话来说，世界一分为二，分为两个敌对阵营：进步的力量，当然，还有"蒙昧主义"的势力。

借助于新的、欺骗性的词语，模糊边界、公共空间市场化大行其道。"企业管理"受到老生常谈式的赞颂；"受规则约束的行政"由于没有与时代保持一致而立即被拒绝了（Osborne and Gaebler，1993）。商业术语侵蚀了公共空间，废除了更为节制和警醒的旧时代风格。改革的语言充斥着"创新"、"变革"、"战略方向"、"增长"、"最佳实践"、"授权"和"共同治理"这样的词汇，所有这些都在暗示着更佳的途径（Argyriades and Dwivedi，2009：82）。充斥着导向性解释、简短论述

---

① 法语同义词是"Pourvu que ça rapporte"。

以及各种口号，市场的术语涌入公共文件，破坏着一切自我节制的要求，当然也破坏了自治的程度，甚至也破坏了公共领域和私人领域本应有的距离，而这一距离早已存在于法治、合法程序和公共服务专业化的源头（Argyriades，2008：199—215；1996：46 et. seq.）。

而且，再没有什么比新公共管理的语言更模糊两种部门之间的界限，同时又将公民同化为消费者的了。新公共管理的专家们孜孜不倦地推行外包和私有化。他们所预测的市场化隐喻（market metaphor）对公民身份核心的基本权利认知不足，而只让购买力和金钱关系支配消费者与市场的关系以及进入市场的通道。甚至在这条路上越走越远，将公民误解为客户，弱化了政府——事实上将其等同于服务供应者——以及政治程序，后者基本被简化为在产品公开采购过程中的某种竞争性的招标过程。当然，德罗尔关于这个问题的看法也是有道理的，他认为迎合市场以及从私人部门实践得出的错误推论可能就是时下政治和政府管理的大部分困境的根源所在（Dror，2001：31）。

4.6　理性、衡量与责任

欺骗性运用语言、夸张手法甚至顾问式销售可能在其他一些领域是可以被接受的，例如广告，然而对于公共部门的活动来说，这些是完全不适当的，这里需要更高阶的标准。在太多的案例里，被当作"实用主义"而加以颂扬的，最多不过是投机主义。这肯定不是什么新发现。我们生活在一个变革的时代，以一些核心价值的明显不确定为标志。一系列重大丑闻——麦道夫诈骗案和其他案例——表明，在大部分的公共生活中存在一种深层困境，即明确的标准缺失，让位于"什么都行"。我们可以假设，苏格拉底在其晚年和他的同时代人有过类似的感觉，经历了同样的困境：日益加剧的价值低迷和危机；事实上是道德真空。面对这样日益加剧的危机，他认为普遍的困惑被煽动者和智者巧妙地利用了，柏拉图的《苏格拉底的申辩》采取了应对行动，《对话集》就此产生。不论是内容还是形式，柏拉图的《对话集》都是对严肃探究的呼唤，追问确定性和定义。"什么是正义？"什么是美德？什么是知识？什么是真理？这是号召城邦同胞回到绘图板前（重新思考），也是对他称之为观念"小贩们"的斥责，他们不加辨别地宣扬各自的货物，毫不顾忌产品本身的价值（Nehamas，1998：79）。我们不难理解苏格拉底，他的评价也适用于我们这个时代的那些小贩们。

或许可以质疑这些对话——从柏拉图到亚里士多德的伦理建构——是开在沙漠中的花朵。正是随着后培里克时代衰退和之后城邦生活的内乱而来的道德空白，造成了一些尖锐的问题，撼动了古代信仰体系的基础。道德哲学诞生在伦理无法像过去一样牢固扎根于古代法律和宗教之际（Sir Henry Maine，1950）。它们的优先力量已经不复存在。苏格拉底在死前要求克里托不要忘记帮他偿还他欠医神、阿波罗之子阿斯克勒庇俄斯（Asclepios）的一笔债务。"我欠一只公鸡"，苏格拉底在死前告诉克里托（《斐多篇》）。传统主义者苏格拉底号召尊重城邦，遵守它的法律。在《克里托篇》的末尾，这些被人性化和被描述成好公民的教育者和导师，教导大家如果其他全失败了，也要完全服从（Jowett，2004：58，128）。另一方面，当发现传统与理性和道德相违背的时候，他毫不犹豫地将传统抛到一边。在其他篇章中，尤其是《理想国》中，苏格拉底常常对《伊利亚特》和《奥德赛》某些章节所提倡的智慧提出怀疑，尽管这些智慧在希腊世界中作为价值的主要源泉已被人广泛接受。

对对与错的研究逐渐断开了与旧传统的联系。从它在历史、宗教、习俗和法律中的扎根之处分离出来，伦理就足以深深改变它实质和方向的方式被重建。柏拉图和亚里士多德开始了将伦理作为学术研究的传统，将伦理牢牢根植于哲学和政治学领域，将理性树立为它的航行工具和追问可信问题时的基本方法。理性而非启示，探究而非信条，辩论、交换观点以及批判性分析而不是智慧大师的主观武断，成为通往知识和真理的道路。知识成为对仅由理性带来的确定性和合法性之断言的基础。和马克斯·韦伯所说的宗教改革运动所带来的最终结果是信仰世界的幻灭类似（Weber，1967：115-117），苏格拉底在伦理学和哲学上的革命绘制出一条线路，它在众多相关领域产生催化作用。久而久之，它对法律与社会科学，甚至对宗教产生了影响。它假定了一种需求，实际上是提出质疑的责任和方法的重要性，而这种方法是获得显而易见的证据的途径；这种需求替代了既定真理，通过习俗和传统流传了几个世纪。

显然是苏格拉底拒绝妥协使得质疑道路的分歧变得戏剧化，尽管如此，残余的张力还是存在的。这些必须被确认。久而久之，这成了理性与传统之间的对立，也是个人与共同体之间、大众的意见（vox populi）和专家权威或是法律之间的对立紧张。几百年后，这些成了伦理困境的显著特征，不断重现，不仅吸引注意力，还引发激烈的讨论。各种事件和环境不断地提醒我们要试着去调和：

- 有道德的行为和追求个人利益。
- 自我约束与克制和对荣誉、激情的要求。
- 服从命令或顺从指导与发自内心的坚信。
- 服从的界限和对家庭、国家、机构的忠贞。
- 国家理由（raison d'état）和人的理由（raison d'humanité）（Dror，2001：84 et. seq.）。
- 绝对律令和著名的论证"只要目的合理，可以为达目的不择手段"。

几乎整个世界都是如此，伦理体系的数量与美德的贫瘠程度相当，过去尤其如此。苏格拉底就是其中之一，他一生贫困，靠朋友和学生来维持自己与家庭的生计。追求俗世中的财富在一些宗教教义中是被严厉谴责的（Matthew 6：19-25），但最多的是对贪婪和嫉妒的谴责（Lev. 19，1-4，9-18，32-37；Deut. 5：18）。在犹太教中，施舍被奉为圣举，事实上等同于正直，在伊斯兰教以及基督教所有分支中也是如此。历史地看，禁欲主义在世界上的某些地方得到支持，而一些修道士命令教徒继续就贫穷、贞洁和顺从宣誓。然而，无须特别指出的是，一般来说人类从未遵从这些标准，在我们的时代没有，在过去那些还持有这些价值标准的年代也没有。然而，就像针对现今大规模的危机进行的讨论所体现的那样，总体来说世界谴责极少数人占有过分的财富，而损害大多数人的利益。总体来说，它不赞成为某些人获得短期利益，而牺牲作为整体的社会的未来繁荣。一般来说，人们一致赞同某些人追求自我利益的方式和范围超出了所有可接受的界限。麦道夫欺诈案因为数额巨大而与众不同，它的不公平、不正当却没什么特殊之处。在这些方面，它绝不鹤立鸡群。从安然公司、安达信会计师事务所、世界电信公司和帕玛拉特（Argyriades，2006a：161）到近期的巨额洗钱和买卖人体器官（Rosenblatt，2009：7），从喀布尔到关塔那摩湾，我们需要重新确定多少是太多，哪些底线不能跨越，以及在21世纪，哪些需要被人类整体看作道德的（fas），哪些被看作不道德的（nefas）。①

我们生活在全球化的世界中，犯罪、虐待、腐败以及对纯粹由于错误行为而造成的政府"压倒性"权力的过度使用，跨过了国界，给成千上万无辜的人们带来物质伤害，也给脆弱的道德感情造成伤害。一味地谈论"附带损害"，意味着尊重生命，这提出了悬而未决的问题。联合国在调查加沙短暂的交战状况时发现，双方的过失行为可能接近犯罪。然而，它也指出：

> 某方有意的不对称攻击，旨在打击、羞辱并恐吓贫民，彻底削弱当地经济、工作能力和自给能力，强加给对方持续增加的依附感和脆弱感。（quoted by MacFarquhar，2009：A1）②

毫无疑问，在经济活动中，如同在战争和国防事业中一样，需要严格的国际标准，并且必须采取可信的执行方法。然而经验证明，此事进展缓慢，而且发展严重不均衡。关于战争，纽伦堡审判和日内瓦协议划定了基本指导方针，它们体现了约束联合国各成员国的国际法条款。然而，遗憾的是，它们被有选择地执行。在经济领域，20世纪80年代开始，有一股放松规制的潮流，它取消了应有的界限，连过去很多年辛苦建立起来的、旨在为贫穷脆弱提供缓冲以抵抗权力滥用的法律界限也被清除。然而，大规模的放松规制未作他用，而是被用来侵蚀渐渐消失的顾虑——那些大萧条遗留下的遗产和"二战"后仍旧记忆犹新的经历。前文提到过的一系列丑闻表明对原则和伦理基础的双重侵蚀造成的不可避免的后果十分严重。

我们需要以某种形式重新把握节制、理性、和谐和责任，这些观念代表从柏拉图到亚里士多德，以及孔子的古典哲学遗产，甚至是精髓。孔子的"中庸"被定义

---

①　伦理作为边界设定，而美德行为则是克制或节制，体现在对边界或是规范限制的遵从——尊重特定界限，哲学家阿尔贝·加缪（Albert Camus）到古希腊思想中找寻根源，以另一种方式强有力地表达出来："对于希腊人来说，任何活动均具有先存价值，这些价值明确界定了任何活动的范围……然而希腊人从未说过界限是不可逾越的。他们承认界限的存在，并认为胆敢超越界限的人必会遭到无情地打击。当今历史丝毫不能否定这些价值。"（Camus：1954：112—113）

②　2009年10月20日，《纽约时报》报道了联合国人权委员会于2009年10月16日投票表决"支持一项揭露加沙战争罪行证据细节的报告"（*The New York Times*，Tuesday, October 20, 2009, A4）。

为与希腊"黄金分割"观念相应的道德秩序（Bendix，1977：123；Perenboom，1998：234-260；Yutang，1966：104-134）。用亚里士多德的话说，"美德在于中道，在两种恶之间：不足和过分"①。伦理与平等，当然也有社会正义，暗中促进了国家和国际两个层面的节制、和谐和团结。有理由相信，过去 30 年里这两个层面都是流行的经济学理论的受害者。约翰·罗尔斯（John Rawls）的《正义论》中有段话佐证了这一看法。它关注分配正义：

> 功利主义正义观的一个显著特征是它并不直接关注满意的总量在个体之间如何分配，就如同它也不直接关心一个人如何分配不同时期的满意度。这两种情况中的正确分配都是产生最大化效果的那个。社会必须对它满意的方式进行分配，不论它们是什么，权利还是责任，机会或是优先权，以及各种形式的福利，以此来达到最大化效果，如果它可以的话。（Rawls，1999：23）

4.7 社会正义，团结，和谐……和灵魂

"社会必须分配……"，这是一个引人注目的原则表述，在激进保守主义者所处的世界中，仍有可能在一些地方激起尖酸的回应。它要求分配正义，以及赋予政府适当的权力来执行分配。可惜的是，在过去几十年对"大政府"的猛烈攻击下，这项功能已经消失了。今天，它有了新的国际层面，使得分配这项任务更加复杂，肯定也更具挑战性。伦敦政治经济学院新成立的非洲发展系的第一任主席说，它呼唤国际治理的新手段和协同一致的努力去创造更加稳定的国际经济环境。然而在大多数个案中，这看上去像一桩东拼西凑而成的事务：

> 改正行为的意见提供了一个还没有经过基本分析或挑战的体系。如果确实执行建议，那么对分配正义和社会政策的质疑必然成为关于发展的讨论的核心部分——不单纯是在现存经济政策不足时修修补补而已。（Mkandawire，2009：7）②

重新思考全球治理是国际行政科学学会（IIAS）所资助的最近两卷研究的目标和关注点。然而，二者都指出，全球治理在最近 30 年中遭遇了对政府的敌意，以及国际事务的单边主义（Fraser-Moleketi 2005；Pagaza and Argyriades，2009）。上文所引的罗尔斯的话提醒我们，分配功能有一个个人的层面，也有一个社会的层面。政府和个人如何管理这一分配功能——他们如何在时空中分配利益——具有一种伦理本质的重大含义，在政府层面它决定政府在何种程度上要积极维护长远的未

---

① "Mesotes Duo Kakon"，Aristotle：*Nicomachean Ethics* Ⅱ，6.
② 作者意义重大地补充道："从 70 年代中期开始的 20 年，在学术圈和政策层中发展经济学的状况并不令人羡慕……这段时期，发展经济学这一学科被迫从经济系、发展财政机构和期刊中脱离出来。先行者被迫进入守势，他们避开了为干预主义和失败的政策战略提供智力支持的指责，同时也被认为具有不重视市场作用的特征。"

来（例如，想想气候改变），而在个人层面上，它允许自我实现——这是亚里士多德和康德所支持的目的论观点（Rawls，1999：22，224-225）。①

苏格拉底从两个截然不同的角度有力地表达了一种相似的观点。在《克里托篇》里，他最后注意到"［他的］耳边喃喃细语的声音，像神秘耳中长笛的声音"。这个声音迫使他"远离无知，它是恶的承受者，而不是主使者"，"不破坏协议和契约"②。在康德的大多数论述中，这种内在的声音命令他不要越矩，不要开创不好的先例，使得它为他人追随，而置更重要的公共利益于危险之中（Jowett，2004：57-59）。在《克里托篇》中，苏格拉底是法律和公共利益的捍卫者，而在《斐多篇》中，他则为他所选择的路线提供了额外的论证。他认为，一个越矩的行为可能与他的身体相适应，但是会对他的灵魂——他的自我中不朽的部分——造成更严重的伤害。

> 因为死后……每个个体的魂魄——活着的时候属于他，引领他去死后接受审判的地方，在那里他跟着引路者去下面的世界，这个引路者引领他从这个世界进入另一个世界……［此后］在多年之后，另一个引路者将再次将他带来。（Jowett，2004：118-119）

这可能是希腊世界最早的转世学说的暗示？苏格拉底的话暗示越矩会伤害行为人更甚于伤害行为的受害者。由此，它预示了康德的观点，即越矩损害了我们自己的自我价值感，并伤害我们的自尊。在苏格拉底和康德看来，道德行为"产生于……渴望最完整表达我们是什么或我们能是什么的意愿，也就是……具有自由选择权的理性动物"（Rawls，1999：225）。这是最早对自治观念的表述，苏格拉底对正确行为的辩护和索福克勒斯（Sophocles）的《安提戈涅》（Antigone，449—457）一样，很少涉及对上天指令的遵从，或是对神的惩罚的恐惧。相反，这是理性自由个体选择"对最好的自己诚实"。

很久以后，在诺斯替教和早期基督教教会的影响下，灵魂和永生的概念在各种不同的语境中都占据了全部道德讨论。正确的行为成了对神的戒律和教会指令的顺从。对永生的渴望与对地狱的恐惧并存，成为"做必须做的事"的重要动力。对天堂和地狱的想象引导着信仰的脚步，灌输了对"命定力量"的敬畏与服从。然而，值得注意的是，中世纪对"恶"、越矩和错误行为的重新定义，与古典时期的思想，特别是亚里士多德的思想相辉映。例如，在但丁的《地狱》中，"圈"——惩罚的层次——深受亚里士多德对恶的划分的影响，尽管也有些观念是来自于西塞罗（Tiller，1966：303）。

从古希腊时期开始的伦理学的世俗化最终被证明是一个缓慢而混乱的过程。在

---

① 见《尼各马可伦理学》（*Nicomachean Ethics*）开篇："每种技艺、每个追问以及相似的每个行为和追求都被认为旨在获得某些好处；而由于这个原因，善被宣称是所有东西都意指的东西。"Book 1.1.

② 孔子对"性格力量"的定义有着相似的论调："耐心点……准备去教授，不要以恶制恶，那就是性格力量……这是道德人的理想之地。"Lin Yutang, *The Wisdom of Confucius*, p. 107.

中世纪，通过柏拉图和亚里士多德，苏格拉底的思想对伦理学和哲学仍旧发挥了重要的影响，尽管宗教明显拥有更大的势力。基督教肯定是这样的，犹太教和伊斯兰教的情况也如此。阿维洛伊（Averroes，1126—1198）、迈蒙尼德斯（Maimonides，1135—1204）和圣·托马斯·阿奎那（St. Thomas Aquinas，1225—1274）可能都可以算作亚里士多德的学徒，他们致力于使自己的方法和理性与宗教戒律相适应。尽管伦理学、宗教学和法律逐渐分离开来，但它们在很多方面仍旧相互影响。不能忘记的是，随"摩西律法"而来，宗教戒律、道德法则和法律长久以来是合而一体的。而且，法律涵盖很多方面的规定，如祭祀仪式和寺院维护、统一的度量衡、及时偿付债务，并且还要体现对父母兄长的尊敬、保护弱者、谴责贪婪。事实上，《摩西五经》讲的事实，加以必要的变更，就是雅典、斯巴达和罗马法律体系的真实情况，它们神秘的立法者忒修斯（Theseus）、莱克格斯（Lycurgus）和努曼（Numma）据猜测有半神的起源和特质（Argyriades，2001a：63）。法律的"去神秘化启蒙"逐渐打开了重新理解和不断重复注释它们所需法规和戒律的道路。伴随这个过程的是学者团体的崛起以及文献总体的提升，这确保了进步和由此而来的稳定的提升，并确保这些非常古老的文本始终不被忽视（例如犹太人的《犹太法典》）。

　　最根本的，我们要始终牢记，这些法律最初被认为是团体成员行为适当的法则，用以维护团体内团结、凝聚力、和平与和谐。保险起见，它们被扩展到"在营地中间的陌生人"（Deut. 29.9），但是并非无所不包。另一些标准是针对团体外的成员。"借给外邦人可以取利，但是借给你弟兄不可取利……"（Deut. 23.20）。在整个远古时代以及公元纪年开始的年代中，本邦和外邦之间有着根深蒂固的明确区别，这种现象与宗教戒律和法律之间缺乏明确界限的情况并存。法律、宗教和伦理互相交织，它们共同的功能之一就是划定被许可行为的界限，还有团体成员对其他成员的期待。对共同体深深的信念和对团结的强调，造成社会契约论的缓慢发展。就我们所知，这些契约理论在文艺复兴之后产生了极大的影响，这一影响持续到启蒙时代。它们以自己的方式提供了崭新的视角，国家和社会成为人造产物，人成为自由个体，实证法成为对普遍意志的表达（Argyriades，1982：39）。它们对伦理学作出了新的阐释。

　　整个古代世界中，没有其他什么如现代公民概念和相关的国家领土主权观念如此令人陌生。除了不同民族、宗教和文化在希腊和罗马帝国时期的混杂状况，几个世纪以来各个共同体一直遵守着各自的法律。几百年来，它们的成员一直按照民族体（politeumata，如法律和伦理体系）生活，在国外游历时也仍旧虔诚地保持民族体特征，作为他们是其团体一员的标志（Argyriades，2001a：65）。当然，也存在渗透的情况。在不同种族和文化混杂中也有侵蚀因素产生效力。要在从属不同团体的多种相互冲突的体系中作出决断的需求促使了国际法（jus gentium，即国家之间的法律）的诞生，那是我们现在国际法的先驱。

　　然而，正是对伦理学和哲学起源的分析思考及对理性的信仰带来了人的社会（civitas humana），即人类本质的统一体的概念。本质上，斯多葛学派思想的影响，从芝诺（Zeno，公元前 335—公元前 264）到马可·奥勒留（Marcus Aurelius，公元前 214—公元前 275），人道的观念被添加了新的层面，具有争议地成为有关伦理讨论上的新方向。它影响了自然和自然法（jus naturale）观念。这解释了它们从斯多葛到卢梭，从我们时代的开始到革命年代，在 18 世纪末及以后所获得的重要性。我们将这个观念归功于人权概念、基本权利概念，这些权利被加入《世界人权宣言》（1948）中，后来又在里程碑式的联合国《千年宣言》（2000）中得到重申。它们对社会福利项目和治理中伦理学地位的鼓舞值得我们铭记在心。

对伦理学的探索首先发生在牢固的共同体中。如亚里士多德所解释和文字所暗示的，道德判断和行为很大程度上是习惯和社会化的产物①，考虑到这个事实，我们对上面的情况就不应感到惊讶。而在《诗学》中，亚里士多德清楚地表明伦理学在作出决策和道德选择②的时候彰显出它自己。亚里士多德的这两句格言强调了从被看作文化渗透产物的纯粹条件反射演进为涉及运用批判性判断和个人责任的理性决断的过程。

苏格拉底的例子反映出，这样的决定常常会与大众的意见相悖，也会违背法律规定和统治者的命令。在苏格拉底的审判和苏格拉底之死中，我们发现了良心的声音，而不是习惯或传统；发现了个人责任，而非对命令的盲目服从。这展示了一条通往原则之路，明显地超越了自我保护的本能。在超过 24 个世纪中，整个人类见证了无数自我牺牲的例子，以及在面对可怕风险和自身与家庭受到威胁时不屈不挠的例子。战争和残暴的统治总让人联想到危机状况的普遍根源，召唤人们作出痛苦的抉择。另一方面，苏格拉底的审判和苏格拉底之死，如同现在世界范围内公共生活中出现的大小事件一样，可悲却毫无意外地暗示了最难克服的事情，令人遗憾的，仍旧是投机主义、贪婪、对权威和群体观念的谄媚。

"对权力说出真相"的人以及那些为数很少的公仆中极好的模范——不管是被选举出来的或是被任命的——有勇气这样做，他们强调并用事例说明了那些饱受批判的两难困境，即便是在受法律约束和条件相对常态的国家里，专业人员也受到这些两难问题的困扰（Feeney and Kingsley，2008：165－176；Mulgan，2007：569－586；Pfiffner，2003：252-269）。他们提醒我们为我们所信之事"作证"的责任：当事情在我们的周围，在我们的眼皮底下发生的时候，我们应该"立场鲜明"，而不是"掩盖"或"规避"它。作为失当行为的共谋，逃避责任，显然在各个方面都很少受到谴责。如今，人们更需求的是，合理的制度架构和有利的管理文化；事实上，领导力在职业困境中为负责任的道德选择维持着有利的环境。这不是"使命宣言"或"伦理架构"，不是短期供应的行为准则或"宪章"，这是一种使他们行为适当且持续的意志。

当然，案例不胜枚举。现在大面积肆虐的腐败③，其症状在大多数国家都能找

---

① "Ethikē ex ethous perigignetai"，*Nicomachean Ethics* Ⅱ，1130a. 17.

② "estin de ethos to toiouton ho dēloi proairesin"，*Poetics*，1103b 5－9.

③ 关于腐败的文献很多：透明国际（www. transparency. org）；H. G. Frederickson & Richard Ghere（Eds 2005）*Ethics in Public Management*，Armonk，New York，M. E. Sharpe；Caiden，Dwivedi and Jabbra（2001）*Where Corruption Lives*，Bloomfield，CT，Kumorian。

到，既有公共部门也有私人企业，这表明我们面临的是一场系统的挑战，需要全球应对。如我们所见，伦理学的起源发生在契约社会。伦理学讨论出现在关键事件中，当然还需要伟大的头脑，但是也出现在流行文化中，我们可以称之为时代精神（zeitgeist）。当然，伦理学还是有缺点的。当我们考虑古希腊文化对西方思想等产生的影响时，至少从某种程度上，我们不禁要问，如此开明的人士，像亚里士多德，为什么还能默许奴隶制度。"奴隶制度是法律规定的，也是自然规定的"，他这样写道，并进一步论述道，"希腊人不喜欢称自己为奴隶，但是却把这一名称用于野蛮人"（*Politics* I, 6）。我们要对亚里士多德公允一些，他并没有发明"野蛮人"这个词汇，这个拟声词明显是在波斯战争之后才流传起来的（Ascherson，1996：61-66）。我们知道，历史学家希罗多德（Herodotus）[1] 在他的《历史》一书中反驳了这一看法，他宣称所有的民族都把自己的习俗看作显而易见最优的。"大量证据显示这是一种人类普遍的态度"（Ascherson，1996：51）。然而，柏拉图仍旧需要在信仰和理智上做出跳跃才能在这一问题上选定立场。他借与少年苏格拉底对话的来访者的口批评道，他同时代的人有将"希腊从余下世界"分离出去的趋势；"他们使用一个简单的名词'野蛮人'来指代所有其他人，不管他们彼此有着怎样截然不同的特质，甚至希望余下的能够形成一个单一的类别，就因为希腊人只用了一个词来称呼他们"（*Statesman*，262d）。

4.8　帝国改变了政治、伦理和法律的基础

　　即便受到他们自己城邦环境的影响，苏格拉底和柏拉图——能够比较确信地说——仍使用理性作为工具向全人类宣讲，而不仅仅针对他们的城邦同胞。他们的伦理学和观念具有普遍的视野，并且有意为之。这能部分地解释柏拉图思想在亚历山大大帝时期和早期罗马帝国里的感染力和号召力。然而，除此之外，从古典时代开始，人类分裂的趋势却一直持续了若干世纪。它成为一本袖珍指南（Cavafy，1974），一种西方思想和实践从未承认过的习性，它缠绕和拉扯着正在进行的伦理讨论，尽管人们不断重复地宣称人权和伦理是普适的。即便是在我们的时代，它也不断以不同的样子和形式周期性地重复出现。例外主义就是它最新的形式（Newland，2007：24）。最近，它又重新浮现在公众讨论中，表面上则有更易被接受的倾向。[2]

　　在中世纪，它给十字军以支持。一提起十字军，在世界上的一些地方，仍旧能激

---

　　① 哈利卡纳苏斯（今天的博德鲁姆）的希罗多德不仅是历史之父，也是比较民族学的鼻祖；一个研究繁杂复杂的人类道德风俗的博学的学者。通过对公元前 550 年到公元前 479 年间希腊与东方的描述，以及对公元前 480—公元前 479 年希波战争的记录，他彰显了光彩夺目的人道主义和引人入胜的和平主义。

　　② "我相信美国例外主义，就像我认为英国人信仰英国例外主义而希腊人信仰希腊例外主义一样。"奥巴马总统这样回答《金融时报》对他是否认为美国"在其他所有国家中有独一无二的道德"之提问。（*Financial Times*，Tueselay，April 17，2009，p. 3）

起侠义之气和牺牲精神，但是更多的人却对此充满愤恨和敌意。它既为奴隶制也为扩张主义提供了合法证明。过去五个世纪中，它被用来解释殖民统治下开化文明的使命（*mission civilisatrice*），在 19 世纪是光彩的"白人的负担"，在今天则是"国家建构"。它完全依靠这样一种假设，即智慧、道德和能力都只被赋予极少数人，他们代表进步的先锋，具有知识和能力，有义务带领剩下的人实现世界最好的远期目标。

这一宣言的各种演变都体现了全球趋同化（Pollitt，2001：933-947），在 20世纪 90 年代甚至今天，这一趋势将世界描述为一个不可逆转的向"同步化"演进的世界，而澳大利亚、英国和美国则展示了通向未来的道路。一种充斥着"变化"、"现代化"、"转变"和"发展"等词汇的语言试图营造出除此之外别无选择的印象。受历史力量的推动，人类的将来似乎已经被捆绑在某种模式上，这种模式在今天世界的某些地方已经有清晰的呈现。它预言了市场的胜利、"国家的枯萎凋零"、老传统文化的逐渐消失以及价值的日益集中（Dwivedi，et. al.，2007：36-37；Premfors，1998：141）。

在古典时代，关于伦理的对话最先是以对公民美德的讨论出现的。它出现之时，传统价值的力量变得日益微弱；对超自然力量根深蒂固的深刻信仰不再像过去那样能激起直接反应和"判断悬置"。理性和公民自尊很大程度上取代宗教成为支撑价值观和为之提供合法性的主要来源。它们彼此调和。通常，公民自尊携带着傲慢、目中无人的种子，就是说，让人有这样一种感觉："我们和其他任何人不同——我们更好"（Ascherson，1996：274）。相反，理性带来慎思、决心还有节制。"适中"（Mēdēn Agan，不超过）和"认识你自己"（Gnothi Seauton）是众所周知的特尔斐神谕，这与阿波罗狂热有紧密联系。公民美德促进了公共善优先于个人成功的行为。它重新回到被亚里士多德高度赞扬的"中道"（处于两个极端之间的中间点）。"一个公民"，他说，"可能会和另一个不同，但是共同体的福利却是所有人都关心的"（*Politics* Ⅲ.4）。柏拉图和亚里士多德都给予公共善先于其他事物的优先地位，因为他们都认为"城邦的善"是最高等级的，并且包含其他一切（*Politics* Ⅰ.1）。亚里士多德认为人是"社会的动物"（*Politics* Ⅰ.2）。基于此，人的自我实现取决于城邦的善和凝聚力。

需要指出的是，在前古典时期的希腊，伦理学和公民美德是相互关联，本质上又彼此难以区分的二者。在远古时代世界上的其他地方，也能够发现类似的观点和趋势。在这方面，或许可以在希腊和希伯来之间建立类比。当然，在趋向和内容上，《利未记》和《申命记》与《律法》有着显著的区别，尽管在权威的来源次序上也不尽相同——在《摩西五经》和《登山宝训》（Matthew：5）中的神涉及良好的秩序、社会正义和稳定性的考量，将立法者的视野设定在社会作为整体的长期共同福祉之上。其他世俗方面的顾虑①，如希望在天堂中获得一席之地，或是与之相

---

① 弗洛伊德（Freud）写过有关这个主题的文章，他对比了埃及人和希伯来人的信仰体系："……另一方面，早期犹太教已经完全放弃永生，死后仍旧存在的可能性从未在任何地方提及。由于此后的经验表明对超越生命的信仰可以与一神宗教非常好地协调在一起，这点更值得注意。"Sigmund Freud（1939）*Moses and Monotheism*，translated from the German by Katherine Jones，New York，Vintage Books，1967，p. 20.

连的对地狱的恐惧，将在此后很久出现或传播，伴随基督教在罗马帝国的出现而来，横跨整个罗马帝国，覆盖从苏格兰到阿拉伯沙漠的广大地区。对永生的追求，对个人救赎的思考，还有因为臣服民族与统治者之间不可弥合的分歧所导致的政府与被统治者之间日益扩大的裂痕，都改变了伦理对话的基调和主旨。重新关注伦理学，尤其是与寻求公共利益紧密联系的伦理学，将在多年之后文艺复兴时期的意大利城邦重新出现，这几乎不能算作典型例子了。

《论李维》和《君主论》是这一历史时期与柏拉图对话、亚里士多德论文在古典时期地位相媲美的著作。然而，可以理解的是，在排除一切直接民主形式的条件下，统治者的"美德"和其臣民的"美德"之间存在着裂缝。借马基雅维利的话来说，最好是避免使用"伦理学"一词，因为它的内容经过中世纪发生了重大的转变。对马基雅维利来说，美德最好能被理解为谨慎（phronesis）和直觉（mētis）的混合体。二者虽然在希腊也受到高度的赞扬，但是却不如智慧排序高，后者深受柏拉图和苏格拉底看重。但是另一方面，它却说明，不管是马基雅维利还是柏拉图或亚里士多德，他们始终将对公共善的追求放在至关重要的位置。在启蒙时代及其之后的时代，这点都被误解了（Rochet，2008：504），马基雅维利的《君主论》和《论李维》重新将政治科学定位为行动导向的、"实用的"扩展实践纲领的学科，以应对不确定性，进行创新并抵制腐坏。

马基雅维利对历史的解读，让他看到了历史循环、增长和衰退周期的重要意义；看到了"识时务"[1] 的需要，和必要时面对不幸的挑战的需要。在马基雅维利的世界里，一个有效的——"道德的"——君主应该是这样的人，他积极支持共和制政府结构，而不是一味压制异议者，致力于促进一种"动态平衡"，而不是"强制上令下达"（Rochet，2008：502-509）。值得注意的是，考虑到长久以来积累的对"马基雅维利主义者"的误解，我们不得不承认，"美德"在运用于统治者身上时，主要是指推进共和国作为整体的长期利益，而不是指领导者的利己主义小圈子的特殊利益，也不是苏格拉底意义上的美德，即本身是善的东西。

在马基雅维利看来，成功更多地取决于建立和维持所需的社会共识。相应的，这也取决于公共机构去滋养和维持市民之间的健康精神——道德风貌。尽管对于君主来说要求的排序不同，但是公民的美德和道德风貌在建立一个共和国良好状态上发挥了至关重要的作用。根据统治者的统治风格和促生它的制度框架，公民的美德会被视为补充性的，但仍然是必要的。马基雅维利被奉为政治学理性主义的"伟大鼻祖"（Oakeshott，1962：25）。他肯定配得上这个名声，因为他强调了政治和政府任务的复杂性。他提醒我们，政治学——以及统治——远非纯粹的技术，不是从手册上就能学到的东西。用奥克肖特（Oakeshott）的话说：

　　马基雅维利意识到技能知识的局限；并不是马基雅维利，而是他之后的人们深信技术的至高无上；他们认为统治不过是"公共管理"而已，是能从书本

---

① Shakespeare，*Julius Caesar* Act 4 Sc. 3.

上学到的……然而，马基雅维利从未丧失这样一种观念，即政治学终究是外交，而非简单的技术应用。(Oakeshott，1962：25)

我们应该感谢马基雅维利，是他让我们认识到政治——当然还有统治——的平衡观念，同时也让我们看到伦理学在这些方面的重要性。和他的前辈亚里士多德一样，他充分认识到伦理学以各种各样的方式显现出来，在不同类型的国家和统治的各个层面中呈现出不同的形式。他应该会同意，公民的美德与统治者的美德不同，美德在他所在的意大利共和国中与在培里克里时期的雅典或神圣罗马帝国中也不相同。

4.9 衰退与还原论

差不多50年前，迈克·奥克肖特号召大家关注这样一种努力，即他所指出的，将政治论证从关于目的的对话转变为关于方法的讨论（Oakeshott 1962：25）。这种趋势汇集了来自新自由主义和新公共管理的动力（Rochet，2009）。尤其是在20世纪80年代和90年代，看上去所有关于原则的议题都被遗弃，在福山的《历史的终结与最后的人》（Fukuyama，1993）① 之后，对于目的的讨论变得有点过度了。当工具理性赋予效率和效能最高的优先等级后，如何做替代了做什么。技术变成了"一个最好解决方案"的核心，这又重新回到20世纪早期科学管理的思路上去了，尽管现在是由经济学家而不是工程师带路。聚光灯集中在管理者和管理咨询师身上，他们的专长就是找出"最佳实践方案"。

以前也有人说过，新公共管理是一个用词错误。它肯定不是新的，但是却很大程度上是对20世纪初技术专家统治论信仰体系的重现和回应；它并非公民或公众导向的，而是由私人部门驱动的；尽管它表面上是"中立"和技术专家统治的（Rochet，2009），实际却植根于极右的意识形态之中。至少从某种程度上看，是它的急速发展使得凯恩斯主义和福利国家衰退，此二者都是新自由主义阵营攻击的目标。其结果被描绘为"掏空了国家"（Harlow，2001）。但这只是个开始。在这一过程中，新公共管理掏空了民主制度中所有旨在追求公共利益的重要选择和社会活动。解构公共利益和"普遍道德中心主义"概念（Dwivedi et. al.，2007：121）是新公共管理的核心特质，这得益于公共选择理论。让政治学转身后退以接纳占主导地位的市场力量（Dror，2001：31），将公民"还原"为"消费者"或"委托人"，公民和公共服务的理念受到极大的质疑（Frederickson，1996：265）。二者都失去了伦

---

① New York，Morrow，William & Co.．过去20年所看到的"末世"著作如此之多绝非偶然。福山的《历史的终结》与亨廷顿的《文明的冲突》同时出现。它首先作为论文发表在《外交事务》（*Foreign Affairs*，1993）上，随后结集成书，由西蒙和舒斯特公司出版（New York，Simon and Schuster，1996）。再之后是扎卡里亚（F. Zakaria）的《后美国世界》（*Post-American World*，2008），它是由《外交事务》（1997，11—12）出版的《自由民主的兴起》（The rise of Illiberal Democracy）一文而来。说起这一主题，还要提到罗伯特·卡根（Robert Kagan）的《历史的回归和梦想的终结》（*The Return of History and the End of Dreams*，New York，A. Knopf，2008）。

理内容。除了对"公民社会"做了一些口头上的服务，公民美德被削去了内涵。还原到经济人假设的性格特质，公民美德就意味着作出"理性"选择的能力（它们是聪明，算计，富有洞察力的决定和引导获得个人成就，主要是指市场方面的），丧失了责任、公平、怜悯和团结等品质。

> 在重建政府运动中，服务是有能力作出选择的公民所要击败的敌人，是有能力安排公共选择的公仆所要击败的敌人。（Frederickson，1996：265）

它能剩下的东西仅仅是"工具理性"，现在工具价值超过了诸如合法性、适当、正直、人道或"做好兄长"等价值（Caiden and Caiden，1995）。这些最多能被一定程度地接受，前提是它们不"干扰……经济学意义上行为的效率和效能"（Sommermann，2002：33）。随着效率和效能关注度如此明显地上升，至关重要的就是结果，而不是用来实现所需结果的那些方法——我们都被告知"结果优于过程"。在工具理性中，所有方法都被视为工具；它们的价值仅从成本效益上来衡量。

除去它们本身适当的、本质上的价值，方法的价值主要根据运用之后产生的结果和它们对特殊结果的贡献来衡量。管理学词汇中用"人力资源"来表达这个观念，20 世纪 80 年代和之后的改革中，这个术语开始流行起来。尽管老套地做了无害处理，"任意雇佣原则"（French，2009：92-103）还是更倾向于"强硬路线"，向权力阶层提供更多权力，对雇员提出更多纪律要求（de Leon，1998）。"任意雇佣原则"——一个被过度滥用的错误术语——消弭了 19 世纪晚期到 20 世纪初塑造我们现在制度的公共服务改革的很多成果，我们曾经试图从赞助、腐败和政治化中挽救公共服务（Feeney and Kingsley，2008：165-176；Mulgan，2007：569-586）。

据称，"实用的"——另一个被滥用的术语——是中立的和技术专家统治论的，新公共管理的意向和意识形态都不赞成讨论原则和价值 —除非是工具的原则和价值。切尼副总统对所谓"提高提问技术"的宣言正体现了这种精神状态，对他们来说，产生结果就能因为事实本身而获得正当性（Harwood，2009）。最重要的是技术。甚至连对伦理的讨论也逐渐变成如何通过调查问卷（即行动方式）来"衡量"员工的道德以及机构的整体信誉的问题。对技术和工具理性的关注甚至侵蚀了培训和教育（Gersch，2009；Lähdesmäki and Salminen 2009：48-61）。知识变成了"技能"。美德变成了"胜任力"。

把所有打包到一起，只产生了混乱。就像把迥然不同的对象刻意地拼凑在一起，试图人为地将它们放在一个脑袋下，最近这种术语的混淆掩盖了这样一个事实，即知识、技能和价值从属于不同的等级，为不同的目的服务。没有知识基础，技能只有有限的价值，就像一个聪明的演说家没有什么实质的内容可说。然而，失去伦理指导和道德目的的技能与知识可能会导致致命的后果。煽动家就是一个例子。自 1933 年以后的 80 年里，有无数的例子告诉我们技术知识和技能如何服务于或被用于达成极其邪恶的目的。这些讨论中遗失的还有教育的观念，即教育能够训练大脑；增长见识并塑造更好的公民也能成为有效目标。作为"自身即善"的教育和作为通往道德发展之路的伦理学屈从于这样一种信念，即哈佛、伦敦政治经济学院或是哥伦比亚大学毕业的 MBA 学生才是变成富人的康庄大道。虽然不能算是一个激进的媒体，但最近一期《金融时报》（《FT 财富》）对高等教育做了批评。这篇叫作《商业阶层》的文章指出，和早些年相比，现在的学生，尤其提到伦敦政治经济学院，把他们在学校的时光当作"完善简历的练习"（Jacobs，2009：30–33）。根据这一逻辑，教育中的价值——或其他追求——仅就它能够给受教育的人带来的逐步增加的货币收入（即美元或美分）方面来说，是可度量的。①

世界已经收割了这一错误模型和承诺非凡战利品的工具理性所带来的成果，但是却将权力和财富给了少数人。这种模型授权给精英，实际上却不加管制，很少顾及人类本性。有种假定认为放松规制会对经济较好，能把管理者从妨碍生产率的"官僚重担"中解放出来，从而最优化结果。② 后来人们更理所当然地认为首席执行官和其他项目经理人能够为自己的利益而践行自我约束，因此也能管理和领导此外的世界，实现它最佳的长期利益（Argyriades，2006a：162）。实践中，我们现在知道了，这一切都是海市蜃楼。最近接二连三的丑闻和经济动荡已经充分证明，正是因为防护措施被取消，而让拥有权力的人随心所欲地统治，腐败、滥用职权和肆意妄为才会大肆蔓延。

令人百思不得其解的是，这种毫无责任感并鲜少透明度的"管理统治"风格却为世界提供了民主与繁荣的最新式途径。它常常用雄辩的语言表达出来，如撒切尔夫人的名言"别无他选"（Dwivedi et. al.，2007：41），这种风格成为 20 世纪 80 年代和 90 年代制度调整计划的基本原理和合法性基础。现在我们知道了，这些模式和相应的计划被证明是功能不良的，对很多国家造成了刻意的伤害。而且完全在意料中的是一个已经被承认的事实，它们大多数是从传播者的角度被设想出来的，而没有首先考虑用户的利益（Mkandawire，2009：6–7；Pop-Eleches，2009：16–17）。仍旧处在经济衰退的眩晕中，世界还没有彻底清醒地认识到危机的根源。本章节致力于展示为危机铺平道路的一维思考和工具理性的谬误之处；展示一种根据管理模型再造的精神状态，它毫不考虑伦理和公平，也较少认知到世界范围内的文化差异。

78   在最近的分析中，新公共管理所承认的几乎就是"强权即合理"。这是智者色拉叙马霍斯（Thrasymachus）极力捍卫的立场，被柏拉图的《理想国》（Ⅰ：336–334）中主要人物苏格拉底严厉反驳了的。在色拉叙马霍斯看来，所谓正义，不过

---

① 关于工具理性对这种方法的支持和高等教育或智力追求中相应价值的缺失，雅各布引用一位"无名"讲师的话，在他看来，今天大学的学生可能完全迷失了，"他们最难教的地方在于几乎没有什么智力上的追求……让他们思考很难……"用以总结当今的困境，他补充说，大学"似乎是要为下一代投资银行家提供安全之地"（Jacobs，2009：32）。

② 直到最近，格林斯潘（Greenspan）博士才承认了这些方法的错误。然而，值得注意的是，2009 年 10 月 20 日（周二），第 13 频道最新的公共电视节目揭露了在 20 世纪 90 年代，美国商品与期货交易委员会（CFTC）领域人如何试图在"衍生"市场的交易行为中输入透明化和负责任的措施。一个银行和当局财政机构以及联邦官员的联盟获胜了。格林斯潘认为这一令人瞩目的准入是"让人震惊，难以置信的"，因为，用他的话说，"整个理智的大厦""崩塌了"。（Krugman，2009a：39）

是原本被富有而有权的人看作自己的利益，而巧妙表述为对公共有益的东西。无须赘述这一论证在各个时代如何被重新提起，甚至在 20 世纪它仍被广受批评的残忍的极权主义政权进行了实践。然而，争论——以及对话——向我们展示无论如何解释都无法掩盖的这个论证的浅薄，尤其是认为对权力拥有者来说有利的、有益的和便利的东西，其本身就是好的。

最近的事件显示，通常伪装成"实用主义"的这种精神特质和方法能把一个国家乃至整个世界带到悬崖边。与色拉叙马霍斯不同的是，苏格拉底论证了推翻所有价值观而依赖于某一个人或组织的判断的做法是一种谬误。面对智者为了支持他们自己的委托人而营造的不确定性（Nehamas，1998：79），苏格拉底采用将美德植根于理性的方法与之对抗。要记住的是，对古希腊人来说，理性是普遍的，是对所有人来说共同的特质和道路。当古代法律和习俗无法再代表支撑伦理学的基本原则的时候，压力就转向理性。在当时和现在，伦理学丧失合法基础以及价值贬值都是主观主义和将所有价值视为依服务对象锁定的偶然价值所带来的后果。依结果而定价值，用效率衡量价值，往往导致道德缺失。这是一种极大危险，事实证明连处罚措施也力难对抗。有意思的是，在我们当今的时代，这种道德缺失是和传统信仰体系的明显复兴同时出现的——有些人叫它"原教旨主义"。这明显与在 18 世纪和 20 世纪达到顶峰，却在现在遭到攻击的世俗化趋势不一致。

4.10　柏拉图和苏格拉底：他们对今天的意义

就像我们这个时代开始时众多国家共存于庞大的帝国之中那样，我们现在生活在一个全球化的世界，而不是在一个紧密的、坚实的共同体中。我们把这个地球称作我们的家，并且共享"地球村"。我们看重我们这个星球上文化的多样性，当然也需要去保护它。然而，我们仍旧需要找到一种共同的语言；我们需要建立在特定关键议题上获得共识的方式，并从共同认可的位置出发，面对出现的挑战。在我们自己的时代中，色拉叙马霍斯所支持的方法已经被重复尝试了好多次。它明显失败了，将我们引向战争和危机，导致无节制的贪婪和冲动的单边主义。对"强权即合理"，柏拉图和苏格拉底通过对话和质疑进行反驳。这是他们通往知识的道路，也是通往信服和共建共识的道路，即通过询问和分析哪些假设可以被测试，多少假设可以在一个论证中被质疑。与亚里士多德不同（*Politics*：Ⅰ4-6），柏拉图质疑了很多历史久远的假设——这些假设被他同时代的人广泛接受——如"女性低人一等"、"自然的奴隶"和将人类分为希腊人与野蛮人的二分法。然而，令人诧异的是，大概 25 个世纪之后，某些阵营的人们仍旧保持这些旧观念，时不时地将它们转变成不可被接受的实践。

对色拉叙马霍斯而言，自然有意让强大的和资源丰富的人——让我们称他们为"最优秀的人"（alpha males）通过强力他们的观点强加于人（*Politics* Ⅰ：336）。

然而，在我们的时代中，求助于强力变成一场非常危险的赌博。如经验所显示的那样，侵略、占领和镇压极少有效。它们最多只能带来一连串的不满和憎恨。它们导致我们不久前才见到过的大规模起义。"Audietur et altera pars"（兼听则明）是一条古老的拉丁语格言，今天听起来也是正确的！我们都需要被听到，而只有认真接纳并将之制度化之后，倾听才能为管理和统治带来好处。遗憾的是，我们常常只是到处宣讲它，而不实践它。保持开放的头脑，为对话打开道路，将带来和平演变、观念进步，并建立起共识，让我们看到个人和团体之间建设性合作的前景。

苏格拉底和柏拉图明显突出了追求知识和这类对话中的伦理层面与正直诚实。他们对诡辩者和诡辩术的批评让我们警惕编造故事、断章取义和口号的极大危害，这些很容易产生"结果优于过程"、"没有界限"的状况。如果没有任何界限制约，对效率的盲目追求会导致追求形式甚于追求实质。苏格拉底支持的则是实质大于形式，深刻知识（epistēme）的优先性大于纯粹技能。在我们的时代，太过普遍的情况是，我们将二者视为同义词，这种错误削弱了管理学和其他方面的职业特性。11年前，一份联合国报告如下这般定义了职业特性：

> 政府，或其他领域的职业特性基于两个基础：一个是能力基础、特定知识构成或通过学习及实践获得的特定技能……然而，职业化水准的概念也包含一个共享的价值体系，在知识运用、特殊技能使用和控制实践中彰显自己的一系列伦理行为。（United Nations，1999：103）

80 最近太多政府管理方面职业特性的衰退和缺失的例子让我们看到上面这段引文的重要性（Fraser-Moleketi and Argyriades，2009）。任何东西，如果它们表现出缺失知识的技能，或者更严重的，缺少伦理标准和责任感，那么它们会比缺少技能更糟糕。这会导致致命的后果（Zelikow，2009：A27）。这方面，苏格拉底的生活和作品都提供了一个明显的例子。它们表明伦理判断经常会造成个人与共同体或群体之间的紧张关系。这样，在表示出对法官的尊重，但是又拒绝服从之后，苏格拉底能够再次重新确认自己作为自由人的身份，有权利自由发表言论，有权利拥有他深爱的共同体成员身份。如果没有这些勇敢的行为，他在《克里托篇》、《斐多篇》和《申辩篇》中的那些言论会显得苍白无力，而且肯定会缺乏诚意和可信度。在最终的分析中，面对不幸时他的这种毅力和坚定的态度表明，职业的忠诚度和伦理首先取决于个人对他所从事的所有行为和决定负有责任感，不管这种责任感是否发自他的自由意志或是服从命令。在法律和伦理中都是如此，情有可原的环境可能会出现，并最终被看作警告。然而盲目服从命令，或对事件冷漠（寻找其他方式）都不是好的借口。

拥有自己的信仰，为自己的行为和决定——作为或是不作为——负责代表了专业人员必须面对的最艰难的挑战。在规则的掩护下蒙混过关、偷偷地"塞钱"会让一个人丧失敏感度，以及道德判断。男人和女人被还原为无面孔的党政工作人员或是权力的工具。我们应该设想一下希腊被占领时的经历，来对真实生活进行说明和比较：那些相似的困境如何被四个政府官员解决，而每个人对紧张的环境又是如何反应的。第一个是阿道夫·艾希曼（Adolf Eichmann），一个政府高级官员，他的事充分启发了汉娜·阿伦特（Hannah Arendt），她将其称为"平庸的罪恶"（Arendt，1963）。他战时访问了萨隆尼卡（Salonika），斥责那里负责驱逐犹太人去奥斯威辛集中营的部门工作效率不高。显然，这些部门允许没有用尽全力地为驱逐护航。第二个是库特·瓦德海姆（Kurt Waldheim），20 世纪 40 年代早期是驻防希腊和南斯拉夫的纳粹国防军低阶官员，他小心地隐藏了所有关于这段经历的证据，此后在联合国秘书大会上，伪装战争年代里他一直在维也纳大学学习法律。第三个人，只知道他的姓，被心怀感激地记住。他是一个在纳粹国防军的奥地利人，为隐藏在萨隆尼卡的家庭提供掩护，甚至当占领军队要去突袭隔壁时，向他们发出警告（Asser Pardo，2005：65-66）。第四个人曾指挥一支巡逻队伍搜索逃到中心希腊山区的逃亡者。这名长官进入一个山洞，里面有个抱着婴儿的母亲。绝望的年轻母亲试图用她的胳膊捂住婴儿的啼哭声。这名德国士官迅速移走照在她身上的手电，转身对他的士兵说："这里什么也没有……只有一只猫。我们走吧！"

　　"二战"结束后，这四个案例不断被提起。它的记录被非常详尽地从不同角度进行研究，所以几乎没有人怀疑其真实性。可能还有些历史上的战争被归入此类。但是，每个时代、每个国家以至于每代人都有他们所公认的英雄和反派，除此之外，还有一种情况也是常常发生的，即一面是英雄，另一面却是魔鬼。这位作者搞清楚了，在他的观念里，谁才能被归作英雄。其他人可能不会同意。但是这值得期待。这位作者面对争论并没有退缩，因为，从苏格拉底开始，伦理学就一直是论证、对话、争论和辩论的主题。而且，争论还在继续，并且新的国际标准逐渐艰难地形成了……

81

第 5 章

文化—经济视角下的价值观与美德

艾尔克·德·琼

5.1 引言

本书旨在汇总公共领域有关价值观与美德的经典的、现代的观点。它关注越来越重要的价值观与美德，呼吁采取多学科的方法。在更加细致地阅读诸多来稿时，我们很清楚地看到，人们对公共领域的价值观与美德产生的兴趣是由对新公共管理的不满而引发的。新公共管理是将商业管理模式应用到公共部门中的管理方法。它提倡竞争、放松规制、分权和自由市场的力量。经济人（重利寡情的人）就是其理论基础的代表。在该框架下，公共价值和目的应通过原子化的代理人之间的合作来实现。这些行动者应知晓事实的方方面面，掌握所有相关信息，预知未来所有可能走的道路，并且能够从海量的数据中发掘出最好的解决方案。这一方法的另一个特点是忽略了背景。它认为，在全世界范围内，社会问题的解决都可以通过优化约束条件之下的目标函数来实现。大多数时候，这一方法都似乎起不到作用或者产生了多余的连带效应。

正因为如此，20 年来，在经济学领域内，新古典主义的思维方式成为替代方法，并逐渐受到推崇（de Jong，2009，Chapters 1 and 2；Jones，2006）。行为经济学在 20 世纪 50 年代已经成为一股暗流，该领域的研究人员"重视找到能够准确描述行为的经验法则"（Sent，2004：742）。1970 年后，研究人员将理性方法模型作为其基准，并努力解释由新古典主义框架导致的异常情况。这些研究人员还把新的方法引入了经济学，比如实验室试验和实地考察。他们发现，在很多情况下，人们表现得并不像新古典模型解释的那样自私。由于新古典主义经济学家为代理人带来了大量信息并提高了他们的处理能力，针对人们在未知情况下的行为表现的研究力度并不够。在未知情况和非理性行为（并非完全知晓）下，优化经济代理人需要运用经验法则。宏观经济学模型将行为置于未知情况下能够达到多种平衡。那么问题则成了：选择平衡的决定因素是什么？

　　新制度经济学认为，在宏观情况下，制度能够限制个人的行为，因此使经济达到某种平衡。在他们看来，制度能够减少不确定性以及交易成本。后者包含了交易的所有方面：信息收集、交通成本、保证交易的司法手续等。制度的改变非常缓慢，因为经济体将在一种道路上走很长时间。这使经济发展依赖于所选择的道路，新古典主义经济学家对此很陌生。但还有一个问题：这些制度从何而来？新制度经济学的相关人士认为制度来自优化的框架。制度是设计优良的解决方案。其他人则认为价值是重要的，价值的演变由来已久，而制度一直贯穿其中（Williamson，2000）。因此，文化作为一种普遍价值的体系得到了经济上的分析。文化界和经济学界的研究者认为，价值对于解释经济现象非常重要。

　　除了对理论结果感到不满外，文化和经济学的研究还受到了某些历史事件的驱动，包括亚洲奇迹、铁幕落下带来的后果以及华盛顿共识达成的"一刀切"方法的失败。亚洲奇迹指的是某些东亚国家和地区取得了经济上的成功，比如中国台湾、韩国、中国香港、新加坡和马来西亚。它们的成功出其不意，因此引发了关于其增长因素的讨论。在针对亚洲奇迹的讨论中，有些人认为这样的成功归因于某些有利于经济增长的亚洲价值观。有人说，有些价值观如团队精神、互相帮助和节俭等为这些国家的经济增长提供了有益的激励。人们还常说，这些价值观源自该地区的主导宗教——儒教。关于亚洲价值观的辩论并未局限于一小部分研究人员之间，政策顾问和政客也广泛参与了讨论。

　　铁幕落下之后，有关集体主义价值观的重要性的讨论随之兴起。学者和政客必须找到从先前的中央计划经济转变为市场经济的最佳方式。在这一讨论中，有人支持进行休克疗法。他们把经济制度看作理性制定的一系列制度，在全球适用。此外，这些模型中并没有充分考虑到调整的成本和滞后性，所以快速构建这一最理想的架构是上佳政策（e. g. contributions in Blanchard et al.，1994）。支持采取渐进式方案的人则认为，任何经济制度只有在国家的居民了解规则，知道如何利用制度时才能起到应有的作用。后共产主义国家的公民仍需要很长时间才能适应从私人提议不受欢迎、不被鼓励的风气到私人提议得到倚重的转变，进而采取行动（Murrell，1995）。要想把被动参与的典型共产主义文化改变为积极参与的文化，需要进行渐进式调整。

　　因为"一刀切"方法的失败，单一经济模式的普适性受到了世界银行的批判。

这使得世界银行以及相关发展组织开始关注多元性以及促进经济发展的非经济因素，如文化和宗教。从世界银行举办的世界信仰发展对话以及世界银行文化与发展项目就可见一斑。

因此，人们对于不切实际的设想和新古典主义方法的不满以及现实状况使人们开始寻找替代方法。其中一条道路是重新思考价值观对于经济发展的重要性。在某种程度上，这也是回归经济学科的根基。毕竟，《国富论》的作者同样写出了《道德情操论》一书。在这一章，我们讨论的是经济学和文化研究，目的是找到其与公共行政的关系。

本章的构成如下：第二节讲述文化与经济学研究的整体框架；第三节讨论的是各国在制度设置方面存在差异的文化原因；第四节讨论新公共管理，在关系紧密的社会，这一观念与价值体系相符；第五节简要介绍在国际政策咨询和国际合作方面文化的重要性，尤其是文化差异；第六节总结公共行政最重要的成果。

5.2　经济学和文化框架

社会学对文化有很多定义。人类学家惯于使用宽泛的定义，如文化"涵盖广泛，包括知识、信仰、艺术、道德、法律、风俗以及任何作为社会成员的人获得的其他能力和习惯"（Tylor，1958［1871］：1）。对于经济学家而言，这一定义太过宽泛。狭义的文化概念的一个很好的例子是霍夫斯塔德（Hofstede）的定义：文化是将一组人或一类人区别于其他人的思想集体编程（Hofstede，2001：9）。社会学家和政治学的学者使用了类似的定义（比如英格尔哈特）。这些定义有一些共同点：（1）价值观必不可少；（2）提到了集体；（3）指的是一种趋势或类型；（4）文化要素是代代相传的人为因素。集体可以指任何的集体：国家的公民，一国或某一组织内的子组织。在本章中，除特别说明外，集体指的就是一国的成员。在原则上，这些对文化的定义也指一些实践、仪式、英雄和象征。然而在实际中，我们只考虑价值观和信仰，价值观被定义为"一种倾向于事物的某种状态优于其他状态的总体趋势"（Hofstede，2001：5）。

在有关文化和经济学的文献中，我们要区别两种方法：把文化看作约束以及把文化看作偏好。把文化看作约束的方法与新制度经济学联系密切。新制度经济学认为制度对于一个经济体的正常运行至关重要。制度是"关于组建社会行为的已形成的、普遍的社会准则的制度"（Hodgson，2006：2）。这些制度使社会行为成为可能，因为它们限制了个人的行为。因此，诺斯（North，1990：3）将制度定义为"人为制定的影响人际互动的约束"。只有当这些制度嵌入人们共有的思维和行为习惯时，它们才能正常发挥作用（Hodgson，2006：6 and 13）。社会的制度框架与社会成员共有的思维模式有密切关系（Denzau and North，1994）。这些共有的思维模式（威廉姆森所说的嵌入性）限制正式的制度（成文的规则）以及经济行为和经济表现。把文化看作偏好的方法始于这样的看法，即认为不同集体之间的信仰和偏好自然不同，这些差异有助于解释不同集体之间行为和表现上的不同。代际相传被认为是偏好发生变化的重要机制。在正常情况下，这将会逐渐改变各代人的偏好。战争和经济崩溃（比如恶性通胀时期）这样的非正常情况将导致短期内发生剧变。在把文化看作约束的方法下，人们希望价值观可以影响制度、经济行为和经济表现。这两种方法的一个重要不同体现在对造因的主要方式的观点上。文化约束方法认为文化限制了经济制度形成的方式，而后者又反过来限制了经济行为（威廉姆森称之为治理）和经济表现。此外，文化（嵌入性）的变化非常缓慢。威廉姆森认为需要 1 000年。文化偏好的方法在对造因以及文化改变的最可能的速度方面的态度更开放。

　　两种方法的结构如图 5—1 所示。箭头表明了产生造因的可能的方式，并清楚说明造因可能有两种情况。在这一方面，该图明确代表了文化优先选择的方法。在文化约束的方法下，从低层次到高层次的箭头比反向因果方向更有主导力。低层次限制高层次，每一个层次都对其下一个层次产生最大的影响作用。因为两种方法联系紧密，无怪乎许多作者既把文化看作约束，也将其看成优先选择（de Jong，2009：38）。

88

图 5—1　文化和经济学框架

　　在原则上，该节的图解可以作为针对一国或两国的深入研究或对多国进行调查的跨国研究的指导方针。下一节我们将主要讨论某些国家进行量化研究所获得的一些成果。这些研究大量运用了霍夫斯塔德的文化维度理论，文化维度是通过 20 世纪 60 年代末 70 年代初对 IBM 员工进行调查问卷得来的。现在看来，这一理论仍然很重要（Hofstede，2001；Drogendijk and Slangen，2006）。此外，相关替代措施的应用则不那么广泛，而且有时其数据是保密的（de Jong，2009，附录一，有关文化概念的演化的更多研究）。因为文化和价值观的概念十分模糊，我们建议从图5—1 右侧开始分析。首先分析经济理论，以便发掘分支体系以及相关制度的绩效特征，然后找到它与主导价值观的关系。

5.3　文化和跨国差异

　　在本书的简介部分，编者将公共价值观定义为："能就以下方面达成规范性共识的价值观：（1）公民应（或不应）拥有的权利、利益和特权；（2）公民对社会、国家以及他人的义务；（3）政府和政策应遵循的基本原则（Bozeman，2007：*89* 13）。"他们认为主要公共价值观包括"公正、无私、正义、诚实、公平、正直、连

贯、保密、责任、透明、负责"。本节我们介绍运用文化和经济学方法的作者研究
得出的工业化国家在制度结构和绩效方面的差异。研究的大多数结论是运用相似的
文化的维度、以跨国回归分析为基础得出的。每个国家都有自己在各个维度上的得
分总和。利用旧模型是对文化进行分析的一个方法。与维度相比，旧模型能更全面
地展现一国的状况。另一方面，许多国家并不属于某一固定类型，因此应该将其从
基于旧模型的分析当中剔除。在本节中，我们综合两种方法，首先基于旧模型进行
描述，之后再讨论相关文化维度及其与公共价值观的关系。

5.3.1　旧模型

市场经济的制度结构包括几个子系统。本书认为重要的子系统包括金融制度和
公司治理、劳动力市场、教育制度和生产过程。经常用到的市场经济分类将关系紧
密的社会（商业性关系明显的社会）与关系仅存在于网络中的社会区分开来。银行
往往是网络经济的等价物，因为银行（或中介）在以网络为特征的经济的金融制度
中发挥着主导作用。市场往往被用作"关系紧密"（商业）的同义词，因为在这些
经济体当中，许多（金融）交易通过市场进行，而不是通过代理人的直接关系进
行。在以下章节，我们将以上术语当作同义词。金融业是一个经济体中的关键要
素。它把钱从储户手中转移到投资者手中，以此积累储蓄，并选择项目进行投资。
实现这些功能有两种方式：银行机制和市场机制。在银行机制中，储户将储蓄存入
银行（或其他中介），银行向企业提供贷款。储蓄账户的利率和贷款利率长期保持
固定。在很多情况下，如果有些家庭或银行是企业的主要所有人，那么企业的所有
权很受关注。教育制度注重职业培训以及雇佣工人的专业知识。固定劳动合同是主
要形式，灵活安排则被忽略。此外，雇员在同一个公司工作很长时间，通常工作到
退休。其中，公司的制度也受到关注，公司"被视为自治经济实体，其组成人员包
括股东、企业管理人员、雇员、商品和服务供应商、债务和客户提供商，他们共同
为企业的发展而努力"（Weimer and Pape，1999：157）。企业专门进行商品的生
产，生产过程需要进行增量创新。这一专业化模式符合中介机构不确定性规避行
为，中介需要考虑所有储户的利益和偏好（Allen and Gale，2000，Chapter 13）以
及教育制度的专业化。

在以市场为基础的金融制度中，储户将资本投资到金融市场上的债券或股票等
金融产品上，银行的主要功能是组织债券和股票等公开发行的有价证券。储户的投
资可能风险很高，尤其是股票投资。由于许多私人投资者拥有股票，企业的所有权
被分散。企业很少有主要所有者。在学院和大学里，学生们学习一般的技巧。劳动
合同很灵活，平均任职时间很短。针对公司的相应观点有帮助作用。"简单来讲，
公司被认为是为股东利益而工作的管理者的集合，或者是为股东创造财富的工具"
（Weimer and Pape，1999：154）。金融制度、教育制度和劳动力市场提高了创新产
品的专业化程度——这些产品从根本上需要新的创新（比如计算机芯片）。个人决
定要将储蓄投资于哪项项目（股票和债券）。态度越乐观、越喜爱冒险的投资者越

会决定投资创新的高风险的项目，这些项目不照顾大众投资者的偏好。对于一般技能的关注使人们能够频繁地更换职业。

德国经常被认作网络经济的典型，美国则被看作基于亲密关系的经济体的典型。虽然这两个国家是两种经济的典型，但在现实中，却可能在某些方面存在偏离典型的特征。其他国家更不适于被归为某一种类型。有的国家则根本不可能被归于某一类型，荷兰就是一个很好的例子。因此，许多研究人员使用文化维度理论来调查主导价值观与国家制度设置的关系。该文献的主要研究结果用于对价值观所做的以下分析。

5.3.2　文化维度

诸多研究（Black，2006；de Jong and Semenov，2004；Kwok and Tadesse，2006）发现不确定性规避是导致金融制度各国差异的最重要的文化维度。拥有以市场为基础的金融体系的诸多特征的国家在不确定性规避方面得分相对较低，典型的以银行为基础的经济体在该维度上得分很高。在得分较高的国家，居民认为不确定性会带来麻烦。许多明确的法律或法规被看作减少不确定性或模糊性的工具。在法庭上，法官应严格遵循成文法律。行政部门的法律专业毕业生数量很多，断定事务的一个重要途径是遵循成文规定：在德国通常遵循宪法。这些国家都属于实行大陆法的国家。专家十分重要。说到公共价值观，我们认为责任制和稳定性非常重要，正义就是遵循法治。由于改变法律并非一朝一夕之事，因此，人们往往习惯维护在任者的利益以及现有精英的特权。约翰逊等人（Johnson et al.，2000）举例说，在实行大陆法的国家（即网络经济体），主要股东（通常也是公司董事会成员）可以从企业合法撤资。法官并不能验证其公平性，他只是依成文法令判断。如果成文法没有明确禁止这样的行为，那么法院将牺牲少数股东的利益，允许对集团（包括主要股东）有利的交易发生。

在不确定性规避上得分低的国家实行普通法，在法院，法官可以相对自由地解读法律。这样，他们可以根据手边的情况来解读成文法律。因此，他们可以更好地维护新来者的利益。所以，这些国家的专利所有者和新公司的利益能得到更好的保护。在这些国家，正义被理解为公平对待当前所有者的利益，而不是遵循现有法律。

权力距离（power distance）是文化维度的另一个方面，在解释富有国家的差异方面起着重要作用。权力距离指社会对其组织内部权力以及整个社会权力不均等分配的接受程度。权力距离较大的社会中的居民认为不平等是存在的：大部分人认为应该建立一个每人都拥有自己应有的位置的不平等秩序，这样的秩序能为每个人提供最好的保护。同胞是对一个人权力的潜在威胁，因此几乎不可信任，于是合作很难持续。处于权力距离较小的社会中的人则认为，社会等级是为方便起见而建立的不平等的角色。不同权力级别的人感受到的威胁较小，更愿意相信他人并与之合作。在权力距离维度上得分较高的国家，其特征是公司所有权非常集中，公司以及政治体系实行等级结构。法国就是一个权力距离得分很高的国家。决策采取集中

92 式，组织呈金字塔形，上级和下级之间的权力和收入具有明显差异。如佩奇以及戈德史密斯（Page and Glodsmith，1987：157）书中所说，我们发现权力距离得分和地方公共支出（雇佣）占总公共支出（雇佣）的多国数据呈负相关。

权力距离得分很高与所有权高度集中相关联。所有者对公司的管理有直接影响，这样能保证他们的利益得到保护。因此，公共信息的透明度并不十分重要。只要所有者和经理不合伙削弱其他利益相关者（如少数所有者）的利益，这一机制就能正常运作。针对腐败的研究（通常包括许多国家，而不仅是 20 个左右的富有国家）发现腐败程度与权力距离呈正相关。权力距离得分较高的国家并不认为平等有多重要，多数公民可以接受收入、财富和权力方面的高度不平等。

在独立交易经济体中，竞争程度更高。竞争程度与男性化 VS 女性化的得分呈正相关。男性化—女性化的维度与社会较为重视关爱他人、关注生命质量以及成就和成功有关。男性化社会强调竞争，认为强者应得到支持；冲突通过争斗来解决；经理自行作出决定。女性化社会的居民强调团结和平等，因此希望国家制定养老金综合机制，并在工资谈判中进行合作和协调（de Jong，2009，Table 5.3）。女性化社会比男性化社会更注重团结和平等，因此，女性化社会的福利制度发展得比男性化社会更好。在女性化社会中，失业通常被认为是运气不好，在男性化社会中则通常被视为懒惰之故。

调查文化与经济制度之间关系的研究几乎没有发现个人主义的影响。很多人认为这一结果反映了相关国家在个人主义维度上得分都很高，因此差异太小很难发现任何影响。如果更多国家参与进来，有时会发现个人主义会产生重大影响。奉行独立交易的经济体的特征与个人主义相符合。这样的社会给予个人更多空间，因此他们可以作出自己的决定，选择将储蓄投资于何处以及如何储蓄以便退休养老。

5.3.3　文化相关性的限制

以上文字说明文化能够解释各国存在差异的原因。文化差异能够成为处于同样经济发展水平的国家存在差异的重要原因。在其他情况下，人均收入或者自然
93 条件的差异比文化因素更重要。这也表明，我们应该对基于一系列国家（包括发达国家和发展中国家）所做的研究得到的结论持怀疑态度。

另外一个相关结论是文化影响会随时间推移而改变，比如德·琼等人（de Jong et al.，2006）发现不确定性规避理论能够解释 20 世纪 60 年代末到 90 年代初各国对国际交易的开放度不同的原因。在这段时间前后没有发现明显的影响。"二战"以后，欧洲经济体遭到破坏，需要重建。为确保有效利用稀少的资源，许多交易被禁止，或者需要得到允许方可进行。1990 年后，世界主流观点是开放的市场和边境才是取得经济增长的最好方式。因此在这两段时间（"二战"后的 20 年和 1990 年后）内，政府感到无计可施。在这种情况下，决策要由外部环境、明智使用资源的需求以及主流观点来决定，文化起不到什么作用。

5.4　新公共管理

对新公共管理所产生的效果的不满是写作本书的重要原因之一。新公共管理与我们讨论的经济学和文化有什么关系呢？编者认为新公共管理是"推翻韦伯官僚理论的独裁，运用激励机制改变人们的行为，设定绩效目标，赋予公共服务提供者和顾客权力的一种方式。其中，实现这些目标的主要手段包括承包或外包公共服务、透明度以及责任制"（见本书简介）。5.3 小节告诉我们，透明度和责任制是依赖（金融）市场或独立控制的市场经济的特征。在这些条件下，参与者如小股东，无法直接与经理接触，也无法掌握作出决定所需的信息。因此，公众需要获得信息（透明度）并通过合法的方式来纠正管理层（责任制），以此保护他们的权力。盎格鲁-撒克逊经济体主要是根据独立控制的原则建立的。

与此伴生的是支持通过市场的方式进行安排的文化。在霍夫斯塔德维度中，这样的文化在个人主义维度和男性化维度上得分很高，在不确定性规避以及权力距离上得分很低。在欧洲，大不列颠及北爱尔兰联合王国就属于此类。除了在男性化维度方面有差异，斯堪的纳维亚国家以及荷兰与盎格鲁-撒克逊国家得分相似。斯堪的纳维亚国家以及荷兰比盎格鲁-撒克逊国家更女性化。实际上，前者是世界上女性化最明显的国家。由于大不列颠及北爱尔兰联合王国、荷兰以及斯堪的纳维亚国家在文化的许多方面与盎格鲁-撒克逊国家相似，无怪乎这些国家中的两个国家（大不列颠及北爱尔兰联合王国、荷兰）坚决拥护新公共管理。斯堪的纳维亚国家也有官僚制度，激励个人承担自己的责任，但是它们的组织方式是通过官僚制度来进行的，而非市场安排。

对新公共管理的不满是否会导致回到更为官僚主义、更讲究等级的管理制度中去呢？在某些程度上可能会，但是在正常情况下，我们认为不会出现严重的倒退。这只会带来小的变化，有两种论点支持这一观点。首先，管理的替代方式也招致不满。网络社会常常维护局内人，这些人已经成为福利制度的受益者，已经找到工作者或是主要的公司所有者。更年轻的人在这些制度中是局外人，人们可能会问他们会忍受这种不利的局面多久。此外，这种偏袒以及之前提到的透明度的缺乏将阻碍经济增长。针对局面倒退这一观点的第二个，也是最重要的论点是，从文化和经济方式的观点来看，制度和管理体制需要体现在国家价值体系中才能正常运作。在许多国家，这些价值观更赞成允许个人自行选择的机制，而不是依靠某一中央组织的规则。

对新公共管理政策的不满将带来什么后果呢？首先，我们需要看到，由于许多欧洲大陆国家以及盎格鲁-撒克逊国家之间存在文化差异，因此新公共管理在法国、德国、意大利等国家并未完全实施。所以，因新公共管理的失败而需改变政策的压力不大。在荷兰和盎格鲁-撒克逊国家等地可能再次实行更积极的规定性政策，但是这些变化幅度不大。美国采取了一些措施加强政府影响力。然而，很多措施都是临时性的，目的是减轻次贷危机带来的严重后果。有一些措施如对银行借贷等已经

94

撤销。然而总的来讲，我们希望美国会将重心放在民众个人拥有主动权的措施上。最终，这个国家对中央集权的厌恶之情通过美国前总统约翰·昆西·亚当斯（John Quincy Adams）的话表现得淋漓尽致，他写道，"无限的权力，即使初衷很好，也会变成魔鬼"（cited in Timberlake，1993：39）。荷兰也可能出现类似的倾向。在荷兰，我们认为人们对私有化持更不情愿的态度。第一，许多半公共组织已经实现私有化，只有一小部分保留。第二，一些基于市场的安排已经实施，声称这是欧盟的要求。然而，在许多领域（电、气），欧盟成员国并没有放开市场，或者放开市场的脚步更为缓慢。因此，这种说法并不靠谱。

如果因其文化之故，在某些国家个人仍是非常重要的决策者，这是否意味着这些国家拥护新公共管理目前的做法呢？答案是否定的。对许多人而言，目前的做法明显没有满足人们的期待。个人的认知能力是有限的。因此，一个人无法对许多事物作出决定，当事物因为选择众多而且（或者）需拥有长期眼光而变得复杂时尤其如此。为退休而储蓄是后者的典型例子。新的方法是建立某些制度，使公民个人默认某些做法。比如，一名员工没有明确选择另一种形式，那么他工资的某一部分就会充做养老金。

5.5 国际政策建议和国际合作

到现在为止，我们已经分析了各国间的差异。人们可以想象，当不同国家、不同文化的人想取得合作时，文化差异非常重要。实际上，经济学研究中，最注重研究文化差异影响的领域是国际交易和国际合作，即国际贸易与发展经济学（de Jong，2009，Chapters 1 and 9）。不同国家的公务人员进行合作时也是如此。总体而言，人们可以想见，如果文化差异很大，这样的合作就更艰难。而且，针对跨国企业进军国外的类型和成功所做的研究表明，不确定性规避和权力距离（在较小程度上），会阻碍国际合作（Hofstede，2001：446-454）。不确定性规避指数很高与对外国影响持反对态度正相关，因此会直接阻碍与外国人进行合作。

在权力距离这一维度上得分很高的国家和组织不容易进行合作，"因为合作与否取决于某一掌权人士的心血来潮"（Hofstede，2001：454）。此外，这样社会中的人用等级观念来看待关系，这使他们对他人的意见不敏感，而且也不愿意适应新情况或接受他人提出的办法。政治学和公共行政领域的一些例子可以证明这一点。西方在向欧洲中部地区的国家提出过渡期的建议时，索比斯和德·弗里斯（Sobis and de Vries，2009：14）发现法国建议集权，而对于同一个机构美国却支持分权。这两种建议的提议者的国家文化高度吻合，然而听取建议的人却"茫然不知所措"（Sobis and de Vries，2009：14）。这两位研究人员还发现，法国给予波兰的一个小镇（Lodz）的建议没有被采取，因为法国想改善自己的官僚模式，而实际所需的却是实用的观点，而且"顾问与人员之间的交流含糊不清、态度居高临下"（Sobis and de Vries，2009：96）。

权力距离指数很高的国家的权力机构很难接受他人（如国际机构）制定的标准和规则。范·德·伊顿（van der Eyden，2003：434）发现意大利和法国（两国权力距离指数都很高）需要很长时间才能接受欧洲共同体法律。虽然 1958 年的法国宪法早已承认该法律，但司法机关却选择无视。德·琼（2005）认为，法国总统与欧洲中央银行行长的诸多冲突都可归因于法国总统难以认同他人的权力。在法国，总统位于政治金字塔之巅；在欧洲，他需要认同同事甚至是高级公务人员如中央银行行长的权力。

5.6　结语

在本章中，我们介绍了经济学的近期分支——经济学与文化的研究结论。在这里，文化被理解为准则和价值观，它使一国区别于其他国家。本章的主要论点是制度应扎根于价值观才能正常发挥作用。在解释工业化国家的制度结构的差异时经常用到这一论点。从类型学上来讲，应区分两种市场经济类型，一种进行独立交易（以市场为基础），一种更加重视网络。在拥有第一种经济类型的社会中，关系持续的时间较短，而且通常只是为了实用。生产过程通常具备创新性，商业周期波动较大，经济不那么稳定。此外，这样的社会更重视个人，而且竞争很重要。文化和经济学著作发现，不定性（多义性）、个人主义和男性化（竞争、团结）等特征与价值观的差异相关联。

这两种类型的社会针对公共价值观（如公正、正义、连贯、责任和透明）的态度并不相同。比如，透明对于独立交易关系的正常运转十分关键。合作者对于对方并不能产生直接影响，因此判断对方行为的唯一方式就是可靠的信息。在网络经济当中，信息主要通过网络手段获取，而网络又可以作为影响决定的工具。只要不走入极端，两种机制都可以正常运转。正义作为另一种公共价值观，在这两个机制中都有特定内容。相较于独立交易的经济，网络经济灵活性更差（有人可能说更稳定）。网络经济的司法机制注重从立法者的角度解读法律，容易产生维护现有相关者的权利的倾向。基于独立交易关系的社会中的司法机制更为灵活，因此法官有更多余地来思考交易的公平性以及新进者的权利。 97

从文化和经济学的角度来看，新公共管理非常适合基于独立交易关系的社会。一个小疑问是，新公共管理被该国文化符合上述社会特征的多数国家所采用，如盎格鲁-撒克逊国家和荷兰。当前对新公共管理的不满将减缓新措施的实施进程，也可能停止某些措施的实施。然而，由于这样的安排符合这些国家固有的价值观，因此我们并不认为制度结构会有大的改革。

针对富有国家间的差异的讨论也可以为国际建议和合作提供借鉴。首先，（文化）价值观对于解释富有国家间（在其他方面相似）的差异十分重要。在解释富有国家和欠发达国家的差异方面，其作用大减。这两类国家的制度和物质状况大为不同。发达国家的咨询人士为欠发达国家提供建议时，需要考虑这些差异。另一个重要借鉴是，不同市场经济体的价值观和制度体系迥异。因此，咨询师需充分认识到他们最为熟悉的经济体的价值观和制度体系，以及该经济体与其提供建议的经济体之间的差异。

总而言之，"一刀切"的方法对不同的市场经济体的集体价值观而言也站不住脚。对不同经济体的制度结构进行判断时，应考虑到这些差异。

第 6 章

社会心理学视角下的价值观与美德

伊万娜·索比斯

米歇尔·S·德·弗里斯

6.1 引言

　　本章论述公共行政这门学科可以借鉴哪些社会心理学领域已经发展成熟的学术理论和开展过的实验成果来创造或重建公共行政领域的价值观与美德。撇开公共诚信、管理和组织、服务提供或政治与行政的关系等诸多相关议题不谈，始终攸关利害的一个主要问题是如何创造或者重建一个重视社会价值观并且能够作出有德决策的行政体系。现代的理念是根据市场和新制度理论衍生出来的原则来进行引导和控制。核心的概念是竞争、物有所值，以及通过采用绩效衡量、监控、评估和标杆管理等方法来减少信息不对称（cf. Kubr，2002）。其弊端已经多次讨论（Halachmi and Bouckaert，1996；Hood，1991；Lonti and Gregory，2007）。

　　使用绩效衡量来减少信息不对称有可能会导致出现现实的假象。此外，这么做也很费时费力（Easterly，2006），通常会偏离预定的方向，而且似乎也不会帮助我们更好地实现创造和重建价值观与美德的目标。许多学者也指出激励措施和持续的重组通常不能达到预期的目标，而是产生相反的影响。许多人现在质疑以下基本假设，即以上述新制度工具为基础来调整投入、流程和产出的尝试几乎和改善结果画上等号（Behn，2003；Bovaird and Loeffler，2003）。但是，一个经过充分论证的其他可行选择还未浮出水面。因此，寻找其他的方式来重建和改善公共部门的价值观与美德可能还是有所裨益的。这也正是本章想要探讨的问题。

99　　　本章的基本问题是：与公共行政相关的科学性学科——本章中指的是社会心理学——是否是除了新制度理论之外能够减少信息不对称的有效途径，即使用激励措施和重组来改善公共机构的价值观与美德。

　　　在本章中，我们关注的是社会心理学中的知识主体。这看起来是一门很有前途的学科，因为正如以下所述，态度改变是带来和重建价值观与美德的关键维度，而这恰恰是社会心理学解决的问题。此外，社会心理学还有一项有趣的理论传统也对准确定位本章问题十分有用。一方面，社会心理学关注认知平衡——人们进行思考、拥有行为能力的必要条件。另一方面，社会心理学家也归纳出了背离认知平衡、超出基本概念范畴的其他理论。这些理论用于解释人们在经历认知失衡、认知不一致和认知失调的情况下是如何重建认知平衡的，以及人们是如何进行自我说服和看待自己的。这些理论为我们提供了分析工具，有助于我们分析扰乱人们正常行为（比如，一直以德行事）的不舒服的感觉。该学科提出了一个有趣的解决方案，即通过社会化建立心理契约。本章主要讨论上述理论，主要结构按照以下几个分问题组织：

- 社会心理学的核心概念是什么？
- 社会心理学是如何定义和解决创造价值观与美德这个问题的？
- 本文的研究和上述理论中产生了哪些实用的经验？

6.2　社会心理学方法

　　　社会心理学的核心是社会影响个体这一现象。众所周知，在我们的生活中，他人会对我们产生影响（Kaplan，2001：2772）。因此，社会心理学的主要任务之一是解释人们是如何被社会化的世界所影响的，这一点不足为奇。

　　　下面，我们介绍的是一些我们认为与本章研究有关的、能够解释本章研究的社会心理学理论。我们相信，社会心理学凭借对价值观、准则、态度和态度改变的理解，能够解释要如何重建和改善价值观与美德。

　　　在社会心理学范畴内，对于我们所讨论的问题的定义可以有多种解读。其中包括信念、价值观、准则、偏好、态度、动机、需要、期望、习惯和目标等概念。所有这些概念都似乎有望能够从某种程度上解释如何重建价值观，以及如何让态度好转。

100　　　玛格丽特·穆尼·马里尼（Margaret Mooney Marini，2001）提出了一套完整的理论来辨析上述所有有助于解释组织行为的概念。事实上，她写的是社会价值观和准则概述，但是她的方法似乎也和公共组织及其对个体行为的影响相关。她

认为：

> 价值观和准则这两个评价性信念将情感和认知要素综合起来，引导人们适应所生活的世界。它们包含的评价因素让它们看起来不像存在性信念，存在性信念主要关注的是真假、对错。它们包含的认知因素又让它们看起来不像动机，动机可以源于情感或者心理欲望。价值观和准则包含了赞同或不赞同的认知信念。虽然价值观和准则不会随着时间的流逝而褪色，也因此在社会中和个体的人格中能够快速延续，但是它们对于变化仍然十分敏感。（Marini，2001：2828）

马里尼认为"价值观和准则包含了赞同或不赞同的认知信念"，它们通过培养社会中个体的人格来实现更快延续。除此之外，价值观和准则也会随着时间改变。她强调：

> 价值观和准则中的评价标准在多个层面上影响着对象单位（例如个体、组织和社会）及其对他人行为的判断，而对他人行为的判断也能够影响行为。……价值观和准则也会影响对政府政策和社会实践的评价，进而影响外交关系和一个社会的政府对于其他社会的政策。（Marini，2001：2828）

价值被视作"关于一种模式、方式或行为结果的合理性的信念"（Marini，2001：2828）。"价值"告诉我们在某个特定情境下什么被视为好的和什么被视为坏的。价值的评价标准基于道德、美学和"非科学的或功利的"成就。她强调，价值不能和偏好相混淆；价值可以看作偏好的一种具体类型，但是"并不是所有的偏好都是价值"。还有一段相似的话是关于态度的概念的。马里尼解释道：

> 态度指的是关于一个具体对象或情境的若干信念的集合体，而价值指的是某种具体的、单一的信念，基于道德、美学、成就等观念的合理性的信念，超越了具体行为和情境。（Marini，2001：2828）

马里尼认为，价值不应该和动机的概念相混淆，因为后者是基于：

> ……引起正的或负的效价（激励）的能力。价值有动机属性，包含了以特定方式行事的倾向，因为它影响着对行为的预期结果的评估，以及之后在可能的选项里作出选择。但是，与动机相比，价值这个概念没那么以个体为中心，它也包含了情感和欲望。价值是一种特定的动机，包含了在特定情境下对行为的预期结果评估所衍生出来的对于行为的合理性的信念。（Marini，2001：2829）

马里尼（2001）认为，价值和需要也有所不同，需要确切地说是被视为"持续进行活动和获得其他重要结果的要求"（p. 2829）。需要通常有生物学或心理学基础。在许多情况下，人的需求创造了经济结构，比如说，人们对收入的需要可以影响一个行为者违背自身的愿望或价值观。最后，甚至目标也似乎和价值有所区别，虽然说价值之所以被称为价值，是因为人们常常根据价值观来选定目标。"价值观并不是行为的目标。它们是用于选择目标和评价行为影响的评价标准"（Marini, 2001：2829）。

根据马里尼（2001）的说法，在个体的行为中，准则在许多方面起到了和价值相似的作用。准则也是基于道德、美学和成就的评价性信念。但是，这两个概念之间的区别如下所述：价值强调行为的合理性，而"准则是关于行为可接受性的信念"（p. 2829）。准则确切指出哪些行为是正确的和错误的，"允许的还是不允许的，或者表明行为应该怎样或不应该怎样"（p. 2829）。因此，准则也起到了规定什么事情应该做的作用，而价值观则代表了对于合理性、吸引力或厌恶的感觉。此外，准则要具体得多，因为它指的是某项非常具体的行为，即什么事情应该做。但是，准则和习惯又不同，因为"习惯包含了对于行为者将会做什么的期望"（p. 2830），比如在英国，五点钟喝茶是习惯，但是这并不是规定所有英国人都应该这么做的准则。

6.3　对社会心理学中价值观与美德困扰的解释

此领域内的一项主要研究成果是，价值观和态度都是相当稳定的。人们可以将政治体制从共产主义体制转变到资本主义体制，但是这并不意味着改变后的政治体制里的个体的价值观也会自动地随之改变（cf. Rokeach, 1973）。苏克兹和斯特龙伯格（Szucz and Stromberg, 2006）指出，上述发现同样适用于公共行政领域，他们发现在中欧和东欧剧变之后的 15 年间，当地精英人士的价值观几乎没有发生变化。这个大致的发现暗示着两点：第一，要改变价值体系是非常困难的；第二，然而价值观一旦改变了，将会持续影响人们的思维和行动。

6.3.1　该问题是社会化缺陷的后果

价值观、态度和行为准则的创造都是发生在社会心理学家所说的社会化进程中，即人们通过接触社会或组织内的其他成员的看法和行为而融入到社会或者组织之中的过程。首先，父母在创造了秩序、语言和意义的特定文化背景下将价值观和准则传递给子女。正是由于文化的作用，个体才能构建出知识图景和对现实的理解，从而指导他该如何行事。

许多科学性的学科都关注社会化。但是，每门学科都有自己的方式。人类学家认为社会化近乎是一代传一代的文化传播，他们研究的焦点常常是"文化和人格"

之间的关系（Malinowski，1929；Mead，1928）。心理学家或者社会心理学家
（Goslin，1999；Piaget，1926）的兴趣则放在社会化是影响个体到成熟前的认知发
展的社会过程。理解这个概念有两种方式。首先，社会化可以视为学习和内化个体
所属的群体的社会角色和地位。这些新角色，我们首先是在家庭里面学到的，在这
种情况下，我们讨论的是初级社会化。接着，我们观察到游戏小组、工作小组等次
级社会化媒介的出现，它们通过让奖励或者惩罚等诱导个体采取合适的行为，从而
继续社会化进程。

社会化也可被视为是自我概念形成的过程，比如乔治·赫伯特·米德（George
Herbert Mead，1935）认为自我是通过符号互动，通过语言而形成的反射性
现象。

> "社会化"这一术语，最常用、最普遍的用法是指个体（新手）习得准则、
> 价值观、信念、态度及其所在群体的语言特点的互动的过程。在掌握这些文化
> 要素的过程中，个体的自我和人格得以创造和形成。因此，社会化解决了社会
> 生活中的两大重要问题：一代人到下一代人的社会连续性和人类发展。（Ge-
> cas，2001：2855）

根据处理认知平衡的多种方法的社会心理学理论，缺少社会化可以导致自我说服被
打乱，或者关注错误标准的自我认识。

6.3.2　一致性理论

价值观和态度可能发生变化吗？社会心理学中用于解释态度改变的一个经典方 *103*
法是违反所谓的一致性理论，假设态度会提供认知结构，从而促进信息处理、工作
开展和自尊养成。按照假设，个人会努力寻求态度的平衡和连贯。关注这些现象的
理论确实存在，但是，在解释人们为何要在所经历的各种情境下创造平衡时，这些
理论所运用方法大不相同。

违反一致性理论的一个经典理论是由海德（Heider，1958）创建的认知平衡理
论，该理论假设个人会争取归属于稳定的系统。如果我喜欢的人和我喜欢相同的人
或事，那么就实现了认知者的稳定性。这里强调的是在一个群体里的归属感，正如
俗话所说，"敌人的敌人就是朋友"，这对于解释友谊的培养、服从和对于批评的反
应都是相关联的。

海德预言行为者会为了取得平衡而尽力改变情境，而该理论预言，行为者努力
实现平衡的愿望比内容本身更加重要。正如罗森堡等人（Rosenberg et al.，1960）
指出的，解决不平衡的过程遵循最小阻力途径。因此，为获得平衡而做出的努力可
能会以牺牲内容为代价，这也是在国际技术援助领域实际发生的情况。

奥斯古德等人（Osgood et al.，1957）在他们提出的认知失调理论中也有类似
的研究结果。人们倾向于通过降低他们原先的价值观的重要性来减少认知不平衡。

如果一个积极的对象和消极的对象联系在一起，就有一种朝着中立的、漠不关心的方向发展的趋势。埃布尔森（Abelson，1959）已经注意到，在不平衡的情况下实现平衡有若干方式，可以是让情况变得更为复杂，或者是降低精确度（让不平衡变得模糊）。

从公共行政的角度来看，不平衡的情况可以解释官僚化加剧、重视步骤、漠不关心和独立客观。与之相关的理论是费斯汀格（Festinger）的认知失调理论（Festinger，1957）。费斯汀格认为，当知识的两个要素相冲突时，即仅考虑这两个要素时，一个要素的对立面是另一个要素，就会出现认知失调。每个人都会尽力消除不协调，以恢复调和一致的状态。这就意味着，人们会尽力寻求证据来确认他们的行为的合理性，尽力让他们的行为与态度一致，在失调带来的压力下，人们甚至会改变偏好。

这一理论为激励措施、效用及其对行为的影响带来了不同的见解。根据这一理论，减少认知失衡对于解释我们作出的选择要比使效用最大化重要得多。在经过多次重复和调整的著名的费斯汀格—卡尔史密斯实验中，人们即使讨厌一项任务（例如给出虚假的证词），给予激励之后也会硬着头皮完成。该实验表明，给予的激励越多，就会越让人觉得这项任务没意思。通常来说，或者以假设每个人都会将经济效用最大化的理论来说，这不是我们预料之中的结论。当某人不想做一件事情的时候，给予奖励会补偿行为带来的不愉快。但是，在费斯汀格的理论中，这样的结果是可以解释的，因为我们看作积极的奖励和看作消极的任务之间的不协调会让人感到不舒服。因此，我们会预期，那些最能直言不讳地指出任务消极方面的人将会感到最不舒服，而那些对任务消极方面不是很介意的人感受到的不协调程度更轻一些，甚至会改变对任务的态度，转而觉得任务是积极的。

很多研究社会心理学的学者都重复做过很多次这个实验，因此这个实验也被称为逆向刺激实验。根据对费斯汀格和卡尔史密斯1959年进行的实验的理论推断，实验结果符合认识失衡理论的预期。收到钱更多的人更不喜欢任务，因为他们对任务的态度（消极）和奖励（积极）之间的认知不协调程度更高。

自我说服理论（Mead，1935）声称，对自我行为的反应是社会互动的产物。每个组织都面临着以下问题：训练员工对外部和内部刺激做出反应，让员工正确评价自我以及让他们以组织期望的方式处理工作任务。问题是，员工在判断时会以谁或什么作为参考？以及如何引导他们选择恰当的参考系？有一个经典的例子或许可以加以阐述。你什么时候会说你饿了？是你的身体需要摄入物质来保持机体正常运作这一生理现象的结果？还是你和许多现代社会的人一样，只是在看腕表是不是已经到了午饭时间？在评价一个人的工作时也会出现同样的问题。参考系是什么？工作是否按计划进行？员工是否按照步骤开展工作？员工是否将评估报告里的所有问题填写完成了？员工是否完成了既定目标？

这和社会心理学的另一个理论——自我知觉理论（Bem，1972）的研究成果十分类似。该理论认为，就像他人了解我们一样，我们也是通过自己的外显行为来推断自己的态度的。对于我们自身的行为和归因，我们和他人掌握的资料是相同的，因此，我们是通过观察自己的行为以及推断造成该行为的原因来了解自己的态度的。所以，如果我们被迫以特定的方式行事，我们对待这项工作的态度会相应地改变。最核心的问题是："要是我/他想要在这个情境下以这种方式表现，那么我/他的态度必须是什么？"（Bem，1972：28）如果我的行为是这样的，那么我的态度必须是这样的，因此，这就是我的态度。 　105

这一理论方法和之前介绍的各个组织的受试者经历的认知不平衡的例子大致相符。

6.3.3　小结

本节采用了社会心理学理论来解释组织行为为什么会被扰乱，以及价值观是如何被改变的。援引的理论有社会化缺陷、被扰乱的自我说服、认知失衡、认知不一致、认知失调和自我知觉，这些都被证实是多种感觉的混合体。那么，通过上述分析可以获得哪些解决方法？下一小节将会解答这个问题。

6.4　社会心理学提供的解决方法

在公共行政中，解决组织行为的主要手段是控制、监控、使用绩效评估工具和（自我）评估。结合上文所述的理论，源于社会心理学理论的解决方案是相当不同的。首先，我们可以从社会化理论入手。按照这一思路，我们可能可以通过组织社会化来创造职业化。更具体地说，这类社会化可以回答何时可以创造出价值观与美德的问题。一致性理论关注的焦点更加具体，即人们如何失去平衡和在他们经历的多种情况下重新创造平衡，这或许可以解决重建价值观与美德的问题。将这两者结合起来综合考虑，我们也许可以达成社会心理学中所谓的心理契约，即适度社会化的专业人士可以在没有监管、监控和绩效评估的状态下工作。这个问题将在下文中讨论。

6.4.1　社会化

态度是由父母传递给子女的，而且许多自然掌握的价值观在人的一生中是相当稳定的（Rokeach，1973）。但是，社会心理学的实验表明，这种影响和稳定性在生命周期的某些特定节点会降低。在个体的一生中，在某些特定的时间节点，他的心态更加开放，更加能够接受新的影响，有更强的能力和意愿来改变态度。第一个时间点是开始读高中时（Jennings and Niemi，1968），第二个时间点是大学一年级时（Goldsen，1960），第三个时间点是找到工作时，在上述情况下，他更加容易接受组织社会化。从原则上来说，人们每次受到新的影响时，他们的世界会有所改变，态度也有可能随之改变。我们的生活就像是在大量的组织中游走，包括家庭、学校、运动俱乐部、娱乐场所、政党、宗教组织、志愿者协会、职场、工会、职业机 　106

构、国家等。所有这些组织，或者更确切地说，其中的成员对我们来说就是社会化媒介，他们影响着我们的价值观、准则、态度和行为。

人们在找到工作之后的第一个时期会对价值改变特别敏感，这说明在此期间，社会化有可能完成特定价值观的内化。这也意味着，在一个新员工进入组织后的第一个时期，解决价值观问题以及向他们展示组织内连贯的、典型的行为是很有效的。至于我们的基本问题，即价值观与美德的重建和创造，意味着员工在进入新环境的第一个时期（有人认为是头几个月，也有人认为第一年非常关键）所内化的经验可以从很大程度上决定他们态度改变的方向。员工可以在"正确的文化"中完成社会化，这是对员工行为的潜在的指引。

这种社会化几乎完全是由中层管理人员促成的。社会心理学家通常将他们称作"有经验的组织成员"。经久不衰的价值观、态度和准则通过榜样的力量和中层管理人员的培训得以内化。社会化这一理论也表明，既然价值观和准则是相当稳定的，在这一时期传递必要的价值观和准则会影响到员工在很长一段时间内的态度（即不考虑监控和评估）。因此，早期社会化可以为之后节省很多监控成本。

至于这种社会化的样式，文献综述里的结论也表明，已经习得的知识、技能与已经采纳的价值观、态度和准则的可持续性会随着所使用的社会化策略的不同而有所差异。有人将组织社会化策略分为六种，每种由相互对立的两个概念组成：集体社会化和个人社会化，正式社会化和非正式社会化，连续社会化和随机社会化，固定社会化和变动社会化，伴随社会化和分离社会化，赋予社会化和剥夺社会化（van Maanen and Schein，1979）。最近的研究也指出社会化的连续、正式、伴随和赋予等性质十分重要，例如通过有组织的职业发展路径和机制化的培训项目，以及提供榜样和有经验的组织成员的支持来进行的社会化（Cable and Parsons，1994）。

从"头脑编程"的角度来理解这种社会化的内容的话，包含的话题数量和每个话题的相对重要程度并不固定。大多数学者认为至少应该包含以下四个话题：（1）掌握组织的正式特点（即目标、战略和组织结构）和非正式特点（即组织文化和权力关系）。（2）这样做的结果是认可；学习在群体里做事，学习如何做好工作以及了解所需要的技能和知识。（3）这样做的另外一个结果是采纳工作小组的价值观、态度、准则和对友谊的理解。（4）个体就身份、自我形象和工作背后的动机进行调整和学习（Fisher，1986；Louis，1980；Morrison，1994；Schein，1978，1965）。这些学者认为，社会化包含了多个阶段，从预期到适应再到角色管理（Feldman，1976），或者从对抗到通过明确工作分工、找到自己在组织中的位置，再达到双向接受、满意、激励和承诺来认同组织的实际情况（Wanous et al.，1992）。

内容也可以集中在认知失衡和认知失调上。之所以会出现这样的感觉，也是因为组织预期和实际可行性之间存在着差距，对于新人所掌握的知识的预期和组织里实际处理这些新想法的经验存在着差距。因此，社会心理学家或心理学家认为，比起朋友间因为意见分歧，或者敌人间因为拥有相似偏好而导致的认知失衡，组织里出现认知失衡和认知失调的后果更加严重。

　　如果我们能够预料到会出现这样的认知失调，那么本文中提到过的理论能够为改变那些拥有相反价值观的员工提供一些思路。如果经历了这样的认知失调而且假设是正确的（即这个状态的体验是令人不愉快的），那么个体就会受到激励，进而采取行动减少认知失调。第一，这可以通过改变认知来实现。如果两种认知是矛盾的，行为者可以简单地通过改变其中一个认知来让其与另一个认知保持一致。行为者可以朝着其他认知的方向来改变认知。第二，可以增加认知，如果两种认知导致了一定程度的认知失调，通过增加一个或者多个一致的认知可以降低失调程度。第三，行为者可以改变其对于认知的权衡。既然矛盾的和一致的认知是通过重要性来衡量的，那么改变各种认知的重要程度或许是一个好方法。

　　在这方面进行充分的准备或社会化是可行的，因为在这一领域已有大量经验。此类社会化能够让员工在经历不可避免的认知失调前做好准备并且提供标准，甚至能够尝试让这些标准内化，以确保员工在遇到需要改变、增加或者重新权衡认知的情况时能够朝着任务使命所要求的方向行事。

　　为了做到这一点，有人认为，应该让新人在进入职场的第一年内在团队里和终身员工、资深员工一起工作，因为从社会心理学角度来说，预期结果是通过互动产生的（Tannenbaum et al.，1992）。在我们开展的全部研究中，我们只找到了一个关于此类高强度社会化进程的例子。

　　关于这种团队的有效性变化的文献指出，团队的有效性要看环境特点，例如奖励体系和组织文化（Ashfort et al.，1996），也要看团队特点，例如协调、沟通和冲突解决的方式，还要看个体特点和团队的多样性，以及上述特点之间的相互作用（Tannenbaum et al.，1992）。其他文献则援引了团队激励过程的影响，例如团队凝聚力、集体效益、绩效准则、领导激励、团队有效性过程、领导力和团队作用，以及协调过程。尹正求（Jeongkoo Yoon，2006）指出了领导的作用，一个有远见卓识和自我牺牲意愿的领导能够加强团队的有效性。 *108*

6.4.2　建立心理契约

　　这种社会化的结果是新员工及其供职的组织对于彼此的合理期待都十分清楚并达成一致意见。在社会心理学中，这被称作心理契约。和一般的契约不同，心理契约里不会明确规定双方的责任、报酬和所有成文的法律条款。它"和我们的头脑相关，因此是无形的"（Wellin，2007：17）。阿吉里斯（Argyris，1960）是第一个使用这一术语的人，并将其定义为"员工和组织之间存在的隐含的相互理解"。他描述心理契约的方式和我们探究的方式正好吻合，即把心理契约作为减少监管和控制的手段。他的描述如下：

　　　　假定员工和管理者之间的关系会不断变化，或许可以把这种关系称为"心理工作契约"。如果管理者能够保障并且尊重员工的非正式文化准则（即让员工拥有自主权，确保员工能够获得足够的报酬和稳定的工作），那么员工将会

保持高产出、少抱怨。（Argyris，1960）

接着，沙因（Schein）给心理契约下了定义：心理契约是组织内的每一个成员与各个管理者和其他成员之间时刻遵循的不成文的期望。每一个员工都对薪水或报酬、工作时间、福利和特权有所期待，组织也有一些隐性的、微妙的期望，比如希望员工能够改善组织的形象、能够对组织忠实、能够保守组织的秘密并且在工作中全力以赴（Schein，1965）。

更近一些，丹尼丝·鲁索（Denise Rousseau，1994，1995）给心理契约重新下了定义，认为它是本质上存在于每个个体的头脑之中的东西，是"由组织塑造的、关于和组织之间的交换协定条款的个体信念"（Rousseau，1995：9）。韦林₁₀₉（Wellin，2007：27）认为，心理契约是"员工认为组织期望他们做出的行为，以及员工对于雇主反应的期望"。照这么说，心理契约不能像有些公司想的那样可以用白纸黑字进行明文规定，也不能在招聘的最后阶段就达成一致意见。从它的原意来说，它是在社会化阶段出现的事物。

6.4.3 小结

本节主要回答我们如何通过运用社会心理学理论来解决创建公共行政领域的价值观与美德的问题。首先，我们讨论了态度改变"何时"发生。社会心理学认为人们在进入一个新环境时可以接纳新想法，有能力和意愿改变他们的价值观。这就意味着他们将会接受改变，特别是在他们进入组织后的第一时期。因此，这一时期的社会化是合情合理的。一致性理论进一步指出，当人们经历认知失衡、认知不一致和认知失调时更有可能改变价值观。在上述情况下，他们很有可能改变、增加或重新权衡他们的认知。因此，有人建议在这一社会化时期创造（模拟的）认知失调的情境，以此来观察新人为了与公司的目标保持一致会通过何种方式来改变、增加或重新权衡他们的认知以及调整上述过程。这样一来，体现员工和组织双方隐含的相互理解的心理契约就形成了，这其中包括了基本价值观和公司流程、在不利条件下作出艰难决定所采用的标准以及各个要素之间的相对权重。

6.5 对于公共行政中附加值的思考

源于社会心理学的理论为我们面临的问题做了一个有趣的分析，那就是如何创造和重建公共组织中的价值观与美德，也为我们寻找解决之道指明了方向。解决方案存在于组织社会化中，让员工在职业生涯的初期面临认知失调注定会发生的情境，进而让他们建立心理契约，即价值观与美德的内化。这么做可以建立长久的信任，让员工有理由相信工作可以按照组织期望完成，并且甚至在不利条件下也可以做到。这样一来，持续的监管——包括监视、绩效衡量和评估都显得多余了。

　　鲁索（1995）认为心理契约是以承诺为基础的，久而久之会变为相对稳定和持久的一种思维模式、编程或者图示。但是，对于这种概念化也有批评的声音。比如，马克·罗林（Mark Roehling，1997）就批评了这种概念化以及对于建构的假设和影响未进行充分研究。他认为，"报告中的关于心理契约的实证调查研究可以杜撰出来"，"关于心理契约的文献还是缺乏对于心理契约构建的对立观点的关注和认识"（Roehling，1997：3）。这种实证研究能够验证早期社会化的持久价值，能够验证和终身学习的理念背道而驰的"学习在个人职业生涯初期更加有效"这一假设是否成立，还能够证明让组织里的新人适应变化或者重新权衡他们的认知是可以实现的。此类研究同时也能够回答以下问题是否正确，即奥唐奈（O'Donnell）和希尔兹（Shields）所主张的：当心理契约主要是"基于反馈意见和发展重点调整工作表现（不进行打分和评级）"的关系契约时，其结果是建立持久的信任；当心理契约主要是"注重短期和货币化的交换"的交易契约时，这一过程"会导致混乱的结果，并且带来公平、评级中庸化和强制分配等问题"（O'Donnell and Shields，2002：439）。

　　第二点批评是关于概念本身的。格斯特（Guest，1998）解决了心理契约用法的概念性问题。通过援引不同学者的观点，他得出的结论是，从观念、期望、信念、承诺和义务等方面来说，确实有不同的概念化。这是有问题的，因为"无法达到期望和无法完成义务，这两者的顺序是差别很大的"（Guest，1998：651）。根据他的观点，如何界定心理契约何时存在和何时不存在，从概念上来说也是不清晰的。他进一步指出，法律隐语是不恰当的，因为这是很主观的，不能清晰界定什么是媒介，而且在许多组织里，"组织有多种媒介，它们可能'提供'不同的，甚至有时是对立的契约"（1998：652）。在这种情况下，心理契约的关键维度和内容都是不清晰的。格斯特认为，解决这个"问题"的办法之一是让心理契约更加透明，但是，他又认为，如果心理契约被定义为不成文的、隐含的，那么它们公开或者变得显性之后就不再是心理契约了（1998：653）。格斯特认为关于心理契约的内容有效性、建构有效性、可检验性、适用性和概念冗余存在着严重的问题。

　　尽管格斯特提出了诸多批评，但是他承认，"心理契约为理解和探索（新型）雇佣关系提供了潜在的、有效的建构方式"（p.659）。他认为，心理契约能够阐述和减少权力（即没有代表性的个体和如巨石般的组织之间的关系）不平衡加剧的情况，并且"可能可以将诸如信任、公平和交换等多个关键的组织概念整合起来，但这些尚未实现"（p.660）。

　　至于令人费解的概念化，心理契约的概念确实有不同的构想方式，至少对以下五个方面有不同的侧重：

- 强调承诺和义务，而不是价值观的内化。
- 强调契约方面，而不是心理方面。
- 强调组织方面，而不是个体方面。
- 强调交易方面，而不是关系方面。
- 强调改变心理契约的可能性，而不是心理契约建立之后的可持续性。

韦林（Wellin，2007）列举了许多关于心理契约以及此类契约中的核心内容的例子，用于阐述，比如说，像安永这样的咨询公司是如何解读心理契约的。

表 6—1   安永的心理契约

	安永对员工的期望	员工对安永的期望
1.	做正确的事情，帮助客户取得成功	认可并奖励个体的贡献
2.	充满活力、热情和韧性，做到最好的自己	舒适的工作环境
3.	加强承担领导作用所需的人脉、团队合作精神和勇气	关心、倾听并且回应员工的想法和关切
4.	自主掌握自己的职业发展并为此负责	持续学习、获得知识的机会，能够得到个人和职业发展方面的支持，发挥个体的潜能

资料来源：Wellin，2007：21。

表 6—1 能够说明大体趋势是强调承诺和义务、契约方面、组织方面和交易方面，更多体现的是公司的政策，或者至少体现了公司由此希望展现的形象。这和养育孩子是很类似的，家长告诉孩子在学校里要好好表现，对朋友友善一点，这样父母就会多给点零食、零花钱，多关注孩子一些。更加重要的，也是更加困难的是家长要学习和协助孩子作出选择：如果孩子犯了错误的话，家长要怎么表现；如果孩子考试没考好，家长要做什么；如果孩子的课余活动和功课冲突了的话，如果孩子和同伴吵架或打架的话，如果孩子受到诱惑而做了家长不希望他们做的事情的话，以及在其他进退两难的窘境下，家长要做什么，不要做什么。

112

结合我们在前几节中介绍的论点，心理契约应该包含一些与当代的公司所理解的不同的内容。它应该是一个完全社会化过程的结果，而不是出发点，应该是让具体的价值观在员工头脑中内化的结果，比如说，当基本的困境突然出现时，员工在做选择时该采用什么标准。它应该明确指出：当短期目标成绩与长期效力相冲突时，该做什么？当效力和效率相抵触时，该做什么？当外部或内部限制妨碍我们达成最理想的选择时，该做何反应？当遇到不道德行为时，该做什么？当客户提出和之前协商好的完全不同的要求时，该做什么？以及当不可避免地出现问题时，该做什么？

总的来说，尽管心理契约这一概念的支持者提出了该理论的众多好处，但是本节讨论的是建议的社会化过程而不是最可靠的解决方案，即让员工从认知失衡、认知不一致或认知失调的状态到建立心理契约的过程。但是，我们相信，应用心理契约的原则可以降低对任何组织提高期待的风险，即失望会自然而然地导致监控和操纵程度加强。目前，许多不确定因素仍然存在，实证研究支持仍然缺乏，概念混淆仍然存在，这也导致了一些争议：到底这个过程对于公共部门来说是否有用？是否可以像原本打算的那样替代持续监控、绩效衡量和评估？

6.6 结语

本章提出了一个问题：公共行政是否可以从社会心理学中有所借鉴？在寻求创造或重建公共组织的价值观与美德方面，不采用测评、改组和使用激励体系等手段，而使用其他方式？我们认为，在公共行政中，许多人的位置和参与费斯汀格—卡尔史密斯 1959 年实验的学生类似。

这就解释了为什么对于工作的重要性有强烈感受的人会体验到关注认知失衡、认知不一致和认知失调的一致性理论所预测的压力，而其他态度不那么明显的人，会因为受到自我说服或自我知觉的影响而根据行为改变态度，放弃要求的符合价值观与美德的行为。社会心理学理论因此就可以解释，为什么有德的行政管理者会逃离某些情境，而无知的专业人士会开始主导这些组织。只要我们不能够衡量结果，*113* 只能从归纳流程、投入和产出的报告中获得这些内容，那么我们造成的破坏可能要比我们取得的成果更大。

社会心理学仅仅为我们观察到的问题提供了合理的解释吗？还是它们也同时提出了其他选项？第一个解决办法是不要让人们陷入与费斯汀格和卡尔史密斯（1959）的实验背景相似的情境，至少不要鼓励此类行为。但是，在实践中，我们看到的更多的是相反的情况。公共组织和私营组织都越来越多地要求员工通过撰写对于他们工作的积极报告来营造一个虚幻的现实。社会心理学理论告诉我们，高强度的社会化、培训和提供架构、达成心理契约可能有用。社会心理学告诉我们的实用经验有：

● 在员工进入组织的第一时期对他们进行社会化改造。特别是在头几个月或者甚至第一年，这有可能改变他们的态度。因此，传递正确价值观与美德行为的清晰指导必不可少。

● 让员工经历认知失衡、认知不一致和认知失调注定会发生的情境，训练他们改变、增加或者重新权衡他们的认知，使之与组织想要让他们养成的价值观与美德相符。

● 认识到有经验的组织成员的关键作用。最关键的不是领导层的作用，而是中层管理人员的作用。中层管理人员是引导新人的中坚力量，他们向新人传递的价值观、态度和认识是最重要的。

● 寻求隐含的对于彼此期待的互相理解——心理契约，这不仅仅是关于劳有所得，或者个性化的雇佣合同的交易契约，而且是广泛学习和适应认知的结果，在此过程中，员工和组织建立了合理的互信，因此监管可以相应减少。

有人可能注意到了，这和力求做到终身学习不同，和在培训项目中重视技能与知识不同，和假定个体能够承担领导角色不同，和持续的监管会造成不信任这一论断也不同。

这到底有没有用还是个未知数。对于这个理论的思考也指出了关于社会化的持

续价值、社会化能够替代持续监控和绩效测评的能力，还有很多不确定因素。这也
指出了理论和现实的差距，在实践中，许多组织很少关注新人，培训项目也只是为
了提高员工的技能和知识。此外，有人也提到了对于心理契约的解读在不断变化，
正在把心理契约转变为某种形式的控制机制，而它原本是确保自我控制不会导致出
现和组织目标背道而驰的行为的一种手段。自我控制非常重要，因为许多公共行政
管理者必须要独立作出决策，但是与此同时，在一个高强度的社会化过程中，为了
同按照要求的价值观与美德行事的专业人士建立合理的信任，又不得不受到一些
限制。

　　让员工社会化，让组织能够信任他们作出最好的决策，内化价值观，形成某种
形式的心理契约，这些能够让任何组织的日常实践大有不同。

制度学视角下的价值观与美德

埃莉诺·奥斯特罗姆
文森特·奥斯特罗姆

7.1 民主的逻辑基础

115

　　洛克、孟德斯鸠、休谟、斯密、康德及美国联邦党人都寻求理解如何在公共事务中创造价值观与美德的方式。孟德斯鸠用一种直接的方式解释了这个基本的不同之处。美德是管理共和政体的基本动机，在共和政体中个体被认为是自治的，且立法权归于整个社会。但为了防止滥用权力，职权关系的架构必须基于"权力应该用于制约权力"的原则。麦迪逊在《联邦党人文集》第51篇中表达了同样的原则，原文如下：

　　　　出于相反和敌对的利益而提出更佳动机的缺陷的原则，可以溯源于人类的整个公私事务制度。特别是在一切下属权力的分配中，其不变的目的是按权力制衡的方式来划分和安排公职，以便权力间彼此有所牵制，而每个人的私人利益可成为公众权利的守护者。在分配国家的最高权力中，再也没有什么比这些审慎的发明更必需的了。(n. d. [1788]：338)

人类所面临的困境能两全地解决，但是所有解决办法都有风险。不管我们如何选择，人类都被以下众多的异常之处所困扰：

> 语言极大地加强了人类的学习能力，知识因此能够代代相传，但语言也能创造假象、谎言、误释并能放大错误。

116

> 放大知识和行为的可能性可能会制造混乱，除非使用受规则影响关系的语言建立共同期待，以规定在假设环境下应如何行为。

> 制定在人类关系中具有约束力的规则需要赋予一部分人对他人施加制裁（恶行）的权力。所有的人类社会都是浮士德式交易，为实现共同善有必要存在作恶可能性。

> 统治—统治者—被统治者关系最根本的来源就是人类社会的不公平性。

> 如果法律的统一性取决于某单一最高权力中心，法律的制定者自身不应为法治负责。在社会中行使统治特权并控制强制工具的人支配价值的分配，使用统治工具压迫并剥削被统治者。

> 对受规则影响关系的追求为压迫及暴政创造了机会。

> 这种浮士德交易的特点是置人类于一种艰难的困境。他们可以选择屈服于他们的统治者，或选择尝试用法治约束统治特权者。

> 屈服于统治会破坏创造的潜能。一切都会停滞不前。

> 长期以来对公平社会及契约式管理制度的追求，会通过分配受否决权制约的代理关系对统治特权产生具有强制力的限制。

> 任何受有限权力分配制约的体系都可能陷入僵局。

> 在面对不断出现的僵局时，某些人将会拥有强大的动力去建立组织以选定候选人、创造标语、拉选票、赢得选举、控制政府各类工具，并享受胜利之实。建立在限制权力基础之上的体系（与之相随的概念有三权分立、分权制衡、联邦制权力划分等），将被机器政治和老板统治取而代之。

托克维尔（Tocqueville）在《论美国的民主》（［1835，1840］1990）一书中再次解释了亚历山大·汉密尔顿曾解释过的限权宪法的一个基本原理。在分析北美大陆自然特征的一章的末尾总结中，他意识到这项事业的创造性和实验性：

117

> 在这块土地上，将由文明人进行在新基础上建设社会的伟大实验；在这块土地上，人类未知或曾认为不切实际的理论将首次被盛大展示给这个世界，而过往的历史从未如此。（Ibid.，1：25）

托克维尔将此伟大实验中在新基础上建设的社会总结构称作"自治社会"："该社会中实行自治"（1：57）。拉里·西登托普（Larry Siedentop）在传记《托克维尔》中曾断言，"通过《论美国的民主》一书，托克维尔尝试了一些不同寻常的东西——推翻了欧洲对于世界状态的既有定义"（1994：41）。自治社会，而不是国家治理的社会，其可能性是存在的。

权力制衡原则也许会在众多政治实验中得到重申，伴随着在宪政选择中界定集体选择的条件的过程，并体现在人们于日常生活中作出的操作性选择中。布坎南（Buchanan）及塔洛克（Tullock）合著的《同意的计算》（1962）一书帮我们明晰了在整个人类事务体系中宪政民主的逻辑基础。

托克维尔的分析认为，美国实验的可行性受到一些风险的威胁，其中最显著的是政客会共谋获得整个决策结构的主导权。内战后时期的机器政治和老板统治就是其得逞后的结果，直到 19 世纪末和 20 世纪初的进步主义改革运动中才进行了宪政补救。托克维尔深信如果公民可以根据其自然倾向作为，将会导致政府的中央集权及自治能力的丧失；自治能力的行使取决于能否行使基于社团艺术与科学的工艺。如果意识不到理念能够影响行为，最大化效用只会让人们将文明践踏在脚下。

118

哈耶克（F. A. Hayek）在《论社会中知识的作用》（1945）一文中推崇的观点是所有工艺都需要将共性适用于时间和地点特性。宪政民主的逻辑基础要求共性可适用于特定时间和地点的紧急状态。局部知识构成科学知识所产生共性的必要补充。

与时间权变相关的特性可能会产生剧烈变化。以托克维尔为例，他在《论美国的民主》的引言一章的开篇就提出"伟大的民主革命"发生在西方基督教国家的猜想。如试图将宪政民主的逻辑基础适用于异类时间和地点的紧急状态，并试图避免民主事业所面临的多重威胁，则会假定这种复杂性会超出人类理解的范围。卡尔·波普尔（Karl Popper）在《开放社会及其敌人》一书中提出了一个比较性的断言："开放社会可被描述为人类经历过的最深刻的革命之一。"

7.2 研究价值观与美德的框架、理论及模型

解释以上所述的不同之处、分析的多层次、公众选择的复杂性及动态取决于在三个特性层次进行的理论工作，而这三者经常会被互相混淆。分析的必要基础包括：（1）框架；（2）理论；（3）模型。在每个层次的分析会产出与特定问题相关的不同程度的特性。

开发并使用一个总体框架有助于识别进行分析时所必需的要素，及要素间的关系。框架能够组织诊断及治疗的要求。框架提供了一份最笼统的清单，展示了分析所有类型制度安排时所需的变量。框架也提供了一种可用于比较理论的元理论语言。框架试图确定任何同种现象的相关理论都需要的万能要素。表面显示的许多差异都是这些变量相加或相互作用的结果。因此，框架中所包含的要素能帮助分析者在分析初期提出待解决的问题。①

---

① 此部分参考埃莉诺·奥斯特罗姆的著述（E. Ostrom, 1999）。

119   开发并使用理论使得分析者能够确定框架中哪些要素与某种问题关联较大，并能够对这些要素作出一些笼统的工作假设。因此，理论包含框架中的要素，并作出特定的假设，这些假设对于分析者诊断某现象、解释过程并推测结果是必要的。有些理论与任何框架都匹配。经济学理论、博弈论、公共选择理论、交易成本理论、契约理论、公共产品及共有资源理论均与制度分析与发展（IAD）框架相匹配，此框架是由印第安纳大学政策理论及政策分析工作室在多年间研发的（Kiser and Ostrom，1982；Oakerson，1992；Ostrom et al.，1994；Poteete et al.，2010；Ostrom，2011）。

开发并使用模型可以对有限的参数及变量进行精确假设。逻辑学、数学、博弈论、模拟与实验及其他方法都被用于探究特定假设在有限结果上产生的结果。复合模型通常会与任一理论都匹配。某一方生产函数或支付函数假设的微小区别不会改变产生该函数的理论，却会改变模型的结构。

政策制定者及学者如果对不同制度模式如何使得个人用民主方式解决问题感兴趣，制度分析与发展框架能帮助他们组织诊断、分析及治疗能力。它也能为累积实证研究中得到的知识以及评估过去的改革成果提供帮助。如果没有进行系统性、比较性制度评估的能力，对改革的建议也许仅仅是基于一些天真的想法，如该制度是"好"或"坏"，而非基于该制度表现如何。我们需要一个共同框架及理论来处理改革和转型的问题。某些模型能够帮助分析者预测高度简化结构中可能会出现的结果。如果该模型是针对某特定问题设定，模型会在政策分析中发挥明显作用。但如果所研究的问题情况不符合模型的设定，则模型会被误用。

7.3　制度分析与发展框架

如前文所示，制度框架应某种程度上确定所有制度安排的主要结构变量类型，除了那些价值与其他制度安排不同的。制度分析与发展框架是一个多层次的概念图（见图7—1）。该框架的一部分是对行为情景的确认、关于互动及成果的因果模式，以及对这些成果的评估（见图7—1右半部分）。如果行为者为在世界上产生直接成*120*果而进行互动，问题可能出现在操作层面。

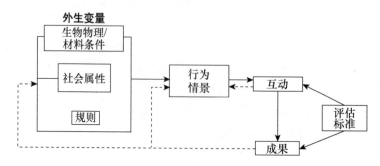

图7—1　制度分析框架
资料来源：改编自奥斯特罗姆的著述（Ostrom，2005：15）。

如果决策人不得不反复在一系列集体选择规则的限制下作出政策决定，问题可能出现在政策（或集体选择）层面。如果该情景中的个体作出操作决策，并直接影响到物质世界，政策决定会影响情景的结构。如果要决定哪些人有权参与政策制定，及政策制定中实行哪些规则，问题也可能出现在宪政层面。

分析问题的第一步是确定一个概念单位——行为情景，该概念可用于分析、预测及解释制度安排中的行为。行为情景包括行为情景中的行为者。行为情景可用以下七组变量表示：（1）参与者；（2）位置；（3）成果；（4）行为—成果关联；（5）参与者行使的控制权；（6）信息；（7）与成果相关的成本及收益。行为者（个人或公司）包括以下四组变量的假设：

- 行为者带到情境中的资源。
- 行为者赋予世界状态及行为的价值。
- 行为者获得、处理、保持及使用知识权变及信息的方式。
- 行为者挑选某种特定行为的过程。

行为情景指的是个体互动、交换商品和服务、解决问题、控制对方或斗争（个体在 *121* 行为情景上会发生的众多行为中的一些例子）的社会空间。大量公共选择领域的理论作品都只集中某单一情景，而将确定情景及行为者动机或认知结构的变量视为既定。假定在某一特定情景中可能存在某种平衡，分析的任务是预测个体的行为。

可能还有两个步骤。其一是进一步挖掘并质疑影响行为情景结构的因素。从这点出发，行为情景被视为一组取决于其他因素的变量。这些影响行为情景的因素包括以下三组变量：（1）参与者用来规定其关系的规则；（2）在这些舞台中行为所作用的世界状态的特征；（3）任何一个特定情景可存在的更宽泛的社区的结构（see Kiser and Ostrom，1982）。本章下一节将会研究该步骤。

7.4　在行为情景的框架下诊断并解释

行为情景是一个分析概念，该概念使得分析者能够分离出影响其感兴趣的过程的直接结构，以达到解释人类行为及结果的规律性，并可能改革该规律性的目的。通常用于描述行为情景结构的常见变量包括：（1）参与者集；（2）参与者的特定位置；（3）允许发生的行为及其与成果的联系；（4）与行为各个次序相关的可能成果；（5）每位参与者对选择的控制力；（6）参与者拥有的关于行为情景结构的信息；（7）行为及成果产生的成本和收益——它们作为激励及威慑措施。另外，不管一个情境是出现一次，还是出现固定已知的几次，或无限次出现，均会影响个体的策略。当在行为情景框架下解释行为或累计结果时，这些变量成为"既定"，被用于描述情景结构。这些是博弈论中创建正式游戏模型时常用的元素。

处于情景中的行为者可以被认作个体或者作为法人行为者运作的群体。行为指的是那些实施行动的个体附带主观性及工具性意义的人类行为。所有的微观行为分析者均对情景中的行为者使用一种隐式或显式的理论或模型，以推断每个行为者在 *122* 某一情景中可能做出的行为（以及可能产生的联合结果模式）。分析者必须推测参与者重视的东西及评估价值的方式，其拥有的资源、信息及信仰，处理信息的能力，以及决定策略的内部机制。

对于许多问题而言，接受一个经典的政治经济学观点是有效的，即个体在任何特定情景下选择的策略取决于其如何衡量各种策略的收益及成本及其可能的结果（Radnitzky，1987）。公共选择中最为根深蒂固的正式个体模型是经济人，该模型认为行为者拥有完全并有次序的偏好、完全的信息，并会最大化行为者期望得到的净价值。所有这些假设均存在争议，并在许多领域受到挑战。许多制度分析者趋向使用一个更广的概念来解释个体行为者。其中很多都强调价值和利益包括用于创造并维护关系的时间及资源（Williamson，1979），也包括个体在树立可信可靠信誉上所附加的价值。

或者可以认为计算收益及成本的个体是易犯错误的学习者，会随着他人（其所感知的收益和成本对这个个体很重要）的数量，以及他们履行诺言并接受为其提供的互惠形式（Ostrom，1990）个人承诺而变化。易犯错的学习者会且经常会犯错。但相关制度激励措施是否鼓励人们从错误中学习会造成设置不同。犯错与学习的能力可以被视为对个体理论更宽泛的假设。于是可认为个体在统治管理共有资源（或其他问题情景）时使用的各种制度安排为他们提供了不同的激励及学习机会。

易犯错的学习个体在经常重复及简单的情境中互动时，可以认为他们完全知悉在这种情境中作决定所需的相关变量，并以此种方式建模。在高度竞争的环境中，我们可以进一步地推定，在环境的选择性压力下生存下来的个体会最大化在该环境下生存的关键变量（如利润或健康）（Alchian，1950；Dosi and Egidi，1987）。当个体面临相对简单的决策情景时，在该情景下，制度会生成与某问题相关的变量的准确信息，即可将其表达为简单明了、约束最大化的问题。

但在理解公共选择中，许多与公共资源相关的情境是不确定的、复杂的，且缺少竞争市场的选择压力及信息生成的能力。因此，可以用有限理性假定——个体倾 *123* 向于理性，但理性是有限的——代替不证自明的选择理论中使用的完美信息及效用最大化假定（see Ostrom et al.，1994，ch. 9；Simon，1965，1972；Willlamson，1985）。搜寻信息是昂贵的，人类处理信息的能力也是有限的。因此，个体经常必须根据关于全部可能选择及其可能结果的不完全信息作出决定。

7.5 在行为情景中预测结果

根据某情景的分析结构及行为者使用的假定，分析者就结果作出或强或弱的推论。在信息完全的条件下，在严格限制的一次性的行为情景中，就参与者被激励选择能够带来稳定平衡的特定策略或行为链条，分析者能够频繁地作出强势推定并预测可能的行为或结果模式。

比如，如果公共资源的占有者数量或其占有量没有限制，那么可建立一个开放公共资源的数学模型（see, for example, Ostrom et al., 1994）。如果每个新进者的净得利益在首次得到资源单位时增加，其后减少，那么独自行为的新进者作出的个体决定会共同导致一种不充分的不足（但稳定的）平衡。一个开放的公共资源模型会生成清晰的预测，人们会争先用光资源，导致高昂的社会成本。实地研究或实验室研究均强烈支持开放公共资源（占有者不分享改变这种开放结构的公共选择情景）会被过度使用及可能被摧毁的预测（Ostrom et al., 1994）。

但是许多情景并不生成如此清晰的结果。个体不是完全独立地作出决定，其所在社会的初始形式的公平会带来情景结构的巨大变化。在这些情景中，参与者可以参加集体行为（Ostrom，2009）。更进一步地，他们可以随着了解过去行为的结果而改变自己的策略。分析这些更为开放、更少限制的情景的分析者会较弱势地推断并预测某种特定情景中或多或少有可能发生的结果模式。比如在实验室实验中，公共资源情景中的被试者如果有沟通交流的机会，基本上他们所取得的共同结果会增多（see Ostrom et al., 1994 and cites contained therein）。在实地设置中，多个研究已表明个体拥有更多的改变规则的能力，以减少过度生产的激励，及在众多情况下取得可再生资源的可持续利用（Lam，1998；NRC，2002；124 Tang，1992）。

在实地设置中，很难区分一个行为情景开始另一个情景结束的节点。生活好像在一张无缝的网中继续，个体从家到市场到工作单位（行为情景的特点通常是相互性、交换，或团队解决问题或指令）。在情景中，与在未来规则下作出的选择形成对比，在既有规则下做出的行为选择经常会忽视行为的层次已经改变。所以，当"老板"对"员工"说，"改变我们做 X 的方式怎么样"时并且两者就可行方案进行讨论并对更好的方法达成一致，他们就从在之前建立的规则下作决定，改变为制定建构未来行为的规则。换言之，用制度分析与发展框架的语言来说，他们从制度选择情景换到了共同选择情景。

7.6 评估结果

除了预测结果，公共选择理论家也可以评估已获得的结果，及在其他制度安排下可能获得的结果。两种结果及结果获得过程的评估中都使用评估标准。尽管有许多潜在的评估标准，但我们主要集中在：（1）经济效率；（2）通过财政平衡表现的公平；（3）再分配的公平性；（4）问责；（5）符合一般道德；（6）适应性。

7.6.1　经济效率

经济效率由与资源分配或再分配相关的净得利益流量变化规模决定。效率的概念在评估利益及成本或投资收益率中起到核心作用，经常会使用收益率来决定公共政策的经济可行性或可取性。因此当考虑其他制度安排时，必须考虑对参与者有所影响的规则变化会如何改变行为及资源分配。

7.6.2　财政平衡

评估公平有两个主要方式：（1）基于个体的贡献与其所得利益的平等；（2）基于不同的支付能力。作为市场经济基础的公平概念认定获得某项服务利益的人应当负担这项服务的费用。财政平衡的观点或者缺少该种意识会影响个体为资源体系的发展及维护作贡献的意愿。

7.6.3　再分配的公平性

125　　　向较贫困个体再分配资源的政策具有相当的重要性。因此，尽管效率意味着稀缺资源应当被用于产出最大净收益，但公平目标会缓和该目标，其结果是向贫困群体提供福利设施。同样的，再分配的目的也可能与取得财政对等的目标冲突。

7.6.4　问责

在民主政体中，官员应就公共设施及自然资源的开发及利用向公民负责。如果没有问责制度，行为者可以成功参与多种策略行为。问责无须与效率以及公平目标发生冲突。如要获得效率，决策者需要了解公民喜好，问责也是如此。能够高效地集合这类信息的制度安排有助于实现效率，同时该制度安排会也增强问责，推动再完成分配目标。

7.6.5　符合一般道德

除了问责之外，人们也许会想评估在某种制度安排下的一般道德水平。那些坑蒙拐骗但未被发现的人是否从此发达？那些遵守承诺的人是否更有希望得到回报或晋升？那些在一个制度安排下经常互动的人长期如何相处？

7.6.6　适应性

最后，除非制度安排能够适应不断变化的环境，否则就会影响资源与投资的可持续性。发展中世界的农村地区经常会遇到自然灾害及高度地域化的特殊情况。如果制度安排过于僵化，无法处理这些特殊状况，它成功的可能性就不大。比如，如果中央控制的灌溉系统，只分配一定量的资源用于年检或间断性维护，该系统也许无法应付一场能够摧毁运河的大型洪水。

　　使用绩效标准作为从备选制度安排中选择的基础时，经常会需要权衡。在效率和再分配公平这两者之间选择尤其困难。权衡问题在考虑公共项目的其他集资方式时最为突出。从经济角度对已有资源或设施的使用的有效定价应不仅反映增量维护成本，还有任何使用该资源或设施的外部或社会成本。这是众所周知的效率—定价标准，该标准要求价格等于边际成本。该原则在运用于不存在递减性的商品时会遇到很大问题。在该情况下，另一位使用者使用该商品的边际价值是零，因此有效价格也应为零。但零使用价格要求所有资源调动的来源都是基于税收的，它包括其他种类的不正当激励及潜在的低效。使用整体标准比较制度安排是很大的挑战。分析检查对于中间成本的可能权衡对理解比较制度表现是十分有价值的（see Ostrom et al.，1993：ch.5）。*126*

7.7　将行为情景视为因变量的解释

　　分析者将行为情景概念化的方式背后，是关于个体用于规范其关系的规则、世界状态及其变体特质，以及情景所在社会的本质的隐性假定。规则、世界状态以及社会本质共同影响个体的行为，该行为及后果的收益及成本，以及可能获得的成果。

7.7.1　规则的概念

　　规则是在相关人士间有关强制实行的要求、禁止或允许发生什么行为（或世界状态）的共识。所有的规则都是显性地或隐性地通过创造阶级（位置）在人群中获得秩序及可预见性的结果。处在阶级中的人们被要求、允许或禁止作出与要求、允许或禁止的世界状态有关的等级行为（Crawford and Ostrom，2005；Ostrom 1991）。

　　在开放民主的管理体系中，个体在日常生活中使用的规则有许多来源。如果个体不从事违法行为，则个体自我管理或者创造自己的规则并不被视为违法或不恰当。除了正式的中央政府的法律法规，也会有区域、地方以及特殊政府通过的法律。在私人公司以及志愿者组织中，个体有权要求该公司或组织成员遵守许多不同规则，例如谁是该公司或组织的成员、如何分享利润（利益）、如何制定决策。每个家庭自身都是一个规则制定机构。

　　因此，当我们进行深层次制度分析时，我们首先试图理解的是个体在制定决策时的工作规则。工作规则是参与者被要求向其他参与者解释或辩解他们的行为时使 *127*

用的一套规则。当遵循某条规则成为"社会习惯"时，有可能使得参与者意识到自己用来规范关系的规则。个体也可自觉地决定遵守不同的规则，并改变自己的行为以符合这一决定。随着时间变化，符合新规则的行为会成为习惯（see Shimanoff，1980；Toulmin，1974）。人类使用复杂认知体系以在相对潜意识层面规范自身行为的能力使得经验主义研究者难以确定目前行为情景的工作规则。

一旦理解了工作规则，我们就能试着理解这些规则来自哪里。在一个"法治"社会，使用的主体法律框架能在宪政、立法或行政设置中的行为以及个体在众多不同设置中的决定中找到渊源。换言之，成型规则与实质规则是一致的（Sproule-Jones，1993）。在一个非"法治"的体系中，可能会有中央法律，也可能会有强制执法，但个体会试图逃避法律，而非遵守法律。

遵守规则的行为不如可以用科学定律解释的生物或物理行为一样易于预测。所有的规则都以人类语言制定。也正因如此，规则都有基于语言的不清晰、易于误解的及变化的问题（Ostrom，1980，1997）。文字通常要比它们所要描述的现象简单。

7.7.2 自然及物质条件

尽管规则的配置会影响到行为情景中的所有要素，但其中一些变量也受到自然及物质世界特质的影响。什么样的行为技术上可行，可以产生什么样的结果，行为与结果如何联系，以及行为者信息集中包含哪些内容也受到情景所在世界的影响。基于参与者在世界中实施的事件，同样的规则可能产生完全不同的行为情景。

当分析者自觉地提出发生情景的世界如何影响该情景中的结果、行为集、行为—结果关联，以及信息集这样的问题时，会明确地研究世界状态及其变体的特质。规则配置及构成情景的世界状态的相对重要性在不同类型的设置中区别显著。工作规则对于世界特性的相对重要性在被视为公共部门一部分的行为情景中也有显著差别。规则在立法部门中定义并限制投票行为，其作用要大于世界特性。投票可以通过举手、纸质选票、喊赞成或反对，或为每位立法者安装电脑终端登记选票进行。但是如果要在立法机构中建立沟通，世界特性将会极大地影响可有选择。其中的原则是在任一可强烈影响立法者相互之间有效沟通的场所中，一次只有一人可被听到并被理解（see Ostrom，2008）。

让我们看看几个区分公共产品与服务时经常会用到的特性。通常会被认为是"公共产品"的产品会产生不可递减性的利益，且该利益会被许多共同获取该利益的人所共同且同时享用。公共资源产生利益，难以排除其受益者，但每个人对资源体系的利用都会从有限的收益中减少一些资源单位。

7.7.2.1 排他性及搭便车问题

如果产品生产出来后排除受益人十分困难或成本高昂，则通常可以认为该产品是向公众提供，而不是仅面向私人。当一个群体可以享受某产品利益时，不管该群体成员是否对产品生产作出贡献，该产品都会出现排他性问题。排他成本较高，那些希望提供某产品或服务的人会面临潜在搭便车或集体行为的问题（Olson，1965）。这并不是说所有个体都是一有机会就搭便车的人。在所有情景中，都存在强大的激励促使人们成为搭便车者，并且不能轻易地排除在产品或服务提供中没有作出贡献的潜在受益人。

公共部门提供公共资源或基础设施会出现其他问题，即确定偏好及组织财务。当对供应者而言排他成本较低时，许多等价交易的结果是揭露偏好。生产者通过了解消费者是否愿意购买各种产品而了解其偏好。如果难以排他，诚实反映受益者偏好及支付意愿的设计机制会非常复杂，不管供应单元是在公共领域还是私人领域。

7.7.2.2　流量的可递减性

农民从灌溉渠中抽取一定量的水意味着其他人可用的水量会减少。大多数农业用水都是完全可递减的，但水资源的许多其他用途——比如发电或航海并非如此。当个体使用服务流，其他人可用总量即减少，且该流量相对稀缺时，使用者会试图在有机会时尽量多地占有该资源，因担心之后无法再次获得该资源。 *129*

如果要公平且多产地分配稀缺、完全可递减的服务流，需要应用效率规则。为可递减服务收取费用显然是其中一种分配机制，但有时候服务收费并不可行（或合法）。在这种情况下，一些个体将有能力比其他人获得更多的可递减服务，这会造成流量的不经济使用以及使用者之间冲突不断。

因此，对于高度可递减的公共资源流，与服务流分配相关的制度安排是与资源的可持续性紧密相关的。如果不重视规则的效率、公平和强制性，即明确谁在何时何地何种条件下可以获得多少资源流，就很有可能无法获得可持续性。更进一步说，除非责任与获得利益合理关联，否则受益者自身会不愿承担责任。

7.7.2.3　其他特性

除了这些会影响参与者激励措施的基本的自然及物质条件，资源体系还有其他特性能够影响规则与自然及物质条件的结合创造正面或负面激励。资源单位是移动的还是静止的，或者库存是否可用，会影响统治或管理公共资源的个体所面临的问题（Schlager et al.，1994）。比如规范龙虾渔业比规范三文鱼渔业要简单得多。相似的，体系中有库存要比河床式体系更易高效可预见地分配水资源。

资源体系的规模也会对参与者面临的激励产生重要影响。灌溉系统主渠的长度和坡度不仅影响其维护成本，也影响头尾两端之间存在的战略谈判（Lam，1998；Ostrom and Gardner，1993）。参与者数目增加会伴随着交易成本的增加。成本增加多少在很大程度上取决于实质规则及使用者的异质性。

7.7.3　社会属性

影响行为情景的第三组变量与社会有关。社会属性对情景结构有重要影响，包括社会中通常接受的行为规范、潜在参与者对于特定类型行为情景结构的共识水平、社会中人群偏好的异质程度，以及受影响人群的资源分布。文化这一概念经常 *130*

用于解释这些变量。

比如，当公共资源占有者分享共同的价值观，并在多元安排中互动时，占有者建立合适统治资源的规则及规范的可能性会大大增加（Taylor，1987）。在这种社会里，建立守信的声誉十分重要，而建立监测及制裁机制的成本相对较低。如果资源的占有者来自不同的社会且互不信任，设计并保持有效规则的任务会大大增加。

个体是否用书面的本国语言表达思想、建立共识、分享学习、解释社会秩序的基础也是制度分析的一个关键相关变量（Ostrom，1997）。如果没有书面的本国语言，个体想要将自己的学习用可用的形式积累起来并传给下一代会遇到更多问题。

7.8　多层次分析

理论家从布坎南及塔洛克的著作中学习到所有规则都嵌套在另一套规则中，而这套规则定义了第一套规则可以如何改变。规则在不同层次嵌套在规则中类似于电脑语言在不同层级嵌套，即

● 某一等级规范行为规则的变化出现在更深层次且目前"固定"的规则集中。

● 更深层次规则通常更难实现，实现的成本也更高，因而增强了根据同一套规则互动的个体间相互预期的稳定性。

区分三个层次规则是有用的，这三个层次累积地影响在任何设定中发生的行为及其后果。操作规则直接影响参与者在任何设定内作出的日常决定。集体选择规则影响操作活动，以及操作行为对决定谁有资格及改变操作规则时所用特定规则的结果。宪政选择规则会影响操作活动，也会影响操作行为对决定谁有资格及起草集体选择规则时所用规则的作用，这些所用规则反过来又会影响操作规则。甚至在其他所有层次之下，还有一层"元宪政"层次，而这一层次尚未被经常分析到。

在分析的每一个层次，可能有一个或多个情景，在该层次作出决定的类型会出现在该情景中。在集体选择、宪政及元宪政情境下，活动包括规定、调用、监测、应用及实施法律（Lasswell and Kaplan，1950；Oakerson，1994）。"情景"的概念如前文所述并不意味着正式设置，但可包括如立法者及法庭之类的正式设置。

7.9　使用制度分析与发展框架

制度分析与发展框架是一种关于规则、自然物质条件及社会属性如何影响行为情景、个体所面临激励措施及其结果的通用语言。它在教学中已经得到广泛使用（例如，见我们网站上一年期工作室研讨会大纲：http://www.indiana.edu/~workshop/courses/Y673/index.php）。在 20 世纪 70 年代早期，制度分析与发展框架刚建立起来的时候，我们也在试图理解政治学的多样性范例如何影响我们概念化

公共管理及都会组织的方式（see Ostrom and Ostrom，1971；Ostrom，1972）。其后的 15 年间，我们使用初期框架作为大量都会地区警务实证研究的基础。近期，制度分析与发展框架被用于开发公共资源，及将拨用和检测正式模型与在实验室中及实地设置中进行的实证工作联系起来（Poteete et al.，2010）。

使用制度分析与发展框架进行实证研究时，一个关键的问题是任一特定类型问题的合适单位及分析层次。比如，当研究警务时，警察局仅是分析工作中的分析单位之一。我们试图理解在多样的服务情景中，如及时响应、凶杀调查、实验室分析、培训及沟通服务，涉及哪些行为者。在其中一些情景下，市民以及作为街头官僚的警员是关键参与者。

其他的情景中，我们发现了来自众多不同城市服务机构的参与者。我们必须研究机构间安排才能理解互动及结果的模式。从这个角度，我们认为是高度结构化的关系，其他人却仅认为是一片混乱。例如，最高层次的警务表现存在于那些大城市地区，在那里，大型的调查、实验、沟通单位与小型且反应迅速的单位共同合作（Parks，1985）。罗杰·帕克斯（Roger Parks）在印第安纳波利斯做的研究强有力地证明了我们在 20 世纪 70 年代及 80 年代观察到的模式在 90 年代仍显而易见。因想要理解谁创造了公共安全，我们创造了共同提供城市公共服务的理论（Parks et al.，1982；Lam，1996；Whitaker，1980）。

制度分析与发展框架起到重要安排作用的第二个大领域是公共资源研究。20 世纪 80 年代，美国国家科学院（NAS）组织了一个公共财产研究小组。罗纳德·奥克森（Ronald Oakerson，1992）为该小组撰写了框架报告，该报告被应用于组织一系列关于不同的人如何设计与公共资源相关的制度安排的个案研究中（see also Thomson et al.，1992）。奥克森对框架的描述影响了无数对于世界各地区多领域的公共财产架构的研究。美国国家科学院小组所引发的智力生产力已创建了国际公共研究联盟（IASC）。

印第安纳大学的同事已开发出一套公共资源理论及公共资源分配的理论模型，并已在实验中进行测试（see Hackett et al.，1994；Ostrom et al.，1992，1994；Walker and Ostrom，2009）。在不允许实验对象沟通的情况下，他们的行为会非常接近使用有限重复、非合作博弈论下推测的行为。当允许沟通或使用制裁机制时，在实验室中观察到的行为与理论模型不符，但与在实地设置中观察到的行为类似。因此我们开发了一个解释有限理性个体如何使用启发法，如"测定反映"的理论，以稳定在无外界执法者强加规则的情景中获得的协议（see Poteete et al.，2010，chap. 9）。

制度分析与发展框架已形成了几个数据库，其中之一是为国际森林资源机构（IFRI）的研究项目设计的。这是一个正在 12 个国家进行中的大型研究项目。该研究项目旨在研究机制如何影响到森林使用者的动机并导致某些地区严重去森林化，而其他一些地区森林条件得到改善，并解决这方面的知识和信息差距。现在在玻利维亚、哥伦比亚、危地马拉、印度、肯尼亚、墨西哥、尼泊尔、坦桑尼亚、泰国、乌干达及美国均有合作研究中心（see Gibson et al.，2000）。在乌干达，芭娜娜及高姆布亚-塞姆巴维（Banana and Gombya-Ssembajjwe，2000）曾在他们的初始研究中表明，当地居民认为只有去森林化不严重地区的地方制度安排才是合法的，并且受到广泛监测。在印度，阿格拉沃尔（Agrawal，2000）提出了一个实证挑战，许多学者都认为随着群体规模从面对面的小群体不断扩大，集体行为的难度逐渐加强。他表明中型村庄比起非常小型的村庄，更有能力产生保护地方森林需要的劳动力。施威克（Schweik，2000）研究了婆罗双树（Shorea robusta）这一十分重要物种的地理分布。他发现不管是根据尼泊尔他所研究的三片森林附近村庄的人口密度，还是根据最佳觅食理论，都不能推测出该物种的空间分布。该物种分布最合理的解释和制度规则有关，这项规则允许高阶级村民不仅能进入他们"自己"的森林，也能进入低阶级村民居住的村庄附近的森林，但是反过来就不能。

尽管有些社区通过自治管理自己的森林，同时获得许多价值，但对于这样的群体，成功地组织起来也是困难的（Dietz et al.，2003）。我们也发现成功的政府拥有的森林，取决于大量预算及投入保安及巡逻，或者得到周围民众的总体支持（Nagendra，2007；Ostrom and Nagendra，2006）。查阿特勒（Chhatre）和阿格拉沃尔（2008）发现森林再生的可能性很大程度上受到地方高层次执法，甚至控制地方使用者群体大小、森林规模及商业的重要性，以及森林里进行的其他集体行为活动的影响（关于地方参与以获得生态良好表现的例证，参见 Coleman，2009；Coleman and Steed，2009）。

7.10　结语

对人类社会中秩序构建意义的追求不能仅仅依赖于自然科学方法。相反，我们面临着发展并应用"人造科学"的挑战，这种科学可以广泛地应用于文化、社会科学及人为科学中。赫伯特·西蒙（Herbert Simon）曾在《人造科学》（[1969]1981）一书中讨论过人造科学。比起人工这个词，我们更喜欢用人造。他解释了一些需要强调的基本问题。构建开放、民主及自治社会涉及巨大的复杂性，学者以及致力于创建解决人类在离散生物位所面临的共同问题的企业创业者都面临这样的问题。

在范围与深度不同的多面偶然性背景下，其他选择的可用性仍应根据实现的后果进行细致审查。当使用想法来实现潜能却事与愿违时，对假设进行的反测试会表明推测是错的，而这一推测框定了为之努力的人们的工作。当参与行动者提出使用暴力工具来拯救受压迫者时，这会变得尤其困难。这样浮士德式的交易产生的不是自由而是压迫。道德风险肆意。因压迫而加深误解会将关系转变为谎言的网络。

开放社会的条件是民主公民发展出与人类关系中充满的复杂性相匹配的分析能力，而人类关系可从日常生活的细节延伸到全球范围。没有理论或模型能够满足一切要求。相反，我们面临着应对比较评估人类活动的框架、理论及模型的问题。

人类社会延续数十年、数百年乃至数千年。民主国家的公民却终有一死，只能活这几十年。记忆、知识和技能将被死亡抹去。开放、民主、自治的社会面临着将信息、知识和技能代代传承的挑战。为通过学习过去的成功及实现新的潜能而保持在公共事务行为中公民关系的持续性，公民知识是必不可缺的。人类理性是植根在易谬性的前提下的，并伴随着学习的潜能。怎样实现这样的潜能需要我们每个人去探寻大家共享的生活条件的意义。

致　谢

此文在 2004 年《公共选择意义的追求》一文的基础上修改、删减并更新。该文曾发表在《美国经济学与社会学杂志》[*American Journal of Economics and Sociology*，63（1）：105-147] 上。在此特别感谢麦克阿瑟基金以及福特基金的大力支持。

第 8 章

作为次型 B 的公共行政：三分法再认识

布鲁斯·卡廷

亚历山大·库兹敏

135

就其本质而言，美国治理体制是建立在孟德斯鸠（1952/1748）的三权分立学说中所包含的治理次型（menetype）三位一体之上，亦即行政、司法、立法三大权力的分离。在它所根植的认知框架和逻辑中，对宪政进行分析，似乎会有一定的有效性和完整性。

美国宪法对三权分立的定义，是按照其起源于三位一体的认知次型来解读的。这种分析使得公共行政在国家治理权中，明显成为一个第二级参与者——先有第一级的政治权力竞争，然后才有第二级由公共行政来主演的开场戏。

多年以来，对于政治/行政二分法的存在和性质，一直有许多争论和含糊之辞，但是事实证明，要阐明其相互关系是困难的（Waldo，1984b：219ff）。要解决这一问题，只能跳出自威尔逊（1966/1887）在该学科的现代阶段率先迈出一大步以来，美国的公共行政和治理学所赖以形成的范式。并没有二分法之说——相反，应该说是三分法。实际上，应当将政治/行政二分法看作政治/行政/企业家精神三分法来重新加以审视。

8.1 引言

在所谓《黑堡宣言》（Wamsley et al.，1990：43；47）中，

提出了对公共行政优势地位的号召和诉求。

公共行政机构需要维护并被授予其作为一个机构的适当性和合法性。它应当维护代理人观点在政治体制有效运作中的价值，维护作为治理过程中的行为人的公共行政人员的价值和合法性，并维护其职责——维护委托代理的立场、在最广泛的意义上尽可能地理解公共利益，以及维护宪政过程的能力——的特殊性和价值……

我们该提出这一主张了：民意并非仅属于当选的官员，而是依存于宪政秩序之中，从而可以想见有相当多的各种合法权利参与治理。基于这一宪政秩序的法令所创立的公共行政，拥有这些权利中的一项。

因此，其角色并不是仅仅蜷缩于一个有最高权力的立法议会或一个有最高权力的当选行政部门之前。我们的传统和我们的宪法并不知道有这种最高权力。相反，公共行政的任务是分担对宪政秩序的睿智而良好的治理，而这正是宪法制定者的初衷，即表达本身就有最高权力的人民的意志。

为了质疑此类关于公共行政的雄心勃勃主张的有效性，以下分析按顺序仔细考察了许多观点，如图中诸多次型三位一体的分层结构所示（见图 8—1）。各个组织中

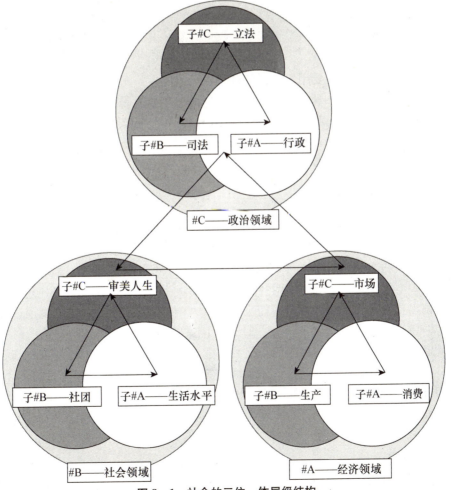

图 8—1　社会的三位一体层级结构

的治理的性质和动态，反映了人类思考的方法——或者说，各个组织的性质、动态和发展，可借助心智比拟物（metaphor of the mind）所暗示的概念框架，加以合理地掌握、理智地理解和明智地发展（Aquinas，1952；Lonergan，1967；Plotinus，1952；Proclus，1963）。

　　人类思维的实质产生于认知差异化过程，此过程忠实地基于分层结构的诸多抽象三位一体（最初由希腊人所确定，后经西方经院派哲学家传承与发扬），这些三位一体表达了一个人通过构思来感知、理解和知晓现实的不同认知观点（Riso，1987）。因此，心智比拟物之中所包含的关键启发式领悟（heuristic insight），是将阿奎那（1952；c.1225—1274）的抽象三位一体（Lonergan，1957，1967）重新解释为涉及治理的特定方面的认知观点三位一体。

　　本质上，这一理性领悟的效果是将韦伯（Weber，1949，1962）的理想类型转变成一个次型（一个有序集合中编号的理想类型）三位一体的新创概念。支持次型概念的一些原则便于理解和达意，因为心智比拟物的概念框架可被视为仅仅是不断重复地建立在这一次型三位一体的基础之上。因此，即使治理的概念框架可能看似为可扩展的、变动不定而且复杂多变的，却仍可将之仅视为在每一焦点适用于那个思维层次的基本次型三位一体形式排列的认知观点的一个分层结构的、相互依赖的模式（Cutting and Kouzmin，1999，2000，2003，2004，2009a，2009b）。

137　　次型三位一体主要用于分析和解释以下问题：

- 在美国宪法治理中，公共行政部门的适当权力是什么？
- 在政府决策过程中，公共行政部门的作用是什么？
- 是否曾有过一种政治—行政二分法？

8.2　宪法权力和权威

　　孟德斯鸠（1952/1748）的权力分立学说指的是社会的政治领域的行政、司法和立法权的次型三位一体（见图8—2）。首先，重要的是要认识到，权力分立的理
138　论基础不仅仅是其对权力使用的消极的、限制性的检验（这主要是通过权力之间的平衡以及引入必要的制约与平衡来实现的）。相反，从英国人早期发展该学说开始（甚至在孟德斯鸠［1952/1748］对该学说进行更优雅而充分的阐述的时代之前），就已有促成了更好政治过程的积极的、建设性的方面。"值得提醒那些指责权力分立阻碍政府有效性的人的是，该学说的第一批鼓吹者极力主张'立法'和'行政'职能的分立是出于效率这一目的的"（Gwyn，1965：33；Vile，1967）。这一积极方面也反映在了联邦党人的宪法主张中，"行政部门的活力是定义好政府的首要特征……一个软弱无力的行政部门暗示了政府软弱无力的行政"（Hamilton et al.，1952：210）。

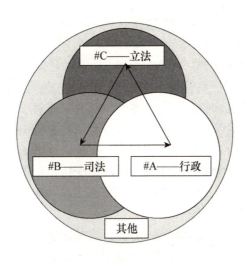

图 8—2　政权的三位一体架构

权力分立学说本是良好治理政治思想的自然发展，因为它追求各自独立存在而又在任何国家政府中被一起行使的这三大权力的差异化。应用孟德斯鸠（1952/1748）权力分立学说的初衷，是形成最进步最有效的治理体制，同时又能抑制其中任何一种权力的任何特定优势，防止其占据支配地位而排斥其他权力——具体而言，就是实现它们之间的平衡。此外，通过赋予它们以独立的权力基础以及互动的要求和过程，宪法有效确立了三个主要治理权之间持续对话的需要和手段。这是民主和自觉治理的一个重要前提。理解政治领域中这一社会对话结构的最好方法，是按照这三大权力所构成的认知次型三位一体来分析它们的相互作用。

根据其源于认知次型三位一体来解释三权分立的美国宪法的定义，就有了以下看法。首先，不需要关于立法、司法和行政权的三个理想类型的完全无关的分立。这一看法与对三权分立的大量长期批评形成了直接对比，这些批评指责它们在实践中缺乏纯粹性。三大权力应当有相互依赖而适当的分担，这在《联邦党人文集》中得到了论证，特别是第 47 篇（Hamilton et al.，1952：154），该文认为，对于孟德斯鸠（1952/1748）而言，不但"该例子在他的眼中……稍看一下英国宪法，我们就必须察觉到，立法、行政和司法部门绝非互相分开的……而且……他［孟德斯鸠］的本意并不是说，这些部门必须对彼此的行为没有部分作用或控制"。每一机构代表着某一特定权力的优势地位，但也包含了一定程度的其他权力，并且它们之间有一种特定的相互关系和相互依赖。根据次型三位一体的动态特性，其他中的一个起到的是次要的、辅助的作用，而另一个作用小得多，更多的则是对该机构的主要权力进行制约。

从某种意义上说，三大权力中的每一权力对于社会治理而言，都是同等重要的，但同时又具有差异。然而，在人类思维的自然（认知）顺序中，接受了一种等级秩序——直觉认为，抽象思维的更高层次高于较低层次。因此，这种观点是中肯的，即"在共和政府中，立法权必须占优势"（Hamilton et al.，1952：163），并且总统始终服从法律。行政命令不能违反法院所颁布的法律或司法解释（Heclo，1994；Mansfield，1994）。

换言之，整个国家都受到立法机关所颁布法律、法院所作司法解释的管辖。立法职能实际上占优势也就显而易见了（在外推前述一点中的分析时），因为社会通常将政府看作仅包括立法和行政（是次要的）部分，而对于司法部门作为良好治理分支机构这种认识，通常都是有所抵触的（符合认知三位一体的动态）。也就是说，法院通常会被视为对政府过分行为进行约束的一种消极措施，而行政部门的行政行为则被看作对实施政府计划更加必不可少的次要支持。从本体论上来说，行政部门是权力三位一体的最低层次（A 最低、B 和 C 最高），但它在社会对政府行为的关注中，起到的是第二位的作用。

140

同样重要的是，这三个方面的每一方面，均被赋予了独立权力，外加行使和形成它们的思想与行动的适当权力和过程。很明显，完全独立于另外两个权力地行使这三大权力将意味着容易走向不同方向的三种不同形式的政府。这三大权力是十分独特的权力，互不相同，但又共同构成有效治理所需权力的一个整体。此外，虽然它们是差异化的权力，但并不是互相排斥的，并且有条件让它们以辅助或边缘化的方式进行相互作用和影响。因此，宪法最具建设性的方面是：它让这三大权力相互依存，并事实上要求它们保持对话——这一结构和机制通常被消极地称为"制约和平衡"，但宪法在治理体制中所设立的是一种相互尊重，以及一种政治对话的倾向和必要。

这一交互式排列正好与三位一体心智理论（Theory of Mind）中的个人意识所需的认知动态特征类似。美国宪法建立了自觉治理的坚实基础，其方式正如现代深层心理学所主张的那样：显意识和潜意识各方面之间（或是个人的众多不同认知观点之间）的持续对话，是走向良知生活（conscious living）的必要。换言之，有效治理要求有一个有效权力结构，或有一个有效的寡头统治政府（Michels，1962）自觉地前进。

由此，可见，美国这一共和国被安排在了人类思维所确定的自然路线上，因为更加抽象的决策凌驾于更加具体的决策之上，并且它们之间有真实的相互联系和互动，正如次型三位一体所规定的那样。这样，美国宪政体制可以被认为是自觉治理最全面、有效、和谐的结构和动态——因为它不仅有意识地承认政治权力的存在和性质，而且使自省（self-reflexive）能力成为其组成部分。

这也类似于国家司法权三位一体的动态特征（见图 8—3）。

因此，美国国家治理能够发展并成熟到为积极而建设性地处理现代政府事务所必要的复杂程度（Fisher，1978，1987）。其实，它原本注定会变得强大而具有积极作用，因为它原本建立在对起决定性作用的各个机构切合实际的安排上（次型♯A），但始终通过国家权力分立的概念，来追求治理的最高理智表达（intellectual expression；次型♯B）。这使精神政权（spiritual regime；次型♯C）的定义或感召悬而未决，但基督教的核心内容被（无意识地）反映在了互相分立的权力三位一体之中。

141

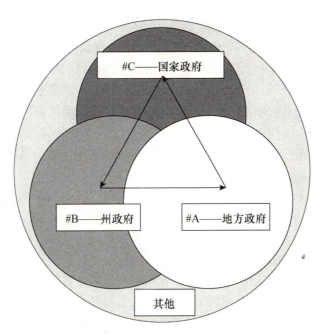

图 8—3　司法权三位一体架构

在美国资本主义制度中，行政权（Bessette and Schmitt，1994；Ceaser，1994）的加强是通过整体上社会对经济领域的集中关注，及其促进次型♯A 流倾向的认知流（cognitive flow-through）效应来实现的。通常，总统被视为将要实施政府计划，以创建一个更好的社会的人。如果事实上总统真的能够通过必不可少的领导，纳入国家精神和社会的"福祉"，那么总统将会被象征性地拔高，因为人民的思维层次上升到了高于国家治理常规思维的次型♯A 层次。此时，总统被认为代表"公共利益"，并因此拥有道德权威来明确表达并推进国家议事日程，在这方面有些总统尤为甚之——此外，这一事态通常仅保持在总统任期的最初几年内，而且每个人的期望值仍然保持在较高水平（或者当人民将其对"美好社会"的梦想寄托在现任总统身上时）。然而，包含在行动或政府计划的行政实施之中的行政权，仍处在这一主要治理三位一体中的认知重要性层级的底部。也就是说，总统作为公共行政的首席执行官（CEO），是美国宪法治理中分层的主要权力三位一体层级的最低等级。

围绕着三大权力并处于重叠的中心位置的，是其他（见图 8—2）——或者说民众；民众既是占有治理体制并使之合法化的超然力量（transcendent power），同时也是治理科层成果的接受者。也就是说，在治理的权力领域内，单就可为社会的个人成员所期望的服务和"福祉"而争辩的个人客户而言，并没有对人民意志的直接明确表达——而仅仅是作为一个超然的集体（transcendent collective），而这种集体正是代议民主制国家中所期望的。

包含在其提供社会"福祉"或所谓"公共利益"的集体愿望中的人民权力，首先明确表达在《美国宪法》（1952）中。《美国宪法》（1952）从本质上建立了一种解释和提供"公共利益"的治理体制，并体现了政治领域的所有参与者发誓要忠诚维护（下至小学生，通过向国旗宣誓效忠来维护）的秘传要素（esoteric essence）。

《美国宪法》（1952：11-21）规定治理体制要"建立更加完善的联邦，树立正义，保障国内安宁，提供共同防务，促进公共福利，并保证我们自己及后代得享自由的恩赐"。

这一人民"福祉"鼓舞着治理机构的所有部门以同样方式来思考——但是仍有符合人民看待其解释中的有效性的方式的那种科层。最重要的是，要求美国法律符合宪法，并且要求治理科层的每一机构根据宪法中明确规定的以及宪法授予它们的权力内所含的——或者是宪法中所表达的科层逻辑中所隐含的"公共利益"来行动。通过强调宪法内权力分散的思想的延伸——亦即三位一体的次型科层，这一隐含科层最自然地（认知地）得到了表达。

因此，产生了对治理科层的所有层级和人民之间的持续互动（ongoing interaction）的要求，以及让每一层级的特定行动受到从其他层级大量汇集的见解的影响的机会，这有助于告诉它们在此情况下"公共利益"意味着什么（Goodsell，1990；Stivers，1990）。在这个意义上，"公共利益"是一个难以归类的概念，基本上包含在社会的集体无意识之中，并且可由任何治理层级来解释。

在颇有权威或颇具煽动性的那些总统身上所发生的情况是，他们掌握了能与集体无意识产生共鸣的某些对"公共利益"的深刻理解，并且被赋予了审议和提出立法计划的责任，于是"公共利益"的这一特定方面可由立法机关——国家中的最高公认治理权力——有意识地明确表达。一旦所制定的法律生效，使"公共利益"在这一层级得以有意识地明确表达，明确表达的各项原则就会以被解释为集体的认知过程（沿着诸多三位一体的逆时针方向）的方式，向下流动，从而将行动——符合"公共利益"的行动的各项原则，告知和灌输给治理的较低层级。

8.3　公共行政在政府决策过程中的作用是什么？

立法、司法和行政权代表治理层级结构中的主要或一级权力。参与治理结构的所有其他机构都在某种程度上服从国会、最高法院和行政部门的权力和意志。

公共行政部门的定义是，它由通过立法机关某些法令使其得以存续或者获得持续财政支持的所有机构所组成，而非依赖于特定政治办公室的个人庇护。公共行政部门由这样的组织组成：其绝大多数官员都是采取官僚任命，而非政治任命或任命忠实追随者。公共行政部门的主要作用是履行政府意志，并在概念上服务于行政官——也就是说，主要是回应行政官对有意识地明确表达的（官方制定和记录的）"公共利益"的实际解释，而非直接回应司法和立法权。然而，前文说过，没有完全而截然的权力分立，因此，可以认为，公共行政会回应其他两个权力以及行政官，并且公共行政部门的一些成分会直接从属于法院或立法机关。

这使得公共行政明显是国家治理权中的第二级参与者（与瓦姆斯利的观点形成鲜明对比，Wamsley，1996；Wamsley et al.，1990：35）。它明显是辅助性的，并且绝非与国会、最高法院或行政部门齐平的角色。它被要求履行通过解释三个主要权力而有意识地明确表达的民意，这就意味着要遵循其赋权法例、国家法律、任何相关行政命令，并遵循行政部门正式而合法地批准的，特别是通过总统认可的命令而获得的行动计划。

公共行政治理科层由于地位较低，因此受到许多参与者，特别是政治领域中所有更高治理权的影响，尤其是在其与行政部门的关系中。其与行政部门的关系可主要定义为其与总统行政办公室的权力关系，其政治任命者的权威和权力，其选民的政治权，以及国会而非总统给予其活动的利益和优先权。

因处于第二级地位，公共行政不能声称其作用"并不是蜷缩于一个有最高权力的立法议会或一个有最高权力的当选行政部门之前"（Wamsley et al.，1990：47）。立法议会和行政部门可能不是唯一的最高统治者，但宪法确实给予了它们突出的责任和权力来代表至高无上的民意，并解释和提供"公共利益"。先有第一级的政治权力竞争，然后才有第二级由公共行政主演的开场戏。

瓦姆斯利等人（Wamsley et al.，1990）所试图解释和明确表达的是美国治理思想的逐渐成熟（maturing of the US governance mind），这体现在各个权力进一步差异化的自然认知现象中，亦即，第二级权力既出现在它们自身之间，又更自主地出现于权力所源自的主要三位一体。因此，不宜说它们与第一级团队"分担治理"，更应说它们是公共行政的"辅助治理"。它们更像其他机构所借由运作的一个中介物。政府决策是宪法赋予三个主要治理权力的层级的，而公共行政的作用是辅助政府制定政策，然后通过实施正式批准的政策或计划来协助。然而，当我们继续充实这样一个角色的细节时会发现，显然，公共行政是辅助性的，并且不能被视为治理中的平等伙伴，无论所谓"民主的间接费用理论"（overhead theory of democracy）遭到多少贬斥（Durant，1995）。

因此，对公共行政作用的分析，需要在详细说明行政权领域贡献者的第二级治理三位一体之内进行（见图8—4），此三位一体由总统行政办公室、公共行政部门以及内阁部长和政治被任命者组成。现在可作出以下评论。

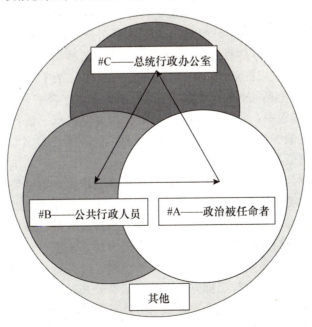

图8—4 行政权的次三位一体架构

8.3.1 评论1：论优势地位

　　这一行政意志三位一体的主要中心地位授予了总统行政办公室，且因其优势作用，此地位随着时间的推移得到了不断增强。总统依赖该办公室来与其他主要治理
145 机构保持主要联系，同时在解决或（最好是）超越政治任命者（政治治理的次型♯A^A）与根深蒂固的官僚机构（政治治理的次型♯B^B）之间的任何重大冲突中发挥裁决作用——并在由国会和势力强大的选民的参与所决定的政治环境背景下这么做。它们实际上与特定公共行政机构产生多少瓜葛，取决于该问题的性质及其在总统权限内的相对优先性。

　　内阁部长和各机构政治被任命者的设置，是为了表达总统公共的或意识形态的议事日程，发挥的是对总统行政办公室次要的、辅助性的作用。"虽然在法律上，任命者是对总统负责，但现在一般都承认，典型的内阁成员的直接上司是白宫班子的一名或多名成员。这就降低了总统秘书们的接近权，并削弱了他们的政治有效性"（Nachmias and Rosenbloom，1980：52）。当他们没有发挥本来必要的辅助作用时，似乎行政办公室的主要势力的权力和影响将会补偿性地增长，国家安全顾问掌权时也曾如此。

　　这些内阁部长和政治被任命者所提供的支持在于在特定政策领域和情形中，制
146 定新政策和行使政府意志的新方法。从这个意义上来说，他们是行政部门的行政或企业家分部，并且，要成功发挥这一作用，他们需要让他人相信，他们确实有能力为总统提供正确答案——并且随后应当遵照那些答案去执行。在制定和给出他们的新政策倡议的过程中，他们会指望他们的机构成为管理资源，以最有效的方式实施新的或变更的计划。

　　本质上，公共行政部门可被解释成政治治理次型♯B^A，或行政部门内的政府意志管理部门。这一特定的♯B型倾向，确定了在公共官僚机构的运作方式中占主导地位的本质特征和事物秩序。按照其♯B阶段精神，公共行政部门的主要权力来源是成文法，以及以往业经批准的政府政策和流程。在行政意志三位一体（见图8—4）内，十分明显，公共行政部门是最贬值的方面（合乎总统行政办公室的首要高贵地位）。在实践中，它被视为权力最低、相关度最低、最不重要的方面，政府和社会也给予它最少的有意集中的精力，并且因此不大注意其发展——相反，似乎更多地注意其遭贬损的状态。

　　为更全面考察公共行政部门在治理科层中的真实地位，有必要确认每一层级的关键动态特征。在美国资本主义社会的主要层级，相对于作为主要关注点的经济领域而言，政治领域实际上是被压抑的。在这一被压抑的政治领域内，在政府分立的权力的第二级，政府行政意志的作用大体上被视为对立法机关的主要职责的次要支持。在这一辅助性行政措施（行政分部）的第三级，公共行政部门被视为总统行政办公室主要政治权力定位的被压抑方面。这意味着公共行政部门在整个社会的每一成员的集体意识中、在政治领域的治理机构中，甚至其在治理科层中紧邻的伙伴眼中都处于一种非常低的地位。

换言之，一般态度意味着一种心态，或多或少地认为公共行政部门应当少露面，并应当仅在处理政府事务时发出声音。更明确而言，它应当仅在政策制定过程中被问及时才作出回应，并且它应当在实施计划时无怨无悔地按照吩咐去做！也就是说，对治理科层为之奋斗的目标或"公共利益"的政治解释，它应当忠实地响应。

因为美国治理体制经过发展，已经变得更加自觉，所以这一忽视公共行政部门的倾向，已经发展为对倾听公共行政人员的某种容忍。确实，花言巧语和诸多程序造成的印象是，已经给了公共行政部门一些真正参与政治过程的机会。对高效政府、正当过程和响应能力的一些要求，就是对公共行政部门给予一定注意的信号。然而，仍被忽略、未被注意的一些领域是公共行政部门建立了自己的权力的那些领域（与个人心理无意识的情况大致相同），并且，鉴于它本质上是由治理体制的政治无意识方面来行使的，因此行使此类未受制约的官僚权力看起来是（并且可能是）负面的。

其实，在对美国治理的集体思考中，公共行政部门的地位和作用备受压制，简直可将其称为美国政府的第二级潜意识，处在政治显意识的集体阴影中——并且，很明显，政治显意识由国会和行政部门的第一级治理团队组成。从这个意义上来说，公共行政部门本质上就像冰山的隐藏部分：冰山比它露出水面的部分大得多，却基本上只露出漂浮在水面的顶部（不过在痴心妄想者看来，情况刚好与之相反）。因此，可将高级政治机构和公共行政部门之间的政治对话描述为美国政治治理结构的集体有意识和无意识之间的对话——这个过程在个人身上被认为是健康的，也是荣格一类深层心理学家所热情鼓励的保持心理健康的途径（1960，1964a，1964b，1969，1971/1921）。

在公共行政部门看来，它主要涉及履行其正式规定的职责，并有条理地工作，以实现有关当局为之设定的目标。它有一种从属的、辅助性的政治响应性心态。这意味着，首先要响应总统行政办公室，特别是所有的行政命令。如果总统在特定领域有一份强大的公众议程或个人利益，那么对公共机构而言，这就有可能是政治响应性的最具影响力的决定因素（假如行政命令不违反现有立法或法律）。

然而，如果没有总统对某一特定议程的一个可见的承诺，那么可通过更高的次型♯C政治的倾向，亦即国会通过其委员会结构所作出的承诺，来施加政治影响。如果该机构的选民有影响总统利益或国会利益的政治权力，那么该机构就会准备将对这些利益的考虑，纳入其次要影响层级中。总之，该机构会花时间和精力与政治动态达成协议，并且它可因预先阻止和回应可能会有效地形成法律或官方命令的事项（如果时间和资源能保证这种努力的话）而得到理解。也就是说，在健康的公共行政机构中，政治在影响其对主要的经全面批准的政府策骑指示（riding instructions）的解释时，从来都只是一个次要势力。

那么，可将公共行政部门的作用视为与私营部门中间级管理部门（也是公司治理的次型♯B）十分不同（Cutting and Kouzmin，2009b）。虽然它们均有同样的核心♯B阶段精神，并且均作为支持次型♯A^c 企业家导向的次型♯B^c 管理导向支持公共或私人企业家项目的实施，但其心态和动态根本不同。公共部门管理是行动的被压抑方面，更专注于当前政治形势（politics of the situation），并服务于在政治领域仅具有次要支持作用的一个行政部门（或政府企业家）。同时，私营部门管理已被视为对在经济领域占首要地位的企业家思想（entrepreneurial mindset）的次要支持。这些不同的治理动态已经导致给了私营部门管理多得多的注意力、精力和重要性，并且因此已认为它有多得多的活力。此外，因为要求公共机构有意识地将其次要重点放在政治响应性上，所以它们的政治环境的自然治理排序强化了它们的官僚主义行为的认知核心，而这就是认为它们具有更纯粹的官僚作风的原因所在。

8.3.2　评论2：论下级地位

按照低层次型♯B精神，公共行政部门从其外部取得其结果计划，并且不参与创建其自身的目标或愿景——这些是由治理中更高级别的参与者给出的，虽然该机构可能会召开内部计划会议来澄清和客观表达那些目标对它们而言意味着什么。这样一套目标是从更高级的治理机构传达下来的，主要是以书面授权立法、法律和正式命令的形式。这些目标注定要由该机构的政治被任命者重新解释成更有效的表达和实施形式（以与整个国家政府被总统带入新议程相同的方式）。任何没有被认为符合政府现存的、有记录的权力的新议程在该机构能够将之考虑在内之前，都需要通过总统办公室和国会来处理。

149　因此公共行政部门被认为，至少有潜在可能，是通过对行政或政府承诺负责来直接响应总统权力的。理论上，如果总统想要该机构来适应一个明显不同的议程，那么，如果有足够的时间和/或政治能量的话，总统可精心安排必要的任命（甚至遍及常设官僚机构）和机构指导原则来作计划执行所需的变更——甚至可不顾治理结构中其他人的反对。然而，问题是，立法常常需作修改，或者因它对总统的总体计划没有足够高的优先性，或者因其他参与者对治理结构中的权力职位的高度兴趣而造成政治成本太高。

公共行政部门通过其共同的次型♯B联系，直接回应法院的影响。最明显而直接的影响是通过书面的法院命令，但也有作为良好治理的一部分的一种自然偏好，那就是该机构会考虑对法院回应任何特定可疑意图的方式进行预料——主要是，它在法院会站得住脚吗？而次型♯B倾向的官僚对此会有比大多数人更好的自然感觉。

公共行政部门主要通过其根据赋权法例来行动的主要责任来响应国会。这被认为不合适：国会应当发出指示或在其行政过程中发挥直接作用，但是它具有适当的审查职责，以检验其用立法规定的政策的效力，并检查公共行政部门是否遵循了该政策。理论上，可能公共行政部门应当通过总统行政办公室的调停来响应国会，这可能会影响草拟立法的制定以及交给国会各委员会的证据的质量和数量，如果它想要这么做的话。然而，如果总统的个人或政治利益并不高，那么公共机构对政治的第二感觉能力（secondary nose）就会鼓励它有意识并有意图地与国会（作为更高层级的次型♯C总统行政办公室）互动，这是适当的，也符合其官僚心态。

公共行政部门对接受任命来以新的更好的方式领导它们的新内阁部长和政治被

任命者自然而然地（或在认知上）疑心最大，至少响应最不积极。在该机构科层内，存在着对与既定秩序相抵触的新企业家理念的个人的一种自然抵制。该机构宁愿花更多精力将新的被任命者引入该机构观察世界和做事情的既定方式，也不愿违心地响应外部任命的领导貌似有理的怪念头和特异倾向。通常，大些的以及历史更悠久的机构容易成功。"约翰·埃利希曼（John Ehrlichman），尼克松的首席国内事务顾问以不太优雅的方式表达了这点：'我们在白宫年度圣诞晚会上看到了他们［内阁成员］；他们走了，与土著结了婚'"（Nachmias and Rosenbloom，1980：93）。

8.3.3　评论3：论公共利益

要注意的是，客户仍然没有明确出现在治理权威的现场。看来，该机构对客户需求的响应性主要通过高于它们的政治科层的眼睛或解释来塑造。从该机构的领导角度看，客户的需求仍然埋藏在治理科层对"公共利益"的经提炼的解释之中（见图8—4）。对"公共利益"有意识的承认和明确表达，仍然是通过政治领域的权力科层的特定解释来进行的，但由于某些启发性见解从其他见解（如社会的集体无意识）中取得了突破，所以每一位治理参与者容易受到"公共利益"的重新理解（renewed appreciation）的影响。

也就是说，对美国治理结构（Wamsley et al.，1990：40-41）而言，"公共利益"是一个超然知晓（transcendent knowing）的概念——它包含在其他之中，或作为"福祉"的一个目的论的概念而存在于集体无意识之中，并且要求治理科层有意识地表达在当时被认为适当的那些方面。可能可通过参考智力主要三位一体（个人、团体和社会，见图8—5），从另一个角度来解释这一点，此智力主要三位一体可按它们中每一位所努力谋求的特定"福祉"，加以重新配置。这可被概念化为目的论的社会利益三位一体，它包含私人利益、共同利益以及"公共利益"的三个次型（见图8—6）。

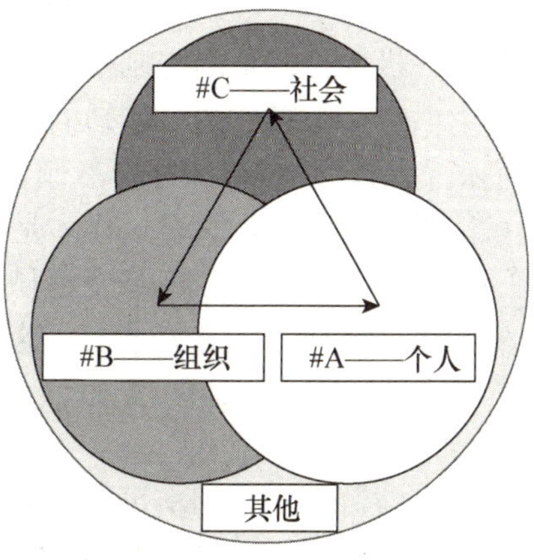

图8—5　智力主要三位一体架构

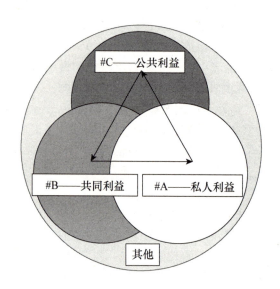

图8—6　社会利益三位一体架构

如果加以理解，可以认识到，这确实是一个次型三位一体。首先，私人利益包含特定个人对实体消费品和服务的创造与获得；其次，共同利益意味着多个人群对特定目标或意图的共同追求，它可得到足够清楚的表达，从而被理解，并用于吸引成员加入群体过程；最后，"公共利益"是一个更加抽象的术语，暗含"利益"的某种新兴概念，而这种概念在社会对话中不断被重新定义——但始终暗含着作为一种国家事业而持续努力谋求的某种东西这一含义。

在资本主义社会中，赤裸裸的重心是追求私人利益，次要重心是与他人结成组织以加强提供商品、服务和个人满足。在一个民主国家，主要重心是追求共同利益，次要重心是阐明并实现某种一致同意的"公共利益"观念。在一个资本主义民主国家，情形更加复杂，并且有一种持续紧张状态，表现在治理结构的重心是围绕于更加含糊的"公共利益"，它要优先于对个人或集团利益的任何公然屈从（至少理论上如此）。

152　　因此，公共行政部门的每一机构，都是围绕赋权法例所定义的特定的一套共同利益而形成的，这就意味着它们有一个自然的（认知的）次要重心，那就是按"公共利益"来把握和界定它们的行动。它们有一种自然倾向，即避免给个人（客户）的特定私人利益任何优先权。重复说一下，只有这样才是正确恰当的：公共行政部门中的各个机构把重心更多地放在凌驾于它们的治理科层所解释的"公共利益"上，而不是放在它们所服务的个人客户的特定需求上。这一动态为这样一个观念所捕捉：公共行政部门要形成并坚持其特定的委托代理观点（Wamsley，1990；Wamsley et al.，1990）。

因此，在确定有关"公共利益"的一个切实可行的概念时，公共行政部门自然而然（在认知上）会更多地倾向于治理科层的上层，而非向下倾向于个人客户需求。这完全是适当的，因为国家及其宪法的建立，是为了集体的国家福祉，而非像更原始的群体中可能曾出现的情况那样，促进任何特定个人的福祉。确实，就目的论的社会利益（亦即私人利益、共同利益和"公共利益"，见图 8—6）三位一体而言，很明显，如果把主要重心放在个人客户需求上，那么社会公益就自然而然（在认知上）容易被压抑和忽视。由于没有任何地方能提供接近充足的资源来满足每个人的个人愿望，贫困社会和无政府状态也就很可能会随之到来。

此外，在领会"公共利益"的概念时，不同的心态所关注的焦点不同，特别是在社会思维的最高层次。格兰登·舒伯特（Glendon Schubert）对公共利益思想的三大学派的分析，领会了这种差异（quoted in McSwite，1996：198-224），亦即理想主义、理性主义和现实主义——构成抓住了"公共利益"的本质属性的一个次型三位一体的三个分歧的观点（见图 8—7）。由这一分析，可以合理地说，公共行政部门的倾向主要是朝向针对"公共利益"的理性主义（次型♯B）观点，这在经理主义时代，当然曾与社会的其他部门一致。然而，在当今这个政治主义新时代，"公共利益"的社会观念已经走向了现实主义者（次型♯C）观点，而它为了维护其至高无上的地位，自然就会轻视理性主义的观点。

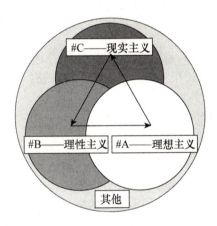

图 8—7　公共利益本质属性

公共行政人员现在面临着两者之间的选择，要么是坚持他们对理性主义者观点的倾向，并且作为一个结果似乎越来越不相干了，要么是随从大家的意见并更深入地走进界定"公共利益"的现实主义者或政治的心态。这可能确实是公共行政部门在出卖灵魂，并且是行政走向对许多不同的政治利益类似封建的依附的重要一步。这也会导致公共行政部门的进一步分裂，而非《黑堡宣言》中所鼓吹的整合　*153*（Wamsley et al.，1990）。

总之，从以上对公共行政部门在美国宪政体制中的相对地位的分析，能得出以下主要结论：

美国这一共和国的宪政体制的秩序符合人类思维的自然认知结构，并提供了便于分立的各大权力之间的对话的制度过程。这样，它可被视为最有意识的治理形式，从而便于形成令人鼓舞的、有效而和谐的动态。在这一治理科层结构中，权力的优势地位依次给了国会、最高法院和行政部门，但要求它们都要酌情互相协商、互相制约和互相协助。

公共行政部门是一种第二级治理权力机构，此外，它在社会集体心理中，在政治领域，同时也在其自身的治理科层层级内，被给予了一种自然而然（在认知上）被压抑的地位。按其管理精神和正常情况（次型♯B倾向的治理）来看，公共行政部门的主要重心在于从政治权力机构的主要层级正式传递而来的权力和目标，而响应其现任政治上级的日常计划（以及行使政治意志）的优先级则要低得多。

154 "公共利益"是关于"福祉"的超然概念，它抓住了政治领域治理科层的抱负。当得到最高立法权明确表达时，"公共利益"会鼓舞治理科层较低部分的所有未来自觉行动。此外，配合"公共利益"而行动是"好的"，正如个人自觉行动是"好的"一样。公共行政部门有这样一种职责，那就是担任主要治理权力机构对"公共利益"所作的、累积的各种官方解释的"保管人"，并且它有一项任务是在它们的持续对话过程中，适时地让政府想起它。

8.4 是否曾有过一个政治—行政二分法？

多年以来，对于政治—行政二分法的存在和性质，一直有许多争论和含糊之辞，但是事实证明，阐明其相互关系虽是永久话题，也是棘手的难题（Waldo，1984b：219ff.）。

显然，必须将相关联的政治—行政和决策—执行之区分视为公共行政研究和实践赖以发生的复杂力场的永久组成部分。如果我们的论点是有根据的，即历史已经给了美国一个政治和行政之间的二分法，那么大概这种区分确实理由充分。无论如何，相联系的这些区分有一种基于常识的逻辑、一种公认，以及一种务实的实用性。它们在我们的语言和制度中无处不在。它们不能被抛弃（Waldo，1984a：106）。

沃尔多（Waldo，1984a）关于它们的历史地位的理论只是反映了它们根植（但形式不完整）于人类关于治理的思维方式中。

关于政治和行政之间关系的争论由来已久，和美国的公共行政这个学术领域一样悠久。然而，它从未得到充分解决。本世纪初对这种区分的强调让位于压倒性的曲解，即政治和行政不是分开的。然而，这种区分的各种痕迹仍然存在……因此，政治与行政的关系非常复杂而不断变化，但我们才刚刚开始分析它（Rainey，1990：173）。

调停官僚主义和民主——也就是行政和政治之间的差别——这个伍德罗·威尔逊（Woodrow Wilson）在大约100年前就考察过的问题，仍然明显存在。总之，之所以仍在讨论"行政学"中含糊不清、互相矛盾的各种理念，是因为他明确表达的每一立场构成了关于美国政府的整体现象（larger truth）之一部分（Rabin and Bowman，1984：7）。

155 公共行政学者已经戳穿了政治—行政二分法，但从未为它找到可作为一个规范基础（normative foundation）的合适的替代品。几乎没有能履行那种职能的东西，只有中立的、致力于通过最高效的方式来实现"给定的"目的的能力——科学管理学或行政学除外（Wamsley et al.，1992：60-61）。

无论公共行政部门未来走向什么方向，从某种意义上说，它都必须以明示或暗示的方式"回到威尔逊"。它不能避免以某种方式处理威尔逊曾处理过的问题：政治和行政各自的性质以及两者之间的关系（Waldo，1984b：232）。

最后一句话来自约翰·罗尔（John Rohr），被塞耶（Thayer，1984：263-264）所引用：

> 威尔逊二分法（Wilsonian dichotomy）已经受到如此不断而有力的攻击，以至于我不相信这是个夸张的说法：今天，没有哪个严肃的公共行政学学生接受它……尽管学术界人士已经给出了令人信服的论据来确立行政的政治性质，老式的威尔逊世界观看来仍然是现任官僚的主流意识形态。

要解决这个二分法问题，只有跳出自威尔逊（1966/1887）在该学科的现代阶段首先迈出一大步以来，美国的公共行政和治理学所赖以形成的范式。简单事实是，并没有二分法之说——相反，更像是三分法。确实，要将政治—行政二分法重新考虑为政治—行政—企业家精神三分法。我们会详细解释这一点，但可简单化地从以下方面考虑它：

● 政治是对公共意志的集体承诺，并涉及"3R"（回应性、代表性和责任）——主要是通过立法和正式政策的机制，或政治/政策来实现。

● 公共行政部门是表达公共意志的政府政策有条理的执行部门，并涉及"3E"（经济、效率和有效性）——主要是通过官僚过程（bureaucratic process）机制，或行政/管理来实现。公共行政部门在公共利益上的权威性见图8—8。

● 公共企业家精神设想了公共意志（或实现公共意志的潜能），并涉及 VCI（远见、创造力和进取心）——主要是通过新政策计划或建议的机制，或企业家精神/领导力来实现。

这三个方面其实响应了"对导向公共事务的三个价值的追求：代表性、政治中立能力和行政领导力"（Kaufman，1956：1057）。可以非常中肯地说，它已经是没有充分纳入公共行政学的公共企业家精神或领导力（通过新政策）的一个方面。它早期被包含在政治这一概念内，然后由政治颁布政策，由行政官或行政部门实施。另一个极端见于更久远的昔日的政府再造（Reinventing Government）计划，它试图鼓吹将企业家精神作为公共行政部门的核心责任（Osborne and Gaebler，1992）。

156

其关键见解是，公共企业家精神没有得到充分差异化，从而通过在不同时间渲染其中之一，或可能是同时渲染两者，继续混淆了政治和行政之间区别的本质（此时分析者们好像是将两手举在空中，说整个就是一团糟，并且太难分类）。如果承认这一三分法其实是一个治理次型三位一体（见图8—9）的话，那么这就是可以理解的说法：企业家精神或领导能力的这一方面没有得到充分区别并给出其应有价值。

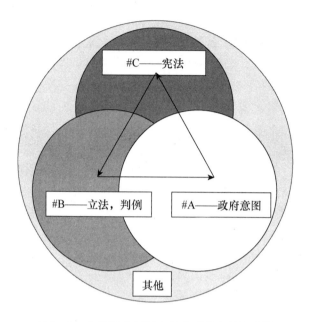

图 8—8　公共行政部门在公共利益上的权威性

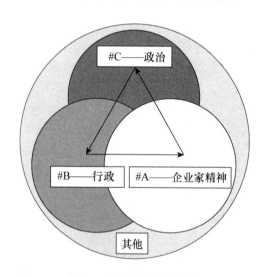

图 8—9　治理三分法架构

公共行政学的主要重心在于官僚组织和政府计划管理，因此在影响任何特定的机构的政治动态中，有一种自然的次要利益，但也有一种对企业家精神特定方面的自然的（认知的）压制。制定新政策常常仅被看作政治的一个次要方面（正是如此），但是，有时候，通过称其为政策，它就有效地让新政策（或者是关于新目标*157* 或新方式的决定）代表了政治自身（Thayer，1984：264）。这样就会在公共行政部门实际上只是在行使企业家或行政权力时，说它在篡夺政治权。

换言之，在公共行政学中，公共企业家精神被忽略了，就如同政治学中忽略了公共行政一样。两者都是其各自领域的主流游戏中被压抑的影子（repressed shadow)。同样说来，可以发现，在专心于和形成乌托邦的时候，政治是被压抑的方面，其证据是，常有批评说乌托邦在政治上都是天真的——在当前政治背景下。乌托邦的这一发展还不是一门独立的学科，但多年以来，特别是在哲学和社会科学领域（Conway，1992；Mannheim，1936）对它所花费的思考和精力很多。有些人甚至走得更远，居然说我们子孙后代的新政治理念受到了在乌托邦的保护下蔓延的那些理念的严重影响——它毕竟是有鉴于当前世界运转不良而在急切寻求一个更好的世界（只是该愿景可能并不总是行得通的）。将这些评论合起来看，很明显，三个学科领域相互关联，构成一个次型三位一体，按抽象递升次序就是：乌托邦式愿望、公共行政理性和政治学（或承诺），如图8—10所示。

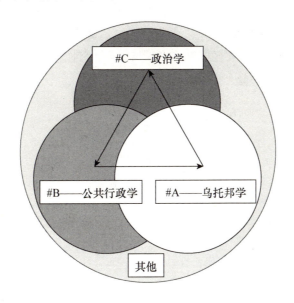

图8—10　政治学说三位一体架构

对公共行政学文献作一个"沃尔多式"（1984a）回顾，无助于证实所提出的与二分法截然不同的三分法的分析正确性和适当性。似乎这样一个回顾能揭露的只是二分法诠释的不足和愈加缺少实用性，并且可能会导致雷尼（Rainey，1990：173）在既有的100多年的研究之后作出的同样惊人的结论："政治与行政的关系非常复杂而不断变化，但我们才刚刚开始分析它。"一个更有洞察力的分析可能引用沃尔多（1990：73）所述作出以下结论："在修补通常被称为政治—行政二分法的东西的过程中，我们取得了弥合其差距的进步了吗？对此观点不一。有些人可能会否认在我们的公共世界曾有过一个棘手的裂缝。虽然在中间几十年里，有人做了许多卓越的工作，但这个裂缝仍然是我们的公共机构和知识界的一个突出特征。"相反，从三位一体的次型科层中所包含的新角度来分析治理过程的动态，会更有成效。

奇怪的是，首先，为何当初只有二分法，更别说它怎么维持了这么久，特别是美国宪法治理中分立的权力有三种——而非两种。其实，瓦姆斯利等人（Wamsley

158

124

et al.，1990：42-43）确实通过抓住在三个不同的抽象层次理解二分法而发生的差异化，暗示了政治—行政二分法的一些更深层的含义。本章比瓦姆斯利等人159 （1990）更进了一步，因为我们解释了在三分法内分化为三个抽象层次其实比分化为二分法的观察层次更中肯——假设二分法/三分法的组成元素都在同一个层次，正如瓦姆斯利等人（1990）在其分析中有效作出的那样。

因此，最好先按在政治治理框架背景下，政策制定和计划实施的性质，对政府行政作出更深层的分析，并且同样的，最好从最一般的层级开始（承认动态同样适用于较低层级的次型三位一体）。政治动态可按政府运作的三个层级的最相关的参与者来加以考虑，亦即民选政府（包含由宪法上分立的三大权力——但通常视为国会和总统——所制定的政策）、公共行政部门（包含各个组织），以及普通公众（被视为个人所组成的一个集体）。这三个方面可按运转中的政府的一个次型三位一体（见图8—11）来分析，这从它们互动的逻辑以及它们的内部动态的性质可以意识到。

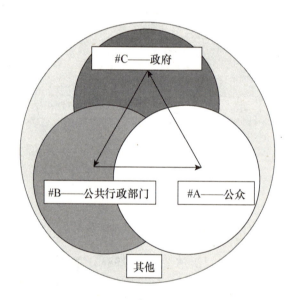

图8—11 政府日常运转三位一体架构

因此，政策制定和行政的性质就能根据集体认知反转过程中，围绕次型三位一160 体从最低到更高抽象层次（按顺时针方向）的运动，然后根据集体认知过程中，从最高到最低的相反方向（逆时针）来理解。那么，所缺少的第三方面可从动态逻辑推演出来。

政策制定看起来可以是非常复杂的过程，但其关键动态可通过重点研究公共行政部门起草提交给国会的立法所牵涉的过程来理解。关键动态类似于科学辨认个人的过程，并且牵涉到一个有三个阶段的过程。第一阶段牵涉到公共行政人员（次型#B）所作的经验性分析，是用钻研眼光研究有关公共部门（次型#A）的需求的现实数据。这一研究将会在宪法背景下赋权法例的同化以及政府所有的先前政策决定所确定的"公共利益"的概念框架内进行——委托代理观点（Agency Perspective）的心态（Wamsley et. al.，1990：36ff.）。如果对有关经验性数据的这一研究，是以追究性的心理和政府机构所定义的"正确"（或最合适的）问题来进行的，那么将该数据与逻辑连接联系起来的洞见或新方法就会进入该机构的集体意识中。

随后，会制定和提议该政策或计划的一些特定新选项。第二阶段涉及考虑由更高审议权力机构（比如国会的［附属］委员会）来修改此类选项，该权力机构会根据其对相关经验性数据的洞察力，挑剔地审查提议。也就是说，对逻辑推理出来的选项（次型♯B），采取孤立考虑的观点（次型♯C），以更好地理解个人（潜在）客户（次型♯A）的经验。最佳选项将由理性选择作出。第三阶段是政府对最好地概括其"公共利益"概念的特定选项表示"肯定"，并清晰表达决策的明确陈述以及对达成其目的的、集体的能量承诺。

行政或计划实施涉及反向的过程，并且也主要以三个阶段来发生。第一阶段涉及公共行政部门，重点放在更高权力机构所明确表达的政策的主旨，并确定其含义。从某种意义上说，这是重新调整该委托代理观点，使之与适应新政策的要求一致，因此它仍然构成了一个符合逻辑的有条理的框架。第二阶段涉及公共行政部门，它从这一新心态或委托代理观点来重新看待其客户群（次型♯B 根据从次型♯C 收到的启发来看待次型♯A），并且精确构想需要采取什么步骤来实施政策。第三阶段是通过个人客户的经验场内的行动来加以实际实施（次型♯A）。

很明显，所缺少的是，确定新政策旨在涉及什么，或者政府的特定议程是什么。这涉及所提议的结果，或政策正努力创造的取代性的现实（alternate reality）。这一共同创造的工作由政治被任命者驱动，而公共行政部门的作用是辅以建议和分析。对新政策的决策是政府的特权，其形式是行政部门所提议，并由国会决定的立法议程（同时承认，许多决策必然被委托）。政府成员（次型♯C）直接审视从他们的经验以及各利益集团的直接游说所直接获知的选民（次型♯A）情况，并作出一项评估，认为这不正确，需要做一些事情。存在一种能够比现实更好的——按所采用的任何一套价值标准（但通常情况是，可以称它已经过选民批准）——取代性的现实的设想。第三阶段是对取代性的现实的合意性表示"肯定"，并作出一项实现它的集体承诺。但是，迄今尚未有关于如何达成取代性的现实的知识或理解，因此情况是，政府要求就实现这些合意结果所需的条件作必要的政策制定和理解。

公共企业家精神的这一最后方面，或者政府只是看到需要做某些事情，是上文所解释的三个通用过程的最简单之处，并且包含对真实现实的集中关注——即便它涉及对一个不同的真实现实的设想。对新政策的问题和建议的这一确定，通常出自送往选民，并且可能得到明确赞同，从而形成总统命令的计划，并且这是更复杂的分析的起点。实际上，公共企业家精神是政府行政意志的一种表达，它主要被授予行政分部。政治被任命者在公共行政部门的实践，是在培养特定个人的创造力的过程中，对这一将政府的公共企业家精神制度化的需求的一种表达。这非常符合次型♯A 精神。

政策实施或行政涉及考察其组成部分以及它们的相互关系，并处理被认为是将

161

特定政策和资源转化为向个人或团体提供特定利益的特定行动所必要的特定结构和过程。就这点而论，政策实施或行政被认为处在更高的抽象层次（正如团体之于个人）。这明显被视为公共行政部门的核心作用，并渗透在次型♯B精神中。

162 对愿景、行政限制和政治现实之间一种可接受的综合体努力加以概括的政策承诺，是一个更加抽象的过程。虽然公共行政部门能在政策制定的指示之下做准备工作，但它是设定最终政策的一系列政治过程。这是因为政府需要脱离（不考虑）实际情况和相关逻辑论证，来制定一项经得起按一套更高标准所作的评估，同时实施后还能达到预期效果的政策。对一套更高标准或集体价值所作的评估的这种应用，就是起作用的政治过程。也就是说，政治过程是基于出自人民并为人民所赞同的一套价值，从相互抵触的选项中作出决定（正如"公共利益"观念中所概括的那样），而这样一个政治过程的最终结果就是政策。作为结果的各项政策可以或多或少是具体的，但它们确实包含对复杂的一套考虑的提炼。是由该机构、行政办公室，还是由国会作出最终决定，并不十分重要，因为那通常只反映所牵涉的政治的重要程度，但政策承诺的重要核心的最终依托是立法机关。因此，政策承诺和政治非常符合次型♯C精神。

这一分析表明，政治—行政—企业家精神三分法其实是关于图8—9中所描述的治理决策过程的一个次型三位一体。也就是说，它不怎么属于将一个类别分成三个互相排斥的子类（如三分法中那样），而属于分化成三个互相联系而又互相依赖的子类。然而，这些子类中的每个子类都可被明显区分开来，并且它们确实呈三方对立。这种关系更像三色现象，或甚至更确切地说，是三位一体。所有这些过程在所有政府分部中，均一起明显表现出来，但程度有所不同。从这一治理分析，可明显看出，每一过程会在倾向于其特定精神的机构中，表现得最为显著——也就是说，政治会在立法机关中表现得最为显著，行政会在处于治理的主要层级的法院以及处于次要层次的公共行政部门中表现得最为显著，而公共企业家精神会倾向于在行政部门中——这被认为包括次要层级的各个机构的政治被任命者，表现得最为显著。

此外，治理分析也揭示了在不同的政府机构中，重要性低一些的过程表现得明显的方式。例如，在公共行政部门中，政治是一种次要支持，因为良好的行政要求在可用选项之间作出明确选择，并且因此而倾向于帮助政治过程取得明确的权威或权力。公共行政人员被要求对所牵涉的政治的程度，以及它是否是一件需要行政裁量的事情，或者它是否重要到需要将此事提交给民选官员，作出正确判断。

163 公共行政部门主动抑制了公共企业家精神，并且虽然普遍承认它作出了政策决定，但这些决定通常符合其在明确的政治参数之内的明显备选方案之间作出选择的次要职能。无论如何，并没有设定实质的新目标或方向。当一个机构确实试图自主地担当公共企业家角色时，它有可能会陷入未成熟的负面方式中，这时，比如说，该机构会被其选民所俘获，并且有一个下行的重心，即迎合个人或团体的期望，而非受到该机构的立法的精神以及来自其政治上级的、对"公共利益"的解释指导。然而，这一消极行为可在治理体制内进行分析，并找到补救办法。

在政治—行政—企业家精神三分法其实是关于政府决策过程的一个次型三位一

体这一认识基础上，可就公共行政部门的作用作出若干进一步的评论。

8.4.1　评论 4：论自由裁量权

公共行政部门是政府决策过程中的一个合法的关键参与者，并在政府的第一级权力与它的公共客户（作为个人，他们是权力最低层级，但似是而非地作为公民或选举人的集体，他们又是最高层级）之间，提供一种第二级权力支点。它为政策制定提供分析性的逻辑合理性，为政策实施提供逻辑合理性。这种目标逻辑合理性精神是它存在的理由（raison d'être），并且仅能被彻底推翻或转变为对好政府的整体效能的损害。从某种意义上说，公共行政部门有一种智能领导（intellectual leader-ship，次型♯B）的作用，本质上是在背后作为政府决策过程中的第二级权力。它通过运用其对社会运作方式（或者是相关的它的一部分）的分析性的、科学的判断，来发挥其影响——但是，尽管如此，政策方向和主要决定也还是别人作出的。

此外，根据其有科学倾向的立场（次型♯B）的精神，它是政府对"公共利益"的解释的既往史和政策制定的保管人，并且其责任包括在决策过程中酌情运用那种知识和理解。运用那种知识是为了朝着治理过程所明确表达的更好社会前进。这种精神中所固有的东西还包括一种以妥善的目标管理，实现政治过程为它设定的目标和结果的气质（ethos）。因此，确切地说，存在与瓦姆斯利等人（1990：36）观点相同之处，因为可认为行政意味着一个政治科层内的管理，并且因为"行政是治理和政治两者都不可或缺的一部分"，所以其动态为官僚主义行为的真正成熟提供了条件，这与支持着经济领域的企业家的管理根本不同。

此外，公共行政部门行使其次要职能，并以受限制的方式参与政治和政治决策（通常称为行政裁量），这在美国宪法治理的三位一体精神内是合法的——只要它确实仅保持次等重要性，并且其实行不至于破坏该机构的客观的、逻辑的合理性（委托代理观点）。也就是说，机构可以在它们通常的决策过程中合法地制定政策，只要政策保持在它们的政治上级们所给出的政府承诺中所蕴涵的各项目标的精神范围之内——久而久之，该机构的行政立场必须维持其相对于政治立场的整体优势。实际上，治理过程有必要让公共行政人员来解释政府所确定的更抽象的政策的含义，这样一来，就能说公共行政人员是在行政的现有框架内制定政策的。公共行政人员没有资格主动地从根本上改变行政框架。那是它们的政治上级们所面临的挑战，如果被证明是正当的话。

164

8.4.2　评论 5：论公共企业家精神

非常符合美国宪法治理结构的是，如果听之任之，公共行政部门会自然地抑制公共企业家精神，以至于呈现僵化的官僚机构的所有狭隘的负面影响。因此，按照治理权力分立和制衡的精神，让每个新的行政部门将其政治被任命者的核心迁移到联邦官僚机构的顶层，是有一定的逻辑的。这是补偿公共行政部门对助长企业家精神的自然厌恶的一种明智方式。这也符合原始的《联邦党人文集》第 10 篇（Fed-eralist 10）的精神（Hamilton et al.，1952：49ff.）：设置一个派系（或观点），与另一个形成对立，这不仅是为了互相制约，同时也是为了让形成同时顾及两个观点的一个更高层次的解决方案成为可能。如果政治被任命者担当作为公共企业家的主要角色，那么理所当然地，该机构就会加以严重抵制和冷嘲热讽。因此，政治被任命者必须赢得该机构的信心，使之成为心甘情愿的追随者，如果他确实是要通过领导该机构迈向一个新方向来发挥作用的话。另一个选择可以是，政治被任命者保持以政治为主要倾向，这会有助于更加和谐地既适应该机构，又适应其政治上级，但是这样一来，就会让企业家精神屈从于一种次要作用，而这可能意味着没有明确表达出清晰的新愿景。换言之，他们可能只是蒙混过关。无论采取什么特定立场，而且无论情况和问题如何，如果该机构需要有新目标和/或方向的话，那么该体制仍然会指望政治被任命者起到带头作用。

165

鉴于这种公共企业家精神的作用和贡献，重要的是要记住：在美国这一资本主义社会，企业家精神主要表现在私营经济部门中。不但政治领域受到了一定压抑，而且公共企业家精神仅是权力的一个次要方面，并且通常会遇到既得利益（en-trenched interests）的巨大障碍，这会将企业家拖回到政治困境中。因此，在这种社会环境中，理所当然，首先是总统，其次是政治被任命者，很难为他们的企业家热情保持足够的动力。但是，前文说过，政府决策动态的一个现实情况仍然是这样：内阁成员和其他政治被任命者是占优势地位的。

8.4.3 评论 6：论事实—价值二分法

来自这一新观点的另一洞见是，西蒙（Simon，1947）的事实—价值二分法只是政治—行政二分法就一个特定方面的另一偏见。特别是，以倒序来进行事实—价值二分法，意味着其重心放在认知反转过程，或政策决策上，而非放在认知形成（cognitive procession）过程或政策实施上（须知行政管理既包括政策建议，也包括政策实施）。事实—价值二分法概括了政策制定和政策承诺过程的更高抱负，或者说公共行政人员和政治人物各自工作的更高抱负。来自公共行政部门的政策建议均涉及关于各种事实及其相互关系的知识，并且应当追求科学方法的高价值，亦即客观真理。政治艺术涉及在不同选项之间作出评估，并按特定的一套价值标准作出选择。每一政党概括了一套不同的价值，并且一旦当选，它就会在其决策过程中体现那套被明确表达的价值。

那么，离领会这一点只有一小步了，即其实不如将西蒙（1947）的事实—价值二分法视为可能—事实—价值三分法，并且它抓住了关于政策制定和决策的次型三位一体（见图 8—12）。首先，潜在的各种新的现实情况或可能性，必须加以设想，并且它们必须是实际的（或能够与它们的事实的次要方面相关）。其次，要确定实现新建议和检验现有政策的方法，必须弄清各项事实及其相互关系，但是，这样一来，必须注意那套价值以及决策者的意图（价值是次要方面）。最后，政治决策者

166

根据他们的价值标准，选择最佳选项，然后承诺一项特定政策，同时记住它们正努力共同创造的潜在现实（新现实或潜在现实是次要方面）。

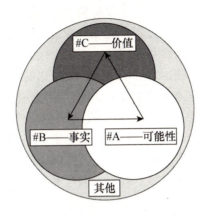

图 8—12　政策决策三位一体架构

对于政策制定中的这种三位一体关系（或认知反转）的重视，回避了关于附加的政策实施三位一体关系会是什么的问题。这样一种三分法会满足有效政策要表达对"现实"的一种承诺，或者是合适的需要；满足妥善的政策设计要表达"现实"的逻辑，或者是高效的需要；满足敏感政策提供要向"福祉"表达意志，或者是有效的需要（要求它起作用意味着服务需要周到或以客户为导向）。可将这一思想解释为一个承诺——过程——效果三分法，此三分法可更好地看作政策实施三位一体（见图 8—13）。

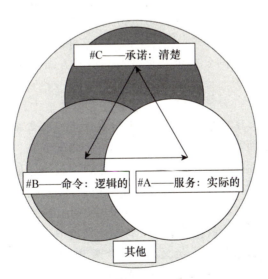

图 8—13　政策实施三位一体架构

这可能抓住了公共行政部门的关键动态，并且是分析行政行动——分析如何实施或管理政府计划——的关键框架。首先，良好的政策应当表达容易被实施者理解并欣然接受的、清楚的政府承诺。如果公共行政人员理解并拥有了该承诺的精神，就有精力作出必要的实施决策，并以符合政策目的的方式为之。

167 　　其次，妥善的政策实施需要有一个在逻辑上将政策承诺的目的与公众的真实世界中的特定行动联系起来的有序过程。此外，政策必须是客观的，以便仅偏袒符合政策承诺的目的和规范的潜在受益人。这一逻辑再次确证了公共行政人员需要作出所谓的政策决策——但只能根据政府明确表达的承诺的精神作出。

　　最后，良好的政策实施意味着它深受欢迎，并且是按照政府决策者所想要的方式。因此，对客户的服务必须尊重作为个人的他们，并对他们特定的个人立场敏感，而且，计划产品需要尽可能在内在政策弹性所允许的范围内，加以定制——因为政府承诺的首要措辞是决定因素。也是说，更重要的是要让计划提供受到政府承诺措辞的向下流动效果，而非对客户特定需求自下而上的响应性的鼓舞。

8.5　结语

　　上述是对公共行政部门在美国宪政体制内政府决策中的作用的分析，得出的主要结论为：

168 　　政治—行政二分法确实应当被看作政治—行政—企业家精神三分法（或者确实是一个三位一体），并且从这一新理解能自然得出政策决策和政策实施各自的三位一体。

　　在这个新框架内，可以推论，公共行政部门在美国宪政体制中具有重要作用，并且公共行政人员在政府的明确表达的承诺的精神内作出政策决策是合法的。此外，每位新总统任命政治被任命者于各个机构的这种惯例是美国宪法治理的一个积极特点，是作为向被压抑的公共企业家精神的治理方面注入公共行政部门的一种方式。

　　实际上，它对公共行政部门而言，等于是"三击不中，就降你的职"。首先，由于采取了一种次型♯B心态，公共行政人员自然是追随者而非领导者，是顾问而非企业家，是思考者而非操作者。其次，作为一个自然的第二级治理权力机构，公共行政部门各式各样而又身兼数职，并且结果是权力较小。最后，作为美国自觉治理权的自然阴影，公共行政人员从未因他们所作的贡献得到感激。

　　在从管理主义到政治主义的社会转变中（Cutting and Kouzmin, 2009a, 2009b），公共行政部门面临着坚持其核心管理主义价值观的挑战，这种价值观正在日益贬值和边缘化。公共行政人员义不容辞，要勇于反对社会思想潮流，坚持对"公共利益"的最高解释，坚持他们的赋权法例精神和他们的委托代理观点，正如《黑堡宣言》中所鼓吹的那样（Wamsley et al., 1990）。

　　甚至连考虑提供一种会将公共行政部门提升到《黑堡宣言》（Wamsley et al., 1990）和《重建工程》（Refounding Project；Wamsley and Wolf, 1996）所追求的、在美国治理中受尊重的高度的"灵丹妙药"都很难（更别说 Ramos, 1981）。

为在新兴的政治主义者时代为美国宪法治理作贡献，公共行政人员仍有可发挥的重要的（或者甚至更重要的）作用，但是，因为看待他们的方式不同，公共行政人员需要调整他们作贡献和被看待的方式。直白地说，他们仍然需要有忠实的封建乡绅心灵，但在处理其事务的方式中，需要拥有更多的政治骑士的狡猾和智慧——这意味着，他们可能必须比以前更频繁地替代骑士并奋斗于政府的事业，同时又得不到与一名胜利的国家骑士相配的行头和称号。

第 9 章

发展中国家行政伦理的现时趋势与困境

沙姆苏尔·哈克

9.1 引言

近年来，随着世界各地政治和行政官员的腐败丑闻日益频发，行政伦理引发了越来越多的关注。公共官员腐败丑闻的具体案例包括不公平的私有化交易、官员赞助、挪用外国援助、滥用竞选资金等（United Nations，2000b：3）。西方民主国家的人们发觉官员贪污现象逐渐加重，这经常跟目前公共服务中道德标准下降有关（Maesschalck，2004：465）。正如海尔斯顿和拉比（Hellsten and Larbi，2006：135）提出的，主要发达国家（如英国和美国）的政治丑闻和管理制度不完善的贫穷国家内顽固的腐败现象使公众日益质疑政府的廉洁并对政府失去信任。最近的丑闻（如安然事件、卡特里娜飓风事件和黑水保安公司事件）都涉及政府的不作为和对企业界的依赖。亚当斯和鲍尔福指出，美国的公共道德已经下降到贫困的第三世界国家的水平，"如想防止民主被进一步侵蚀，保证政府在社会内的合法性，重塑公共价值和道德显得非常有必要"（Adams and Balfour，2008：31-32）。

道德问题变得日益重要也是由于公共领域基于市场机制和私有利益的改革带来了很多腐败机会。在高（Gow，2005）看来，在发展中国家，新的研究行政伦理的浪潮主要是由于政治和商界精英在最近30年里对公共服务的价值转变，这些转变削弱了法律法规的重要性，凸显了最终结果而非过程，鼓励以私营领域模式为基础的激励动机，并且规定经营自主权以及设定对政治控制和问责制造成影响的公私合作关系。毫无疑问，在政策和改革对市场友好的时代（如私有化、放松规制、自由化、公私合作和财政分权），发展中国家腐败的形式和程度已经到达了前所未有的地步（Haque，2001），这进一步突出了研究管理道德的重要性。

意识到官员腐败和其他形式的道德侵犯日益严重，特别是在发展中国家情况尤其严重，出现了重新审视和重振公共服务道德的提案。更具体地说，很多国家对道德表示担忧，这表现在国家采取了很多组织和法律措施来打击腐败、维护公共服务以及推动具有良好道德基础的职业行为。几乎所有的公共组织和公共服务协会都已经通过道德守则（United Nations，1997：4）。国际上，联合国大会已经通过了一些重要决议来强化公共服务道德及打击腐败，包括《联合国公职人员国际行为守则》（1996）和《联合国反对国际商业交易中的贪污贿赂行为宣言》。这些决议规定了公职人员应遵循的专业精神和职业道德的具体指导方针（United Nations，2000b：6-7）。这些全球性提案旨在解决公职人员越来越令人担忧的职业道德问题，说明了对行政道德进一步研究的重要性。

另一个重新审视行政伦理的原因是随着所谓的新公共管理模式的出现，人们越来越感觉到道德模糊和困惑。新公共管理通过将私营部门管理中的效率标准置于道德之上来重新定义公共服务。新公共管理的提倡者强调道德同质化或公共和私营部门之间的重合，他们通常指出在公共管理中使用商业道德（即效率和竞争）来指导以市场为导向的服务提供，同时贬低公共服务道德的地位（如平等和代表性）（Adams and Balfour，2008；Haque，1999）。在这方面，休伯茨等人（Huberts et al.，2003：4）曾提及简·雅各布斯（Jane Jacobs）的警告，即对道德的怀疑通常导致人们怀疑将商界原则应用到公共领域的做法。

以上有关行政伦理的担忧在发展中国家尤为严重，因为发展中国家面临着本土社会和外部强加的殖民统治之间的伦理困境（Haque，1996），而且近来发展中国家由于提倡或被迫接受市场为导向的政策和新公共管理改革而导致新生的行政道德框架错位。然而在这些国家，主导学术辩论和与行政道德相关问题政策的是一些持欧洲中心道德观的学者和专家，这些学者和专家声称他们的观点世界通用，而没有充分考虑发展中国家的本土价值观和道德，也没有兼顾到道德标准上的跨文化差异（Haque，2004）。事实上，学者总倾向于提出一些核心的公共管理观点，然后声称是世界通用的（Hellsten and Larbi，2006：136）。海姆斯（Haimes，2002：97）曾说过，整个现代化进程（通常被理解成西方化）缺少对伦理的考虑，通常通过单一的标准化和官僚合理化来侵蚀多样化的价值观。对本土伦理背景的无视和世界范围内官僚规范的标准化导致大多数非洲、亚洲和拉丁美洲国家出现不同形式的伦理困境。

要了解这些国家的道德不一致性，就不能仅仅关注组织间及组织和个人间道德冲突的规模（Cooper，1992：89；Erakovich et al.，2001：10），而是要把行政伦理困境当作一个重大的宏观层面问题。行政伦理困境产生于外源性的殖民行政机构，后殖民时代的模仿性行政改革，外部施加或规定的商业规范和社会管理差距的强化（Haque，1996）。

本章主要是审视发展中国家的行政伦理困境。本章认为，亚洲、非洲和拉丁美洲几百年的殖民统治为在发展中国家形成有效的、持久的和公共可接受的行政道德框架带来了很大挑战。同时，本章阐明了这些国家出现的公共服务领域的市场化改革带来的当代伦理困境。最终在总结部分，该章评估这些伦理困境对公共服务的完整性、激励、信任和合法性的重要影响。然而由于概念模糊，理论不连贯，道德研究特别是公共管理伦理研究中的分类混乱，该章首先分析现有的概念以及对伦理的整体认知，特别是简要评价现有行政伦理论述。

9.2　道德论述及公共管理方面的争论

172 目前关于道德的研究包含多个学科或领域（如哲学、社会学、政治学和公共管理），是最为复杂和有争议的学科之一。海姆斯（2002：98）称道德概念没有足够的经验或实际意义，因此仍然太过于抽象难懂。而且由于"利益、背景和使用的多样性，道德的概念消失在无数意义之中"。道德研究在公共管理更为重要，因为公共管理道德规范上相对缺乏共识（该领域的认知进一步加剧了该问题），缺乏能同时应用于公共和私人部门的一致的道德框架，没有或缺乏适用于所有的社会的共同行政道德属性（Balugan，2001：24；Cooper，2004：396；Hellsten，2006：4）。由于这些概念和分析问题，该部分主要澄清概念和道德的范畴，解释在公共管理领域中道德论述的地位。

9.2.1　道德的概念和分类

一般而言，道德是指在作决定和采取行动时就什么是正确和错误进行划定和建议。道德的定义和相关概念相重合，如价值观和规范，因此需要进一步说明来更好地理解道德。这很重要，因为学者在解释道德时存在混乱不清的情况。[①]

尽管概念混乱，但还是有可能得出结论，即价值观代表一套相对约定俗成的信念或假定（根植于文化、宗教和社会），这些信念指引人们的行为，塑造人们的观念（Heintzman，2007），影响人们的愿望、偏好和交往。在一定程度上，价值观是无形的，处于人类认知的无意识领域。价值观很少被质疑，因为人们在行为和表现

---

① 例如，休伯茨等人（Huberts et al.，2003：2-3）认为，"道德通常跟理想和原则联系在一起——价值观是对价值的评判，是行为的原则或标准——价值观和规范指引着行为的选择，为我们做事情或者评价所做的事情提供道德基础"。这样的说明让人困惑。

上会习惯地践行价值观，因此价值观代表了社会的本体论领域。同时，规范是价值观更具体的、有形的或经验表达，可以被认作"实践中的价值观"。规范在多种符号、器物、仪式和其他形式的表达方式中是可见的。价值观和规范都是相对非正式的社会领域，而不是正式的组织问题。

可以说，道德是价值观的子集，除了道德价值观外，还有美学价值观、宗教价值观和思想价值观。同时，道德代表了人类区分和判断行为正误的不同程度认知。然而，道德起源于价值观——它将价值观提升到更能意识到的水平，形成系统框架来定义正误，因此有认识论的性质。道德常被诠释为正式机构和职业中的更具体的行为准则。简而言之，价值观相对无意识、社会性、非正式和本体，而道德本质上 *173* 更加有意识、体制化和认识论。有形和具体的规范表达无形和抽象的价值观，规定期望的人类行为（主要在社会环境中）；具体的行为准则反映了指导、规范或禁止人类行为的道德（通常在机构环境下）。价值观塑造行为和行动方式（通过根深蒂固的信念），规范通常（通过有形的方式）表达它们，道德评估它们（通过判断是非的道德标准），行为准则（通过规则和制裁）执行它们。

关于道德的分类，几个学者提出了两个方法，包括间接或目的论的道德和义务论道德（Adams and Balfour，2008：8-9；Calhoun，2004：368）。然而更详细的道德分类方法包含了道德论述的重要层面（从最抽象的到应用最广泛的角度），包括元伦理学、描述伦理学、规范伦理学、应用伦理学。

a. 元伦理学：总的来说，元伦理学不直接规定人类行为正误的标准（这是规范伦理学所探索的问题）。元伦理学在更高的层面研究道德观念、主张、有效性要求的内涵和基础。元伦理学不评价人类行为的正误，而是处理与道德概念的意义（道德语义）、道德原则的性质（实质性理论）和伦理知识的有效性（认识论或正当化理论）相关的质疑和解释（Frankena，1973；Garner and Rosen，1967）。首先，语义理论提出道德语句可以提供本质上是真或假的命题（称为认知主义理论），但也有学者认为这样的语句不能提供命题来表达它们是否真或假（非认知主义理论）。第二，实质性理论相信可以建立全球通用的道德标准或者可以适用于各种环境的标准（道德相对主义）第三，认识论的支持者认为可以建立基于经验、直觉能力（道德直觉主义）或者是理性或先验认识（道德理性）的道德知识（Frankena，1973），但也有学者认为不能构建道德知识（道德怀疑论）。

b. 描述伦理学：描述伦理学不直接规定人类行为好坏的标准，也不质疑或解 *174* 释伦理立场的有效性。它代表了一种形式的实证研究，探索和描述人们在判断行为好坏时对具体道德原则的信念，通常应用于如人类学、社会学、历史、心理等学科。描述伦理学的支持者通过观察人们的行为模式来识别根植于传统的道德标准（Edel and Edel，2000）。简单地说，描述伦理学提供了人类在不同社会和社区中所遵守的道德标准的事实陈述。

c. 规范伦理学：相对于中立的元伦理学的认识论立场和经验、非规范性的描述伦理学，各种形式的规范伦理学审视和规定了人类行为的对错。规范伦理学有三个主要形式，包括美德伦理、道义伦理以及后果伦理。在对一个行为进行道德评价时，美德伦理强调行为人的品质，道义伦理强调行为的内在价值，后果伦理重视行为的结果。例如，偷窃行为说明行为人不道德（美德伦理）；或者偷窃是错误的，因为其带来了负面结果（结果主义）；或者偷窃不管结果如何都是错误的（道义主义）。首先，注重行为人品质的美德伦理主要起源于希腊思想家（特别是柏拉图和亚里士多德），他们鼓励发展人的美德（Adams and Balfour，2008；Crisp and Slote，1997；Heintzman，2007）。美德伦理也起源于东方传统，如儒家注重培养为官和人际交往所需的美德。第二，道义伦理的支持者，特别是康德（1724—1804）指出，行为的正误在于行为本身（Stratton-Lake，2001）——有些行为不管后果如何都是好的或正确的。① 因此，他们更强调有义务遵守定义行为正误的规则。

第三，后果伦理（通常被称为目的论道德）认为人类行为的对错取决于行为的结果或影响（Adams and Balfour，2008）。根据后果的范围或"后果影响的对象"，可以分为以下几类：（a）杰里米·边沁（Jeremy Bentham，1748—1832）和约翰·斯图尔特·密尔（1806—1873）提出的功利主义，认为如果结果能够推动共同利益最大化，那么行为就是正确的（Smart and Williams，1973）；（b）道德利他主义，强调对除行为人以外所有人的有利结果；（c）道德利己主义，强调行为对行为人自身的积极后果，而不管对其他人的影响；（d）负面结果主义，认为如果行为能帮助防止负面后果，那么行为就是正确的（Calhoun，2004；Kouzmin et al.，1999）。结果主义的功利形式（强调共同利益）也可以理解为"什么的后果"。比如说，"行为后果主义"注重行为的直接后果（不论规则是什么），"动机后果主义"考虑行为背后的动机，"规则后果主义"重视指导行为的规则（Lawton，1998）。

d. 应用伦理学：可以说，应用伦理学是将相对抽象的规范伦理学向日常生活中更实际的领域延伸。早期思想家（如大卫·休谟、约翰·斯图尔特·密尔和边沁）就认为道德的概念和理论应用于实际决定与行动时更有意义。最近几十年里，对于人类关心的问题，如堕胎、环保、死刑、安乐死等，出现了多套道德原则或标准（Singer，1986）。此外，主要的职业也有相应的道德，包括医学道德、法律道德、商业道德、生命道德、性别道德、研究道德、媒体道德、公共服务道德和国际道德。

9.2.2 公共管理的伦理论述

尽管在这个公共领域改革风云变化的时期，有关行政伦理的学术论述和教育已经变得日益重要，但是在这方面仍鲜有进展。② 很少有和以上伦理分类与框架相一致的详细研究和系统论述。关于行政伦理的文献大都是采用应用伦理学的形式——

---

① 康德的《道德形而上学基础》定义了代表普遍规律和原则的"绝对律令"所规定的道德义务（Calhoun，2004：370—371）。

② 最近在对北美公共行政/管理和公共政策的 16 个研究生项目进行的调查显示，只有一门关于道德的必修课程（Gow，2005）。

可能是由于该领域的相对实用性，强调官员应当履行为公共服务的义务。（Gow，
2005；United Nations，2000b）。应用伦理学的普及反映于行政伦理学术论述的发
展以及公共服务的道德原则中。学者和专家通常提出多个公共行政的具体道德原
则，而没有元伦理学和/或规范伦理学方面的深入阐释。

　　例如，关于公共服务论述的一个众所周知的传统就是基于美国宪法和最高法院
阐释的"政权价值"。政权价值最初的支持者约翰·罗尔提出了三个主要的政权价
值——自由、平等和财产，这三者代表了公共行政伦理的三个主要方面（Adams
and Balfour，2008；Rohr，1978）。此外，公共行政领域存在的道德理论和观点分 *176*
类似乎仍然没有逻辑且相互重叠（Haque，2004）。例如，道德领域著名的专家特
里·库珀提出五个主要的道德观点，包括政权价值、公民理论、社会公平、美德和
公共利益（Cooper，2004：396）。但是这个分类很难说得通，因为这些类别不在同
一层面而且相互重叠——比如政权价值通常代表道德的"源头"，公民理论提供道
德"解释"，社会公平是道德的一个主要"组成部分"。

　　公共行政道德研究的一个主要趋势是对比公共服务道德和私人领域道德。根据
对这两个领域不同伦理道德各种资料的调查，休伯茨等人（Huberts et al.，2003）
列出公共和商业领域内两套道德标准目录，以字母顺序排列，并把这些道德纳入广
泛的集群，如组织和环境、组织和其他组织、组织和公众、组织和雇员之间等。关
于公共服务，这些作者强调如下道德标准：责任、善意、合议、承诺、同情心、竞
争力、勇气、奉献、经济、效益、效率、平等、忠实、公平、诚实、客观、诚信、
公正、忠诚度、中立、不歧视、无偏见、乐观、公共利益、质量、可靠性、代表
性、责任、回应性、无私、透明、真实性（Huberts et al.，2003：8-15）。其他学
者提出的公共道德与此相似，但没有这么多，如宪政、公民权利、代表、问责性、
回应性、公共利益、平等、公正、中立、诚信、承诺、忠诚、隐私、法治和社会正
义（Gow，2005；Lewis，1991）。

　　同时，地区机构和国家政府也有各自对公共服务道德的看法。例如，经合组织
（OECD）国家提出了它们的"核心公共服务价值"和最常使用的八个核心价值，
包括公正性（24 个国家）、合法性（22 个国家）、完整性（18 个国家）、透明度
（14 个国家）、效率（14 个国家）、平等（11 个国家）、责任（11 个国家）和正义
（10 个国家）（Erakovich et al.，2001：8）。在国家层面，加拿大联邦政府提出了公
共服务价值的四个分类（政治、职业、道德和个人），包括公共利益、责任、忠诚
度、尊重法律、效率、效益、公正、公众的信任、人的尊严、公平性、开放性、多
样性和任人唯贤（Gow，2005：8）。在英国，诺兰委员会强调政府的公共生活七项
原则，如"无私、正直、客观、责任、开放性、诚实和领导力"（Huberts et al.，
2003：6）。对于荷兰政府官员（政治家和公务员），最重要的价值（以优先顺序排 *177*
列）是诚实、正直、开放、公正、专业知识、奉献和合法性（Huberts et al.，
2003：7）。最后，一个知名的专业协会——美国公共行政学会（ASPA）——提出
了跟一些重要问题相关的公共服务道德准则，包括公共利益（不歧视、公民参与、
同情、公平、善意、乐观等）、宪法和法律（法治、专业、公平、平等、回应性、

真实性和代表性）、个人诚信（诚实、合议、公正、责任）、组织和管理（责任、沟通、奉献、创新、忠诚度）、专业卓越（个人责任、能力、鼓励等）（ASPA，2009）。

以上讨论说明当下对公共行政道德的研究非常薄弱。很少有研究能超越基础的应用道德研究，提供与上述规范道德分类相一致的对行政伦理更加全面的分析。甚至关于应用伦理学的文献也充斥着分散和重叠的分类。但是现有的对于区分公共和私人领域标准的研究有益于进一步研究，在规范伦理论的三个重要领域——美德伦理学、道义伦理学和后果伦理学来进一步阐释公共服务。

因此，从以上公共服务道德的列表中可以看出一系列美德伦理，强调公务人员应具备的内在美德和道德素质，包括诚实、真诚、文明、奉献、承诺、能力、礼貌、宽容、正义、正直、怜悯、仁慈、守信、勇敢、忠诚、合议、乐观和无私（Joshi，2003；Lawton，2005）。另一方面，道义伦理学规定了评价行为正误的相对固定的规范性原则（Erakovich et al.，2001），包括问责制、代表性、公平、平等、公正性、中立性、合法性、公共利益、可靠性、责任感、回应性、透明度和任人唯贤。最后，后果伦理学评价行为的后果或结果（United Nations，1997：6），包括生产力、效率、经济、效益、竞争力、性能、质量和客户满意度。

9.3 行政伦理学的传统困境

上文强调关于行政伦理的现有论述总体而言缺乏理论深度和分类精度，但是对于潜在的或实际的公共道德标准已经有许多描述性的研究，这些研究聚焦在规范道德学的三个方面。一些规范性道德标准大部分由西方学者提出，在西方国家的公共行政中有不同程度的应用，也被许多发展中国家采纳为公共服务的标准。这些国家行政道德原则的外源性起源——殖民时期的强加和后殖民时期的模仿通常导致一些形式的道德困境。为了理解这些道德困境，必须对起源进行辩证分析并确认其有效性，这属于上文提到的元伦理学的问题。

第一，行政伦理的形成来源于或取决于各个社会的不同背景因素（如文化和宗教信仰、政治权力结构、经济体制和家庭价值观），公共行政根植于这些因素中（Bowman，1991；Haque，2004；Haimes，2002）。在大部分西方国家，公共行政和公共行政伦理的出现很大程度上基于本土背景因素的性质和变化。然而，在发展中国家，几百年的殖民统治（英国、法国、荷兰、西班牙、葡萄牙和美国）不断强加基于西方道德原则的公共管理的殖民模式，这些模式跟社会中普遍的本土道德的信仰不相融合（Haque，1996；UNDP，2001）。

在后殖民主义时代，根深蒂固的殖民行政系统和外来的道德标准依然存在，尽管公共行政转向所谓的发展行政，即将借助国家计划的社会经济发展放在首位。在殖民统治者离开之后，新兴的独立国家以建立现代化政府的名义开始以西方的行政标准规范教育本国的公务人员，通常是通过模仿性教育或者国际技术援助项目支持的国外培训（Haque，1996）。在很多发展中国家，以非正式关系和忠诚度为基础的本土价值观非常坚固，不允许公共服务接受廉洁、诚信、专业、政治中立、问责制、透明度和回应性的标准（Balugan，2001：19）。

第二，实际上，在前殖民主义时期一些非西方社会有他们相应的行政制度和行政伦理，这些制度与伦理和普遍的社会价值观及规范是相适应的。例如，在前殖民主义时期的亚洲，行政体制的道德基础就是文化和宗教信仰。因此，中国的行政体制强调感恩、勤政和等级，伊斯兰传统的基本道德包括纯洁、忠诚和真实（Talisayon，1998）。弗雷德里克森（Frederickson，2002：610）称，事实上，东亚国家（如中国、日本和韩国）公共行政的儒家基础比西方国家行政伦理的宪法、法律和专业基础更为持久、强健。尽管在西方民主国家，法律构成了行政伦理的法律依据，但弗雷德里克森赞同儒家对法律的批评，即法律是不道德、无情、冲突和社会问题的源泉和证据（Frederickson，2002：614）。在儒家的行政伦理传统中，一个理想的公务人员应是一个品德高尚的君子，他知识渊博、廉洁、受人尊重、诚实、守信、宽容、富有同情心、值得信任（Frederickson，2002：616）。对美德的重视在其他非西方国家的公共行政传统中也可以观察到（伊斯兰国家、印度和波斯），与以严格的道义伦理和/或功利伦理为主的现代道德标准形成对比。简而言之，非西方国家借鉴西方公共行政道德来取代本土行政道德传统或置于本土行政道德传统之上，这表明了这些国家公共行政领域道德的不一致性。

179

第三，在现在这个时代，尽管经济和文化全球化进程日益加快，国家界限的重要性日益下降，但社会之间存在重大分歧仍然是个事实。最近的世界价值观调查显示，"不同文化群体之间的基本价值观存在巨大差异……（例如）有差别非常大的文化模式，这些模式中韩国、日本和中国形成了一个有意思的集群"（Frederickson，2002：611-612）。不幸的是，发展中国家的本土道德价值观，如社会价值、团结和社会责任经常被国际专家误认为是腐败的源泉（Hellsten，2006：9；Hellsten and Larbi，2006：135）。抛开这些带有偏见的对跨国规范的看法，发达西方社会的社会价值观和非西方发展中国家的社会价值观之间仍然存在较大差异。前者相信世俗主义、理性、个人主义、竞争和盈利能力，后者崇尚传统社会规范，如资历、归属、热情好客、互惠、集体行动和家庭关系（Baker，1991；Haque，1996）。因此，尽管全球规定的行政伦理标准（包括唯才是用、客观、绩效、成就、竞争）是根源于并且也适合西方社会的，但是通常不适合发展中国家的社会背景。

第四，当发展中国家政府决定真正支持所借鉴的行政伦理原则时，通常缺乏法律和/或制度手段来应用这些道德标准，从而导致这些原则失效。例如，由世袭国王统治，没有可信的选举产生立法机关的阿拉伯国家，很难实现像问责制和公共利益等道德准则；在印度，低种姓人口也很难实现公平的代表权（Haque，1996）。同样，在许多非洲和拉丁美洲国家也很难实现唯才是用和政治中立，因为这些国家的政治和行政界线模糊，行政体制内充满了恩从关系（patron-client relations）（Ryan，1987）。在独裁的军事政权之下，公务人员几乎不可能实现公共利益并保证公平待遇，这在许多发展中国家是普遍现象。因此，在发展中国家存在这样的差距，即一方面模仿西方国家的行政伦理，另一方面缺少可靠和有效

180

的体制来实现这些道德标准。

9.4 新出现的行政伦理困境

上文提到发展中国家的传统伦理困境主要是由于内外部的差距。尽管困境依然存在，但这些外部规范仍然是公共服务中的官方道德标准，但是这些道德纲领通常在实际的行政行为中被忽略。在这方面，一个关于非洲国家最近的调查发现了如下官方声称的公共服务道德标准：公正、责任、诚信、平等、公平、无私、奉献等（UNDP，2001：38）。然而，这些公共服务道德一直与发展中国家本土的社会价值观不一致，又在最近市场驱动的公共领域改革即新公共管理中让位给了新的商业道德。

著名的新公共管理模式起源于西方国家（Maesschalck，2004），并且再一次强加给亚洲、非洲、拉丁美洲国家，或被其借鉴。新公共管理模式思想上建立在极端支持市场和反对国家的新自由主义信念之上，理论上建立在功利性的公共选择理论上（将市场原则注入公共决策），战略上以新经济政策为导向（如私有化、放松规制、自由化）（Haque，2007；Maesschalck，2004）。然而，很多学者用组织和管理特点来诠释新公共管理，如减员和私有化、外包和合作、体制解体、强调竞争、企业式管理、简约资源的使用、管理自主权、性能指标、输出控制、基于结果的预算、以顾客或客户为导向（Hays and Kearney，1997；Hood，1995；Kolthoff et al.，2007；Maesschalck，2004）。

181   从 20 世纪 80 年代中期开始，市场驱动的新公共管理模式的很多理念已经被全球化。很多亚非拉国家在进行国内公共领域改革时也借鉴这些理念。① 尽管各个国家在践行新公共管理模式的程度各不相同，但是大部分国家行政的方向都向支持市场的模式倾斜，这对于公共服务有很大的影响。主要表现为传统的道德标准如中立、责任、平等、代表、公平被边缘化，取而代之的是新公共管理固有的商业性质的道德标准，如效率、经济、生产力等（Maesschalck，2004：466）。这种行政伦理的转变带来了两种主要的道德困境，包括（a）现有道德标准和新公共管理的商业道德之间的困境，和（b）新兴的商业道德和本土社会道德原则间的困境。

9.4.1 新公共管理中的公共和商业道德

新公共管理模式中固有的道德困境在发展中和发达国家都存在，这主要是由于该模式将商业领域的准则融入并应用到公共服务领域（Haque，1999）。因此，在政府已经按照新公共管理的基本要求重新确立公共行政的国家，商业道德开始占上风（Dobel，1990；Haque，1999）。这种行政道德向私有领域准则的转变在许多非

---

① 亚当斯和鲍尔弗［Adams and Balfour（2008：2）］提到，以市场为基础的，采用合同、外包、私有化和公私合作形式的政府在世界范围内的公共领域都变得普遍。

洲、亚洲和拉丁美洲国家越来越明显（Haque，1999）。

例如，公共部门早期的平等原则已经退居到一个次要位置，而其对提高效率的关注已经成为近期行政改革的发展中国家的重点，如马来西亚、泰国、韩国、印度、菲律宾、南非、乌干达、加纳、博茨瓦纳、坦桑尼亚、智利、巴西、阿根廷、墨西哥和委内瑞拉（Haque，2004）。和新公共管理相关的改革措施如私有化、减员和撤销补助都以提高效率和效益的名义开展，尽管这些措施通常会带来更大的不公平。同样，公共利益的重要性已经下降，用价值换金钱在许多发展中国家成为更为主要的原则。这种价值换金钱的规则凸显了个别客户的选择和满意度，不利于集体公共利益的实现。

同时，甚至是在种族上异质的国家，如南非、印度、马来西亚、斯里兰卡，主要的代表原则（种族或族群）已经越来越失去支持，而竞争的商业价值在公共服务中变得更加重要（Haque，2004）。人们担心由于竞争会削弱以能力和表现为基础的决策，因而与代表性道德相违背。此外，对问责制道德原则的关注现在变少了，人们更加认同新公共管理模式提出的自主裁量权和自治的价值。然而，在发展中国家，将自主经营权置于优先的位置通常导致难以实行问责制。

新公共管理下另一个行政伦理的转变是合作关系具有优先性，这和公共服务与商业领域之间的中立性相冲突。在新公共管理出现之前，起码在正式场合，中立性原则是很重要的，但是在新公共管理时代，更加重视与当地和国外企业合作的价值。公私合作的范围和频率已经扩展到了亚非拉大部分国家（Haque，2004；World Bank，1996）。除了对中立性原则的挑战之外，合作或协同的规范也削弱了公共服务的公正性，因为这种合作关系在进行商业交易时为各种贪污腐败提供了机会。

由于在公共服务领域出现的新公共管理模式可能带来的公私间的道德困境，一些学者表示担忧，称行政道德领域出现的这种趋势可能"取代更基本的公共服务价值观，如公共利益、正义、人的尊严和平等"（Cooper，1992：84）。马伊沙尔克（Maesschalck，2004：467）进一步强调以新公共管理导向的道德转变可能会导致公共服务精神的崩塌。

9.4.2　新公共管理道德 VS 发展中国家

该章前部分提到了新公共管理的解释及其主要的范畴，包括商业道德基础，主要出现在西方国家。这种模式由于外部强加和劝说被许多发展中国家采纳。首先，由于新公共管理相关的道德起源于外部，它们和发展中国家的本土道德背景不相符合（Haque，2004）。更具体地说，新公共管理式的公共领域改革强化了以市场为基础的道德标准如竞争、效率和利润，这些和主流的社会价值如互惠、好客和资历相冲突。协调新兴的市场主导的新自由主义道德观和以传统道德为基础的道德信念是一种挑战。

比如说在许多非洲国家，突然采用以市场为中心的管理，即鼓励实现像功利的自我利益、消费、竞争和利润等价值，很难被以社会团结、社会义务、分享和家庭忠诚为纽带的人们所接受（Hellsten and Larbi，2006：140）。同样，在大多数亚洲国家，人们支持国家和权威，相信共同决策，寻求社会支持和家庭价值，这些和新公共管理不相融合。新公共管理强调的是市场力量和个人主义自我利益的重要性。（United Nations，2001：46）

其次，除了新公共管理提倡的道德和发展中国家社会道德之间的碰撞外，也有制度和态度限制了有效实现以市场为基础的新公共管理道德。特别是，在许多国家中，相对缺乏先进的市场机构、善经营的企业、以竞争为基础的心态，这对于追求新公共管理规范的合作伙伴关系、产生竞争、实现经济效率是必不可少的。此外，主流的非市场体制如社区纽带和家庭关系也不利于实现新公共管理的规范（Haque，2004）。最后，新公共管理道德的主要原则并不适用于发展中国家的社会现实。比如，这些国家的主要人群处于极度贫困状态。过度强调效率和竞争标准会对收入分配产生负面影响，鼓励减少社会福利项目，这对穷人是有害的。和富裕的西方国家不同的是，这些国家需要担心实行新公共管理道德带来的负面后果。①

9.5　启示和结语

本章谈到在发展中国家由于行政伦理是外部强加和借鉴的，公共服务领域出现了一些重要的道德困境。主要的道德困境包括外来行政伦理和本地社会伦理之间的差距，模仿性的外国行政伦理和当地前殖民时期伦理之间的不一致，借鉴的道德标准和缺乏相应的机制措施来执行这些标准带来的困境，采用商业道德和公共服务领域独特的道德背景之间的差距，使用商业道德的负面影响和发展中国家的惨淡状况之间的矛盾。本节试图探究这些国家行政道德领域长期存在的问题的主要影响。

首先，公共服务领域道德困境的一个重要影响就是道德形式主义，即道德践行过程中理论和实践的差距。在发展中国家，官方规定的正式道德通常是借鉴的行政伦理（如任人唯贤、中立性、成就、公平等），实际的行为却由非正式的当地价值观所指引，如资历、归属、家人、亲属和种族（Haque，1996）。里格斯（Riggs，1964）称，这种形式主义在发展中国家的公共行政的所有重要方面都可以观察到。

其次，公共服务领域的道德困境长期存在通常会削弱职业标准。在道德泥潭的背景下，官员不仅道德混乱，而且会利用这种混乱来逃避职业道德标准。②

再次，道德困境的主要形式和带来的道德模糊可能降低发展中国家公务人员的

184

---

① 如一位作者提到，以市场为导向的新公共管理已经改变了福利国家的状况，公共管理者的道德承诺是以实用性为导向，而不是平等的或重新分配的正义（quoted in Hellsten and Larbi，2006：141）。

② 在非洲，对缺乏明确的道德纲领的担忧日益加剧，这导致公共服务威信和专业精神的下降。

动机和士气，特别是这些道德冲突玷污了公共服务的形象时。当道德困境到达个人层面时，对员工忠诚的削弱进一步加深——公务人员需要不断在以非正式社会价值为导向的行为和以西方行政规范为导向的行为之间调和（Haque，1996）。在非洲公务人员身上可以观察到这一现象，他们"不得不在传统忠诚和形式公正之间徘徊。在韦伯式'形式公正'的精神之下，执行行政规范不会考虑到个人的需求"（UNDP，2001：15）。

最后，近来新公共管理主导的在公共服务领域借鉴商业道德而导致的行政道德模糊进一步恶化了整个领域和公共行政的认知。按照新公共管理模式，采用商业道德标准进一步加剧了融合的浪潮，这损害了公共领域独特的身份（Haque，1999）。此外，公共服务领域认知的下降和与商业领域具有的相似性的增加不仅会造成前文所说的公务人员忠诚度下降（由于职业自豪感下降），还可能对公众对公共服务的信心造成负面影响，因为公共部门将越来越像私营部门，并且很少为公共利益服务。

总而言之，公共行政领域现存的道德困境所带来的严重后果表明，有必要建立一整套合适的、一致的、因地制宜的道德标准来克服这些道德困惑，停止专业侵蚀，避免激励退化和目前公众的信心及合法性损失。这些道德标准对发展中国家尤为重要，这些国家公共行政存在几个严重问题，如系统腐败、员工士气低、公众的不信任和缺乏合法性。

在宏观理论层面，后果伦理学的组成要素（如生产力、效率、竞争力和表现）在现行的市场主导的新公共管理模式下占据了主导地位，美德伦理学（诚实、风险、可靠和无私）和道义伦理学（责任、代表、平等、中立、公共利益和透明）日益边缘化。为了克服现存的公共服务领域的道德困境，增强认知、形象和士气，有必要重新审视日益增强的后果伦理学，重新复兴道义伦理学（Adams and Balfour，2008），恢复和培养道德伦理学。

第 *10* 章

以深层次的道德视角探索欧洲新民主国家公务人员的价值观体系

约兰塔·帕里道斯凯特

10.1 引言

欧洲新民主国家①在欧洲版图上占了很大一部分，从北部的爱沙尼亚到南部的阿尔巴尼亚和马其顿，从东部的保加利亚、罗马尼亚到西部的捷克和波兰。这些社会属于不同的语言和种族，历史、文化和宗教上的差别显著，但它们也有共同点。无论是波罗的海国家，还是南斯拉夫共和国国家，它们都或多或少地受到苏联的影响。相同的行政部门运作方式虽是历史遗产，今日仍非常明显；这些国家公职人员（尤其是老一代）的心态也较为相似。另外一个共同点是，它们都已经或即将加入欧盟。这两点事实能够帮助我们更好地了解这一地区基于西方模式的公共服务体系的发展。

这 17 个后共产主义的国家都需要改变苏联模式的行政体系。

---

① 作者承认，很难找到合适的词来界定此研究的范畴。形容词"新"可以帮助读者理解，研究关注的是 17 个国家（中欧和东欧国家加上巴尔干半岛国家）。这些国家在政治、经济和社会方面都克服了剧变，建立了新制度，改变了自 20 世纪 90 年代以来的主要"游戏规则"。政治学的学者也许会推荐"过渡的民主国家"、"后社会主义国家"或"新兴民主国家"这样的词，来强调非参与性的制度化的民主。

首先是通过基本的立法，设立必要的机构。公务人员以前是"特权阶层"，依附于政治领导人，由于意识形态上的忠诚而被聘任，并不受具体的行政法律的约束。但现在这种情形必须改变，他们要从"公众的主人"转变为"为公众利益服务的公务员"。在促成这样的转变之余，政府也注意到了同价值观和原则有关的正直的问题。

无论是内行人还是外行人，都在以单学科或多学科的视角分析着，这一区域在政权更迭之后在经济、政治、文化和制度上的转变。但与此同时，比较性的研究仍然较为稀少。有些学者关注波罗的海地区（Taagepera，2002；Palidauskaitė，2007，2008，etc.），有些关注东欧及中欧国家（Brown，2003；Verheijen and Dimitrova，1996，etc.），有人研究巴尔干半岛国家（Erakovich and Wyman，2009；Koch and Jovanovic，1997，etc.），或者有人只研究单个国家的案例（Dvořáková，2004；Pevkur，2007；Saarniit，2005/2006，etc.）。

10.2　理论框架

在近期的公共管理文献中，很多学者在关注公众价值观，然而关于如何定义和衡量价值观的辩论却远未结束。公共管理学家指出，像"价值观"、"道德规范"、"道德风貌"、"基准"、"标准"和"原则"这样的词在意义上互相重叠。关注不同国家的经验也是如此。英国公共生活标准委员会描绘了公共生活中的七项原则（1995），美国的公务人员则要遵循 1990 年颁布的 12731 号法令中所规定的"政府官员道德行为准则"，等等。

从狭义上来说，"价值观"这个词指的是，人们认为的好事或值得去做的事，而广义上的"价值观"指的是"所有的正义、义务、美德、真相和神圣"（Frankena，1967：229-230）。除了价值观，公共管理文献中还常常提到更加准确的词，比如核心价值观（Kernaghan，2003；Beck Jorgensen，2006a，2006b）或必要价值观。学者们提出了价值观的不同分类。例如，蒙哥马利·范·沃特（M. van Wart）在 1998 年提出了职业价值观、公众利益价值观、法律价值观及组织价值观。在新一轮的公共管理辩论中，价值观被分为"老的、传统的"和"新的、新兴的"（Kernaghan，2003；Frederickson，2005，etc.）两类。这就使得我们可以比较公共部门和私营部门的价值观。虽然有这样那样的分类，但学者假定存在一套明确且连贯的公共价值观。公共价值观就是那些明确以下内容的价值观，即"公民应当（不应当）享有的权利、利益及特权，公民对社会的义务，国家彼此之间的义务，政府运行和政策颁布所基于的准则"（Bozeman，2007：13）。

价值观植根于：（1）公共场所的建造和公共物品；（2）组织价值观和愿景；（3）确定组织目标和责任的法律规定；（4）公务人员的具体行为；（5）决策过程；（6）例行公事；（7）公务人员的心态；（8）组织架构；（9）行政改革（Beck Jorgensen and Sindbjerg Martinsen，2009）。

多种定义的使用反映出，行政人员的工作环境受到各种各样的价值观的影响，较为复杂，包括政治的、经济的、社会的、官僚的和职业的价值观（Gortner，2001：517）。道德和价值观是紧密联系在一起的，价值观处于道德抉择的核心，而了解价值观在抉择中所发挥的作用，则明确了许多公共管理中同道德有关的问题。大多数学者认为，价值观的重要性在于其影响。价值观可以塑造我们对现实的看法，赋予个体和组织以身份，并指导我们的行为，但价值观却很难改变（Bozeman，2007：117）。

188

10.3 研究方法

价值观看不到也听不到，但人们在态度、偏好、决策及行为中遵守着这些价值观（van de Wal et al.，2008：468）。以经验为依据，研究在 17 个新民主国家中公务人员个体或组织的价值观，是一个有趣且雄心勃勃的目标。在这一章中，我们关注的是，在欧洲新民主国家中，政府及政策应该基于什么样的准则（巴里·博兹曼界定公共价值观的第三个元素），并列出所有同公务人员有关的价值观。美国学者 J. 普兰特（Plant，1998：162）指出，法律、道德规范、组织和职业目标、价值观，以及规定了哪些行为是可接受（更常见的是规定哪些行为不可接受）的法规是"公共道德"。法律以及道德/行为规范规定了某些原则，描述了职责及合适/不合适的行为模式，为公务人员及公共机构提供指导。

基于对法律内容的分析，我们列出了所有同公务人员有关的价值观。这让我们可以应用比较性或历史性的方法。研究者并没有关注定量分析（如法律中某个词或词组的使用频率），而是更多地关注对研究资料的定性分析（如法律规定的原则只是有所提及，还是以细节描述）。这样的方法有利有弊。缺点之一就是，研究者无法获得所有法律法规的资料①。并不是所有的这 17 个国家都颁布了禁止利益冲突的公共管理法案或法律，所以研究人员无法分析这类法律。关注规定性的或提倡的价值观，和各国宪法、公共服务法案、道德规范及准则中体现出的原则，使研究人员有机会研究法律视角下的深层次公共价值观。

而这一方法的优点在于，可以形成公共价值观的整体印象。分析宪法中的条文、公共服务中的一般原则、公务人员的职责以及道德规范中的准则，能帮助我们更好地理解这些新民主国家中公务人员的道德规范或理想的价值观体系。

10.4 公共服务的规范性背景

10.4.1 宪法条文

我们之所以从宪法入手探索公共服务的价值观，是因为约翰·罗尔（John Ro-

---

① 即便是搜集法律的英文译本，作者也遇到了很多困难。有些国家的政府网站不提供英文版，向权力机构征询信息也常常是空手而归，所以唯一的解决方案就是联系个人寻求帮助。

hr，2007/2008：65）提出："还有什么能比宪法同行政管理的关系更密切呢？"不仅仅是宪法所揭示的东西，宪法中隐藏的东西也很有趣。宪法规定了行政人员的工作准则，包括指导性的价值观和与政府活动有关的公众期望（Chapman，1993）。约翰·罗尔希望能在宪法中找到公共服务道德规范的痕迹（Rohr，1978：59）。

我们研究过的宪法大多数（保加利亚、爱沙尼亚、马其顿等国）都是在 20 世纪 90 年代初颁布的。塞尔维亚、科索沃和黑山的宪法是最近才颁布的（2006—2008年）。还有几国的宪法（保加利亚、波兰和斯洛伐克）由于加入欧盟而有所修改。拉脱维亚和匈牙利的宪法脱胎于两国的旧宪法（分别是 1922 年和 1949 年的）。捷克共和国的宪法很特殊，因为其基本权利与自由一章是宪法秩序的必要组成部分。

同许多西方民主国家类似，这 17 个国家的宪法中没有单独的关于公共服务指导原则的章节，尽管在实际生活中，指导国会、政府、城市和法院活动的原则已经确立。不过，宪法中有单独的章节，规定了作为公务人员或公共组织指导原则的价值观、同公共权威机构有关的公民权利、公务人员的限制等。同我们这个主题有关的所有宪法条文都可以分为三类：（1）一般价值观；（2）公民与公共机构的关系；（3）公共服务的基础（见表 10—1、表 10—2 和表 10—3）。

一般价值观（见表 10—1）。所有国家的宪法当中，都有一条关于国家是民主性质的条文。有些宪法仅仅是强调坚持民主的或基本的价值观（捷克宪法），有些宪法没有详细阐释（爱沙尼亚、立陶宛和斯洛文尼亚的宪法）。匈牙利、波兰和斯洛伐克的宪法提到了诸如自由的几条价值观。克罗地亚、科索沃和马其顿的宪法则广泛地列出了许多价值观。例如，《克罗地亚宪法》第 3 条为："自由、平等权利，民族和性别平等，热爱和平，社会公正，尊重人权，不侵犯所有权，保护自然和环境，法治，以及民主多党制是克罗地亚共和国宪法秩序的最高价值观，也是诠释宪法的基础。"社会公正虽然是社会生活和公共服务的重要原则，却并没有体现在所有宪法中。波兰和斯洛文尼亚的宪法第一条中有几处强调了社会公正和法治。

表 10—1 宪法中的价值观

	民主的、基本的、普遍的价值观	尊重权利与自由	法治	法律面前人人平等	社会公正	非歧视原则
阿尔巴尼亚	＋	＋	＋	＋	＋	＋
波黑	＋	＋	＋	＋	－	＋
保加利亚	＋	＋	＋	＋		＋
克罗地亚	＋	＋	＋	＋	＋	＋
捷克	＋	＋	＋	＋	－	＋
爱沙尼亚	－	＋	＋	＋		＋
匈牙利	＋	＋		＋		＋
科索沃	＋	＋	＋	＋		＋
拉脱维亚	－	＋		＋		＋
立陶宛	－	＋	＋	＋		

续前表

	民主的、基本的、普遍的价值观	尊重权利与自由	法治	法律面前人人平等	社会公正	非歧视原则
马其顿	+	+	+	+	+	+
黑山	+	+	+	+	+	+
波兰	+	+	+	+	+	+
罗马尼亚	+	+	+	+	−	+
塞尔维亚	+	+	+	+	+	+
斯洛伐克	+	+	+	−	+	+
斯洛文尼亚	−	+	+	+	−	+

190　表 10—2　　　　　　　　　同公共权力机构有关的公民权利

	从公共权力机构获取信息的权利	由于公共权力机构的决策而遭受损失后索赔的权利	提交请愿、建议和投诉的权利	公共权力机构决策的司法保护
阿尔巴尼亚	+	−	+	+
波黑	−	−	−	+
保加利亚	+	+	+	+
克罗地亚	−	−	+	*
捷克	+	+	+	+
爱沙尼亚	+	*	+	+
匈牙利	−	+	+	+
科索沃	+	−	+	+
拉脱维亚	−	−	−	+
立陶宛	+	*	+	+
马其顿	+	−	+	+
黑山	+	−	+	+
波兰	+	+	+	+
罗马尼亚	+	−	+	−
塞尔维亚	+	+	+	+
斯洛伐克	+	+	+	+
斯洛文尼亚	+	+	−	+

*　间接地有关。

　　15 部宪法（匈牙利和拉脱维亚宪法除外）将法治确立为所有公共权力的基本
191　准则。法治包括宪法中记载的原则和国际法中受到普遍认可的准则。分权和权力平
衡也在很多宪法中有所提及。

表 10—3   关于公共服务的宪法条文

	公共权力机构的任务	公共服务的原则	享有公共服务的权利	公务人员的限制
阿尔巴尼亚	执行法律，为人民服务	合法	—	*
波黑	—	合法	+	+
保加利亚	个人及公民社会的自由发展	—		
克罗地亚	—	合法	+	+
捷克	为人民服务	合法	+	*
爱沙尼亚	—	—	+	+
匈牙利	—	政治上的中立	+	+
科索沃	—	合法 性别平等	—	*
拉脱维亚	—	—	+	—
立陶宛	为人民服务	—	+	—
马其顿	—	政治上的中立 合法 自治 责任制	+	+
黑山	—	政治上的中立	—	+
波兰	为维护经济、社会与文化的自由和权利而执行的明确任务	政治上的中立 合法 具有职业精神 勤勉 公正	+	*
罗马尼亚	—	—	+	+
塞尔维亚	国家职能（17 项）	合法 维护公共利益	+	+
斯洛伐克	—	合法	+	+
斯洛文尼亚	—	合法	+	+

尊重公民权利和自由以及非歧视原则在所有宪法中都有体现。《波兰宪法》强调，尊重和保护公民的权利和自由是公共权力机构的义务（第 30 条）。法律（抑或法庭和公共机构）面前人人平等能够得到保障。平等或非歧视原则意味着，不授予特权，不根据种族、国籍、民族、性别、籍贯、宗教、受教育程度、所持观点、所属政治团体、个人或社会地位、财产情况而限制人们的权利。塞尔维亚、科索沃和黑山新通过的宪法都有关于性别平等的条文。这些一般价值观对于公务人员和公共机构的日常活动至关重要。

公民与公共机构的关系。宪法规定公民的政治权利，提到了两种同公共权力机构有关的权利（见表 10—2 中的第二栏和第三栏）。表 10—2 中的另外两点可以算作捍卫自由与权利的手段。公民有从公共权力机构获取信息的权利，这就要求公务人员和

192

公共机构履行他们的义务，以开放和透明的方式工作，除非法律规定反其道而行。

另外一种参与公共事务的方式是，当公共权力机构侵犯了公众或私人的权益时，公民可以提交请愿、建议或索赔。拉脱维亚的公民还有权批评公务人员和公共机构的工作（第33条）。对于公共权力机构所作决策的司法监督有可能抑制官僚主义。当公民发现公共权力机构不合法的决策侵犯了个人的权利或自由时，任何遭受损失的人都有权索赔。我们研究的大多数宪法中都提到了这样的权利，但更详细的规定是在其他法律中阐释的。

关于公共服务的概括性描述。克罗地亚、爱沙尼亚、科索沃、马其顿、黑山、波兰、塞尔维亚和斯洛文尼亚的宪法有几条（1～3条）描述了公共服务、国家行政部门或公共部门的基础。其他国家的宪法涉及这一主题的是提到某些政治权利。研究宪法时可把相关内容分为四点：公共权力机构的任务、公共服务的原则、享有公共服务的权利、公务人员的限制（见表10—3）。

公共权力机构要执行国家层面的任务。根据阿尔巴尼亚、立陶宛和捷克的宪法，国家机构或公务员应当为人民服务。《波兰宪法》第65条至第76条为波兰的公共权力机构提出了明确的任务（应对失业问题和流行病等）。同样，《阿尔巴尼亚宪法》规定了10项社会目标（第59条）。塞尔维亚宪法列出了17项国家职能（第四部分）。关于公共服务的原则，最常出现的是合法原则。马其顿和黑山认识到公共服务在政治上中立的重要性，禁止国家行政部门内部的政治团体活动；匈牙利和波兰宪法仅仅是提到了这一原则。其他公共服务的原则，如自治、责任制、职业精神、勤勉和公正也在这些宪法中有所体现。塞尔维亚了解公共服务或公共机构活动中的利益冲突十分有害，因此《塞尔维亚宪法》中有单独的一条（第6条）禁止这一现象。《罗马尼亚宪法》要求在公共机构任职的公民对国家忠诚（第54条）。

193

许多宪法都规定，每名公民除有权参与中央和地方政府的工作之外，还有权基于平等原则享有公共服务。这方面有几个案例值得一提。《斯洛文尼亚宪法》强调，"国家行政部门的岗位招聘应公平竞争，法律允许的情况除外"（第122条）。《阿尔巴尼亚宪法》规定，公共部门雇员通过考试后，即可任职（第117条）。《匈牙利宪法》强调了两方面：（1）有的公共部门可能不是由政党成员或政府官员所掌控的；（2）只要有相应的教育背景、专业能力并适合某职位，就有权在公共服务部门任职。《科索沃宪法》和《罗马尼亚宪法》强调，公共服务部门的人员构成要遵循性别平等的原则（第101条和第16条）。塞尔维亚、马其顿、黑山、科索沃和波黑宪法保障少数民族的权利，规定在公共服务部门、国家权力机构和地方自治机构中要有一定比例的少数民族代表。

某些公共行政机构的员工（警察、法官、公诉人、消防员等）不能行使他们罢工的权利，不能成立工会、加入政党或参与政治活动。这样的限制性规定是为了保护公共利益。在四部宪法中，都可以看到类似的限制性条文，但只是概括的规定，而没有具体规定是哪些公务人员。斯洛伐克和爱沙尼亚宪法限制某些行业的公务员参与商业活动，或成立营利性组织。

职业自治的概念对于保持公众信心、保护公共利益非常重要，只有《波兰宪法》有所提及（第17条）。由于波兰宪法并没有规定任何例外，职业自治原则在波兰的公共服务中也得到了遵循。

有些宪法中还阐述了新型公共管理的概念。斯洛文尼亚、塞尔维亚、克罗地亚和黑山宪法规定，可以将公共权力分配给企业、机构、组织和个人。波兰宪法还强调了权力下放的可能性。《斯洛伐克宪法》预见到官僚作风的现象，因此规定"如果权力机构的所作所为或法规的执行已经变得无能低效"（第 32 条），人民有权抵制。《科索沃宪法》第 45 条规定，"国家机构支持每一个人参与公共活动，人人都有权以民主的方式影响公共机构的决策"。

10.4.2　公共服务的一般性原则

公共服务的规范性基础不仅包括宪法条文，还包括公共服务法案、公务人员宣誓的誓词、道德准则，及其他相关的法律中详细的阐释。法律为公务人员设立了许多原则。表 10—4 的数据是从《公共服务法案》收集来的①。爱沙尼亚和捷克是例外情况，其相关法案没有对公务人员的指导性原则做出规定。

表 10—4	公共服务的一般性原则
阿尔巴尼亚（1999）	具有职业精神、独立和诚信、政治上保持中立、透明度、为公众提供服务、坚守事业、负责、正确执行有约束力的法律
波黑（2001）	合法、透明公开、负责、工作高效且有成效、公正
保加利亚（1999）	遵纪守法、忠诚、负责、沉稳、政治上保持中立、遵守等级制度
克罗地亚（2005）	合法、不得歧视和偏袒、遵守等级制度、负责
捷克（2002）	未规定
爱沙尼亚（1995）	未规定
匈牙利（2001）	政治上保持中立、合法、具有职业精神、客观、公正
科索沃（2001）	公正、政治上的中立和公平、诚信、诚实、负责、透明度、有所作为、不歧视、包容
拉脱维亚（2000）	效忠于合法的政府、具有职业精神、政治上的中立、高效、透明、遵守等级原则
立陶宛（2002）	法律至高无上、平等、政治上中立、透明、忠诚、对决策负责；八个重要的道德原则：（1）尊重公民和国家，（2）公正，（3）无私，（4）公平，（5）合乎道德规范，（6）负责任，（7）透明，（8）以身作则
马其顿（2000）	合法、具有职业精神、政治上中立和公正
黑山（2004）	政治上中立、公正、行为符合公共利益、道德、合法、职业精神、高效
波兰（1998）	具有职业精神、可靠、公正、政治上的中立
罗马尼亚（1999）	果敢、高效、不带偏见、不腐败、不滥用职权、不施加政治压力、胜任工作岗位、平等、坚守公务人员的岗位
塞尔维亚（2005）	合法、公正、政治中立、负责、不歧视和偏袒、公务人员的工作信息公开、在职业精神和绩效基础上的进步、平等

① 作者假定，有些法律自通过以来被修订过。本研究是基于在网络上能搜索到的法律文本。

续前表

斯洛伐克（2001）	职业精神、政治中立、工作有成效、灵活、公正、合乎道德规范
斯洛文尼亚（2002）	合法、平等申请、职业精神、公正、诚信作为、保守秘密、对结果负责、政治中立、节俭并高效使用公共基金、公开竞争、坚持事业、公开、服从岗位调动

对上述公务人员要遵守的原则加以比较，可以得出以下几点结论：

195　　（1）大部分的法案都列出了很多一般性的原则，作为公共服务的基础。科索沃和立陶宛《公共服务法案》更加准确地描述了这些原则。科索沃的《公共服务法案》（第二部分）要求，同政府官员、公务员和公共部门成员来往时，行为要符合这些原则。

（2）立陶宛的法案区分了一般性原则（六条）和重要的道德原则（八条）。

（3）这些法案中列出的所有原则可以分为三类：（a）最常提及的原则（10～14部法律），即政治中立、公平、职业精神和合法；（b）有时会提及的原则（4～6部法律），即透明度、公平（平等）、责任制、高效、诚信（道德、合乎道德规范）和负责；（c）较少提及的原则（1～3部法律），即不歧视不偏袒、公开、忠诚、遵守等级制度、工作有成效、可靠、谋求职业发展、有所作为、为人民（公共利益）服务、以身作则、诚实、诚信作为、独立、公平或公正、沉稳、无私、尊重公民和国家、果敢、保守秘密、灵活、服从调动。诚实虽然只提到了一次，但类似的原则如诚信、道德、合乎道德规范，在五部法案中都有体现。我们看到很多价值观是非常相近的。

这些重要的公共服务原则在法案中不同程度地被提及，也许有两个原因。一方面，诸如政治中立、公正和合法等原则对于每个民主国家都很重要，它们是最基本

196　　的公共服务价值观。另一方面，历史教训和加入欧盟的需要使得某些原则在法案中常常被强调。

（4）有些国家（阿尔巴尼亚、科索沃、塞尔维亚、斯洛文尼亚和罗马尼亚）的法案不仅规定了公务人员活动的一般性原则，还规定了同公务人员的雇佣及任职有关的原则（平等申请、坚守岗位、公开竞争和岗位调动原则、沉稳、有所作为、非歧视、包容、胜任工作岗位），但这并不意味着其他国家不懂得这些价值观的重要性。在公务员的聘任和评估过程中有相似的法律条文。

就职宣誓。就职宣誓中有一些规范性的内容。虽然就职宣誓起源于古代，而且今天只有军人和高层政治领导才在就职前宣誓，但誓词体现了最高的标准和理想（Hart，2001：208）。保加利亚、捷克、爱沙尼亚、匈牙利、拉脱维亚、马其顿、斯洛伐克和波兰的法案中都提到了就职宣誓。公务人员在开始其事业之前要宣誓并在誓词上签字。誓词的内容有的短而模糊（保加利亚法案中共44个单词，马其顿法案中共31个单词），有的则非常准确（匈牙利法案中共116个单词，斯洛伐克法案中共70个单词，拉脱维亚法案中共67个单词）。大部分誓词的内容都强调合法性、效忠宪法和国际条约、谨慎、得体、公正地履行职责；誓词不仅长短不同，所提及的原则或价值观也不同。

马其顿的公务人员必须宣誓"遵守宪法和法律，谨慎并有序地履行公务人员的职责"（第 17 条）。匈牙利的公务人员必须宣誓：

> 忠诚于祖国和人民，执行宪法和其他法律规章，保守国家和当局的秘密，谨慎、诚实、准确、不带偏见，并以符合道德规范的方式履行法律规定的职责，尊重人的尊严，维护国家（或某地方政府）的利益，无论是否在工作时间都以身作则，尽我所能，促进匈牙利共和国的进步以及物质和精神文明的发展。（第十二部分）

只有爱沙尼亚的就职誓词强调违反职责或违反公共服务道德准则要承担责任（第 28 条）。

10.4.3　公务人员的职责

立法人员对公务人员特定活动的关注使得我们能够推断出，哪些价值观或原则比较重要，这在《公共服务法案》里描述公务人员职责的条文中有所强调。　　197

捷克和斯洛伐克的法案规定了一系列职责，两国的相关法案中都列出了 23 条职责。与此同时，科索沃的法案却反其道而行之，其《公共服务法案》中没有单独一个章节是描述公务人员义务的，却在利益冲突的相关内容中提到了几条职责。其余国家的法案对于公务人员职责的规定介于这两者之间。

保加利亚和斯洛伐克的法案预见到，列出的职责并不是限定的。拉脱维亚的法案规定了两种职责：基本职责和公共服务岗位职责。其他国家的法案并没有对职责进行分类。克罗地亚《公共服务法案》中关于职责的章节同别国都不同，职责被分为三部分：一部分阐述公务人员的作为，另一部分阐述与命令有关的义务，还有一部分阐述利益冲突。公务人员的行为是用几条原则来描述的，如正确、谨慎、高效、具有职业精神、透明度和公开性、保密（第 15 条至第 25 条）。

法案中对某些职责的关注比另外一些要多。例如，很多国家的法案都提到了遵守法律、执行上级指示、完善专业知识、严肃对待保密或特殊信息的职责。而像尊重公民权利、为自己的活动负责、在工作时间之外也能诚信作为、自律、合作等职责则没有写在表格中，只有一两个国家的法案有所提及（波兰和斯洛伐克）。

除捷克、科索沃、立陶宛和斯洛伐克之外的大部分国家的法案中都提到执行上级权力机构命令的职责。立陶宛的旧《公共服务法案》（1999）中有这一条，但是新的法案中不再有这一义务。立法人员都清楚执行上级命令的后果，所以在大多数情况下这一条职责是在细节中规定的（即不再由概括性的条文规定职责，而是有例外的做法）。大致来说，法案鼓励公务员对某些决策或行为承担责任。公务员没有执行违法命令的义务：他们必须要求命令是以书面形式下达，并将情况报告给直接领导。

我们可以将公务人员的职责分为三类（见表10—5）。遵守法律、内部规章和道德准则的职责强调了两种价值观：合法和正直。阿尔巴尼亚、捷克、爱沙尼亚、拉脱维亚、立陶宛、斯洛文尼亚和斯洛伐克的法案在描述公务人员职责时都强调，不仅要遵守法律，还要遵循道德准则，这一点说明诚实和正直对公务人员的日常工作非常重要。对公务人员行为道德面的关注有两种解释。积极的解释是，这些新民主国家的立法人员和行政人员开始领会正直的重要性。另一种解释则是，这也是一种额外的控制手段。对违反职责施加惩罚比对违反道德准则而进行处罚要容易得多。

199

198 **表 10—5**　　　　　　　　**《公共服务法案》中所描述的公务员职责**

职责	国家
遵守法律法规的职责：	
行为要遵守法律	阿尔巴尼亚、波黑、保加利亚、克罗地亚、捷克、爱沙尼亚、拉脱维亚、立陶宛、马其顿、黑山、波兰、斯洛伐克
行为要遵守内部规章	克罗地亚、匈牙利、立陶宛、黑山、斯洛伐克
行为要遵循道德准则	阿尔巴尼亚、捷克、爱沙尼亚、拉脱维亚、立陶宛、斯洛文尼亚、斯洛伐克
与信息有关的职责：	
向公民提供信息	阿尔巴尼亚、波黑、保加利亚、捷克、立陶宛、马其顿
保守政府秘密	保加利亚、克罗地亚、捷克、爱沙尼亚、立陶宛、马其顿、黑山、波兰、罗马尼亚、塞尔维亚、斯洛伐克
同工作表现有关的职责：	
执行高层机构和上级人员的合法命令	阿尔巴尼亚、波黑、保加利亚、克罗地亚、爱沙尼亚、匈牙利、拉脱维亚、马其顿、黑山、波兰、罗马尼亚、塞尔维亚、斯洛文尼亚
工作时间只用来完成分内的职责	阿尔巴尼亚、保加利亚、捷克、立陶宛、黑山、塞尔维亚
适合的、礼貌的且及时的工作表现（没有拖延的情况）	保加利亚、克罗地亚、捷克、爱沙尼亚、匈牙利、立陶宛、马其顿、波兰、斯洛伐克
自觉履行义务	克罗地亚、爱沙尼亚、科索沃、马其顿、黑山、罗马尼亚
合理使用公共财产和资金	阿尔巴尼亚、克罗地亚、捷克、立陶宛、波兰、斯洛伐克
不追求私利（收礼及其他利益）	阿尔巴尼亚、波黑、克罗地亚、捷克、爱沙尼亚、罗马尼亚、斯洛伐克
避免利益冲突	阿尔巴尼亚、保加利亚、捷克、科索沃、立陶宛、斯洛文尼亚、斯洛伐克
申报资产和利益	保加利亚、克罗地亚、爱沙尼亚、科索沃、斯洛伐克
行为公正	捷克、马其顿、波兰、斯洛文尼亚、斯洛伐克
忠于国家和宪法	捷克、科索沃、立陶宛、罗马尼亚、斯洛伐克
追求公共利益	克罗地亚、爱沙尼亚、科索沃、立陶宛
不损坏公共服务的威望	保加利亚、拉脱维亚、马其顿、罗马尼亚、斯洛文尼亚、斯洛伐克
通过培训提高职业能力	阿尔巴尼亚、克罗地亚、捷克、匈牙利、拉脱维亚、立陶宛、马其顿、波兰、罗马尼亚、斯洛伐克
完成岗位描述以外的工作	克罗地亚、爱沙尼亚、黑山、斯洛文尼亚、斯洛伐克

合理使用公共信息传达出三个重要的民主价值观——开放、公开和透明。要求保守政府秘密的法案（11 个国家）比要向公民提供信息的法案（6 个国家）要多。

同公务人员工作表现有关的职责涉及很多方面。充分利用工作时间、合理使用公共财产和资金、履行追求公共利益的义务和避免利益冲突都是法案强调的职责。职责包括两方面的忠诚：一方面要忠于国家和宪法；另一方面要遵循等级制度。适合的、礼貌的且及时的工作表现（没有拖延的情况）在 9 部法案中得到强调，而自觉履行义务在 6 部法案中有体现。可以研究不损坏公共服务的声望同公众信心之间的关系。这一组工作职责同以下几个价值观有关联：合法、诚实、公正、保密、无私、具有职业精神、维护公共利益、不滥用职权。

所有这些国家的《公共服务法案》（保加利亚和马其顿除外）都涉及利益冲突的问题。拉脱维亚和波兰的法案规定了某些限制（收入限制和活动限制）以及职责。匈牙利、立陶宛和罗马尼亚的法案也规定了有关职责，还规定了同公务人员的身份不相容的一些活动（抗议、签订合同、从商、雇佣亲属等）。在捷克法案中，这些则表现为对某些权利的限制（但有权获得额外的补偿）。克罗地亚、科索沃和塞尔维亚的法案中都有单独的章节阐述利益冲突。有些国家（波黑、捷克）的法案提到了公务员离职后可以再次回来工作。斯洛文尼亚的法案提到了收礼和其他利益。有些国家对这个主题并不深究，他们有专门的法律阐述利益冲突（立陶宛、拉脱维亚等）。

10.5 伦理规定的要求

道德准则或行为准则强化了这样一个概念：相比社会中其他成员，公职部门的员工必须遵守更高的行为标准。书面的且大力执行的准则是非常有效的工具，它明确了政府行为的标准和所遵循的价值观。欧盟中并不是所有国家都发布了书面文件以规定公务人员的行为准则（葡萄牙、希腊、丹麦等国就没有）（Salminenen and Moilanen，2006）。波黑、塞尔维亚、斯洛文尼亚和匈牙利也没有这样的书面文件。塞尔维亚和匈牙利虽然有本国的道德准则，但没有形成对所有公务人员有约束力的书面文件。而在其他国家（如爱沙尼亚、拉脱维亚、立陶宛等），公务人员的行为由一些准则加以监管（通常这些准则是针对公务人员的，但也包括公共机构或其他职业的从业人员）。

除了上文已分析过的法律，欧洲新民主国家中的大部分都发布过类似的文件，来强化某些标准。表 10—6 是从以下几份文件中收集信息并整理而成的：《阿尔巴尼亚公共管理道德规范》（2003）、《克罗地亚公共服务道德准则》（2006）、《捷克公务人员道德准则》（2001）、《爱沙尼亚道德准则》（1999）、《科索沃公共服务道德准则》（2003）、《马其顿公务人员行为准则法 》（2008）、《黑山公务人员与政府雇员道德准则》（2005）、《拉脱维亚公务人员道德行为准则》（2001）、《立陶宛公务人员行为准则》（2002）、《波兰公务人员道德准则》（2002）、《斯洛伐克公务人员道德准则》（2002）。罗马尼亚和保加利亚的公务人员道德准则刚刚修订过，还没有翻译为英文，所以不在分析的文件之列。

表 10—6 道德/行为准则中价值观出现的频率

合法、公正—10
对国家/政府忠诚—9
为公共利益服务、诚实/正直、谦恭/得体/礼貌/体面—7
职业精神、高效、负责—6
政治中立、平等、无私、客观、尊重公民及其权利—5
保守秘密、乐善好施—4
公平、公正—3
透明、责任、可靠、自觉、胜任工作岗位、有人道主义精神—2
可预见性、积极回应、公开、工作有成效、参与公共事务、合理、反应迅速、遵循等级制度、友善、自我批评、以身作则、容忍、独立、节俭、洞察力、创造性—1

大多数的准则都是由政府或部级单位的特殊决议规定的（波兰、立陶宛、拉脱维亚和黑山）。上述提到的文件有些已经上升为法律（阿尔巴尼亚和马其顿）；爱沙尼亚和科索沃的相关准则写进了《公共服务法案》，必须遵守。

201 合法、公正、对国家/政府忠诚、为公共利益服务以及诚实/正直是这类文件中出现最多的价值观。除了一般性的行为原则，这些准则还强调了：避免利益冲突，对于送礼和其他利益应持何种态度，不滥用职权、公共财产或政府信息，不得参与政治活动。其他的议题，如非法措施、接私活、离职后的要求、违反有关文件时的惩戒措施，受到的关注和阐述的篇幅都比较少。总的来说，我们注意到，在大多数情况下，各类准则重申和详细解释了法律中已经有所体现的价值观和原则。

10.6 公务人员价值观体系的构建

分析了 17 个欧洲新民主国家的法律内容之后，我们可以建立起公务人员价值观体系。虽然学者们一致认为，价值观的改变并不像政治、经济或社会变化那么迅速（Dahrendorf，1990），但我们可以尝试描绘一个正在形成的价值观体系。表10—7罗列了所有法律中强调的公共价值观。

乔根森和博兹曼（Jorgensen and Bozeman，2007）做过一份科学的文献调研，结论是：有些公共价值观在意思上彼此接近，但也有不可忽视的微妙区别；有些价值观是重叠的；有些价值观比另外一些更加重要，并形成了优先次序；有些价值观是相互矛盾的。研究表10—7也能得到这一结论。法律中所强调的原则，在数量和重要性（可以从不同法律中原则重复出现的次数来判断）方面，在各国都是不同的（这是作者着重指出的）。

表 10—7	不同法律①中强调的公务人员要遵守的原则
阿尔巴尼亚	1—合法、为人民服务 2—职业精神、独立和正直、政治中立、透明度、为公众服务、坚守事业、负责并正确地执行有约束力的法律 3—合法、正直、公开、无私、具有职业精神、遵循等级制度 4—合法、政治中立、忠诚、诚实、公正、高效、为公共利益服务、礼貌、尊重公民个人权利、无私、保守秘密
波黑	1—合法 2—合法、透明和公开、负责、工作高效并有成效、公正 3—合法、公开、无私、遵循等级制度
保加利亚	1—未规定 2—守法、忠诚、负责、沉稳、政治中立、遵循等级制度 3—合法、公开、遵循等级制度、无私、保守秘密
克罗地亚	1—合法 2—合法、不得歧视和偏袒、遵循等级制度、负责 3—合法、遵循等级制度、无私、维护公共利益、保守秘密 4—具有职业精神、公正、体面、乐善好施、合法、保护公共利益、平等
捷克	1—合法 2—未规定 3—合法、公开、无私、公正、忠诚、正直、保密 4—合法、高效、为公众服务、得体、客观
爱沙尼亚	1—2—未规定 3—合法、正直、遵循等级制度、无私、维护公共利益、保密 4—为公众服务、遵守法律、尊重人民、对政府忠诚、参与公共事务、政治中立、公正、客观、可预见性、公开、诚实、乐善好施、可靠、负责、自觉、胜任工作岗位
匈牙利	1—政治中立 2—政治中立、合法、职业精神、公正 3—遵循等级制度
科索沃	1—合法、性别平等 2—公平、政治中立、公正、正直、诚实、负责、透明、有所作为、非歧视原则、包容 3—无私、维护公共利益、忠诚 4—合理、诚实、公正、正直、合法、反应迅速、谦恭、乐善好施、无私、高效、保密、忠诚、尊重人权和自由、尊重社区的权利、遵循等级制度
拉脱维亚	1—未规定 2—效忠合法的政府、具有职业精神、政治保持、工作高效、透明、遵循等级制度 3—合法、正直、遵循等级制度 4—合法、对政府忠诚、勤勉、负责、客观、公正、高效、与人为善、举止有礼、乐善好施、尊重人民的权利与义务、为公众服务、具有职业精神、具有人道主义精神、自我批评、平等、正直、积极反馈、无私

203

---

　　① 1指宪法中强调的原则；2指《公共服务法案》中规定的原则；3指在规定公务人员职责时强调的原则；4指道德/行为准则中提到的原则。

立陶宛	1—为人民服务 2—法律至高无上、平等、政治中立、透明、忠诚、对决策负责；八条重要的道德原则：(1) 尊重公民和国家，(2) 公正，(3) 无私，(4) 公平，(5) 合乎道德规范，(6) 负责任，(7) 透明，(8) 以身作则 3—合法、正直、无私、忠诚、公开、维护公共利益、保守秘密 4—尊重公民和国家、公平、无私、公正、合乎道德规范、负责任、透明、以身作则、合法、政治中立、对政府忠诚、谨慎并负责地完成公共职责、诚实、为公共利益服务、客观、具有职业精神、工作高效、容忍、具有人道主义精神
马其顿	1—政治中立、合法、自治、负责 2—合法、具有职业精神、政治中立、公正 3—合法、公开、遵循等级制度、公正、保密 4—合法、公正、独立、具有职业精神、忠诚
黑山	1—政治中立 2—政治中立、公正、行为符合公共利益、合乎道德标准、合法、具有职业精神、工作高效 3—合法、遵循等级制度、保密 4—公正、公平、平等、政治中立、忠诚、职业精神、举止有礼、负责、诚实、高效、透明、节俭、保密
波兰	1—政治中立、合法、具有职业精神、勤勉、公正 2—职业精神、可靠、公正、政治中立 3—合法、遵循等级制度、公正、保密 4— 忠于国家和民主制度、忠于上级和所在部门、合法、尊重他人、为公众谋利益、自觉、有洞察力、可靠、有创造性、负责、工作有成效、保密、胜任工作岗位、公正、平等、无私、政治中立
罗马尼亚	1—未规定 2—果敢、工作高效、不带偏见、不腐败、不滥用职权、不施加政治压力、胜任工作岗位、平等、坚守公务人员的岗位 3—无私、遵循等级制度、忠诚、保密
塞尔维亚	1—合法、为公共利益服务 2—合法、公正、政治中立、负责、不歧视和偏袒、公务人员的工作信息公开、在职业精神和绩效基础上的进步、平等 3—遵循等级制度、保密
斯洛伐克	1—合法 2—职业精神、政治中立、工作有成效、灵活、公正、遵守道德规范 3—合法、正直、无私、公正、忠诚、保密 4—对国家忠诚、合法、负责、职业精神、平等、公正、客观、诚实、公平、谦恭
斯洛文尼亚	1—合法 2—合法、平等、职业精神、公正、诚信作为、保守秘密、为结果负责、政治中立、节俭并高效使用公共基金、公开竞争、坚持事业、公开、服从岗位调动 3—正直、遵循等级制度、无私、公正

合法性、为公共利益服务、政治中立、具有职业精神、公正和忠诚是最常强调的原则。波黑、捷克、匈牙利和塞尔维亚的几部法律中只强调了一条原则，是原则数量最少的国家；立陶宛的法律中强调了八条原则，是数量最多的国家。其余的所有国家，其法律中强调的原则数量都介于这二者之间。保加利亚、爱沙尼亚、斯洛文尼亚的法律强调了两条，科索沃、拉脱维亚、马其顿、波兰和斯洛伐克的法律强调了五条，阿尔巴尼亚和黑山的法律强调了六条。

新民主国家中正在形成的公务人员价值观体系可以这样描述：应遵守法律法规，在政治上保持中立，同时忠于宪法和政府，行为公正，为公共利益服务，并遵守正直和职业精神的原则。同时，如果说一边是特权阶层道德观，另一边是欧盟所强调的价值观，我们可以尝试去确定，正在形成的价值观体系处于两边之中的哪个位置。这是基于这些西方民主国家的经验而得出的（见表 10—8）。

表 10—8 　　　　　　　　　　特权阶层道德观与欧盟道德标准①的区别 　　　　　　　*205*

特权阶层道德观	欧盟道德标准
政治上的党派偏见	政治中立
偏袒	公正
政党领导设立的规则至上	法治至上
秘密的	透明和公开的
低效，鲜有成果	高效，有成效
为国家和党服务	为公共利益服务
有利用职务之便谋取私利的倾向	社会平等和公正
绝对服从	推行责任制
主观	可靠和可预见性
意识形态上的忠诚、忠于个人	忠于立宪政府
利用职权（特权体系）	公平
当局和被统治者之间存在距离	公民的参与

以历史的视角观察深层次的道德原则（见表 10—7）可得出几个结论。这些国家刚刚通过的法律，从宪法到道德准则，体现的都是西方的公共价值观。从表 10—7 可以看出，所有欧盟的标准（可预见性除外）都在欧洲新民主国家的法律中有所强调。在界定公务人员和公共权力机构所遵守的原则时，诸如政治中立、公正、法治、透明、高效和为公共利益服务等公共价值观，比公平、可靠、工作有成效或公民参与等出现得更多。这些国家对于所谓的传统公共价值观的偏好可以这样解释：创建行政管理新模式时，它们都以西方民主国家为范本。有些国家更倾向于遵守新公共管理原则，有些则推崇传统的公共管理模式。新民主国家已走上转变公共服务体系之路，即从特权阶层的道德观、强调价值观的意识形态内涵，到已成为欧盟标准的西方公共价值观（见图 10—1）。

---

① 表 10—1 的信息来自 Voslenky（1984）、Vanagunas（1999：226-227）、Demmke（2004：15-16）和 SIGMA。

206

图 10—1　新民主国家公共服务体系的转变

10.7　结语与不足

本研究有几个局限之处，可以考虑未来做相关的研究。首先，官方强调的（或表面的）价值观同日常活动中遵守的价值观可能会有区别。法律中构建的价值观体系可能只是为了缓和批判的环境，希望向公众、媒体及公务人员证明，公共服务体系已有彻底的改革。之后，还需要向外行人展示行政改革的范围和进展。以历史的视角分析公共服务价值观，我们得出的结论是，新民主国家坚持欧盟标准。而如果使用不同的研究方法，如观察、专家采访等，可能会得出不同的结果，且没有这么乐观。毕竟，价值观的转变不是那么迅速的，旧体制教育出来的公务人员也不在少数，加上社会化工作模式的影响，我们也许会在某些行政事务中看到遗留的特权阶层道德观。正如上文已经提到的，跨国研究会帮助我们分析人们对于公共价值观的理解、法律中规定的原则的重要性、价值观发生冲突（遵循等级制度与负责任，高效与合法等）时的行为、规范与实际行动的关系等。

对各项法律的内容分析选取的都是英文译本。分析基于我们的理解、阐释，而不是精准的科学，这可能会与原始文本有差异。不过，作者已经尽可能地以客观和综合的视角来分析了（尤其是涉及立陶宛的法律文本）。我们可以假定，某些条文的翻译并不够明确而详细。之所以假定一个这样的前提，是因为很难区分类似词的含义，如高效和有效（至少在立陶宛的法律中是这样），负责和责任制，等等。要注意，所有的法律在规定公务人员的指导原则时，都使用了"原则"一词。但这些原则对应的，却是学者所称的公共服务价值观，因此本文中"原则"成了"价值观"的同义词。

要构建欧洲新民主国家公务人员的价值观体系似乎是一项艰巨的任务。要在这样的环境下衡量公共价值观，给我们提出了很多问题：研究西方国家所使用的方法在这里是否适用，还是应该调整？研究价值观导向时有哪些重要的因素？很明显，研究欧洲新民主国家中的转变所取得的成果，与科学知识之间还是存在差距的。

第 *11* 章

恶行与救赎：拉丁美洲的侍从主义、腐败及其制度救济

克里斯汀娜·安德鲁斯

11.1 引言：拉丁美洲的价值观、美德及腐败

208

正如贝里·索伦在本书第 3 章中指出的一样，自古以来哲学家一直在关注那些位高权重者利用手中的权力为自己牟利的趋势。就这点而言，公务人员处于有利的位置。一名书记员仅仅通过不处理必要的文件，就能让一个普通公民的生活苦不堪言。这种行为也许可解释成不称职或者某种"微观权力"虐待狂[1]，但在许多情况下，它被视作腐败的开端。在巴西，人们流行的说法是某人"为了出售这种便利而人为制造困难"。因此，当公共价值观与美德未能在公共管理惯例中占据主导位置时，就会发生腐败，从而侵蚀整个组织等级结构中各个层级的公务人员。社会经济、政治、历史和体制条件隐藏于公共管理腐败现象的背后。彼得·埃文斯（Peter Evans）在其目前已成为经典的研究[2]中称，这些条件解释了"掠夺型国家"的存在，这类国家已经完全私有化，以至于即使是最基本的公共服务也是拿来"挂牌出售"的。

---

[1] 更多关于"微观权力"的概念，见 Michel Foucault's *Discipline and Punish*. 2nd ed. New York：Vintage, 1995。

[2] Evans, Peter（1992）. The state as problem and solution：Predation, embedded autonomy, and structural change. In：S. Haggard and R. R. Kaufman（eds.）*The Politics of Economic Adjustment*（pp. 139-181）. Princeton：Princeton University Press.

尽管腐败的起因非常多，但最可行的补救方法却仅限于组织实践（招聘和培训、指导等）或机构规则（道德行为规范、处罚等）。因此，即使社会经济、政治和历史因素是腐败扩散背后的主要力量，但腐败的解决方案不得不依赖于广泛性低得多的补救方法。然而，由于政府实践和社会行为之间的复杂关系，组织和机构的做法可能会成功地预防腐败，并在公务人员的日常行为中灌输价值观与美德。

拉美国家常常具有一定的文化特征。从好的一面说，这些国家的人热情、友好，注重人际关系。从不好的一面说，拉丁美洲的文化对腐败持宽容态度。尽管这种对文化的刻板印象往往未能反映拉丁美洲和其他地方主流文化特征的真实情况①，但在拉丁美洲，许多国家的历史、社会经济和政治有着共同的特点——例如殖民主义的弊端、几十年的独裁统治、高度的极端贫困和不平等——这些反过来又影响了公众——尤其是公务人员——与公共机构的关联方式。

不平等起源于殖民时代，被视作侍从主义（clientelism）的社会经济根源。② 简单地说，侍从主义体现为用商品——例如食品、工具、就业等——交换政治上的忠诚，尤其是选票。在这样的背景下，人们若要使用被寡头控制的资源，侍从关系往往是唯一途径。③ 许多作者认为，对于"法治"在拉丁美洲的早期渗透而言，侍从主义是有贡献的。④ 姗姗来迟的现代化为这块大陆带来了自由主义思想，但长期的不平等并未改变其原有的农村环境中的侍从主义，更将其实践带入了城市环境中。在许多拉丁美洲国家的社会经济背景下，人际关系被视作使用公共商品的一种手段，不具人格的机构的普遍程序以非常脆弱的状态存在。从精英（恩庇者）和普通公民（侍从者）两者的观点来看，私人和公众之间的界限是很模糊的。侍从主义发展到腐败是个相当短的过程。

虽然结构性因素也许可以解释为什么腐败在拉丁美洲普遍存在，但它并未透露完整的真相。拉丁美洲国家的文化层面非常复杂，其国家—社会关系同样非常复杂。⑤ 面对如此复杂的局面，我们只能将注意力都放在拉丁美洲地区腐败丛生这个问题上，放在人们在组织和机构方面已然提出或者已然实施的补救措施上。

11.2 认识腐败

当谈论某一国家的腐败程度时，必然要提及该国对腐败的感知，因为腐败是无

---

① Osland, Joyce S. & Bird, Allan (2000). Beyond sophisticated stereotyping: Cultural sensemaking in context. *Academy of Management Executive*, v. 14, n. 1, p. 65–79.

② Nunes, Edson (2003). *Gramática política do Brasil: Clientelismo e insulamento burocrático*. Rio de Janeiro: Jorge Zahar Ed. 3rd ed.

③ Powell, John Duncan, quoted by Nunes, Edson (2003). *A gramática política do Brasil: Clientlismo e insulamento burocrático*. 3rd ed. Rio de Janeiro: Jorge Zahar Editor.

④ 关于此事的具体讨论，见 Méndez, Juan, O'Donnell, Guillermo and Pinheiro, Paulo Sérgio (Eds.) (1999). *The (Un) rule of Law and the Unprivileged in Latin America*. Notre Dame: University of Notre Dame Press。

⑤ 关于拉丁美洲文化的智慧的阐释性的研究，见 Mores, Richard M. (1988). *O espelho de Próspero: Cultura e Idéias nas Américas*. São Paulo: Companhia das Letras. 最初的英文版（*Prospero's Mirror: A Study in the New World Dialectic*）现下已绝版。

法直接衡量的，这主要是因为腐败注定难以受到公众监督。因此，腐败感知指数
（Corruption Perception Index，CPI）成为衡量这一现象最广泛使用的指标之一，
该指数由透明国际提出。透明国际组织是一个非营利性组织，致力于在世界范围内
打击腐败。[①] 评论家们指出，获取腐败感知指数所用的方法——对专家和企业界人
士进行调查——不能准确衡量任何给定国家的腐败程度。这种批评并不算很公正。
正如上文所述，涉及腐败时，感知的使用是无法避免的。同时，人们对腐败的感知
各有不同，这取决于感知的主体是谁、感知的对象是什么。

　　若要了解这个问题，我们应将腐败感知指数与其他腐败感知衡量工具进行对比。
首先，我们来看看最近的腐败感知指数数据。[②] 图 11—1 显示了本地区中几个国家基
于这个指数的部分排名。首先请注意的是，拉丁美洲国家之间存在很大差异。

210

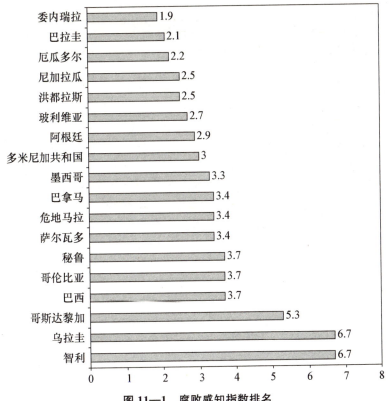

图 11—1　腐败感知指数排名

观察结果：腐败感知指数从 0（腐败程度高）到 10（腐败程度低）。

资料来源：Transparency International，2009。

　　例如，委内瑞拉的腐败感知度是智利的 3.5 倍。此外，也存在类似之处：秘
鲁、哥伦比亚、巴西的经济规模虽然不同，但其腐败感知指数均为 3.7。因此，不

---

① 　关于透明国际的更多信息，见其网站：http://www.transparency.org。

② 　Transparency International（2009）. Corruption Perceptions Index 2009. Retrieved on December 18，2009 from
http://www.transparency.org。

能单独从社会经济的相似度和差异性来简单地解释腐败。

再看另一个指标，这个指标衡量的是一般公众对腐败的感知，我们发现，腐败感知指数并未展示详细情况。图 11—2 显示的是拉美晴雨计（Latinobarómetro）进行的一项调查所得的数据，拉美晴雨计是智利的一家民意调查研究所。

211 调查结果展示了基于以下问题的国家排名："试想贵国公务人员总计有 100 人，你觉得这 100 人中有多少人有腐败行为？"（结果为每个国家的平均值）。图 11—3 显示的结果是拉美晴雨计的另一个问题："你认为政治家的腐败水平与社会其他人群相比，是更高、相同还是更低？"（结果统计的是回答"更高"的百分比）。

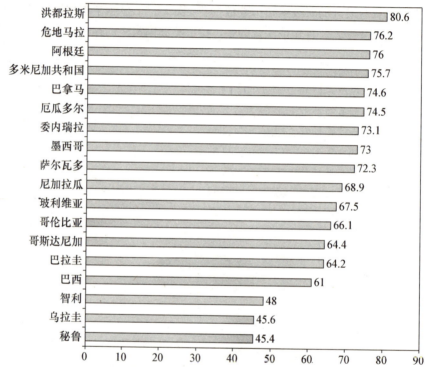

图 11—2 根据每个国家回答以下问题的平均值得出的排名："试想贵国公务人员总计有 100 人，你觉得这 100 人中有多少人有腐败行为？"

资料来源：Latinobarómetro（2008）。

腐败感知指数和拉美晴雨计的两个问题产生了三种不同的排名。其中，只有智利和乌拉圭表现出一定的一致性，在三个排名中占据了最有利的位置；其他国家的排名却摇摆不定。举例而言，巴西人和秘鲁人认为公务人员的腐败程度低于政治家。其次，阿根廷人和墨西哥人对政治家的印象比对公务人员的要好。委内瑞拉的 CPI 评级很低，但普通公民对政治家和公务人员的批判并不是很强烈。

212 因此，尽管所有的三组数据显示：人们确实觉得拉丁美洲腐败现象有点普遍，但人们的感知程度有很大差别。首先，比较一下谁是感知者：专家和企业界人士或普通公民。其次，就被感知的对象而言，也存在差异：政治家或公务人员。我们可以注意到，若想了解拉丁美洲的腐败现象，没有捷径可走。在下一节研究几个国家的案例过程中，我们应该记住这种复杂性。

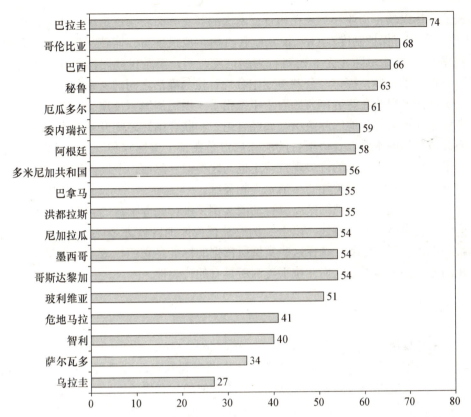

图 11—3　依据对以下问题回答"更高"的百分比得出的排名："你认为政治家的
腐败水平与社会其他人群相比，是更高、相同还是更低？"

资料来源：Latinobarómetro，2008。

11.3　拉丁美洲反腐行动

　　《美洲国家反腐败公约》是拉丁美洲政府具有里程碑意义的一项反腐行动。该
公约于 1996 年制定并由美洲国家组织的全部成员（34 名）签署。[①] 该公约的目的
是"促使每个签约国预防、侦破、惩罚和根除腐败，以巩固和促进发展"，并加强 *213*
成员国之间的合作，从而达成这些目标。[②]

　　签约国必须采取的防范措施包括实行旨在避免利益冲突并确保公务人员不滥用
资源的行为标准。根据该公约，公务人员有义务汇报其得知的腐败行为。另外，签
约国还必须：（a）采取强制措施来执行行为标准；（b）告知公务人员相关道德准则
及其职责；（c）建立程序以登记身居要职的公务人员的资产负债情况；（d）公务人
员的招聘和政府采购均采用透明的制度；（e）落实可制止腐败的征税制度；（f）批

---

　　①　巴巴多斯是唯一一个尚未批准该公约的国家。

　　②　《美洲国家反腐败公约》（1996），第二章，第 1、2 条，从 http：//www．oas．org/juridico/english．treaties/b-
58 html 查询 2009 年 10 月、12 月的信息。

准相关法律以禁止企业和个人在违背反腐法的开支方面获得优惠税收待遇；（g）对"告密者"实行保护制度；（h）设立监管机构，拟想预防、侦破、惩罚和根除腐败的程序①；（i）采取防止企业贿赂行为的措施；（j）激励民间团体和非政府组织参与防腐败行动；（k）探讨"公共事业中合理补偿与廉洁之间的关系"②。

美洲国家组织在签署该公约后十年推出了一项美洲国家反腐合作项目，该项目旨在促进成员国与其他国际组织（如经合组织和联合国）之间开展技术合作与信息交换。该公约的本质以及该项目的额外焦点是在整个美洲宣传"良好作风"。这就解释了为什么拉丁美洲的许多现行规定也与之类似。然而，不同国家也可以采用不同的方法，而且它们所关注的事情也大相径庭。

下面将描述拉丁美洲国家反腐行动的实例。进行此等描述的目的在于对该地区采取的反腐措施作一个概述。以下实例应被视为该地区过去 20 年来实施的行动范例，并不包含所有行动。选择这些实例所依据的标准是它们在政策、行动和措施上存在的差异性，而不是它们在拉丁美洲所具有的代表性。

11.3.1 阿根廷

阿根廷反腐办公室（Oficina Anticorrupción，OA）于 1999 年设立。③ 该办公室的职能范围很广，从对腐败案件进行初步调查到制定反腐政策。在 2003 年的一项报告中，反腐办公室的工作人员称"由于职能的相互影响和强化，在同一个组织内部，如果将反腐政策的制定与调查及质疑任务相结合，则可能导致只有一项任务能取得成功，而由于各任务性质的不同，也可能导致二者皆败"④。尽管存在这种任务冲突，但评估表明反腐办公室是成功的，尤其是考虑到该办公室开展任务的前三年里阿根廷经济、社会和政治动荡所造成的困难局势。⑤

阿根廷遵从《美洲国家反腐败公约》的规定，实施了一项公职人员资产负债情况监督制度。尽管阿根廷在设立反腐办公室之前就已经制定了这类制度，但该办公室继续扩大其范围并运用信息技术使这一制度透明化。

反腐办公室对这一制度进行改革之前，只有高级政府官员在离职前后需要提交资产报表。另外，只有法官在某官员被正式起诉时才有权查看这些报表。然而事实上，这种情况从未出现过。⑥ 当该制度涉及的公职人员越来越多时，就引发了一个

---

① 这一要求似乎是指的是被一些发达国家采取的程序，即对到海外做生意进行的贿赂采取税收减免。
② 很明显从这一规定可以看出，它暗示了公共服务部门的低工资是腐败扩散的部分原因。
③ 反腐办公室是根据 1999 年第 25233 条法令设立的。
④ Raigorodsky, Nicolás, Nicolás Gómez, Nicolás Dassen & Nestor Baragli. *Políticas de transparencia desarroladas por la Oficina Anticorrupción de la República Argentina* (2003). Buenos Aires：Dirección de Políticas de Transparencia de la Oficina Anticorrupción de la República Aregentina. p. 5.
⑤ 作者指的是阿根廷经济的崩溃，即在 2001 年不得不突然降低比塞塔对美元的汇率，导致社会的动荡和经济的不稳定。
⑥ Raigorodsky, Nicolás, Nicolás Gómez, Nicolás Dassen & Nestor Baragli. *Políticas de transparencia desarroladas por la Oficina Anticorrupción de la República Argentina* (2003). Buenos Aires：Dirección de Políticas de Transparencia de la Oficina Anticorrupción de la República Aregentina. p. 5.

新的问题：手续烦琐拖沓费时。各类复杂的报表（每份都有 50 页）存在各种错误并需要修正好几次，而每年有约 3 万份纸质报表需要存放，这使得储存所需的实体空间无比巨大，让人难以承受。最糟糕的是，实际上，对报表内容进行分析（这也是要求在第一时间提交报表的原因所在）根本不可行。

反腐办公室接手这一任务时考虑了几种替代方案，并最终选择了一种最彻底的方案，即建立一个在线信息系统。该系统现包含一个数据库和一个管理报表的软件，数据库列明了根据法律规定所有需要提交资产报表的公职人员。该系统可防止填表时出现错误，并节省纠正错误所耗费的时间，同时加大透明度并保护私人信息。只有反腐办公室的管理人员有权查看公职人员提供的全部信息，信用卡号、资产所在地址以及其他类似信息都不会被公开。该软件生成一份公开报告和一份保留报告，然后由工作人员将报告提交给人力资源部。普通市民通过在线填表的形式可请求获取某特定人员的信息；请求经处理和批准后，在 48 小时内发布一份该人员资产报表的副本。任何市民均可登录该网站查看需要提交资产报表的公职人员名单。

不过该系统仍需要一些手动操作。反腐办公室计划以数字签名的电子邮件取代其与人力资源部之间进行的信息交换（目前这项工作大部分都是以纸质文件或者 CD 形式进行的）。最重要的是，反腐办公室还计划进一步开发软件，以便对报表所包含的信息进行自动分析。该软件可用于查证实物财产（土地、房产、汽车等）的演变情况，无须手动处理信息。[1]

阿根廷政府还利用信息技术对公务人员进行道德行为和透明制度培训。反腐办公室与联合国开发计划署（UNDP）驻阿根廷代表处于 2007 年联合推出公共道德在线培训系统（Sistema de Capacitación a Distancia en Ética Pública–SICEP）。[2] 为国家养老金研究机构（PAMI）和联邦收入署（AFIP）工作的 482 名公职人员将参与这两项试点课程。国家养老金研究机构工作人员电子化培训的重点是"政府采购透明化"，而联邦收入署工作人员电子化培训则是关于"公共道德与财政管理透明化"。2009 年，反腐办公室组织了三门新课程："公共管理道德、公共管理透明化与反腐斗争"，课程的主要对象是联邦政府全体雇员；另外两门课程则是为了响应阿根廷国家药品、食品和医疗技术管理局（ANMAT）和阿根廷军队的要求。[3]

215

---

① 在巴西，联邦内部税收部（SRF）已经用软件来核对收入报表的不一致，这些报表必须在网上提交。其过程为先在网下填报一个电子表（从 SRF 网站上下载），然后将该表在线发送至 SRF 在巴西的总部服务器上。公共部门雇员必须向人力资源部门提交收入报表的纸质复印件（列出资产的部分）。虽然是出于财政目的使用目前的这个系统，但是财政调查也可能导致腐败的指控。关于巴西这一系统的更多信息，见 Vasconcellos, Maria Virginia & Maria das Graças Rua（2005）. Impacts of Internet use on Public Administration：A case study of the Brazilian Tax Administration. *The Electronic Journal of e-Government*, v. 3, n. 1, p. 49–58. Retrieved December 15, 2009 from www.ejeg.com。

② 反腐办公室—阿根廷共和国（2007），SICEP—公共道德在线培训系统，布宜诺斯艾利斯：反腐办公室—阿根廷共和国/UNDP—阿根廷。

③ SICEP（2009），反腐办公室公共道德在线培训系统，从 http://sicep.jus.gov.ar/noticias.php. 查询 2009 年 12 月得到。

11. 3. 2　巴西

　　巴西的道德准则已在各级政府——市政府、州政府和联邦政府——实施多年。正如预期的那样，该准则已经过时，而且巴西公共部门的扩张不仅要求修改准则，而且要求修改执行程序。

　　1994 年，巴西颁布了新的联邦政府公务人员道德准则（Código de Ética Profissional do Servidor Público Civil），而且在所有联邦组织、机构以及基金会成立了道德委员会。① 这些委员会将提供公务人员道德行为的有关信息以进行宣传，而且还将在出现违反道德准则行为的情况下进行"谴责"。

　　应注意的是，在巴西，贿赂、利用职务之便获取私人利益以及被定义为腐败行为的其他类似行为被正式认定为犯罪行为。但是，公共行政管理方面的此类腐败案件最初由内部行政委员会加以评估。内部行政委员会有权在这一层面予以最高处罚，即免除公职。于是，在民事法院作出判决之后，行政调查可以发展为刑事调查。

　　尽管腐败行为属于违反道德的行为，并不是所有的违反道德行为都被视为刑事犯罪。在某些情况下，难以区分不当行为情况的具体性质。例如，道德准则规定，公务人员不得"要求、暗示或接受为其自身或其家庭成员提供与某人职责有关的任何类型的财务支持或利益，或影响另外一名公务人员这样做"②。一方面，1992 年颁布的《行政不正直行为法》禁止公务人员从公职中获取任何"直接或间接的"物质利益。③ 根据道德准则，这种行为将给予"谴责"的处罚；另一方面，根据法律，这种不当行为可以视为一种犯罪，并给予该犯罪行为人监禁处罚。

　　公务人员行为具体的方面直到最近才开始在联邦法规中得到体现。高级官员的行为准则（Código de Conduta da Alta Administração Federal）于 1999 年提出，旨在制定以避免利益冲突为目标的规则。在同一年，总统法令要求成立公共道德委员会。公共道德委员会的职责是监督道德准则在联邦政府高层行政管理中的应用情况以及"灌输对公共服务的尊重意识"。④ 之后，在 2007 年，联邦政府通过建立行政部门的道德管理系统扩大了委员会的行动范围。于是内部道德委员会便由公共道德委员会进行全面监督。此外，公共道德委员会还有权判断公务人员或高层官员是否违反了行为准则。现在，委员会可以建议将非永久编制人员免职，并由特别委员会

---

　　① Brasil，Presidêecia da República（1994）. *Decreto 1. 171 de 22 de junho de 1994*. Aprova o Código de Ética Profissional do Poder Executivo Federal. Retrieved November 4，2009 from http：www. planalto. gov. br/ccivil_03/decreto/D1171. htm.

　　② 同上。

　　③ Brasil，Congresso Nacional. Lei 8. 429 de 2 de junho de 1992. Dispõe sobre as sanções aplicáveis aos agentes públicos nos casos de enriquecimento ilícito no exercício de mandato，cargo，emprego ou função na administração pública direta，indireta ou fundacional a dá outras providências. Retrieved November 4，2009 from http://www. planalto. gov. br/ccivil_03/leis/L8429. htm.

　　④ Brasil，Presidência da República（2009）. *Comissão de Ética Pública*. Retrieved November 4，2009 from http://www. presidencia. gov. br/estrutura_presidencia/cepub/sobre/.

对正式职员进行纪律调查和行政调查。这些委员会可以建议将公务人员免职，在刑事检举之后由总审计局（Controladoria Geral da União）进行进一步调查。

　　巴西联邦政府在行为准则的制定及执行方面所获得的一些较新发展是否改变了公务人员和高层官员的行为呢？这一点不太可能知道。可以知道的是，联邦政府从那时起实施了更多的制裁。从 2003 年到 2009 年，巴西对 1 910 名公务人员（永久编制人员和非永久编制人员）执行了免职、暂停支付退休金或免除罪责的处理。① 大多数情况与利用职务之便获取个人利益有关。尽管给予处罚的职员人数只占联邦政府职员总数的一小部分，但这意味着与过去相比已经有所改变：联邦职员工会的领导人声称，执行道德行为准则和法律行为准则在最近几年变得更为严格。

　　执行可能更加严格，但这似乎并没有改变公职人员或普通公民的价值观。巴西利亚大学（UnB）在 2009 年进行的一项调查提供了一些引人注目的结果。这项调查是受公共道德委员会委托开展的。② 研究人员采访了 2 000 名公民和 1 027 名联邦政府、州政府和市政府的公务人员；这两组人员对违反道德行为标准的行为表现出了容忍的态度。公众中至少有一半的受访人声称，如果他们是一名公务人员，他们将雇用亲戚；32.1％的公务人员声称，只要他们可以，他们也会这样做；18.8％的公务人员承认，他们在履行职责的过程中收受过贿赂。总的说来，与公众相比，公务人员表现出了更高的道德价值标准，但这两组人员未做出回答的比例都很高（30％左右）。里卡多·卡尔达斯（研究协调员）认为，研究结果表明了一种"对腐败有利的文化"③。

　　1988 年的巴西宪法规定，公共服务方面的所有职位——从清洁工到大学教授——将通过公开考试的方式来填补。"Cargos em comissão"或称为"cargos de confiança"职位属例外情况，这些职位可以由政府任命官员填补；有时永久编制的公务人员也可以填补这些职位。他们会获得这些职位的工资之外的额外酬劳。要想获得这些职位中的某个职位，应由部长或其他高层政府官员进行任命。在联邦政府中，政府任命官员相当于职员总数的 2.3％；在州政府和市政府中，比例要更高一些，分别为 6％和 8.8％。④ 尽管批评家认为政府任命官员的职位数量过多，但合适的数量是多少，并没有可以参考的数据。有一件事情是很明确的：与过去相比，已取得了巨大进步。1958 年，联邦政府中只有 51％的职位是由通过了公开考试的人

217

──────────

　　① Leal，Luciana Nunes（2008）. Desde 2003，1. 910 funcionários federais punidos *O Estado de S. Paulo*，9 de novembro de 2008，p. A4. 在 2009 年 10 月，巴西联邦政府有 542 843 名公务人员；在 1995 年，大约有 570 000 名公务人员. See Ribeiro，Stênio. Número de servidores públicos federais cresceu 11，75 percent no governo Lula. *Agência Brasil*. Retrieved December 22，2009 from http://www. agencia brasil. gov. br/noticias/2009/10/06/materia. 2009-10-06. 0603103094/view.

　　② Leal，Luciana Nunes（2008）. Um em cada 5 servidores jácobrou propina. *O Estado de S. Paulo*，9 de novembro de 2008，p. A4.

　　③ Leal，Luciana Nunes and Ricardo Caldas（2008）. "Éindicativo de cultura favcrável à corrupção": Entrevista com Ricardo Caldas. *O Etado de S. Paulo*，9 de novembro de 2008.

　　④ Oliveira，Farlei Martins Riccio de（2009）. Aumento dos cargos de confiança no Brasil. *Direito Administrativo em Debate*. Retrieved November 9，2009 from http://direitoadministrativoemdebate. wordpress. com/2009/02/15/aumento-doscargos-em-comissao-no-brasil/.

员担任的。[①] 尽管有时被过度的形式主义破坏了，但公开考试开放了在旧的任免系统之外获得公职的道路。

　　无论如何，在短期内，联邦政府找到了一个既可以令不满政府扩张的批评家满意也可以不用进行公开考试便雇用职员的方法。继宏观经济稳定计划之后，联邦政府设法于2000年通过《财政责任法》。除了其他措施之外，这部法律也限制了为工资开支设定的净收入份额；对于市政当局和州政府而言，限额设定为净收入的60%，而对于联邦政府而言，限额设定为净收入的50%。这部法律的副作用在于，这扩大了各级政府中的合同外包行为。[②] 但是，并不是所有的服务都将进行合同外包：1997年颁布的法律将合同外包对象限于短期服务，比如，设备维护、清洗等。调查得出的结论为，联邦政府不定期地与34 165名职员签订了合同。2007年，联邦政府对联邦律师办公室就劳工事务发出的通知做出了回应，并同意到2010年通过公开考试的方式来填补这些职位。

11.3.3　墨西哥

　　墨西哥很好地说明了透明度如何在提供公共服务中发挥关键的作用。近年来，
218 社会团体和墨西哥政府紧密合作，共同增强了社会服务提供的透明度。虽然墨西哥的政治环境与拉丁美洲国家存在巨大的差异，但仍与地区内的其他国家存在相似之处，尤其是在贫困和侍从主义方面。

　　为更好地理解墨西哥的侍从主义，我们将简要叙述内战后的主要事件以及20世纪前十年墨西哥革命的发展。首先要理解墨西哥革命的背景，当时，仅地方政权实际存在，而此次革命是为了争取统一国内政治环境。起初，与革命的目的相反，地方政权壮大，甚至在战争已经停止后，政治暴力仍然不止。[③] 1929年，政治领袖埃利亚斯·卡列斯（Elías Calles）号召将地方武力统一成一支国家政党，领导建立了墨西哥首支国家政党国家革命党（Partido de la Revolución Nacional），此后，墨西哥的政治集权才最终开始成型。虽然地方政党在政治上仍有影响力，但实际上，地方政党的各政治领袖决定放弃暴力，遵照制度化政治，允许国家革命党在国内政治中担任领导地位。墨西哥政治的另一件大事发生在1934年，这一年，卡尔德隆（Lázaro Cárdenas del Río）被国家革命党推举为总统。他上任后，随即督促地方政党领袖建立一支新的政党，即墨西哥革命党（Partido de la Revolución Mexicana），这支政党不再强调地方政权，而是采用社团主义制。随后，该政党于1948年更名为革命制度党（Partido Revolucionario Institucional），这个名称沿用至今。革命制度党连续70年垄断了总统职位——秘鲁诗人马里奥·巴尔加

---

　　① Cunha, Vieira da; quoted by Graham, Lawrence (1968). *Civil Service Reform in Brazil: Principles versus Practice*. Austin: University of Texas Press.

　　② Andrews, Christina (2010). Da década perdida à reforma gerencial. In: Andrews, Christina & Edison Bariani (2010). *Administração Pública no Brasil: Breve História Política*. São Pauli: Editora Unifesp.

　　③ Rosas, Sabina Morales, Reyes, Marcela Meneses & Félix, Silvia Alonso (2006). *Construción de um índice de transparencia para programas sociales*. Mexico: Alianza Cívica.

斯·略萨（Marcos Vargas Llosa）将其贴切地称为"完美的独裁"①。2000 年，国家行动党（Partido Acción Nacional 候选人文森特·福克斯（Vicent Fox）当选，结束了革命制度党对总统职位的垄断。此后，墨西哥政治更加多元化。

革命制度党之所以能够统治国内政治，要归因于侍从主义，例如社会投资"循坏的"操纵、地方资源目标以及政治对公共资金分配的调节。② 公共资源的政治调节以及社会投资操纵都属于侍从主义的形式，因为该类惯例涉及以"物质利益"交换选票，虽然这要比传统侍从主义形式含蓄得多。利用这种侍从主义形式，可及时调整公共投资的步伐，以此来影响选举前的投票行为，而将公共资源分配给政治同盟管辖的区域或行政分区。这种政治操纵的形式在墨西哥政治中延续了数十年。

被动员起来的公民社会的压力催生了新一代政治家，正因如此，过去十年内，墨西哥采取了控制侍从主义和公共资源政治操纵的措施。2002 年，墨西哥颁布了《联邦透明度和公共信息共享法》（LFTAIPG）并成立了联邦公共信息获取署（IF-AI）。根据墨西哥的一个宣传小组——公民联盟（Alianza Cívica）的说法，该法的目的是确保公民能够获取公共信息，促进政府措施的可说明性和社会控制。不得不提的是，《墨西哥宪法》规定公务人员："……将以尊敬和平和的态度尊重以书面形式提交的请愿权；但是，仅共和国的公民享有政治权利。该请愿书上交的政府部门有义务适时回复请愿人，并发放一份书面声明。"（第 8 条）③

2005 年颁布的《墨西哥刑事法》规定了其他重要的法律措施。刑事法规定了个人、公务人员、政客或候选人在选举过程中可能出现的犯罪行为，包括与非法使用社会计划和公共服务相关的犯罪。根据这项法律，公务人员如有以下情形，则视为违法犯罪：（a）提供社会计划的利益来换取候选人或政党的选票；（b）实现公共工程来投选候选人或政党；（c）利用公共资源或服务来支持候选人或政党。如存在上述情形，公务员将处以 10 天至 500 天工作的罚款，情节严重的可处以最高 19 年的监禁。

该类计划的监管框架中引入了最重要的措施来防范非法使用社会项目的行为。鉴于墨西哥社会项目开始扩展，显然，各项目应制定透明度规定。就这一点而言，Oportunidades 项目可谓一项典型案例，这是一个有条件的现金转移项目（CCT），用于帮助极度贫困的家庭。④

Oportunidades 是 PROGRESA 的拓展版本，⑤ 后者发布于 1997 年，针对农村地

---

① Quoted by Sousa, Fábio da Silva. Clio e Mnemosine: a disputa da história e pela（s）menória（s）da Revolução Mexicana. *Outros Tempos*，v. 6，n. 7，p. 130-146，2009.

② Programa de las Naciones Unidas Para el Desarrollo（2006）. Diagnóstico sobre la vulnerablilidad político-electoral de los Programas Sociales Federales. Mexico: Projecto de Protección de los Programa Sociales Federales in el Contexto de las elecciones de julio de 2006.

③ Quoted by Rosas & Félix（2006），op. cit.

④ 关于拉丁美洲和其他地方的现金转移项目的信息，见 Handa, Sudhanshu & Davis, Benjamin（2006）. The experience of Conditional Cash Transfer programmes in Latin America and the Caribbean. *Development Policy Review*，v. 24，n. 5，p. 513-536 and Rawlings, Laura B. & Rubio, Gloria M.（2005）. Evaluating the impact of conditional cash transfer programmes. *The World Bank Research Obeserver*，v. 20，n. 1，p. 29-55.

⑤ 这是教育、健康和营养项目的缩写。

区的贫困家庭。2002 年，该项目扩及城市地区的贫困家庭，并启用当前的名称。项目
通过一系列特定的政策干预，涵盖教育、医疗、营养领域，包括学生奖学金、食品分
配和医疗。正如预期，提供项目透明度的一个关键问题是选择受益者的规则。

220 负责应用和监督项目规则的机构是联邦社会发展机构（SEDESOL）。该机构于
2001 年建立了透明度和反腐委员会，该委员会的任务是制定在选举过程中保护
Oportunidades 免受操纵的机制。[①] 委员会同样与公务人员和公民社会组织成员召
开会议，讨论 SEDESOL 将实施的"庇护措施"的方案。这个方案包括一系列精确
措施，例如安排机构的官方活动以避免政治操纵，禁止服务车辆在选举前及期间离
开停车场。但是，提高透明度最重要的措施涉及项目核心运作相关的程序。

Oportunidades 运作从选择实施项目的地点开始。[②] 项目根据由国家人口委员会
（CONAPO）制定的特殊指数，以及国家统计、地理和情报局（INEGI）提供的其他
社会和人口统计信息，选出遭受极端贫困的地区。然后，项目评估健康和教育服务的
可达性和能力，从而核实项目的运作条件是否到位。项目最薄弱的环节，即易于出现
政治操纵的程序在于确定和纳入项目受益的家庭。为确保这个阶段不受政治影响，
Oportunidades 采用了一种特定的方法，这种方法根据家庭的特征划定分数，例如家庭
位置和所有家庭成员的社会经济地位。参与项目的一家之主——大多数情况下为母
亲——被正式指定为现金转移、学校材料和食物的接收人。此后，一家之主应确保其
他家庭成员遵守项目的要求：接受健康检查、上学和其他义务。为了将项目的利益惠
及所需的人，Oportunidades 必须依靠国家，特别是市政。项目要求本地管理者必须
是市政公务人员，且应当满足以下情形："遵守无党派、透明度和忠诚的原则，不
得代表任何政治或宗教组织，如果正在接受选举犯罪调查，不得承担该职务。"[③]

增加 Oportunidades 运作透明度策略的另一个主要部分即社会控制。为此，项
目受益人必须加入社区发展委员会。除落实公务员的责任外，该类委员会可使受益
人与医疗和教育服务运营商、项目中央协调成员和其他项目受益人紧密联系。通过
该类委员会，受益人还能以直接的方式表达其不满和建议。

总之，针对侍从主义，尤其是其政治操纵方面的 Oportunidades 措施已经规定
221 了项目运作的明确规则。在一定的程度上，项目近来采取的措施可解释为古典官僚
主义的回归：明确的标准和书面规则。当然，最后一步是公民参与。

11.3.4 委内瑞拉

长期以来，保持公共服务的廉洁性被委内瑞拉的官员和政治家视为一个难
题，他们在过去 20 年中承诺改革公共行政管理，以此提升道德和廉洁性。他们

---

① *Programa de las Naciones Unidas para el Sesarrollo* (2006)，op. cit.

② Rosas，Reyes & Félix (2006). op. cit.

③ Oportunidades (2006). *Anexo del acuerdo por el que se emiten y publican las reglas de operación del programa de desarrollo humano Oportunidades，a cargo de al Secretaria de Desarrollo Social，para el exercicio fisacl de 2006.* p. 23. Retrieved December 2，2009 form http://www. oportunidades. gob. mx/Wn _ Reglas _ Operacion/archivos/RE-GLAS_2006_PUBLICADAS_EN_DOF. pdf.

为此做了许多尝试，其中包括海梅·卢辛奇总统（Jaime Lusinchi，1984—1988 年在任）采取的措施，他提名了一个国家改革总统委员会（COPRE）。尽管当时该委员会提出的建议未被实施，但是却得到下一任总统卡洛斯·安德烈斯·佩雷斯（Carlos Andrés Pérez，1889—1993 年在任）的采纳。在佩雷斯的任期内，中央协调和规划办事处（CORDIPLAN）得出的结论是，联邦政府工作效率低，困于繁文缛节之中，并且缺乏适当的控制；据称，行政管理部门已通过"在没有连贯计划情况下的部分聚合"得以扩大。① 最终，该委员会推断，这种状况"有利于行政管理部门腐败现象的扩张"。通过行政改革将找到解决方案——别名为"伟大征程"（El Gran Viaje）——旨在减少公务人员的自由裁量权，增强外部控制，以及使公职人员专业化。拉斐尔·卡尔德拉（Rafael Caldera，1994—1998 年在任）总统将行政改革纳入了政府的稳定计划中，重申了前任总统作出的承诺。1999年，乌戈·查韦斯（Hugo Chavez）当选总统之后，国民大会复兴了"伟大征程"的思想，将其纳入宪法的若干条款中，旨在提高各级政府的效率和有效性，以及唤起公共服务实践中的诚信。为实现这些目标，通过了新的法律并且在 2002 年提名了一个新的委员会，委派其开发一种新的联邦政府层面的公共行政模式。

1999 年《委内瑞拉宪法》第 141 条规定："公共行政管理部门为公民服务，基于诚信、参与、快速、有效性、效率、透明性、问责性和责任的原则行使公共职能，完全遵循法律和正义。"② 新宪法还介绍了政府结构的创新：除了传统的三个权力结构——行政、立法和司法之外，另外还创建了两个权力结构——管理选举权利和公民权利的机构（Poder Cuidadano）。公民权利的管理权由道德共和党委员会行使，该委员会负责监督总审计局、总检察长办公室和公共辩护办公室。③

由于该宪法强调公共参与，委内瑞拉各种法律也遵循相同的原则。《地方规划委员会法》确定，"在不超越市审计局和总审计局的监督和执法职责的情况下，有组织的团体可以依据由国家法律制定的条款监督、控制和评估市政预算的实施"④。对国家及联邦政府相关财务和预算事项的监督归总审计局管辖。

222

针对美洲国家组织提出的问题，为证实该国遵守了《美洲国家反腐败公约》的条款，委内瑞拉政府声称已对公务人员和普通公民的道德培训进行了大量投资。2006 年，委内瑞拉政府发起了 344 次研讨会，"向来自 70 多个公共组织（市政府、

———————————

① CORDIPLAN, quoted by Guanipa, Ronald Balza (2007). ¿Nueva Administraciót Pública en Venezuela? Aocho años de la reforma prometida en 1999. *Revista sobre Relaciones Industriales Y Laborales*, n. 43, p. 9-23.

② República Bolivariana de Venezuela, Asamblea Nacional Constituyente. *Constitucion de La República Bolivariana de Venezuela*. December 30, 1999. Retrieved August 18, 2009 from http://www.venezuela-oas.org/Constitucion de Venezuela.htm.

③ República Bolivariana de Venezuela, Asamblea Nacional. *Ley Organica del Poder Cuidadano*. Gaceta oficial de la República Bolivariana de Venezuela Nº 37.310 del 25 de octubre de 2001. Retrieved November 6, 2009 form *www.defensoria.gob.ve/index.php*.

④ República Bolivariana de Venezuela, Asamblea Nacional. *Ley de los Consejo Locales de Planificación Publica*, quoted by Avila, Keymer and Patricia Parra (2007). Visión panorámica de las principales políticas en materia anti-carrupción: caso Venezuela. In: Sal, Sebastián (ed.) (2007). *Corrupción in Latinoamérica: diferentes maneras de combatirla*. Buenos Aires: Universidad de Buenos Aires, p. 135-156.

社区规划委员会、区域部长级办公室、警察部门［地方、联邦、国民警卫队］、教育部、州政府、医院、立法委员会、大学、消防单位、合作团体等）的 8 425 名人员进行了宣传"①。据同一报告称，教育与体育部制定了一项教师培训计划，以提升公民价值观和道德价值观。该计划最初培训 21 名教师（每个州各一名），这些教师已培训了其他 2 368 名教师，依此类推，他们将能够在全国范围内另外培训 55 812 名教师和 903 156 名学生。

关于招聘程序，该报告指出，那些渴望在公共服务部门拥有固定职位的人员必须参加公开考试。一些职位可能由政府任命官员填补，这些政府任命官员可以被轻易雇佣和解雇。不同于巴西和其他拉丁美洲国家的现行制度，该国的监督和视察活动（一般而言）、海关、财政检查、移民和边境控制、安全被视为"机密职位"，不能通过公开考试来填补。② 该报告没有对快速解雇雇员（其负责的工作容易触怒有权势者）作出解释。此外，该报告也没有提及对告密者的任何具体保护，但证实了宪法中提供的一般保证将对任何"面临可能对个人的身心健康、其财产和其权利的享有以及其职责的遵循造成威胁、损害或风险的情况"的公民提供保护。③ 该报告还提到，《总检察长办公室组织法》向受害者和证人提供保护，确保隐瞒他们的身份，并指出，当公职人员谴责不法行为并因此遭受报复时，他们"可能将他们及其亲属列为受害者"，从而受到证人和受害者法律的保护。

223　　另一个问题是，政治任命官员是否具有独立性，以便监督和执行对法律的遵循。一个腐败的市长可能会任命一名共犯，该共犯可能要求"共同分摊"，以此作为不付费和获得其他支持的回报。当然，通过公开考试的员工也可能要求企业和个人提供金钱用于政治目的或甚至用于私利。然而，政治任命官员似乎更容易遭受上述压力。

2001 年，由委内瑞拉总审计局发布的一份报告指出了有关政府任命官员不能为公众利益服务的担忧：该报告称，负责国家和市政会计室的官员"并非通过透明和值得信赖的公开考试当选，而是通过侍从主义和友谊④占主导的过程来任命，在这个过程中缺乏有能力的人力资源以及规范手册和其他［将确保］遵循办公室职责的程序"。⑤ 在 2006 年发布的一份报告中，情况似乎没有改变，"招聘和执行其他公

① Republica Bolivariana de Venezueal. *Cuestionario en relación con las disposiciones de al convención interamericana contra la corrupción seleccionadas en la segunda ronda y para el seguimiento de las recomendaciones formuladas en la primera ronda*. Retrieved November 6, 2009 from www. oas. org/juridico/spanish/mesicic2_ven_resp_sp. doc.

② Republica Bolivariana de Venezuela, Asamblea Nacional. *Ley del Estatuto de la función Publica*. Gaceta Oficial N⁰ 37. 522 de fecha 06 de septiembre de 2002. Artículo 21. Retrieved November 6, 2009 from http://www. finanzas. usb. ve/leyestatutofuncionpublica. pdf.

③ República Bolivariana de Venezuela, Asamblea Nacional Constituyente. *Constitucion de La República Bolivariana de Venezuela*. December 30, 1999. Artículo 55. Retreved August 18, 2009 from http://www. venezuela-oas. org/Constitucion de Venezuela. htm.

④ Amiguismo 是从 amigo（西班牙语的"朋友"）一词变化而来。它指的是与公共雇员基于友谊的私人联系而任命公共雇员的做法。

⑤ Controladoria General de la Republica, *Inforrne de Gestión* 2001, quoted by Guanipa, Ronald Balza（2007）. ¿Nueva Administración Pública en Venezuela? A ocho años de la reforma promentida en 1999. *Revista sobre Relaciones Industriales Y Laborales*, n. 43, p. 9–23.

共操作的实践忽视了现行规范"①。

尽管自 1999 年开始引入了一些法律文书，这构成了提高委内瑞拉公共行政管理部门内的问责性和透明性的重要且必要的一步，但是这些法律文书似乎尚未促进公共服务实践的彻底改变。② 然而，因为程序是最近才引入的，所以结果仍旧不明显也是可以理解的。

11.4　结语

正如本章的引言中所述，自殖民地时代以来，在拉丁美洲国家，侍从主义和腐败一直都是相关的。然而，有迹象表明，这种情况正在改变。随着 21 世纪人类的发展，新的社会经济状况有可能强化整个拉丁美洲公共行政管理部门内积极的价值观与美德。一些拉丁美洲国家已经实施了社会政策，这些政策表明了它们在减少贫困和不平等方面的进展。尽管仍旧对针对性的计划有争议③，但是有证据表明，扶贫政策一直对数以百万的拉丁美洲人的生活有着积极影响。④

希望尚存的另一个原因是，拉丁美洲现在对经济危机的反应与过去不同。在 20世纪 80 年代的债务危机之后，华盛顿共识成为了对负债的拉丁美洲国家施加的标准惯例。最终，如果吞下苦果，繁荣将接踵而至的承诺只是空话。艰难的救济弊大于利，这使更多的拉丁美洲人陷入贫困。⑤ 21 世纪第一次经济危机时，各拉丁美洲国家的反应截然不同。这块大陆上的政府均采取了锚固措施来减小经济衰退的影响。

人们把爆发债务危机的那个时期称为"失去的十年"——自那以后，那种认为　　*224*
"政府越小越好"的想法就从拉丁美洲乃至整个世界销声匿迹了。因此，政府重新成为活跃的社会行动者。在过去 20 年中，在拉丁美洲实施的社会政策强化了政府能发挥作用这一观点。因此，政府并不太被看作侍从主义和腐败现象的滋生地，而是在更大程度上被认为能够回应公民的需要。在这种新的环境下，在拉丁美洲，积极的价值观与美德（如诚信、团结和责任）将得以发展，这个希望是现实的。

---

①　Guanipa, Ronald Balza（2007）. ¿ Nueva Administración Pública en Venezuela? A ocho años de la reforma prometida en 1999. *Revista sobre Relaciones Industriales Y Laborles*，n. 43，p. 9-23.

②　同上。

③　关于对拉丁美洲该计划批判性的看法，见 Ziccardi, Alicia（Ed.）（2002）. *Pobreza，desigualdade social y ci-dadania：Los limites de las políticas sociales en America Latina.* Buenos Aires：CLACSO。

④　See Hoffmann, Rodolfo（2006）. Transferência de renda e redução da desigualdade no Brasil e cinco regiões entre 1997 e 2004. *Econômica*，v. 8，n. 1，p. 55-81 and Handa, Sudhanshu and Davis, Benjamin（2006），op. cit.

⑤　Portella Filho, Petrônio（1994）. O ajustamento na América Latina：crítica ao Consenso de Washington. *Lua Nova*，n. 32，p. 101-131.

学术前沿系列
公共行政与公共管理经典译丛

第 *12* 章

四个非洲国家的危机与前景

穆斯·辛单

12.1 引言

公共管理和民主一样是人民的事业,它是由人民为了总体利益而进行的。因此人民的事业应该由把人民放在心上的人来管理,公务人员和政治官员应该为他们的行为或不作为负责,而且应当经受得起公众监督。人容易犯错误而且总是追求自身的利益,因此通过公民参与来保证公共利益是民主国家的准则。同样,为了监督人民事业的监护人,人们要密切关注公务人员的行为或不作为。这样做不是因为人本性是不可信的,而是因为人容易犯错误,比如屈从团体利益的压力而曲解公共利益。

以上的讨论表明公共管理既要积极主动又要反思。积极主动是指在分析当下的同时要放眼未来,反思是指保证采取的行动和未完成的行动能够强化人们对普遍利益的追求并且是合理的。也就是说,执行公共管理必须是道德的。道德是指在追求公共利益的过程中,采用对或错、好或坏、合适或不合适的标准对行动或不作为进行评估和判断。

有证据表明,随着现在和未来对公共管理要求的提高,公共管理将更加重视道德操守、职业技能和职业道德。这指出了公共

行政的道德背景。公共管理是人民的事业，不能从其运行社会中的主流价值体系中
剥离出来。其范围涵盖了一国人类生活的各个方面。一国所有的人都受公共管理的
影响。从受孕开始，公共管理需要为孕妇提供卫生保健。出生后，母亲和新生儿需
要医疗保健服务，新生儿需要领取出生证明，民政部门需要发放身份证明文件。死
亡后，公共管理部门还需要发放死亡证明。法律制定者、商人和业余人士都是公共
管理的对象，甚至是入境的外国人员都受公共管理的影响（如护照、签证和工作许
可证）。

　　以上表明行政发生在各种环境下，出现在人类生活的不同方面，出现在不同的
维度和秩序中。因此，可以将它理解为一种普遍存在的提高生活质量和标准的活
动。如果这种普遍存在的活动以不道德、不负责任的方式进行，则会给生活质量和
水平带来负面影响。这是世界上大多数人的体验，因此需要改变和改革公共管理的
方式。本章的主题是非洲公共管理中价值观和道德的地位，审视了南非、乌干达、
加纳和肯尼亚四国没有完全解决的价值观和道德问题所带来的危机和前景。

12.2　非洲公共管理

　　尽管将公共管理作为一门学科来研究的时间并不长（在伍德罗·威尔逊 1887
年发表的文章之后），但是仍然可以说公共管理实践和人类的历史一样久远。当两
个或两个以上的人参与一项活动以达到某个目标时，管理就开始了，可以说史前人
类就已经开始参与管理。例如，无法想象在没有管理（无论多么混乱）、不使用财
力和人力等资源、没有控制措施来保证效率和效果、没有程序来保证行为的一致性
的情况下达到任何目标。考虑到以上情况，可以说将人类组织成为政府（无论多么
初级）来代表公众管理公共事务标志着公共管理的诞生。非洲大陆在基督教诞生之
前就已经有人类居住，因此在殖民者将管理带入非洲之前就已经开始实践公共管
理。殖民主义者没有带来管理，只是带来了他们自己版本的概念，这个版本是适合
他们自己的。非洲，作为一个被殖民的大陆，不断努力试图找到不受殖民影响、适
合非洲人民的管理模式。非洲许多国家努力在自己国家定义一种能包容种族及宗教
分歧的共同价值。在本土环境下采用其他国际上的优良方法，并把这些方法置于多
元文化社会中，是个庞杂的问题。这在南非尤为明显，南非在近年取得包容性民
主，并将之纳入 1996 年宪法关于公共管理的价值观和原则一章中。

12.3　公共管理的价值观和道德

　　诚信、效率、效益、责任、创新和服务是公共管理中可以列举出的突出的例
子。然而，如何定义这些价值呢？价值观是影响人们行为和态度的持久的信念。关
于价值观使用最多的是米尔顿·罗克奇（Milton Rokeach）的定义。他（Ker-

naghan et al.，2000：45）称价值观是持久的信念，规定某种行为和最终状态从个人和社会角度上讲优于与之相反的行为和最终状态。社会价值观是以上论断的集中体现。因此，缺少共同价值的社会（比如种族或民族存在分歧）就缺乏将公共管理连接起来的纽带。这些社会比起其他社会需要更加努力从多样性中获取力量。那么价值观和道德之间的联系，特别是公共管理领域中价值观与道德之间的联系是什么呢？价值观决定了在特定社会什么是正确的，什么是错误的。而做正确或错误的事情是道德的范畴。这个对于道德的解释和詹宁斯（Jennings）在鲍曼书中（Bowman，1991）的解释是一致的：

> ……道德评判是指运用能力，在解释现行体制做法中的共同价值的基础上，以更广泛的集体生活形式，在现有的行为中作出选择。

刘易斯（1991：3）称大部分对道德的定义强调对或错、好或坏、合适或不合适，并且对人类行为进行评判。基于以上对道德的解释，可以总结出道德在本质上是对人类行为进行反思和批判。道德的行为方式就是要和正确的或道德的行为相一致。

公共管理是一种基于价值观的行为，具有道德背景。由于它基于价值观，所以它和公众、主流价值体系以及特殊国家盛行的政治体系联系紧密。政治理论的历史，从城市—国家理论到现代政治理论，表明了道德深入政治著述和政治活动的程度（Livey and Roeva，1989；Sabine and Thorson，1973；Thomas and Singer，1992）。因此可以得出结论，政治作为对价值的权威性分配，具有道德背景。政治的存在不仅仅是通过政治来使生活成为可能，而且也通过管理来使生活变得美好。

同样，公共管理旨在促进公民的美好生活。公共管理在政治和社会环境中实践，同时也与其实践的社会中的主流价值和规范频繁互动。斯图尔特（1991：373）指出，作为一种实践方式，公共管理和政治一样具有如下特点：

● 连贯和复杂性。公共管理不能以不连贯和分散的方式进行，环境中的不同因素都会影响决策。

● 社会性。公共管理的建立和实行都是为了社会的利益，因此实践公共管理的目的就是推动社会普遍意志。

● 通过合作来执行。实践公共管理需要每个个体一起合作来实现预定的政治和社会目标。

● 执行者需要有一定技巧，如在不断变化的传统价值观和原则中的判断、沟通、人际交往能力和谈判技巧。

● 公共管理实践是用最有效、高效和经济的方法来达到特定标准。

● 在追求卓越的过程中产生或建立了一些内部产品如行为标准。

斯图尔特（1991：364）称，通过合适的实践行为达到了道德管理的目的。内部利益的概念对理解公共管理的背景非常重要，因为实践者不断地被实践的规范背景提醒。另一方面，稀缺资源的权威性分配（如政治）的特点是冲突，因此公共管理的政治环境也是冲突的，这样实践者就会接触不道德的行为。然而贝托克（Bertok，

1999）认为，没有道德的公共管理是没有灵魂的，公共管理中的不道德行为不可能被纵容或听之任之，因此本文对非洲公共管理中价值观和道德的地位进行了粗略的调查。

12.4　非洲公共管理中价值观和道德的地位

　　要想对非洲政治治理进行全面的分析，必须将上文提及的要素包含在内，包括种族分裂、民族、民主在非洲的定义，国家的发展水平，特别是殖民主义的遗留。这样做是因为对非洲仍然存在刻板的看法，因此建立了一系列机构如非洲联盟、非洲复兴、道德重建、非洲发展新伙伴计划、非洲同侪审议机制。这些以及其他一些机构的建立是由于非洲试图看清自己，提出自己关于解决非洲问题的方案。

　　现在许多非洲独立国家都经历过长期的殖民统治和压迫。战争、内战、管理不善、不负责任的政府、政治无能都是非洲在重建之路上的主要特征。非洲重建正在开展，政府在许多方面做出了努力。可以说，所有这些因素和其他一些因素在非洲实践公共管理的过程中对价值观和道德产生了决定性的影响。因此本节将从非洲国家发展的角度分析评估价值观和道德的地位。关注重点是必要和合理的基础设施、机制和框架的存在，以便维护和促进非洲国家公共管理过程中的价值观和道德。

　　非洲联盟本质上是非洲统一组织的转变，其形成在 21 世纪初预示着非洲国家承诺"推动民主原则和机制，民众参与和良好治理"（《非盟宪章》第 3 条）。此后像泛非公共服务部长等机构，以及像《非洲联盟预防和打击腐败公约》、《非洲公务员制度宪章》、《非洲民主、选举和治理宪章》等规范性框架纷纷建立。值得一提的是，这些规范性框架将"推动透明、责任和公民有效参与公共事务"作为原则和目标［见《非洲联盟预防和打击腐败公约》2（5）、3（3）条，《非洲民主、选举和治理宪章》3（7 和 8）和 12（1）条］。

　　政府已经做出了承诺，包括通过了《非洲公务员制度宪章》（Charter for Public Service in Africa，2001：2）：

　　● 定义在非洲采取立法、监管、技术和实际措施时指导公共服务的框架，该框架用于创造有利条件推动公共服务的正常运行，提高服务质量。

　　● 定义公共服务和国家公务人员的行为准则和规范，这些人员应当创造一个中立的（非政治的）和稳定的环境，利于强化道德价值观和公共服务的形象，同时也加强人员的职业水准。
该宪章的目的（第 1 条）：

　　● 定义主导非洲公共服务透明度、专业性和道德行为的原则和一般规定。比如在南非，1996 年《南非共和国宪法》第十章是关于公共管理价值观和原则的。价值观包括促进和保持高标准的职业道德。公共管理必须提供公正、公平、平等的服务。公共管理必须负责和透明［section 195（a）（d）（f）（g）］。

　　它具体解释了非洲国家为了在公共领域推动这些价值观的承诺。为了落实以上条款，一份 1997 年《关于公共服务提供转变的白皮书》（White Paper on the Transforming of Rublic Service Delivery），提出了八项原则用于指导公务人员和公共服务的使用者间的互动。这些原则（http：//www. dpsa. gov. za/batho-pele/Principles）如下：

八项"民为先"原则成为公共服务领域服务提供的可接受的政策及立法框架。这些原则和宪法理想相一致：

- 促进和保持高标准的职业道德。
- 提供公正、公平、平等和无歧视的服务。
- 有效、高效地使用资源。
- 回应人民的需求，鼓励公民参与决策。
- 提供负责、透明和以发展为导向的公共管理。

12.5 "民为先"原则

"民为先"（Batho Pele，梭托语）原则如下：

协商

和服务使用者协商有多种方法，包括用户调查，访问个人使用者，和团体协商，和用户代表团体、非政府组织和首席品牌官组织会面。通常，为了保证全面性和代表性需要一种以上协商方式。协商是一个有用的工具，它丰富和改变了政府政策如综合发展计划（IDPs）和其在政府领域的实施。

设立服务标准

该原则凸显了有必要建立标准，定期测量公民对他们从政府获得的服务或产品的满意水平。它还在提升服务提供方面发挥了重要的作用，以保证所有南非人民过上更好的生活。公民应当参与服务标准的制定。

要求标准精确和可衡量，这样用户就可以自己评判是否获得了政府许诺的服务。有些标准涉及过程，如批准住房申请的时间、发放护照或身份证明的时间或者是回复信件的时间。

为了实现使南非具有全球竞争力的目标，标准应当以国际标准为标杆，考虑南非当前的发展水平。

提高享用权

民为先的一个主要目标就是提供框架进行决策，将公共服务提供给不能享受这些服务的南非人民，同时也致力于更正在分配现有服务过程中的不公平现象。政府提高服务享用权的做法包括建立多用途社区中心和呼叫中心之类的平台。

接触信息和服务能够使公民变得强大，为金钱、高质量服务创造价值，减少公民不必要的开支。

保证礼貌

这不仅仅是一个礼貌的微笑、"谢谢"和"请"。这需要服务提供者想公民所想，提供贴心、周到的服务。

公共服务致力于和公民之间持续的、诚实的与透明的沟通。这需要服务、产

品、信息问题的沟通，沟通不畅可能阻碍或者延迟提供规定标准的高效服务。如果
使用得当，该原则会化解公民对公务人员态度的负面印象。

提供信息

作为要求，在提供服务的地点应当有跟服务相关的信息。但是对于离服务提供
地点较远的用户，则需要其他安排。按照本章中对客户的定义，管理者和雇员应当
定期制作关于组织和其他跟服务提供相关问题的信息，供其他工作人员查阅。

开放和透明

开放和透明的一个重要方面就是公众应当知道国家、省级政府和当地政府如何
操作，了解它们如何更好地使用它们消费的资源，以及负责人是谁。期望公众能利
用这个原则，为改善服务提供机制提出建议，甚至可以通过提出问题来让政府工作
人员变得负责。

纠正

该原则强调当服务低于规定标准时需要快速准确地辨别出来，并且启动程序来弥
补这种情况。在关系到整个服务提供计划时，个人与公众的事务处理层面应该这样
做，组织层面也应该这样做，这些应该是在整个服务提供系统中的组织层面。

鼓励公务人员欢迎批评建议并将之当作提高服务的机会，积极处理批评以迅速
弥补缺陷来保护公民的利益。

等值

许多大众乐意看到的服务提高通常不需要额外的资源而且有时还能减少成本。
如果不能给社会成员的询问提供简单、满意的答复，通常会导致如填写的表格格式
不正确等问题，改正这些问题会耗费时间。

上述原则是所有非洲国家公共服务管理的政策框架和鼓励发展、加强或更新国
家行为规章的源泉。大多数国家在各自的公共服务领域有与宪章宗旨相应的行为和
道德准则。例如，加纳的《公务人员行为准则》中有如下核心价值和道德：

- 永久性。
- 连续性。
- 公正、客观和无党派偏向。
- 完整性。
- 匿名。
- 知识和能力。
- 按照能力推选晋升。
- 选择和推广价值。
- 责任。
- 忠诚和承诺。
- 开放/透明。
- 顾客导向。
- 公平和正义。

这些价值支撑了加纳公共服务多年，而且将继续作为指导原则。

肯尼亚有 2003 年《公职人员道德行为法案》，2009 年补充为《公职人员（公共服务委员会）行政程序》。乌干达《公共服务行为准则》甚至规定了对公务人员不道德行为的制裁（RU，2005：16）。非洲许多地方已经采取实际行动并且日渐意识到不道德行为和其他因素如果放任不管会阻碍发展。这种认识影响了在管理和控制公共部门机构道德行为的政策和政府项目设计。这些国家寻求解决道德违规问题的行动在多边机构的参与下得到强化，这些多边机构包括联合国经济和社会事务部经济学和公共管理司（UN DESA DPEPA）。

非盟和其他组织估算非洲国家每年由于贪污损失达 1 480 亿美元（主要以金钱来衡量不道德行为的影响）。世界银行估算腐败的公务人员每年从非洲接受的外来援助中贪污大约 300 亿美元。有指标显示，即使有好的道德行为管理框架，不道德行为规模依然让人难以接受。

12.6　腐败的程度和原因——非洲角度

237　腐败本质上是一种秘密交易，因此很难可靠地衡量。更加复杂的是，由于在不同背景下对腐败的认知不同，因此腐败的定义也不同。腐败发生在公共和私人部门之间。在所有历史时期、过去和现在、发达国家和发展中国家都有腐败现象发生。非洲大陆的一些指标如下（http://www.u4.no/helpdesk/queries/query20.cfm）：

12.6.1　国家调查

● 加纳：民主和发展中心 2000 年的《管理和腐败调查》显示，在加纳，大约 75％的家庭认为腐败是严重的问题。

● 肯尼亚：透明国际—2001 年肯尼亚贿赂指数（尼耶利及马查科斯）显示，接受调查的人群中 67％的人在和公共机构接触的过程中如果贿赂被拒绝就会产生不良后果。

● 南非：2003 年的《国家腐败评估报告》在家庭、公司和顾客间关于腐败的感知和体验进行了三项调查，得出的结果为 80％的人认为存在腐败现象，41％的人认为腐败是最需要解决的紧迫问题。

考虑到所有因素，不道德行为是非洲公共服务领域的严重问题。建立好的框架、良好的政策和政府项目的决策在遏制腐败（一种不道德行为）方面效果寥寥，因为这些措施无法自我实现。最需要的是不同政府领域和部门之间的协调和整合。

腐败的原因众多。在发展中国家，如非洲，传统价值和伴随着现代化进程与发展而来的外来规范之间的碰撞可以说是腐败的原因。如果不深究政治腐败（Werlin，1973：73）和官僚腐败（Alam，1989；Bailey，1966）之间的差别，腐败一般而言就是为了私人利益滥用职权，当然个人利益不一定是金钱利益（Bailey，1966：720）。奈（Nye，1967：419）称为了私人利益（自己、家人、小团体），行为偏离公共角色的正常职权范围，构成了不道德行为的腐败原因，这些原因包括但不仅限于：

- 战略失误的复杂性可能会掩盖道德。
- 竞争稀缺资源、权力和职位。
- 冲突/盲目忠诚。

位高权重的个人更容易感受到：

238

- 群体思维。
- 意识形态的存在。
- 对异议的消极组织应对。

这些也可能出现在组织背景中，不道德行为的原因多种多样。姆巴卡（Mbaku，1996）列出了不道德行为的原因，如下：

- 公务人员报酬相对较低（Uganda Report，2002：6）。最近（2010 年 8 月）南非公务人员也因为这些原因罢工。
- 参加主流政治团体，特别是在非民主国家（Agbese，1992；Ihonvbere and Ekweke，1988；Kimenyi，1987 in Mbaku，1996：1）。这种情况甚至出现在民主国家，如津巴布韦、尼日利亚和南非。
- 普遍和长期贫困（Leys，1965 in Mbaku，1996：5），这在非洲很常见。
- 有缺陷的文化规范和行为（Jabbra，1976 in Mbaku，1996：5）。值得一提的例子是 1976 年南非学生动乱导致黑人家庭破裂，造成儿童在没有家庭价值的环境中成长，其后果现在刚刚开始显现。
- 非洲的特殊条件（民主或社会分裂取代个人权利和责任）非常强大，可以作为官僚腐败的先决性条件。陷入困境的个人可能通过贪污腐败来实现其对家庭成员或族群的义务（Alam，1989；Gould and Mukendi，1989）。

12.7　全球化和非洲价值体系

可能有人会问，全球化对非洲公共管理实践和非洲价值体系有什么影响。简单地说，全球化对非洲的很多方面包括公共管理带来了不稳定因素。非洲采用的发展模式及其公共管理都在变化，它要努力寻求传统价值和民主价值之间的共同点。前者代表集体和合作，后者代表个人主义。姆比奇和默里（Mbigi and Maree，1995）称非洲国家要全面参与到全球化舞台中，需要利用它们的精神和社会财产。金昌均（Chon-Kyun Kim，2008：39）称全球化是由资本主义和市场而不是民主、政治和公共管理导致并加速的。他质疑为什么有的国家从全球化中获取的利益比其他国家多。答案可在公共管理或国家治理中找到吗？发达或正在转变的公共管理系统对挑战的应对各不相同，这些挑战是追求高效、回应性和透明度，同时试图在全球化的背景下保持民主价值。这些挑战都加在转变中的公共管理体系中，如非洲国家试图保持它们自己的文化价值、规范和社会政治体制，但是它们也面临着外在的全球化需求，如科技、社会、金融和经济活动促使改变发生。因此，金昌均（2008：42）

239

称，转变中的国家公共官僚制度可能会试图控制和操纵政府信息的分配和流通以保持政权，甚至不惜牺牲公共利益。这也说明了在非洲由于缺乏政治意愿，尽管建立了公共服务框架，腐败的程度依然很高。非洲价值体系并不是抵制变化、现代化和创新，然而在评估全球化对非洲行政与道德的影响时要考虑到历史和现实因素。

12.8　结语

公共管理可以说是一门活着的学科和实践。它跟人打交道，作为活着的学科和实践，公共管理是有灵魂的，在实践时必须遵守道德标准。因此公共管理也是充满价值的，因为道德的基础即价值。本章讨论非洲公共管理价值观和道德的地位，讨论时始终要考虑非洲的发展现状，同时要考虑其他因素如全球化的影响、教育水平、贫困、种族、殖民历史和政治不稳定性，这些对公共管理都会产生负面影响。

考虑到非洲公共管理体制处于转轨期，其严重的腐败（一种形式的不道德行为），协调民主价值和传统价值的努力，以及应对全球变化带来的挑战以跟上时代潮流，非洲在保持价值观和道德方面做得不算太差。最令人振奋的是，非洲建立了在公共服务领域推动价值观和道德的框架。需要做的是在各级政府和各个部门之间执行、贯彻、协调和整合各种框架，以保证价值观和道德成为非洲公共管理的核心。危机存在着，但前景胜过危机。

第 13 章

经合组织国家公共部门的价值观与美德

辛西娅·E·林奇

托马斯·D·林奇

13.1 引言

社会的价值观和道德是根植于组织和机构的语言与行动中，并通过语言与行动表达的。当这些组织和机构的本质是全球化的而且跟政府相关时，它们的范围非常广泛并且对所有人都有影响。本章是关于经济合作和发展组织（简称经合组织，OECD）确立的价值观与美德。在成员国和非成员国之间，经合组织对超过一百个国家产生了影响。

其30多个成员民主国占世界市场的70％，占世界 GDP 的59％，占官方发展援助的95％，超过世界能源消费量的一半。然而，这30多个国家只占世界人口的18％。该组织采用的价值观与美德带来了深远的影响。根据美国驻经合组织大使的官方页面，成员国和非成员国通过经济发展、自由市场、有效利用资源和能源安全从全球经济中受益并应对挑战（www.usoecd.org）。

本章首先描述经合组织，包括其历史，如何运作，以及其代表的和在工作中传达的价值观、美德和道德行为。本章的第二部分通过一个框架评价经合组织发展公共部门价值观与美德的工作。第三部分将框架应用于经合组织的行为和活动中。最后一部分提供了对结构民主变革的反思并使之在和公民的关系中变得道德。

13.2   经合组织

13.2.1   历史

242   经合组织的前身是欧洲经济合作组织（OEEC），该组织在美国和加拿大的支持下建立，目的是协调"二战"后重建欧洲的马歇尔计划。经合组织在 1961 年取代了欧洲经济合作组织。其新的愿景是"在成员国间建立强劲的经济纽带，提高效率，提升市场机制，扩大自由贸易并推动工业国家和发展中国家的经济发展"（OECD Annual Report，2009）。

19 个国家签署了最初的《经济合作与发展组织公约》，包括奥地利、比利时、加拿大、丹麦、法国、德国、希腊、冰岛、爱尔兰、卢森堡、荷兰、挪威、葡萄牙、西班牙、瑞典、瑞士、土耳其、英国和美国（www.usoecd.org）。自那时以来，更多的国家成为经合组织成员国，包括澳大利亚、捷克、芬兰、匈牙利、意大利、日本、韩国、墨西哥、新西兰、波兰和斯洛伐克。2009 年 12 月 15 日，经合组织宣布正式邀请智利从 2010 年开始作为一个正式成员加入该组织。

经合组织总部设在法国巴黎，已经成为一个最具影响力的全球论坛，它提供关于经济、教育以及环境等议题的分析和指导。成员国承诺实现逐步开放资本运动和服务、非歧视、平等待遇和国民待遇。它的主要目标是：

- 推动成员国经济稳定发展和非成员国经济发展。
- 鼓励世界贸易在多边、非歧视、遵守国际义务的基础上发展。
- 尽可能地扩展经济，提供工作岗位，提高成员国的生活水平，同时保障金融稳定，推动全球经济发展。

经合组织提供了一个平台，在这里政府可以对比政策实践，寻求共同问题的答案，找出好的方法，协调国内和国际政策。同行审核可以成为巨大的推动力，激励 243 国家改善政策，执行有效的、非约束性的方式，如 2003 年的《经合组织公共服务利益冲突管理建议指南》。

13.2.2   经合组织如何运作

经合组织成员国提供资金。年度预算取决于成员国的经济规模。例如，美国是经合组织最大的贡献国，占所有成员国贡献的 25%。2007 年，美国的贡献达 7 350 万欧元。经合组织委员会每两年决定预算规模和工作程序。

永久性代表团一般由大使领导，还包括访问大使，通常是技术专家及代表成员国的政府部门领导。例如，美国常驻代表团就由大使领导，他带领四个不同联邦机构的代表组成的团队——国务院、美国国际开发署、能源部、卫生与公众服务部。

委员会由成员国的代表组成，负责组织监管和战略指导。决策必须一致通过。秘书处执行委员会指导的工作，秘书处包括秘书长和四个副秘书长。

经合组织的运转主要由 12 个主要的理事会和半自治机构负责。成员国的永久性代表团和访问代表参与超过 200 个与理事会相关的委员会和工作组。

13.3　经合组织公共部门的价值观与美德

哈佛大学的丹尼斯·汤普森（Denis Thompson，1992：255）称，公共部门最大的悖论质疑就是道德，因为其他问题比道德重要，而道德又比其他问题重要。道德不像国防一样是政府的重要任务，但是它是政府所有活动的基础。对汤普森来说，诚实的政府是一种公共利益，不受其他政府政策影响，也是制定和执行好的公共政策的前提。汤普森称，这么说来，"道德比任何一项政策都重要，因为所有的政策都依赖于道德"（加着重号）。而且，所有的政策都反映了直接和间接价值。

经合组织和成员国的高层政府致力于研究广泛的政策问题已经有一段历史。尽管这些年来，它的目标已经改变和扩展，但经合组织一直主要是处理国际经济事务。例如，2000 年经合组织的年度报告称，"它是一个政府间的经济组织，成员国遍布全球，依靠正确公正的政策分析、保密对话和公共官员之间的同伴压力来推动国际合作和协作以提升公共政策"（http：//www.oecd.org）。

经合组织国家在 2010 年网站首页上列出的使命是"将致力于民主和市场经济的国家政府联合起来，支持可持续发展，推动就业，提高生活水平，保证金融稳定，协助其他国家经济发展，推动世界贸易发展。经合组织提供了一个平台，在这里政府可以对比政策实践，寻求共同问题的答案，找出好的方法，协调国内和国际政策"。最新公布的使命在范围和定义上更加广泛。经合组织的两次声明中都没有提到要推动更大的社会价值而不是民主和市场经济。该机构的重心一直是高层经济对话、系统公正的研究、分析预测和发布。按照汤普森的思路，可以说经合组织的所有工作都是为了公共利益。但是我们仍然有一个问题：这些政策都是依据什么价值以及为谁服务的？

从理事会和独立机构的列表可以看出，经合组织的重心和大部分工作都是围绕企业和经济发展。政府本身，或通常被称为公共部门的机构仅限于公共治理和领土发展理事会。

为了重新组织"以应对快速发展的全球化经济中变化的需求"（OECD Annual Report，2001：9），经合组织重新定义了原先的公共部门事务，并把这些事务置于不同的理事会。例如，反腐现在属于私营部门治理，反洗钱属于金融和企业事务理事会，该理事会主要和银行业相关。换句话说，经合组织认为反腐是企业运转的一部分，洗钱及其带来的后果属于企业和银行业的问题。这种组织变化用资本市场思维将主要的公共部门问题变为私营部门的事务。过去十年道德领域的研究和出版物注重规则和监管改革，开发测量指标和工具。出版物包括：《推进廉政防治腐败的

245 措施：如何评估?》（2004）、《公共部门廉政：评估框架》（2005）和《管理公共部门的利益冲突：工具箱》（2005）。

13.4　如何评估经合组织

为了用公共部门价值观与美德来评估经合组织，我们侧重于经合组织对公共部门的定义以及在处理价值观与美德概念时这种定义的影响。

经合组织使用的公共部门定义的范畴和意义是什么？为了解决这个问题，我们必须首先将经合组织对公共部门的定义单独拿出来，因为公共部门是个包罗万象的术语，对不同政党的意义不一样。首先，我们以进行民主治理的结构和机制来定义公共部门。在这种情况下，经合组织需要解决有关政府机构结构要素如国籍、投票、选举程序、司法系统等政策。第二种定义是以市民为中心。在这个定义下，经合组织应该主要关注有关流行文化和大众媒体在社会中作用的政策，个人如何形成价值观，通过民主投票和积极参与民主政府表达民意和内化的心理方面。

此外还有两种定义。第三种定义是包括选举或任命的公务人员在内的公共部门。在这个情况下，经合组织应当审视给进入选举程序和选举法带来障碍的政策，以及个人如何进行道德判断和培养领导能力。第四种定义的重心是公务人员和日常运营民主政府的公共管理者。在这个情况下，经合组织需要审视公务人员的学校和培训机构、公务人员工作的机构文化、公职人员的宣誓和政府的伦理准则，以及他们如何践行和实现他们所信奉的价值观。

经合组织国家如何给予公共部门价值观与美德足够的重视？哪些价值观或哪套价值体系对各方最重要？对价值观与美德的感知取决于不同的理解方式。每个代表公共部门的组织都有各自看待世界的方式，因此形成不同的价值体系。比如民主机构的价值观重视法律传统、竞争性选举和公正。普通公民更强调参与、公民安全和基本权利。政治家和任命的官员有另一套价值体系，这套体系最重视诚实、责任、可信和领导素质。最后，对于公务人员和公共管理者而言，核心价值是诚实、一致性、连贯性和互惠(van Wart，1998)。

246

13.5　经合组织的价值观与美德

该部分评价经合组织的活动，重点是其过去十年（2000—2009 年）的活动。作为对过去五年内（1996—2000 年）大规模的预算削减，迅速变化的世界和成员国面对不断变化的挑战保持一致的必要性的回应，经合组织在 2001 年进行了内部组织结构和工作方式改革（OECD Annual Report，2000：7）。这包括致力于重要的问题而不是狭隘得多的特定议题范围。例如，负责公务研究和开发项目的部门，即公共管理服务部门，被并入领土发展服务部门，更名为公共治理和领土发展理事会。

公共管理服务部门的职责是帮助成员国取得高标准的有效治理，分析政府如何管理公共部门、改善服务供给、使政策执行更一致，并为最佳实践提供建议（OECD Annual Report，2002）。公共管理服务部门对公共管理道德提出了若干建议，包括公共管理文件第 14 号《公共服务中的道德：目前的问题和做法》（1996）和公共管理简讯第 4 号《公共服务部门管理道德的原则》（1998）。领土发展服务部门负责调研"城市、地区和农村政策如何提供就业岗位，提高生活水平和生活质量，协助结构改革和环保"（OECD Annual Report，2002：73）。因此，2001 年是经合组织在处理公共部门价值观与美德领域事务方面具有重大转变的一年。

13.6　经合组织使用的"公共部门"的定义是什么？

结构民主包含的概念有自由、公正、定期选举、多党、投票资格、代表性、平等享用权、回应性等。2006 年，经合组织进行了一个叫"推动民主"的项目，即对政策和实践的国际探索。该项目探索了两个问题：（1）什么才能使民主强健和可持久？（2）其他国家有什么经验对于推动"有生命的民主"是有用的？研究人员调查了经合组织中 18 个最富有和古老的民主国家，发现它们的政治参与度正在下降，公民对社会问题和政治的参与度正在降低，对公共管理的信心减少（84）。一个重要的发现是结构问题分为四类：（1）投票人数；（2）面向社会的政策；（3）平等和更好的代表性；（4）促进公民意识的更广泛的方案。这项研究中最重要的结论就是人们对公共管理的信心正在衰退，但是通过政策实践可以重建信心。

本章查看的所有经合组织年度报告（OECD Annual Report）中都提及了对政府的信任度（2000—2009 年）。尽管经合组织做了很多工作推进一些高调的项目，如反腐败、透明度、廉政和国际反洗钱运动，但是这些对公众对公共机构的感知和印象的影响很小。可能正如查尔斯·加洛法罗在本书之前的章节所提到的，很多机构和学者在提倡全球融合和全球化的时候通常对如何解决冲突的价值观提供的都是单一的方案。这种以规则和评价为标准的方法在基层执行时出现了问题。比如，经合组织在 2002 年大张旗鼓地批准了《在国际商业交易中反对行贿外国公职人员公约》，自豪地宣布对外国官员行贿允许减税的行为已经在经合组织国家完全根除了（OECD Annual Report，2002：38）。这对于真正意义上的反腐败来说是微不足道的，而且更糟糕的是在构建对政府的公共信任方面看来是虚伪的。

随着个人电脑的普及和网络应用的扩大，我们认为公民参与意味着人们能够通过网络参与政府、接近政府。经合组织通过公共管理处 2001 年的创新举措——《公众参与政策制定、信息、协商和公共参与》和相对应的《加强政府—公民关系手册》来推动公民参与的民主价值。在接下来的几年，公民参与主题多次出现在年度报告中，与透明度问题（2008）、电子政务问题（2004，2006）和重建信心（2004，2006）相关。2007 年，经合组织在巴黎召开了公开和包容性政策决策研讨

247

190

248 会与建立以公民为中心的政策和服务研讨会。然而，2009 年的年度报告只在一项声明中提到了公民参与，即电子政务是公众参与和服务提供的重要手段。换句话说，2009 年公民参与在其对公共部门价值方面的重要性被降低了。

通过网络和参与政策论坛来获取信息和政府服务是必要的，但是这对于解决公民的民主价值来说是不够的。因此经合组织的官方报告显示民主价值和公民参与是有限的。

保罗·H·阿普尔比（Paul H. Appleby, 1965）称，公民特征意味着每个公民必须不断坚持努力将个人问题和公共问题联系起来"去帮助实现完美的安排以支持这些公民责任"（344）。通过这种方式，公民行为应该服务大的社会需要而不是个人偏好。国会议员芭芭拉·乔丹（Barbara Jordan）在去世前最后一次正式公开亮相时提醒我们注意管理的责任，也要注意公民的责任。她说（1995：105）："公民是个神圣的词，作为公民无上荣耀。公民意味着权利和责任。公民的福利、快乐和幸福是创造政府的基础。这是政府的根基。"个人如何学习成为好公民，学习民主过程中的道德民主价值和自由、公共责任、宽容尊重他人、社会正义、平等、公平和民法呢？尽管"促进公民的更广泛计划"是维斯（Wisse）促进民主的报告的四个关键结果之一，但是很明显，这个问题还没有成为经合组织的一个重要价值。

经合组织在最高层的政府运作。大部分活动目标是部长级或秘书级。各个领域的顶级世界专家在 200 多个工作组和委员会工作。许多重要的活动由总统、首相、国王和诺贝尔奖获得者参加。它常常把自己描述为"一个论坛，在这里同侪压力可以作为一个强大的动力以改善政策和实施'软法'——不具约束力的文书，如经合组织《公司治理原则》——有时可以导致正式的协议和条约"（OECD Annual Report，2005：7）。然而，该组织很少关注培养选举和任命的领导人的领导力。

1999 年到 2001 年，公共管理处领导了若干有关领导力的活动，包括 1999 年 9 月巴黎"面向未来的政府：从这里走出去"研讨会和几种基于议程的出版物：《发展面向未来的公共部门领导人——背景报告》（2000 年 7 月）；《把公共组织的领导力和业绩挂钩》（2001 年 7 月）；《面向未来的政府 9 号简讯》（2001 年 6 月）。《经合组织观察报》（*OECD Observer*）中一项关于可持续发展的简报（October 2002：

249 5）称："需要更强的领导力来改变辩论……"另一则发布在《经合组织观察报》上关于电子政务的政策简报（September 2003：2）称，"强有力的领导能加速电子政务的实行过程"。很显然，经合组织认识到了高层选举和任命领导的权力和重要性，以及他们在特定的政策领域，如教育、可持续发展和气候变化政策愿景及执行方面所发挥的作用。但是领导的重要性还没有上升到可以和领导者的品质与品德同等的地位。似乎建立在规则之上的透明性、反贿赂、反腐败和反洗钱政策已经足够使选举的和任命的官员表现"良好"。经合组织已经用规则价值取代了个人品德和品格发展的价值。

1940 年公共政策问题和 1941 年公共管理评估问题上都有著名的卡尔·J·弗里德里希（Carl Joachim Friedrich）和赫尔曼·法纳（Herman Finer）辩论。这两位作者的分歧反映了截然不同的道德思维模式。法纳（1941）提出了占优势的现代模式。他认为管理责任可以通过对公共官员的严格控制来实现，他认为社会中的人只有少量的道德责任，而且通过更严格的政治控制和加强监督监管可以轻易地控制诱惑。这种模式开创了一种和弗里德里希提倡的管理改革截然不同的思维模式。

弗里德里希称，"我们在共同运作社会的过程中成为彼此的仆人"（1940：20）。弗里德里希设想的是通过诱导而不是执行来实现社会责任。他的思维模式是我们每个人作为社会大家庭的一部分，需要关爱或者至少为彼此服务来实现更好的自我。因此他的重心是发展个人价值观与美德而不是管理控制。

2001 年，经合组织的变化不仅仅是组织上的变化。这一年改变了经合组织的重心，从注重"公共服务管理实践"到治理问题。在经合组织看来，"好的治理原则不仅能改变政府、公民和议会之间的关系，还改变了政府自身运转的方式"（OECD Annual Report，2001：57）。这体现了在变革的 20 世纪 90 年代像经营企业一样运转政府的思维。但矛盾的是，在同一报告中，他们认识到"好的治理最终取决于执行的人"（OECD Annual Report，2001：57）。重心的转变发生在20 世纪 90 年代晚期，经合组织称"政府日益发现它们只是很多服务大众群体中的一类。政府在服务公民方面失去了垄断地位，这意味着公共部门面临着更大的竞争"（OECD Annual Report，2000：6）。对经合组织来说，非营利部门的扩张和私有化增加成为忽略公共服务价值观和道德的原因。 *250*

在本书出版时最新的年度报告（2009）中，理事会对公务人员的关注介于税务和企业管理之间。经合组织 2009 年的年度报告的重心是监管，风险，现代化，反腐败，游说，评估政府表现和效率，农村、城市和地区发展，预算和公共开支（70—72）。一项本来可以指向个体公务员的行动——推动廉政文化的发展，被指向了组织层面的分析廉政框架的发展。该"框架提出了在公共组织执行的手段、进程、结构和条件，以及在一些敏感领域如公共采购、后公共就业和游说中的标准及数据"（OECD Annual Report，2009：71）。一个关于如何向员工输入组织价值观的讨论作为"芬兰经验"出现在这一报告的结尾部分。该报告最重视的价值观是：效益、质量和强大的专业技术、服务的原则、透明度、信任、平等、公正性、独立性和责任。这些价值观都是极佳的，但是还不够，公共管理者还必须以"为继续实现民主而忠诚守护"为价值观（Appleby，1965：344）。

13.7　经合组织认为的公共部门价值观与美德的重点是什么？

眼镜是展示价值观和值集差别的最好比喻。有些人可能很幸运不需要眼镜，但很多人需要眼镜来纠正近视、远视或散光。本节审视公共领域不同的重要价值因素，并解释通过理解的透镜把我们的理解带给世界。

经合组织重视发展市场经济和民主化，因为这和自由市场相关。正如在前文中所说的，经合组织在 2010 年网站主页上的使命宣言中宣称："经合组织将致力于民主和市场经济的国家政府联合起来……"关于该主题的许多出版物都是由经合组织的某些成员国出资研究的，最为显著的是瑞典、挪威和荷兰。

251 经合组织宣称民主是一个重要的价值观，但是通过其活动和研究却传达了不同的信息。大部分活动和研究侧重测量手段，如评估设计、评估框架、工具包和审计格式。当然，为监管选举、促进性别平等和少数人的权利，官员贿赂方面建立坚实的法律和可量化系统对任何文明都是非常重要的。经合组织的重心是国家是否正确地衡量这些问题的表现。

一些经合组织的专题研讨会和出版物深入探究了很多问题，如：民主是否有未来？2004 年国际未来项目研讨会主题为：如何才能加强民主？在主题为"推进民主：国际政策探索和操作实践"（2006）研讨会上提出：其他国家找到了什么解决方案？在主题为"评估民主支持：方法和经验"的研讨会上提出：我们如何评估我们的民主支持项目和财政投入？但是有一个问题还没有提及：我们的民主是道德的吗？

20 世纪 80 年代晚期再造政府的行动通过 20 世纪 90 年代的努力已经推翻了长期以来公民拥有客户权利和责任的历史。经合组织对公民和管理进行了广泛的研究，出版了若干出版物，如《作为合作伙伴的公民》（2001）、《专注公民和公共参与以实现更好的服务和政策》（2009），发布政策简讯，如《让公民参与政策制定：信息、协商和公共参与（10）》（2001）和《让公民网上参政以实现更好的政策制定》（*OECD Observer*，March 2003）。

有趣的是，大部分研究和出版物假设公民更多地参与其他形式的组织，但政府应该审慎地让那些组织去代表（通过代理）公民。这些基层组织是小企业、民间社会团体和非政府组织，它们以"公共"回避问题，公民何去何从？

史蒂芬·K·贝利（Stephen K. Bailey，1965）赞同阿普尔比对于公务人员个人道德的期望，提出："只要政府引导公务人员将特殊和一般、私人和公共、精确的兴趣和早期道德判断联系起来，政府就是道德的。"（285）贝利强调了心理态度和道德素质的概念。他称："没有理解的道德和没有道德的理解一样是有害的。"他提出了三个重要的心理认可或态度：

- 所有人和所有公共政策的道德模糊性。
- 决定公共服务中道德重点的背景力量。
- 程序的悖论。

创造一种道德思维模式非常重要，需要道德公共管理者的努力。人类的自我使 252 得作出判断，特别是涉及自己的判断时非常困难，因为判断具有道德模糊性。政府要求公共管理者采取公共政策的立场，并且通常情况下，人类的自我要求他们捍卫这些立场。然而，道德的公共管理者必须意识到所有公共政策中的道德模糊性，包括公共管理者自身偏好的政策。贝利引用雷茵霍尔德·尼布尔（Reinhold Niebuhr）的话来概括这个精辟的观察，"人公正的能力使得民主成为可能，但是人类不民主的倾向使得民主成为必要"。

13.8 结语

毋庸置疑，经合组织在国际经济发展和跨国政策研究上发挥了重要的作用。从成立开始，经合组织一直在推动国际经济发展和民主的价值。他们对民主和治理的主要关切一直是政府如何影响或干预新兴市场和自由贸易。过去十年间他们对公共管理的兴趣，与高效的政府服务和政府行为对商业及繁荣的影响有关。几乎所有发达国家都受到了英国撒切尔时期白厅改革的影响，这最终导致了政府的再造和重塑运动（1970—1990 年）。这些运动（后来被称为新公共管理）的基本主旨是：（a）将公共职能和功能转向私营部门；（b）将公民视为顾客；（c）希望改善公共服务和降低成本。

当然，核心公共部门价值如效率、责任、表现和公平都出现在新公共管理的学术论述中，然而在实践中的解释却不一样。实践中的主要价值是效率和表现/责任。这些通常通过使用最少的资源来达到最理想的结果来转换成效率。表现是指政策目标实现的程度，"如果政策和程序按照高层政府的要求执行，那就达到了责任"（Bozeman，2007：79）。在现实中，效率被降低到只要做了就行的程度，表现/责任成为"责难"的理由（Harmon，1995）。公平，不管是作为对他人的公正待遇还是区别待遇，在实践中很少触及到。

博兹曼（2007：6）称，"市场效率不仅是提供商品和服务的理由，同时也呼唤商业化或有市场意识的政府"。但是在这个模式中公共利益已经被遗忘，公共的概念也改变了。多个学者担忧"广泛使用市场化改革来提供公共产品和服务已经开始改变国家和公民之间的关系，并且抵消了对集体利益的法律和激励承诺"（Pierre，1995；Kettle，1993；Kobrack，1996 cited in Bozeman，2007：88）。经合组织2001 年度报告（57）自豪地宣称："良好治理的原则改变的不仅仅是政府、公民和议会之间的关系，而且改变了政府自身运作的方式。"公共利益这个概念在 20 世纪初期时被公共管理的开拓者了解得非常透彻。但是从 20 世纪 60 年代开始，当经合组织开始执行目前的任务，"公民开始从政治论述中日渐淡出"（Sandel，1996：274）。以市场为导向的治理在当时的实践中日益流行和普遍，主要是通过大型国际化组织的提倡实现的，如经合组织、世界银行和国际货币组织（Bozeman，2007）。

经合组织以自身的研究机构和数据理事会为荣。确实，作为一个机构，经合组织在数据收集系统、构建普遍认可的测量治标、给研究员和学者提供国际数据方面作出了巨大的贡献。经合组织 2006 年 5 月《数据简报第 11 号》提到对国家发展传统测算的不足，如用 GDP 来衡量幸福和快乐等重要的概念。

在过去 50 年中，经合组织把主要精力投放在公共政策问题和真正的社会问题，如创造工作岗位、教育、保护环境和气候变化。但是这些问题的实质关注仍然直接和国家的经济地位及生产力以及它们在全球化经济体中的竞争力相关。该组织很少关注发展被选举或被任命官员的品格和道德，或者是发展个体公务人员的道德。个人的价值获取很大程度上受到大众媒体、流行文化和艺术的影响。但是在这些领域很少有研究来推动"好公民"运动。

保罗·H·阿普尔比（1956）和史蒂芬·贝利（1964，1965）当然了解公共利益在保证道德民主方面的重要性。确实，市场化的公共政策是非常重要的，我们有理由以此为重心。然而，其重要性无法和民主道德相比，后者只有公务人员用精神态度和道德素质创造才能实现。经选举或被任命的官员及职业公共管理者必须在政府中培养和建立这些态度和素质，因为他们通过行动设定了公共道德的基调。

254 "公共利益"是公务人员的精神态度和道德素质及体制安排的交织，把众多私人利益融合到"公共善"的混合物中。没有民主道德的话，市场作用、官僚体制和冰冷的科技将榨干社会中关怀的人性。市场和科技给了我们秩序和繁荣，但是仅仅这两者是不够的。没有民主道德的衡量，社会就会瓦解成追逐个人利益的无限政治游戏循环，公共利益被弃之不顾，最终会导致民主的丧失。贝利告诉我们规范、程序、体制、观念和道德标准确实和民主道德可以同时存在（p. 298）。它们比任何公共政策更能从根本上维护和促进公共利益。它们是为人类社会输入血液的心脏。

关于公共利益的研究让人沮丧，这是由其模糊性和不一致性造成的。公共利益的概念很难把握和衡量，但是正如博兹曼（2007：86）所说："符合大众想象的很多概念是定义错误的而且容易产生分歧……即便我们考虑理想状况，即社会、政府和公民个人重视自由、平等、善行、社会正义和民主，但是我们也知道这些概念有很多定义，而且就怎样衡量这些概念也存在很多争议……"詹姆斯·W·费斯勒（James Fesler，1990）称公共利益是一个理想概念，就像马克斯·韦伯的官僚模式和完美市场。这是我们奋斗和期望的目标，不能因为表现没有达到目标的要求而放弃（Fesler，1990：91 cited in Bozeman，2007：87）。

市场和货币价值需要尊重，但是大部分人认同仅靠市场不能包含、分配或仲裁对社会重要的所有价值。市场也有局限性。正如博兹曼所说的（2007：97），"公共价值没有完全包含在市场价值中"。他说，"弗莱特曼（Flatman，1966：13）正确地观察到我们可以抛弃公共利益这个概念，但是如果我们这么做我们就需要处理以其他概念命名的公共利益问题"（Bozeman，2007：97）。

最后，组织、政府和社会都是由个人组成的，任何有关价值观、道德、原则的问题都会归根到个人层面。委拉斯凯兹（Velasquez）、沃哈恩（Werhane）和其他道德学者称只有个人能作决定，因此只有个人才能负责。

经合组织很少关注培养"品德好"的个人，而是喜欢以改革和现代化的名义采用新的规章制度。

然而，根据道德发展文献（Kohlberg，1969；Rest，1973），人们在有严格规章制度的环境下失去了作出正确的道德判断的能力。

确实，尽管经合组织几十年来努力通过市场手段推进民主、道德和廉政，解决
255 利益冲突、洗钱和腐败，但是报纸、网络、电视的每日头条还是充斥着经选举和被任命官员的个人丑闻、贪污和非法活动的新闻。对失业、医疗保健差异、文盲和贫

困的担忧甚至在经济最发达的国家依然存在。民众对政府的信任度下降，对参与日益冷漠。我们希望经合组织能够利用其长时间的研究和对话，超越市场机制去研究更广阔的社会和个体——个体公民、个体公务人员和经选举及被任命官员个体，看待他们的价值、品格和道德。

第 *14* 章

学术前沿系列
公共行政与公共管理经典译丛

日本公共部门的价值观与美德

工藤弘子

14.1 引言

256

    对于公共部门价值观的理解和诠释多种多样。笔者参与了覆盖面广泛的亚洲指标调查项目（AsianBarometer project），调查表明有许多决定公共生活的价值观，然而，这些价值观的角度、组合和大众的看法在各国都有所差别，因此，各国的情况各不相同。调查还指出，宗教决定了人们对于政治体制的喜好（Carlson，2008）。有关个人生活的价值观和有关制度设计的价值观之间有一定的关联，但是在各国的情况大相径庭（Manabe，2008）。

    调查显示，即便是在亚洲，各国的价值观也有极大的差异。比如，有许多和信任相关的价值观，从人与人之间的信任，如你是否信任他人、是否认为大多数人是无私的、是否会帮助迷路的人，到对制度的信任，如你是否信任政府、地方行政机关、军队、司法、警察或议会等，调查结果的组合多种多样。在多数国家，人们在人际方面的信任更多，在制度方面的信任更少。然而，两方面之间的区别以及在不同问题上的差异十分显著（Manabe，2008）。

    同时，如果看某一个特定的背景，比如日本公共部门的价值

观，问题就变得十分具体了。在日本公共部门的案例中，价值观被视为道德的同义
词。如果谈到公务人员，"价值观"就关乎公务人员的道德和道德行为。因此，这
个方面也不容忽视。实际上，公共服务管理在许多工业化国家都受到高度重视　*257*
（OECD，2000），日本也不例外。在整体介绍亚洲的公共价值后，笔者将以日本为
例，分析其近年来道德管理方面最重要的手段之一：1999 年通过的《国家公务员
伦理法》。

　　因此，本章中，笔者首先概述亚洲的价值问题；然后分析日本政治和制度体系
最近的变化，着重分析引起立法的事件；之后概述《国家公务员伦理法》并评估其
中的措施。最后，笔者尝试就日本公共部门道德管理的进一步发展提出一些建议，
并充分考虑亚洲社区对价值观的理解的差异。

14.2　亚洲指标调查项目

　　笔者有幸参与亚洲指标调查项目，该项目由国际声誉最高的日本政治科学家之
一的猪口孝（Takashi Inoguchi）教授协调组织。① 作为猪口孝教授在中央大学公共
政策研究所的同事，笔者自 2005 年至 2008 年参与了这一项目。该项目是亚洲最大
的比较学术调查之一，覆盖东亚、东南亚、南亚和中亚，主要关注上述地区民众的
价值观和关注点，关注普通人的日常生活及其与家庭、社区、单位、社会和政治机
构以及市场的关系。项目使用统一研究框架下设计的标准化方式，在各国各地区进
行了面对面的调查。笔者在项目中的主要作用是培训提问者。

　　在开展调查的过程中，有如下注意事项：尝试将调查方式的突兀性最小化；加
强对文化的敏感度；除了突出跨国分析之外，还要突出地区分析。项目的目标如
下：从生理、心理和社会学方面描述普通人的日常生活；评估他们所经历生活的情
感和认知特点的程度；评估他们为提升自己和国家的生活质量而注重的商品和服
务；评估发展、民主和地区化的潜力。

　　亚洲指标调查项目除了学术研究，还开展了诸多其他活动：调查国家的能力建
设；建设东亚、东南亚、南亚和中亚的比较调查研究基础设施；积累和整合普通人
日常生活方面的研究数据，并使其网络化（https：//www.asiabarometer.org/）。

14.2.1　亚洲的主要价值观

　　亚洲指标调查指出，宗教决定了人们对于政治体制的喜好（Carlson，2008）。　*258*
有关个人生活的价值观和有关制度设计的价值观之间有一定的关联，但是在各国的
情况大相径庭（Manabe，2008）。调查显示，即便是在亚洲，各国的价值观也有极

---

　　①　该项目主要由东京中央大学法学院猪口孝教授办公室开展，在亚洲研究信息中心、东方文化学院、东京大学、
早稻田大学和亚太研究所共同展开。

大的差异。比如，亚洲有许多和信任相关的价值观，从人际信任到制度信任。在多数国家，人们在人际方面的信任更多，在制度方面的信任更少。然而，两方面之间的区别以及在不同问题上的差异十分显著（Manabe，2008）。

亚洲地区对后物质主义价值观的理解存在很大的差异。客观和主观指标都显示，对阶级分层的理解差异较小。这说明，亚洲地区之间的文化价值观差异较大，而经济价值观差异较小。

14.2.2 从亚洲指标调查得出的初步结论

基于调查项目的结果，和本章目的相关的几个有趣的结论如下：（1）人们对于福祉的理解和信任之间有密切关系。（2）对于福祉的理解有许多层面，即制度层面和个人层面，这二者又可以细分为推动层面和完成层面，而人们把问题归入上述分类的情况在各国有所不同。[①]（3）对信任的理解有两个主要层面，即人际层面和制度层面，通常制度层面的信任更薄弱，但其中也有许多方面，各方面的重要性在各国也有所差异。

在幸福和对生活的满足感方面，各国的差异十分显著。比如，新加坡人感觉既幸福又满足，而越南人感觉幸福，但却不一定满足，在中国和韩国也有类似的倾向（Manabe，2008）。

制度信任和人际信任之间的关系是理解这些国家对价值观的看法的另一个重要方面。新加坡人对制度信任的感受最强烈，中国人和日本人则不那么强烈，韩国人是最不强烈的。在制度信任和人际信任之间的关系方面，则是另一种情况，比如，新加坡人对这两种关系都很重视，中国人和韩国人较为重视人际关系，他们对于制度信任的理解即法律。

对于诸如政治行动主义和投票行为的价值观的分析显示，有些国家的民众偏好

259 正式的民主，而有些国家的民众则偏好自由的民主。韩国和日本在投票和政治行动主义方面的得分都很高，而中国在投票方面的得分低，在政治行动主义方面的得分高。

很多调查结果都证明了世界价值观调查的重要性（Inglehart，1977，1997）。

尽管亚洲国家对价值观的理解多种多样，如果审视一下日本公共部门的价值观，这些问题就变得十分具体了。在日本公共部门的案例中，价值观被视为道德的同义词。如果谈到公务人员，"价值观"就关乎公务人员的道德和道德行为。因此，这一方面也不容忽视。实际上，公共服务管理在许多工业化国家都受到高度重视（OECD，2000），日本也不例外。在本章之后的部分，笔者将通过历史重建以及从数量和质量方面分析日本近来发生的变化，概述日本公共价值的案例。

---

① 比如，许多国家的民众认为，公共安全、环境、社会福利和民主体制是实现社区福祉的重要"制度层面"。然而，在有些国家，教育被视为完成因素，而在有些国家，医疗被视为推动因素，住房被视为完成因素。

14.3 日本公共价值论述的背景：“日本集团”的衰退

现代日本公共管理体系建立于明治维新后的 19 世纪晚期。这个现代化的过程被称为“西方化”，因为当时的政治家认为实现现代化就是变得像“西方”——主要是欧洲国家那样。因此，日本的政治体系、政府和相关的公共机构都是模仿欧洲国家的模式，而且日本的管理体系和流程都是按照“西方”模式设计的。特别是引入的德国、法国和英国的体系，成为了日本公共管理体系的基础。

然而，这些组织的日常运作以及和正式流程并行的非正式流程保留了传统价值观。在明治、大正时代以及昭和时代初期，由于沿用了传统的组织理念并引入了现代理论和技术，日本的公共服务享有盛名，而且为日本取得的巨大进步作出了极大的贡献。日本的公共服务采用了“西方”的方式，并将之和谐地融入当地的文化和价值观。

第二次世界大战后，上述情况发生了极大的变化。公共组织开始完全采用“西方”价值观。尽管日本的官僚体系因其效率高、执行效果好、生产力高和影响力大而著称，但也被迫调整。包括削减成本和裁员在内的缩小政府规模的行动，使日本政府成为工业化的民主国家中最小的政府，行政人员占总人口的比重在所有经合组织成员国中也是最小的。

14.3.1 “日本集团”及其衰退

“二战”后，日本的各项制度都经历了翻天覆地的改革。1952 年同盟军的占领 *260* 结束时，日本就已经开始了迈向“经济奇迹”的步伐。解释这种发展现象的最广为接受的观点是，日本的权力集中于“日本集团”：这是一个统治日本的三角势力，由官僚精英、主要政党即自由民主党（自民党）和大企业（Hayao，1993）组成。[①] 这种观点认为，因其长久以来的传统、影响力和专长，官僚是三股势力中的核心力量。这种观点假设，这个由少数行政、政治和经济精英组成的“铁三角”既给日本带来了“经济奇迹”，又是造成当前改革困难的原因（Kerbo and McKinstry，1995）。

“日本集团”模式的实证有效性日益受到质疑。尽管在 20 世纪 60 年代，联合起来的少数精英作出所有决策的情况可能还是事实，但是从那时起，“日本集团”就变得十分分裂了（Hayao，1993）。柯蒂斯（Curtis）专门研究了所谓的“1955 年政权”或“1955 年体制”（Stockwin，1997a，1997b），提供了相关记录。自民党的长期执政始于 1955 年，那时，两个保守党合并为自民党，结束了十年的分裂，而

---

① “根据这种观点，拥有统治权的三角势力联合起来推动日本经济高增长这一首要目标，同时，使日本的国防和外交政策更加服从于美国的政策。”

社会党的两派也实现了统一。这个体系有四个互相支持的支柱：第一，公众就使日本成为领先的经济体的共同目标达成的广泛共识；第二，和政党有密切关系的大型利益集团；第三，一党执政；第四，有威望且强有力的官僚体制（Curtis，1999）。这些支柱推动了日本令人瞩目的经济发展，使其在 20 世纪 80 年代成为了世界领先的经济体。然而，部分因为这种体制的成功，其弱点也逐渐显现。这个过程始于 20世纪 70 年代，在 80 年代的"经济泡沫"中延续，并在 90 年代初泡沫破灭后加速（Kato，1994；Koh，1989）。部分由于内部因素，部分由于国际压力，四大支柱逐渐衰退。

获得经济发展的目标刚刚实现，共识就荡然无存。公众和领导人对于改革的态度都模棱两可（Curtis，1999）。公众对于大刀阔斧地改革给他们带来财富的体制更加怀疑。与此同时，他们意识到，要想解决国家的经济问题，必须采取一些行动。这种模棱两可的态度背后其实反映了对改革的方向缺乏共识。

在这个体制中，代表大企业、工人和农民的大型利益集团对政党和政府有极大的影响，而且在 20 世纪最后 25 年中也逐渐开始变得松散。随着日本由工业化社会转变为后工业化社会，企业、农民和工人的利益变得更加多样化，由他们组成的大型利益集团的势力也减弱了（Curtis，1999）。① 被称作"zoku"（本义是"部落"）的政治人员代表了特殊利益，这些人就是日本议员，通常来自执政的自民党。这些代表专注于某一政治领域，并和相关的省厅公务人员有密切联系。"日本集团"模式中的"铁三角"在这些"次政府"（Hayao，1993）或政策团体层面得到了加强。特别值得一提的是，zoku 政治家是在保护其政治团体中的既得利益，而非激发变革。

自民党的长期执政使其政策得以长期实施，而且加强了自民党、官僚体制和利益团体之间的"铁三角"。然而，这样的主导地位也被逐渐削弱。自民党的多数席位逐渐减少，直至输掉了 1989 年的参议院（上院）选举和 1993 年的众议院（下院）选举，同样在 1993 年，自民党被迫成为在野党。尽管之后自民党很快又成为了执政党，但这次失败标志着自民党主导时代的结束（Mishima，1998）。

日本的官僚体制长久以来被视为能力和正直的标杆，为日本的国家利益保驾护航，政治家主要关注选票和昂贵的政治宣传活动的资金来源，而官僚体制恰恰不让这些政客为此给予特殊利益集团任何特别的关照（Curtis，1999；Koh，1989）。② 这样的保障消失了，特别是在 20 世纪 90 年代，起因是一系列受到广泛批评的政策失败，特别是要求财政部为经济衰退负责，以及一系列和公务人员相关的高调丑闻，其中包括既是政策失败又是严重不端行为的"住专救助"（jusen bailout）（Inoguchi，1997）。

1995 年至 1996 年，日本财政部作出了一个极具争议的决定，即使用纳税人的

左侧页边：261

---

① 柯蒂斯（Curtis）的原文是"由利益团体政治向特殊利益政治的转变"。

② 柯蒂斯如是总结官僚职位："从日本顶尖大学最优秀、最聪明的毕业生中选拔人才，特别是东京大学法学院，通过竞争性考试录用；日本的官僚精英道德高尚，具有使命感，并以能干和正直著称。……日本政府工作人员的形象是有能力和有奉献精神的人，为了服务国家而放弃追求物质享受的机会。"

钱救助倒闭的贷款公司，这些公司在经济泡沫时期作了不明智的决定。猪口孝（Inoguchi，1997）指出，这个决定的部分原因可以解释为，这些住宅金融专门公司是 amakudari（本义为"从天而降"）通常的去处。日本有个臭名昭著的惯例，高层公务人员在达到正式退休年龄前的几年离职，到私营部门或与政府有关联的机构工作，工资明显上升，这从某种程度上弥补了他们成为公务人员时（和私营部门高管相比）较低的工资。与此同时，这也能为有潜力的年轻公务人员空出职位。通过个人之间建立的联系，官僚和企业间的关系也得到润滑和改善。这一做法受到了严厉的批判，部分因其违反了正直原则（Black，2004）。如果这些高官在职业生涯结束后不可能到这些贷款公司接受高薪待遇，那么他们是否还会如此支持这些企业，这一点就值得怀疑了（Curtis，1999）。① 由于上述问题和其他政策失败及丑闻，"抨击官僚"在政客中间流行起来，包括执政的自民党。实际上，这是一种避免为政府政绩不佳承担责任的好方法。不仅官僚的威望和声誉逐渐减退，也有迹象显示，他们的实际权力也被削弱。

14.3.2　20 世纪 90 年代的政治和行政改革

经济问题以及随之而来的"1955 年体制"的解体引发了精英阶层支持改革的强有力话语。在 1993 年细川八党联合政府成立时，这一呼声十分高涨，而这也是自"1955 年体制"建立以来自民党首次失去执政地位。细川制定了一个野心勃勃的计划，包括限制对政党的资助款项、增加对政党的公共补贴、加强对腐败的惩罚并提议改革选举。② 然而，1994 年 4 月下台的细川政府只实现了部分议程，其中最重要的要数选举改革。在新的体制下，下议院的 200 名成员将以比例代表制的方式从 11 个大区中产生，有 300 名议员从 300 个小选区中产生，每个选区产生一名议员，以此取代传统的一个选区产生多名议员的制度，旧制度由于政治拨款和利益集团之间的平衡而备受批评（Stockwin，1997b）。

战后日本行政改革的历史可以被视为缩减政府成本和员工人数行动的延续，它使日本政府成为工业化民主国家中最小的一个，而且是经合组织国家中行政人员占总人口比例最小的国家。比如，20 世纪 60 年代早期，第一个行政改革专门委员会（PCAR）以及 80 年代早期第二个行政改革专门委员会的议案，导致规模极大的缩小政府、对地方政府权力下放、60 年代对公共企业职责委派以及 80 年代的私有化（Furukawa，1999）③。

---

① 对这方面的政治支持的另一个解释是农村合作社在住专中有大量投资。农民是执政的自民党最重要的支持者，因此党内政治家有支持救助的强烈动机。

② 2000 年 11 月出台了一部法律，其中规定了国会议员和地方议员如果通过其影响力授予合同或行政职位以换取经济利益，将受到何种处罚。

③ 20 世纪 80 年代中期中曾根康弘首相开始的第一次重要的行政改革主要受到撒切尔主义和里根经济学的影响，日本的改革毫不例外地受到了这些趋势的影响。主要的战略是私有化和减少监管。实际上，中曾根康弘成功地将国家铁路、公共电信企业和各领域的政府垄断私有化。这一改革具有重要意义，不仅因为它获得了成功，也因为这一改革将全球化的趋势和公共部门改革战略引入了日本传统的公共行政体系。

20 世纪 90 年代主要的行政改革是由桥本龙太郎首相发起的，并将之作为政府的头等要务。结果，行政改革推动了上文提到的两方面的进展：因政策失败和不法行为而对官僚的怀疑日益强烈，以及呼吁彻底经济改革的人群日益广泛，也包括要求行政改革。为符合日本传统，桥本龙太郎还承诺在十年内将政府人员的数量至少减少 10%。

263　　桥本龙太郎政府开始的改革方案自 1998 年由小渊惠三首相继续推行，其措施不仅限于简单的缩减规模。第一，随着新公共管理运动的开展，日本国会在 2001 年通过了《政策评估法案》，引入了一个绩效管理体系（Kudo，2002）。这一法案受到美国联邦政府于 1993 年颁布的《政府绩效与结果法》的影响，但是权力比美国更分散，给予各省厅更多设置内部体系的自由（Yamamoto，2003）。第二，重组中央官僚体系，由一个办公室（首相办公室）和二十二个省厅整合为一个办公室（内阁办公室）和十二个省厅。这一重组于 1998 年获得通过，并于 2001 年生效。这些变化迫使官僚体制内部进行广泛的制度和管理转型。

从上面的概述可以看出，使日本战后获得经济成功的、稳定的政治体制在 20 世纪最后 25 年开始解体。要点包括：官僚体制的权力和声望减弱，选民更难预测、更忧虑而且对腐败也不如从前宽容，以及有开展具有深远影响改革的强烈愿望却缺乏实际行动（Campbell，1999）。所有这些都影响着政策议程，促使有人提议开展引入"全球标准"的改革。然而，最终催化改革的却是一系列的丑闻，使政府将改革议案提上政策议程。

14.3.3　从"传统惯例"丑闻到"全球标准"的引入

关于政治腐败的丑闻和担忧对日本而言的确不是新闻，自"二战"以来大大小小的腐败事件和丑闻就不胜枚举（Curtis，1999）。20 世纪 90 年代的腐败和之前的区别在于这个时期的丑闻层出不穷（Stockwin，1997a，1997b）以及官僚的明显转变。

日本在战后最为臭名昭著的丑闻之一是 1988 年 6 月涉及股票内幕交易的利库路特丑闻，卷入了多名政界高官，包括首相竹下登、财务大臣宫泽喜一和自民党总干事安倍晋三。更令公众震惊的是，丑闻还涉及诸多高层公务人员。

1996 年，一名前厚生省（日本中央负责健康福利的部门）副大臣（该省厅的行政负责人）因收受某福利商业集团的贿赂被捕，受贿原因是给予该集团建设享有特殊补贴的养老院的特权。

受 90 年代丑闻影响最大的是财务省。1995 年，该省厅一位高层官员被发现没

264　有将收取的捐款上报给税务部门（Hartcher，1998）。1998 年 1 月，一位前财务省局长因泄露信息以收受贿赂被捕。一星期后，两名财务省的银行督察员因涉嫌向几家银行泄露督查时间被捕，泄密是为了换取在餐厅、夜总会和高尔夫俱乐部的高级服务。由于这些丑闻，财务省大臣和副大臣双双辞职。促使首相桥本龙太郎决定设立之后起草《国家公务员伦理法》的委员会的直接原因也是上述丑闻。事实证明，

被揭露的丑闻只是冰山一角，因为之后又有多名财务省官员被指控接受私营商业机构提供的非法"娱乐"服务（Brown，1999；Kaneko，1999）。

　　另一个频繁引发公众愤慨的行为被称作"kankan settai"：各地官员用好酒好菜款待中央省厅的上级。各地官员称，如果他们不款待中央官员，就无法从上级那里获得必要的信息和数额适当的资金（Inoguchi，1997）。

　　所有这些丑闻的根源都在于传统的公共服务价值观和惯例。日本公共服务一直以来都以官员胜任，甚至某种意义上的"高尚道德"而著称。然而，有些惯例，比如好酒好菜的饭局，按照现代全球标准已不适用了。这个惯例一直为私营部门高管和大部分公众所接受，因为很多人认为工作之外一起吃饭能改善关系，进而提高工作效率。实际上，近年来，私营部门也被迫大力改革，主要原因是外国投资者的要求逐步改变了日本公司的行为。① 送礼是日本传统文化的一部分，目的是表达尊敬和感激，而且不一定和利益相关。不少人仍然不能理解，送礼不仅可能给自己带来麻烦，还可能给收礼的人带来麻烦。不少人仍然没有意识到，请客吃饭可能被视为行贿。禁止这些传统惯例的新标准令这些人叫苦不迭，而且他们担心，如果不按照惯例办事，对方就会觉得他们缺乏礼数和敬意。有趣的是，很多私营部门的数据显示，这样的改革推行后，和公共部门的官员保持联系开始变得困难。②

　　除了一系列力度较小的举措外，官僚体制的现代道德管理问题集中在三个重要的事件。第一，利库路特丑闻后，内阁发布了《关于执行官员纪律的决定》（1988年12月），指出政府官员应当避免招致公众怀疑的行为。第二，90年代的丑闻风潮后，副大臣委员会于1996年达成协议，要求各省厅自行制定与来自私营部门或其他公共部门的个人或机构进行联络的行为准则，这些个人或机构的利益会受到公务人员决策的影响。违反规定的公务人员会按照《公共服务法案》受到处罚（Kaneko，1999）。理事会提供了行为准则范本，各省厅在此基础上制定了各自的准则。然而，丑闻仍然层出不穷，而且公众开始认为，政府自我约束的举措不够。1998年2月，桥本龙太郎首相建立了制定道德措施的委员会。委员会通过了1996年的举措，而《国家公务员伦理法》最终于1999年8月13日颁布。法律规定，必须制定道德规范，以代替各省厅的规范（Goda，2001）。

　　这就是日本当时的政治和行政背景，最终通过了《国家公务员伦理法》。概述中解释了使日本战后稳定且经济上获得成功的政治体制是如何在20世纪最后的25年解体的。最重要的方面包括：官僚体制的权力和威望减退，选民对腐败的不满情绪日益高涨，以及尝试改革却没有实际推行。所有这些事件都推动着管理官僚道德议案提上政策议程。最终，一系列的丑闻成为了"焦点事件"（Kingdon，1995），把这个议案提上了议程。

265

---

① 比如，很多"商务晚餐"变成了"商务午餐"甚至"商务早餐"，主要是由于外国合伙人的压力。
② 由日本人事院开展的调查清楚地表明了这一趋势。

14. 4 《国家公务员伦理法》的内容

正如上文所述，《国家公务员伦理法》于 1999 年 8 月 13 日颁布。该法律主要包括以下内容：（1）制定了三个基本道德原则；（2）通过建立伦理审查委员会和任命"伦理监督长官"搭建了公共行政部门道德管理的组织框架；（3）建立了（高层官员）上报收受礼品的程序以及上报持有股票和收入的程序；（4）提出了公共企业道德管理的具体措施，并设立了将道德管理引入地方政府的基本目标。①

本小节将概述《国家公务员伦理法》（简称《伦理法》）及《国家公务员伦理规范》（简称《伦理规范》）的内容。首先概述建立在《伦理法》基础上的组织框架，之后介绍采取的措施。

14. 4. 1 组织框架

266　　成立于 1948 年的公务员伦理审查委员会隶属于日本人事院（NPA），是一个拥有较大权力和责任的独立机构。其基本职责是保证人事管理的公平、维护公务人员因劳动权受限而获得补贴的福利和利益，以及制定和推行适当的人事政策（National Personnel Authority，2005）。尽管伦理审查委员会是人事院的下设机构，但拥有很大的独立性，有全职的会长一人和委员四人。委员会的全体成员都由内阁任命。委员会下设一个秘书处，由秘书长管理。

委员会在道德管理方面的职责和能力包括：（1）向内阁提交关于《伦理法》的内容和修订方面的建议；（2）制定和修订针对违反道德原则或法规的员工的纪律行动标准；（3）计划并协调伦理培训项目；（4）开展关于道德伦理问题的研究；（5）为各省厅领导提供道德管理方面的指导和建议；（6）审阅礼品、股票交易和收入方面的报告；（7）调查涉嫌违反《伦理法》的案件，并对违法者采取纪律行动，如果是省厅内的违法行为，则有权要求有关大臣采取行动。

《伦理法》还设立了伦理监督长官的职位，每个省都设有这一职位，作为各省的行政负责人（副大臣）。他们的任务是为同事提供道德问题方面必要的指导和建议，并建立"伦理管理体系"。这些长官通常会把一部分工作分配给局长。道德措施的日常运行通常由各省的人事部门展开，需要保证员工熟悉《伦理法》和《伦理规范》的内容、组织培训并调查涉嫌违规的案件。

14. 4. 2 政策措施

高层官员应该向省内的伦理监督长官汇报其劳动所得的价值在 5 000 日元以上

---

① 公共企业和地方政府的道德管理不在本章研究的范围之内。

的所有礼品、款待或酬金。有些部门也需将这些报告的副本提交给伦理审查委员会。若报告涉及价值超过 20 000 日元的礼品，则需要公开。执行官员需要履行额外的职责，每年向所在省的伦理监督长官汇报其股票和债券交易及收入。报告的副本提交给伦理审查委员会。

伦理审查委员会审阅了收到的所有报告（每年超过 3 000 份），但在 1999 年至 ²⁶⁷ 2003 年间只发现一个违反《伦理法》的情况，"在此案件中，一名官员在没有获得伦理监督长官许可的情况下为另一方（有利益联系）进行演讲，另一方支付了酬金"（National Personnel Authority，2005）。

《伦理法》规定，要制定《国家公务员伦理规范》（在伦理审查委员会的建议下成为政府指令）。《伦理规范》于 2000 年 3 月 28 日出台，2000 年 4 月 1 日起开始实施。

《伦理规范》① 制定了五个"道德行为"基本标准，前三个都出自《伦理法》：（1）公务人员不应对任何公众有不公平或歧视性待遇……履行职责时应始终保持公平，始终铭记自己是整个国家的公仆，而非某个团体的公仆；（2）始终要公私分明，不应利用职权为自己或所在的机构谋取私利；（3）履行职责时，不应有任何可能引起公众对公共服务公平性产生质疑或不信任的行为，比如，收取受其职责影响的实体所赠的礼品；（4）在履行职责时，应以促进公共利益为目的，并竭尽全力；（5）时刻牢记自己的行为可能影响公众对公共服务的信任，工作之外也是如此。

阐述了基本原则后，《伦理规范》的规定就十分具体了，实际上集中在一个道德管理问题上，即公务人员是否可以接受个人或实体给予的好处（礼品、款待、利益等），特别是当对方属于"利益相关方"的情况下。从罗列的禁止和允许的行为（《伦理规范》，第三章，第 1 条）可以看出规定的细致程度。《伦理规范》中禁止以下行为：收取利益相关方的礼金、物品或房产（包括离别时赠送的礼品、贺礼、以金钱的方式赠与逝者的金钱或葬礼上的鲜花礼品）；接受利益相关方的贷款（不包括金融机构提供的支付正常利息的贷款）；接受利益相关方拥有的或为之购买的免费物品或房产；接受利益相关方提供的或为之付费的免费服务；收取利益相关方提供的未公开发行的股票，无论是否支付股价；接受利益相关方的款待；与利益相关方共同用餐；与利益相关方参与任何不适宜的活动或打高尔夫球；与利益相关方共同旅行（不包括公务差旅）。《伦理规范》中允许以下行为：接受利益相关方的礼品，且该礼品是作为广告商品或纪念品广泛派发；在有很多人参加的聚会上接受一个纪念品；在公务拜访时使用利益相关方办公室里的物品；前往利益相关方的办公室拜访时，乘坐利益相关方提供的汽车等；在公务会议上接受利益相关方提供的茶点；在有很多人参加的聚会上，接受利益相关方提供的茶点，及/或与利益相关方 ²⁶⁸ 一同用餐；在公务会议上，接受利益相关方提供的简单食品和饮料，如果公务人员自己支付费用，则可以和利益相关方共同用餐。公务人员只有在获得伦理监督长官

---

① 日本公共行政机构的道德原则的制定还基于另外两个重要的来源（OECD，2000）。第一，《日本宪法》规定："所有公务人员都属于全社会，而非某个团体。"（第 15 条，第 2 款）第二，《国家公务员伦理法》规定："作为人民的公仆，任何公务人员都应为公众的利益履行职责，并尽全力履行其职责。"（第 96 条，第 1 款）

批准的情况下，才能在晚间和利益相关方共同用餐（不包括公务会议或谈判中的便餐）。

"利益相关方"的定义是"在政府官员工作的过程中，其行为可能影响到的个人或实体"（Goda，2001）。《伦理规范》也详细规定了个人和实体的含义。一些例子如下：对于负责许可或补贴的公务人员，利益相关方是享有许可或补贴的企业或机构，或者正在申请（或显然准备申请）许可或补贴的企业或机构；对于负责督查的公务人员，利益相关方是正在接受督查的个人或实体；对于负责行政指南的公务人员，利益相关方是按照行政指南的规定，需要采取或不采取某些行动的个人或实体。[①]

《伦理规范》还明确指出，如果公务人员被任命或调任至另一个职位，其前职位的利益相关方在其新任命或调任的三年内仍然属于利益相关方。允许公务人员接受与之建立私人关系的利益相关方赠送的礼品，比如，利益相关方是其亲戚或老朋友（Goda，2001），但是"当且仅当接受礼品的行动不会引起公众对其执行公务公平性的质疑或不信任……"（《伦理规范》，第四章，第1条）。最后，如果公务人员不确定某一行为是否在法律允许的范围内，应当咨询副大臣，并听取其指导。

《伦理规范》规定，在《伦理规范》执行后的五年内，伦理审查委员会必须对其进行审核，并向内阁提交《伦理规范》的修订建议。审查委员会进行了一次审核，内阁采纳了其建议，并于2005年4月1日后执行。变化幅度不大，主要是增加了一些规定。其中包括：关于公务人员授权的出版物的酬金方面的规定；对上级忽略或错误报告其同事违规行为的纪律处罚规定；按照规定，各省的最高公务人员在接受可能被视作机构内任何公务人员的利益相关方的个人或机构给予的任何形式的款待时，都必须获得批准，这一规定有所放松（新规定中这样的批准只需由该公务人员的直接上司作出，不需要请示最高领导）；还有一条新规定，即公务人员在接受利益相关方赠与的价值超过10 000日元的款待时，即便是自己付款，也必须事先获得许可。

14.4.3　培训和宣传

269　　伦理审查委员会为各省负责道德管理的公务人员（通常属于人事管理部门）组织培训。培训的内容通常是对《伦理法》和《伦理规范》进行详细解释和具体案例讨论，包括违反《伦理法》和《伦理规范》的真实案例。委员会还为道德培训的指导教师提供"为培训者提供培训"的项目。委员会还为各省的内部培训提供培训材料，包括一本已经修订数次的《公务员道德个案记录：具体案例中的伦理规范》。这本教材通过真实案例和设想的场景解释了《伦理法》和《伦理规范》。其主要目的是让公务人员对于这些案例中的道德问题比过去更为敏感。

委员会向所有公务人员派发《国家公务员伦理手册》，解释与道德相关的规定。这本手册主要侧重于《伦理法》和《伦理规范》，描述了一些有些人认为是可以接

---

① 《伦理规范》中还规定，禁止公务人员接受任何商业实体（不论是否属于利益相关方）提供的"超过普通社交礼貌，比如频繁的款待"。

受但按照新规定是明令禁止的行为。这本手册也经过了数次修订。最后，委员会还建立了一个大网站，为公共和私营部门编制并派发宣传册，提供关于委员会在政府出版方面的信息，举办"国家公务员道德周"活动，指导公务人员如何上报礼品，等等。

《伦理法》（第六章）也规定了在涉嫌违反《伦理法》或《伦理规范》的情况下详细的程序和职责。在此情况下，主要行动者是"任命的官员"（各省的大臣），但是伦理审查委员会也是一个非常重要的行动者，具有很强的调查能力。大臣向委员会报告违法嫌疑，但是会亲自监督调查。之后，大臣向委员会汇报调查情况和结果。必要的话，大臣和委员会可以共同展开调查。在特殊情况下，委员会可以自行调查。大臣在进行纪律处罚时，需征得委员会的许可。委员会也可以自行进行纪律处罚，特别是在委员会自行调查的情况下。

伦理审查委员会可以通过包括媒体在内的各种信息来源获取和收集关于违反《伦理法》的信息（National Personnel Authority，2004）。委员会负责审核信息，如果必要的话，委员会亲自或委托大臣就指控展开调查。

具体数据如下：根据人事院的年度报告，在 2000 年至 2003 年间，伦理审查委员会调查了约 50 起案件，其中有一半的案件中官员受到纪律处罚。

14.5　《伦理法》和《伦理规范》的影响

那么《伦理法》和《伦理规范》究竟产生了怎样的影响呢？伦理审查委员会在不同群体中进行了一些调查，根据调查得出下文所阐述的结论。下文中的发现是几个调查都反映出的明显趋势。根据调查，《伦理法》和《伦理规范》的影响总结如下。

第一，从调查结果可以明显看出，《伦理法》和《伦理规范》产生了一定的影响。伦理审查委员会指出了一些变化：比如，与私营企业的晚间会议由白天的讨论所取代（National Personnel Authority，2001）。于 2003 年 5 月进行的两个调查的结果都证明了这个变化，这两个调查中都包括"公务人员的道德意识和行动是否有所变化？"这个问题。对 5 000 名公务人员展开的调查显示，79.5％的受访者认为他们的意识和行动的确发生了变化；对 2 481 家上市公司展开的调查显示，62.8％的受访者认为公务人员的意识和行动发生了变化。① 然而，伦理政策制定者却普遍抱怨，引入《伦理规范》较为容易，但是这些宣传手册常常压在公务人员的抽屉里，或被丢入垃圾箱，而没有对公务人员的道德产生任何实质性的影响。尽管如此，《伦理法》的起草者以及伦理审查委员会的委员的确应当为完成这样一件有影响力的工作而受到嘉奖。

下一个问题是关于影响的性质。应该如何评价这些影响呢？总的来说，受访者大都持较为乐观的态度。比如，伦理审查委员会于 2002 年 6 月针对 200 名学者进

① 这一调查的回复率是 82.7％。

行了调查，结果显示，62.5%的人认为《伦理法》和《伦理规范》的影响主要是（尽管并非完全是）积极的，只有5.4%的人认为影响主要是消极的（National Personnel Authority，2004）。

所以，尽管总体评价较为乐观，但仍有一些问题和担忧。实际上，这并不令人吃惊。《伦理法》和《伦理规范》明显是以合规为导向的道德管理模式，在这样的情况下，存在担忧不足为奇。如果过于强调这种模式，其内在缺陷就很可能会显现出来，关于这一点已有广泛的学术论证。从对于官僚体制的传统批判（Crozier，1964），到较近的阿纳芝亚里科（Anechiarico）和雅各布斯的研究，其中得出结论，过于依赖合规的道德管理手段可能会导致诸如决策拖延、自我保护式的管理、目标错位和士气低落的缺陷（Anechiarico and Jacobs，1996）。

过于依赖合规手段带来的负面影响在日本有明显的表现，以下列举的调查结果反映了这一点：（1）2001年6月针对500名监督人员进行的调查显示，超过54%的受访者表示，他们认为"公务人员过于受到《伦理规范》的约束"和"由于道德规范的推行，收集信息变得更加困难"的观点（或部分观点）是"有道理的"（National Personnel Authority，2002）。（2）2002年针对200名学者的调查显示，认为《伦理法》和《伦理规范》有负面影响的人得出这一结论的最重要的原因如下："国家公务人员感到胆怯，工作动力受到影响"和"公共行政部门和私营企业之间的信息收集和意见交流受阻"。（3）2003年5月进行的调查要求公务人员和私营企业的代表评价"受《伦理规范》约束的行动"。50.4%的公务人员和28.7%的私营企业代表认为这些约束是"严格的"或"较为严格的"。选择"严格的"或"较为严格的"选项的人被要求列举他们认为限制性最强的三点。公务人员选择最多的选项是他们认为"与被视作（利益）相关方的前同事或上级之间的关系受到了约束"。私营企业代表选择最多的选项是"除了会议场合，利益相关方不能向公务人员提供任何种类的食品或饮料"。

伦理审查委员会意识到了这些问题，也意识到这些规定可能会影响公共服务运行或有损公务人员的自尊心（National Personnel Authority，2002）。然而，委员会将这些问题归因于公务人员对这些规定的诠释过于严格，而非政策本身的合规导向模式。比如，在其2000年的年度报告中，委员会指出，"有些曲解了《伦理规范》的公务人员认为受到限制的范围太广，有些害怕违反《伦理规范》的人过于限制自己的行为"（National Personnel Authority，2001）。

伦理审查委员会采取的主要政策是扩大培训和推广活动的范围，把《伦理法》和《伦理规范》解释得更清楚，而非将政策转变为以诚信为导向的道德管理模式。2005年对《伦理规范》进行的调整也较为有限，没有表现出向诚信导向的道德政策转变的趋势。

14.6 结语

本章讨论了亚洲国家的价值观以及日本公共服务的价值观。对亚洲国家价值观

272

的探讨显示，亚洲社区（社会、政治、经济、公共生活等）受到传统价值观的强烈
影响，而且因此有所区分。在日本公共服务价值观的研究方面，本章阐述了日本官
僚声誉下滑、选民的心态日益难以揣测且对腐败不满的呼声日益高涨，以及对于改
革的广泛要求如何成为了促成 1999 年日本《伦理法》颁布的时代背景。然而，一
系列公开的丑闻成为了把公共部门道德管理问题推上决策议程的焦点事件。有人认
为，这些丑闻不仅是《伦理法》出台的直接原因，而且也为法律的内容提供了至少
部分依据，包括强调送礼问题、强烈的合规导向以及隐含的对高层官员的偏见。

《伦理法》的一些特征总结如下：

第一，如果只强调一个特定的道德问题，不管这个问题多么重要，都会缩小道
德管理的范围。这么做是在暗示，道德管理的其他手段属于其他的分类，不属于道
德管理，由伦理审查委员会的其他行动者管理。这样就大大削减了由一个中央机构
（比如伦理审查委员会）制定和协调一个广泛的综合道德管理战略的概率。本应协
调各种道德管理手段，使其通力合作，以实现规范公务人员行为的共同的整体目
标，这样，实现这一目标的概率也受到了影响。

第二，专注合规手段的劣势广为人知，并且已在评估影响的调查中得到证实。
不论指导方针及其执行多么清楚明了，都必须有基于诚信的手段作为补充，支持公
务人员的自由决定权，而非削弱这一权利。特别是那些不仅解释规章制度，而且关
注如何培养道德决策能力的培训课程，可以是十分有效的手段。

第三，公共行政论文表明，不论规章制度如何规定，自由决定权绝不仅是高层
官僚的特权。良好的道德管理不仅应针对中央官员及其对待礼品和款待的态度，而
且应针对所有公务人员的敏感行为。

最后，颁布《伦理法》和《伦理规范》以及建立伦理审查委员会是日本行政部
门制定真正有效的公共部门道德政策中的重要步骤，但是仅凭这些措施仍然不够。
日本行政应当进一步改革战略，把道德政策的关注点从送礼问题扩大到其他领域，
通过一系列其他手段补充合规手段，并保证政策能够触及官僚体制的每一个角落，
不论是东京的副大臣还是偏远地区的职员。

第 15 章

总　结

米歇尔·S·德·弗里斯
金判锡

15.1　引言

275　　如果说本书有一个论点，那就是努力从不同的理论角度来阐释同一个问题。本书阐述的问题是我们认为在公共行政当中缺失的价值观与美德。理论视角包括古典和当代哲学、制度学、经济学、社会心理学、政治与组织科学。作为一门跨专业学科，公共行政学建立在这些学科的基础上，我们认为公共行政学可以从这些学科中获益良多。与此同时，公共行政学的本质决定了它要综合理论与实践，为此，本书后面的章节讲述了中东欧、拉丁美洲以及非洲国家公共行政的实际情况，并介绍了针对国际组织（经济合作与发展组织）和发达国家（日本）的两个案例研究。

　　问题是如何综合各种视角并且了解我们能从中学到什么。这就是最后一章的目的。

15.2　不可或缺的价值观

　　本书前面的章节提到，尽管将公共行政与美德行为相提并论是矛盾的，尽管全球公共行政领域价值观与美德的缺乏是这些组织面临的最严峻的问题，但是全世界都提倡在公共行政领域融入价值观，而且公共行政行为越来越受明确的方针、行为规范以及基准和规定的引导。本书表明价值观与美德在公共领域越来越重要，甚至成了世界各地公共行政及公共政策的中心主题。向公众提供平等 *276*
服务的驱动力是无私、正义、诚实、公平、正直、连贯、责任、透明、负责。这使公共部门区别于私营部门。

价值观是行政过程的主要支柱。缺乏价值基础的公共行政是难以想象的。价值观是引导和判断行为及政策的标准、原则及衡量尺度。在行政过程的基础上，价值观会对政府产生重大影响。社会自行决定的价值观能够决定甚至限制政府应该做什么、不该做什么。政府制定的目标和政策需要由价值观来决定公共机构如何处理事务、管理资源以及如何实现目标。价值观决定一个政府怎样对其公民、社会团体和市场采取行动。公民委托政府在提供公共服务时坚持这些价值观。透明、有效、高效、负责是政府的承诺，并且允许公民参与行政。在这一方面政府不能逃脱责任。公共行政的每个方面都要与价值观相联系。

这是否意味着公共行政学的价值观没有问题呢？此论差矣。几个世纪以来，政府的管理过程历经多次改革，这些改革腐蚀了政府的公众性质、可信任度以及绩效。实际上，定义公共服务中的价值观时，理论和事实差距很大。实践受到制度二元论的影响。"一刀切"的治理理念以及诸如创业管理等的改革使行政的内涵变得迥异。

本书发现了三个主要原因。

（1）首先是新公共管理背后的新理念兴起。与公务人员应持有的最初的价值观相比，现在许多对服务公众兴趣很少甚至没有兴趣、却又渴望权力的个人对政府趋之若鹜。新公共管理的倡导者认为政府应该采取商业式的技巧，这给公共部门带来了痼疾。公共部门的市场化和私有化使公共价值观的重要性边缘化，比如再分配的正义和社会政策。为了克服公共部门低效率和无效性的内在痼疾，新公共管理被归类为传统公共行政，主要依靠政治投入，由官员监管服务。新公共管理的潜在原则是打破官僚或独裁，采取激励措施促使人们改变行为，采用绩效目标，为雇员和消 *277*
费者提供公共服务。此外，它还包括将某些活动外包给私营部门。公共部门采用新公共管理引起人们对外包中的价值观管理的担忧：政府功能理念、主权以及国家行为宣言。新公共管理或者外包的目的是提高效率，缩减政府，得到更多利益。然而，采用新公共管理削弱了公共行政实现宪法责任的能力。政府的首要价值观——公共价值观——被外包方的效率和有效性的重要性替代了。在过去几十年里，全球公共部门盛行市场机制，商业价值观被广泛引入公共部门。几十年来，人们更强调商业价值观，如经济有效性，而非公众性。公共利益及公众性等价值观受到了新的公共管理方式及经济自由主义的挑战。

大体而言，新公共管理忽视公共部门，拒绝公共部门内在的古典价值观，尤其是其对控制与平衡的重视，即平衡平等与效率、平衡短期目标的实现与长期的可持续的有效性、平衡法制性政策与快速有效的服务供应。控制与平衡曾被视为效率的阻挠者，宣传这种平衡的政府不会被视为问题的解决者，而被视为问题本身。林奇认为，在经济合作与发展组织中也出现了这种情况。虽然该组织花了几十年的时间努力提倡民主、伦理和正直，但采用市场式的治理方式似乎导致了更多的腐败。这使公民对政府的信任度下降了。在他们看来，经济合作与发展组织需要越过市场机制，了解哪些价值观、人格和美德对社会而言是重要的。

比如，工藤弘子认为，在日本的公共部门，价值观被当作伦理的同义词（本书中）。如其他工业化国家一样，日本的公共服务管理是重点。虽然许多亚洲国家了解诸多价值观，但是公共部门的价值观有其共同特征。日本的公共行政制度建立于西方模式之上，然而却保留了制度实践和传统价值观。日本将"西方"模式与日本文化及价值观进行融合，这一能力为该国显著的进步作出了巨大贡献。在哈克看来，新公共管理这一方法的出现及普及带来了伦理形式主义的出现，尤其是在发展中国家，并侵蚀了其专业标准；削弱了发展中国家公共服务者的动力及士气，当这种伦理冲突损害公共服务的形象时尤为如此，并最终减弱了公共部门的独有特征。

278

（2）这就引出了引发公共部门价值观问题的第二个因素，即全球化。全球化并不以价值观的嵌入来严格区分文化，常常导致所谓普世价值观与国家甚至地区文化格格不入。保护文化内嵌的价值观、基准以及社会和政治体制的愿望，以及全球化的压力使提倡健全的公共服务的努力化为泡影，并滋生腐败。总而言之，在该背景之下，非洲公共服务的价值观和伦理已经得到了很大改善，人们可以有更高的期待。

工藤弘子持相同观点，其所描述的"二战"后日本的情形是：官僚被迫采用西方价值观，呼吁缩减政府开支及人员规模。官僚一直被视为胜任力和正直的代表，他们保护国家公共利益，使之不因奉行侍从主义的政治家的目光短浅行为而受到损害。20世纪90年代，许多政策失败后饱受批评，上述看法被改变了。尤其值得一提的是，后来的财政部要为经济倒退以及社会关注度很高的公务人员丑闻负责。因此，日本的战后改革缩减了政府规模，使之成为所有工业化民主国家中规模最小的政府。

穆斯·辛单在非洲的问题上持类似的观点。在非洲，全球化进程带来的负面影响致使道德需要重建，需要采用同业审议机制使人们获得同一感，并且提高国家在提升民主原则及制度、促进广泛参与及良好治理方面的责任感。像泛非公共服务部长机构、《非洲公共服务宪章》标准框架，以及《非洲民主宪章》已经得以实施。标准框架如原则及目标等包括"提高透明度、责任制以及公民对公共事务的有效参与"。所有非洲国家都承诺根据《非洲公共服务宪章》制定自己的宪章。他提到几个原因：伴随现代化和发展过程出现的传统价值观与他国输入的基准之间的矛盾，公共服务回报相对较低，以及长期的贫困等。非洲公共行政学正经历变革，需要为其传统的集体分享精神（集体主义和合作社）价值体系找到共同的基础。

全球化定义普世价值观的问题在于，这些价值观不是它们应该有的样子，也就是说，不符合人们对于什么是好的、可取的，什么不应存在于特定文化中的一般理解。价值观决定某一社会的对与错，至少刘易斯（1991：3）的定义是如此。为了

279

获得或留住公共行政领域的价值观，必须从社会学以及社会心理学和其他角度来检验该议题。了解一个社会的信仰、价值观、基准、期待、风俗和目标是定义价值观与美德的基石。价值观强调行为的可取性。价值观帮助我们了解在一个特定情况下，什么是好、什么是坏。

因此而带来的标准及原则的缺失使公共行政失去很多，而不仅是信任度。它使行政领域开始追逐冲突的价值观；这些价值观使公共行政不同寻常，也包括采用改革方案的商业领域的价值观。此外，失去了"公共性"这一中心主题，导致了更多腐败、不道德行为及利益冲突。公民对公共行政缺乏信任也是值得重视的严重问题。有些所谓的全球改革方案已经腐蚀了基本的价值观，而非改善了体系中的机制问题。在几十年的漠视之后，近来公共丑闻频现以及全球腐败的泛滥已经削弱了公共部门伦理的基础，削弱了在责任制和伦理基础上建立的制度框架。抛弃这些已经形成的价值观降低了公共生活以及民主治理的伦理标准。

（3）我们也需要在公共行政学科内部找寻原因。在公共行政学这一学术学科的发展中，当我们不断提高公共行政学的有效性特别是效率时，美德似乎缺失了。在建立良好治理时，对效率的重视已经达到极限。该学科是否能够更好地了解如何使公职人员变得更为高效，或者是否也需要考虑到公职人员的规范方面？该学科是否只研究公共行政，或者也对公共管理者感兴趣？如果后者为真，公共行政学学者是否了解行为并能够建立模型，使错误行为得到改正，正确行为得以坚持？正如埃莉诺·奥斯特罗姆和文森特·奥斯特罗姆在本书中所言，受价值观驱动的行为可以运用框架、理论和模型来进行分析。在成熟框架基础上建立的模型能够对理论产生的某套参数和变量提出精确的假设。这种分析能够帮助解决改革的问题，并且在某种情境下预测改革的结果。制度分析与发展框架可以使我们了解规则、物理条件和物质条件以及社区的特征如何影响行动情景架构，也就是说，这一框架能够体现行为者与环境以及影响之间的互动。在制度分析框架中，现有的物质条件、社区特征以及规则将影响行为状况以及行为者/参与者。经济学家称，行为者个体基于利益和成本分析作出选择，他们理解并权衡不同的策略及其可能带来的结果。对周围环境与行动情景之间的互动所做的分析能帮助人们预测某些结果，以及结果对环境产生的影响。除了对结果的预测外，公共选择理论的理论家能够运用不同的评估标准对所取得的结果进行评估。在解释行动情景以及行为者选择因素（诸如影响某一行为状况所有因素的规则）时，人们需要考虑取得某些结果的物理可能性以及物质的可用性。

15.3　公共价值观管理

目前出现的问题的主要解决方法只能解决问题的一部分。情况部分属实，因为这些方法一味地将价值观等同于受规则限制的义务学（对比本书简介部分）。为了在某一组织内建立并保持价值观，需要制定明确的规则。但是正如查尔斯·加洛法罗所说，仅有标准并不够，而且不理解良好治理的本质和意义的复杂性而进行政府

214

转型，可能会对公共价值观及道德主体产生威胁。正如最后几章所言，制定标准并阐述标准是目前非洲、拉丁美洲、新的欧洲民主国家、经济合作与发展组织以及日本等发达国家的主要解决办法。这指的是宪法、法律、制度、行为准则等的重新制定。虽然对规则、标准以及基础价值观进行阐述是重新融入价值观的必要条件，但是要使公共行政者普遍按道义行事，这些远远不够。当法制成为政府决策的基础，或者制定了行为规范时，宪法的存在远远不是公共价值管理的充分条件。在本书中，约兰塔·帕里道斯凯特发现，在过去 20 年中，大多数新欧洲民主国家制定的宪法跟欧洲民主国家一样，缺少描述公共服务纲领的独立章节。所有国家的宪法都提到国家的民主本质存在的必要性，但是这仍然太笼统。某些宪法只是强调坚持民主或根本价值观，而有的宪法甚至根本没有提及。对社会和公共服务很重要的社会正义没有在任何宪法中被提及。

281　　相似的是，行为规范强调公职人员必须比社会其他人员遵循更高的行为标准。然而，并非所有欧盟国家都对其公务员实施此规定。多数新欧洲民主国家有相似的文件，与立法一样强调某些标准。在这些文件中最常提及的价值观是对政府或国家守法、公正、忠诚，为公共利益服务，以及诚实/正直。除了行为的一般原则外，行为规范还强调避免利益冲突、对待礼物及其他利益的态度、不滥用职权、不滥用国家财产及官方信息，以及禁止政治活动等。对于其他方面，如非法影响、外事活动、岗位需求以及违反规定的纪律措施等阐述不多，也没有受到太多关注。总之，可以说在多数情况下，规范只是重述并阐述立法中已经体现的价值观和原则。

　　这并不是说这样的制度无用武之地。克里斯汀娜·安德鲁斯认为这样的制度对拉美而言是有用的。签署《美洲国家反腐败公约》之后，美洲国家组织发起了美洲国家合作项目消除腐败，促进成员国之间以及与其他国家间组织（如经济合作与发展组织和联合国）之间的技术合作及信息交流。该项目有助于在美洲地区宣传良好实践。按照公约的条款，许多国家已经实施了打击腐败的项目，促进公共服务的公平与健全。许多社会政策已经实施，并且减轻了贫困和不平等现象，因为该地区实施了这些社会政策，人们认识到政府可以发挥有效的作用。因此，可以说政府已经向公众证明它摆脱了侍从主义和腐败，因为它努力通过不同方式满足公民的需求。有了这样的导向，人们可以想见诸如诚实、团结、责任等价值观将影响所有机构。

15.4　公共美德管理

　　这种谦逊是应该的，因为在义务伦理学基础上，这不仅仅是阐述价值观，同时有令人质疑的假设认为人们能够永远乖乖遵循这些规则。然而，价值观常常互相冲突，而且有时严格遵守规则的后果是注重过程而忽视结果，这是有害的。在这种情况下，认为有道德的行动能够带来好的结果的目的论伦理学成为关键。迪米特里厄斯·阿基瑞德斯认为，道德行为成为关键，道德行为最终依靠对他/她的所有行为产生的个人责任感，而由某种管理主义产生的工具价值观则失去了其意义。在本书中，索伦认为，人们需要讲究奉献的社会性的个人，他们能够自主思考，有适当的判断力，有批判性的态度，善于自省，以实践为导向，并能发展自我。换言之，建立在进行能力建设以便作出正确选择（相对的价值观举足轻重）基础上的公共美德方法的基础是充足的论证和认知，论证和认知最终比个人的直觉和情感更为重要，因为它们能自我指导，将意志变为正确的行动。当认识一个人的行动带来的后果时，知识很重要，权衡有利和不利条件需要拥有反省的能力，并且形成适当的判断。对自我认识的渴求及其与美德的关系是，美德使人学会自我控制，使个人以负责任的态度运用其知识。民主和良好的治理想要发挥作用就需依靠有素质的公民（为其行为负责并有公共意识）、负责任的官员，并考虑到行政中的价值观与美德（在宪法及其他方面也如此）。

　　这就需要进行公共美德管理，并重新制定雇佣标准，重新进行人力资源管理，调查在组织成员中产生、促进并保持道德行为的决定因素。做到这一点并不容易，尽管已经做了很多调查，但是将人力资源管理与道德行为产生进行结合的研究仍然很少。

　　在过去，统治者知道——或者认为自己知道——如何使管理者遵守道德。他们从社会顶层选择管理者，包括名流、最高阶层、精英、家人等。与此同时，能够服务公众被认为是种荣耀。被选中本身就很了不起，并且会赢来尊重、荣誉，当事情进展不顺、面临困境、需要等待、需要放弃、需要展现勇气作出牺牲时该怎么做，这些都会成为内化的知识。

　　然而，我们知道，个人背景无法保证自己作出的选择超越了个人利益。不管其背景如何，许多名人、最高阶层成员以及远亲等既无美德，也不遵守规则和制度。腐败不是一个新现象，它自古就存在（Finer）。

　　除了这些古代的雇佣标准，现在又出现了新的机制，有时是基于考绩制度，强调持有文凭，有时基于政党分赃制，强调政治忠诚。我们也有来自营利部门（营利部门逐渐超越了公共部门）的新的雇佣标准，即高生产力和高效性。因此，公共部门不再仅仅制定公共政策、伸张正义、创造公平、回应呼声，同时也生产产品、制定生产目标，此时生产力和高效性就是标准。这一点又最明显地体现在新公共管理的观点中。首先，新公共管理用政府就是问题本身的观点替代了政府"存在的理由"是解决社会问题的看法；其次，它希望让业务指导政府的任务，取代了认为问题在于政府开展业务的方式的观点。

　　其结果是公共行政工作以及公共行政者不受重视。虽然成为公务人员一度成为荣耀，人们很骄傲能成为公务人员，但是现在，公共部门的岗位成为了最后的选择。如果营利部门不雇佣我，非营利部门也不提供岗位，那么最终我不得不在市政府混口饭，当警察、在公立学校当老师、做监护，或者在公共部门做其他什么工作。当人们认为，如果能够将公共产品和服务承包出去，一切将得到改善，认为公共服务不应得到尊重，那么作为公共行政者还有什么荣誉感呢？对公职部门的尊重正逐渐消失，这部分是因为错误的社会观念（比如公共行政者很懒惰），因为公务人员自己愚蠢的决定（腐败、欺骗），因为统治者的决定（雇佣罪犯），因为人为无法控制的变化（公共部门的增长），因为能预见将产生副作用的、有意为之的做法（合同承包）。如果公共部门的工作不体面，那么公职人员何苦有体面的行为呢？

15.5　终论

公共行政中的价值观与美德不会轻易实现。除传统的公共行政和新公共管理外，第三种方法是公共价值观管理。它的基础是公有制与合作，"认为人们需要分享并支持彼此的观点"。公共价值观管理学将公共价值观定义为：它包含政府活动产生的影响，并且在为公民提供他们想要的产品时，注重公共价值观的形成。公共价值观包含公共产品以及市场失效时的处方，同时也包括允许市场运营的制度安排，以便通过法治、保护知识产权、执行合同等建立市场。取得这些目标需要复杂的过程，需要考虑政治过程的瑕疵以及集体价值界定过程中的缺点。因此，建议采
284 用权变理论并制定以文化为基础的规则，反对"一刀切"的方法。建立在民族和组织文化基础上的公共价值观管理是一种新的思维方式，它建立于效率、责任和平等的基础上，同时试图在没有市场激励的条件下激发公务人员的积极性，并且考虑权变因素。正如本书中查尔斯·加洛法罗所说，公共价值观管理应该考虑到公共行政本质的特殊复杂性，循序渐进实现目标。

借助写作最后一章的优势，我们可以说他的观点完全正确，因为单纯阐述价值观并不能产生或保持有道德的行为。进行公共美德管理也是必要的，这意味着需要更好地进行公共部门的人力资源管理：为了雇佣到道德良好的职员，需要——虽然远远不够——改变雇佣标准，调查申请者仅仅需要一份工作还是会以进入公职部门为荣。如果公共部门的工作不能重新挽回其尊严，那么这样的工作也不可能吸引值得尊敬的个人，公共部门内的工作人员也不可能做出有道德的行为。这些人得到雇佣之后，适当的公共美德管理会使新人社会化。我们从社会心理学了解到，如果新人在第一年顺利实现了社会化，那么——尤其是遇到困境时——就可以防止公共行政者抛弃应有的价值观和道德行为。为了实现这一目标，人们不能仅依靠管理，更应该求得同事及经验老到的组织成员的帮助。最后，虽然公共行政很有成效，决定一个人是否有道德行为的因素是对公共行政者个人的管理及其周围的环境。这需要对公共行政中的个人即人力因素的更多关注。仅强调对组织本身有益的操作技巧、标准以及操作知识，仅考虑生产力、高效性、竞争力及绩效，不顾公共行政学中的个人需求以及社会化的个人，是对公共行政的质量的威胁。

参考文献

学术前沿系列
公共行政与公共管理经典译丛

Abelson, R. P. 1959. Modes of Resolution of Belief Dilemmas. *Journal of Conflict Resolution*, 3, 343–352.

Adams, G. B. and D. L. Balfour. 2004. *Unmasking Administrative Evil*, New York: M.E. Sharpe.

Adams, G. B. and D. L. Balfour. 2008. *Ethics, Public Values and Market-Based Government*. Paper Presented at the Copenhagen International Public Value Workshop, University of Copenhagen, Denmark, May 28–31.

African Charter on Democracy, Elections and Governance. Adopted by the Eighth Ordinary Session of the Assembly, held in Addis Ababa, Ethiopia, 30 January 2007.

African Union Convention on Preventing and Combating Corruption July 2003. Adopted by the 2nd Ordinary Session of the Assembly of the Union, Mozambique, Maputo.

Agrawal, A. 2000. Small is Beautiful, But is Larger Better? Forest-Management Institutions in the Kumaon Himalaya, India, in Clark C. Gibson, Margaret A. McKean and Elinor Ostrom eds. *People and Forests: Communities, Institutions, and Governance*, Cambridge: MIT Press, pp. 57–85.

Aktan, C. C. and H. Ozler. 2008. Good Governance: A New Public Managerialism. *Review of International Law and Politics*, 4, 14: 165–187.

Alam, M. S. 1989. Anatomy of Corruption: An Approach to the Political Economy of Underdevelopment. *American Journal of Economics and Sociology*, 48(4): 441–456.

Albanian Law on the Status of the Civil Servant. 1999. http://www.nobribes.info/documents/en/albania/legislative/law_8549_albania_civil_service_1999.pdf.

Albanian Rules of Ethics in the Public Administration. 2003. Law no. 9131. http://www.google.lt/search?sourceid=navclient&ie=UTF8&rlz=1T4ADBR_enLT291LT292&q= Albanian+rules+of+ethics.

Alchian, A. A. 1950. Uncertainty, Evolution, and Economic Theory. *Journal of Political Economy*, 583: 211–221.

Alford, J. and O. Hughes. 2008. Public Value Pragmatism as the Next Phase of Public Management. *The American Review of Pubic Administration*, 38(2): 130–148.

Allen, F. and D. Gale. 2000. *Comparing Financial Systems*, Cambridge: MIT Press.

Andrews, E. L. 2009. Leaders of G-20 Vow to Reshape Global Economy, *The New York Times*, Saturday, September 26, A1 & 9.

Anechiarico, F. and J. B. Jacobs. 1996. *The Pursuit of Absolute Integrity. How Corruption Control Makes Government Ineffective*, Chicago, IL: University of Chicago Press.

Annas, J. 1993. *The Morality of Happiness*, Oxford: Oxford University Press.

Antonsen, M. and T. Beck Jørgensen. 1997. The "Publicness" of Public Organizations. *Public Administration*, 752: 337–357.

Apostolou, B. and G. M. Thibaudoux. 2007. Why Integrity Matters: Accounting for

Accountants. *Public Integrity*, 53: 223–237.

Appleby, P. A. 1956. Re-examination of India's Administrative System with Special Reference to Administration of Goverment Industrial and Commercial Enterprises, New Delhi: Cabinet Secretariat.

Appleby, P. H. 1952. *Morality and Administration in Democratic Government*, Baton Rouge, LA: Louisiana State University.

Appleby, P. H. 1965. Public Administration and Democracy, in Roscoe C. Martin ed. *Public Administration and Democracy*, New York: Syracuse University Press.

Aquinas, T. 1952. *The Summa Theologica*, translation revised by Sullivan, D. J. Encyclopaedia Britannica Great Books, Volumes 19 and 20. Chicago: William Benton.

Arendt, H. 1963. *Eichmann in Jerusalem: A Report on the Banality of Evil*, New York: Viking Press.

Argyriades, D. 1982. Reconsidering Bureaucracy as Ideology, in G. E. Caiden and Heinrich Siedentopf eds. *Strategies for Administration Reform*, Lexington, MA: D.C. Health and Co., pp. 39–58.

Argyriades, D. 1996. Neutrality and Professionalism in the Public Service, in H. Asmeron and E. Reis eds. *Democratization and Bureaucratic Neutrality*, London: Palgrave Macmillan, pp. 45–73.

Argyriades, D. 2001a. Administrative Legacies of Greece, Rome and Byzantium, in A. Farazmand ed. *Handbook of Comparative and Development Public Administration*, New York: Marcel Dekker, pp. 61–76.

Argyriades, D. 2001b. The International Anticorruption Campaigns: Whose Ethics?, in G. E. Caiden, O. P. Dwivedi and J. Jabbra eds. *Where Corruption Lives*, Bloomfield, CT: Kumarian, pp. 217–226.

Argyriades, D. 2006a. Good Governance, Professionalism, Ethics and Responsibility. *International Review of Administrative Sciences*, 72, 2: 155–170.

Argyriades, D. 2006b. The Rise and Fall of Comparative Administration: The Rediscovery of Culture. *Public Administration Review*, 66, 2: 281–284.

Argyriades, D. 2008. Reclaiming Public Space, in Siegfried Magiera, K-P Sommermann und Jacques Ziller eds. *Verwaltungswissenschaft und Verwaltungspraxis in nationaler und transnationaler Perspektive*, Berlin: Duncker & Humblot, pp. 863–875.

Argyriades, D. and O. P. Dwivedi. 2009. Beyond Efficiency and Effectiveness: The Significance of Ethics and Spiritual Dimension of Service, in I. Pichardo Pagaza and D. Argyriades eds. *Winning the Needed Change: Saving our Planet Earth: A Global Public Service*, Amsterdam: IOS Press, pp. 64–90.

Argyris, C. 1960. *Understanding Organisational Behaviour*, Homewood, IL: The Dorsey Press Inc.

Aristotle. 1954. *Nicomachean Ethics*, Translated and Introduced by Sir David Ross, London: Oxford University Press; The World's Classics.

Aristotle. 1954. *The Rhetoric and the Poetics*, Translated by I. Bywater, New York: Modern Library.

Aristotle. 1982. *Nicomachean Ethics*, Translated by H. Rackham, Cambridge, MA: Harvard University Press.

Ascherson, N. 1996. *Black Sea: Birthplace of Civilisation and Barbarism*, London: Vintage Books.

Ashfort, B. E., E. Blake and A. M. Saks. 1996. Socialization Tactics: Longitudinal Effects on Newcomer Adjustment. *Academy of Management Journal*, 39, 1: 149–178.

ASPA American Society for Public Administration. 2009. ASPA's Code of Ethics. http://www.aspanet.org/scriptcontent/index_codeofethics.cfm.

Asser Pardo, R. 2005. *548 Days with Another Name: Salonika 1943: A Child's Diary; an*

Adult's Memories of War, New York: Bloch Publishing Co.

Badaracco, J. L. Jr. 1997. *Defining Moments: When Managers Must Choose Between Right and Right*, Boston, MA: Harvard Business School Press.

Bailey, D. H. 1966. The Effects of Corruption in a Developing Nation. *The Western Political Science Quarterly*, 19, 4: 719–732.

Bailey, S. K. 1964. Ethics and the Public Service. *Public Administration Review*, 244: 234–243.

Bailey, S. K. 1965. Ethics and the Public Service, in Roscoe C. Martin ed. *Public Administration and Democracy*, New York: Syracuse University Press, pp. 283–298.

Baker, R. 1991. The Role of the State and the Bureaucracy in Developing Countries Since World War II, in A. Farazmand ed. *Handbook of Comparative and Development Public Administration*, New York: Marcel Dekker, pp. 353–363.

Balugan, M. J. 2001. Tracking Ethical Compliance and Violations in Government: Contemporary Approaches and a Research Proposal. *Asian Review of Public Administration*, 13, 2: 18–37.

Banana, A. Y. and W. Gombya-Ssembajjwe. 2000. Successful Forest Management: The Importance of Security of Tenure and Rule Enforcement in Ugandan Forests, in Clark C. Gibson, Margaret A. McKean and Elinor Ostrom eds. *People and Forests: Communities, Institutions, and Governance*, Cambridge: MIT Press, pp. 87–98.

Barker, E. 1952. *Greek Political Theory: Plato and his Predecessors*, London: Methuen & Co.

Beadle, R. and G. Moore. 2006. MacIntyre on Virtue and Organization. *Organization Studies*, 273: 323–340.

Beck Jorgensen, T. B. 2006a. Public Values, Their Nature, Stability and Change. The Case of Denmark. *Public Administration Quarterly*, 30, 4: 365–398.

Beck Jorgensen, T. B. 2006b. Value Consciousness and Public Management. *International Journal of Organization Theory and Behavior*, 94: 510–536.

Beck Jorgensen, T. B. and B. Bozeman. 2007. The Public Values Universe: An Inventory. *Administration and Society*, 39, 3: 354–381.

Beck Jorgensen, T. B. and D. Sindbjerg Martinsen. 2009. *Accountability as a Differentiated Value in Supranational Governance*. Paper presented at the conference 2009 in Amsterdam Governing Good and Governing Well.

Behn, R. 1998. What Right Do Public Managers Have to Lead? *Public Administration Review*, 58, 3: 209–224.

Behn, R. D. (2003) Why Measure Performance? Different Purposes Require Different Measures, *Public Administration Review*, 63, 5: 586–606.

Behnke, N. 2007. Public Trust, Path Dependence and Powerful Interests. *Public Integrity*, 101, 11–36.

Bem, D. J. 1972. Self-perception Theory. *Advances in Experimental Social Psychology*, 4: 2–62.

Bendix, R. 1977. *Max Weber: An Intellectual Portrait*, Berkeley, CA: University of California Press.

Bertok, J. 1999. OECD Supports the Creation of Sound Ethics Infrastructure: OECD Targets both the "Supply Side" and the "Demand Side" of Corruption. *Public Personnel Management*, 28, 4: 673–686.

Bessette, J. M. and G. J. Schmitt. 1994. Executive Power and the American Founding, in B. P. Wilson and P. W. Schramm eds. *Separation of Powers and Good Government*, Lanham, MD: Rowman & Littlefield Publishers, pp. 47–62.

Bishop, P., C. Connors and C. Sampford eds. 2003. *Management, Organisation, and Ethics in the Public Sector*, Surrey, UK: Ashgate.

Black, B. 2006. Equity Culture, *mimeo*, Queens University Belfast.

Black, W. K. 2004. The *Dango* Tango: Why Corruption Blocks Real Reform in Japan.

Business Ethics Quarterly, 14, 5: 603–623.

Blanchard, O. J., K. A. Froot and J. D. Sachs, eds. 1994. *The Transition in Eastern Europe, Vol. 1 Country Studies and Vol. 2 Restructuring*, Chicago and London: University of Chicago Press.

Blech, B. 2008. The Bernard Madoff Case, *The New York Times*, Tuesday, December 23, p. A3.

Bovaird, T. and E. Loffler. 2003. Evaluating the Quality of Public Governance: Indicators, Models and Methodologies. *International Review of Administrative Sciences*, 69: 313–328.

Bovens, M. A. P. 1998. *The Quest for Responsibility: Accountability and Citizenship in Complex Organisations*, Cambridge: Cambridge University Press.

Bowman, J. S. 1991. (ed.) *Ethical Frontiers in Public Management*, San Francisco: Jossey-Bass Publishers.

Bowman, J. S. and Claire Connolly-Knox. 2008. Ethics in Government: No Matter How Long and Dark the Night. *Public Administration Review*, 684: 627–639.

Box, R. C., G. S. Marshall, B. J. Reed and C. M. Reed. 2001. New Public Management and Substantive Democracy. *Public Administration Review*, 65: 608–619.

Boyne, G. 1996. Scale Performance and the New Public Management: An Empirical Analysis of Local Authority Services, *Journal of Management Studies*, http://onlinelibrary.wiley.com/doi/10.1111/joms.1996.33.issue-6/issuetoc, 33, 6: 809–826,

Bozeman, B. 2002. Public Value Failure: When Efficient Markets May Not Do. *Public Administration Review*, 522: 145–161.

Bozeman, B. 2007. *Public Values and Public Interest: Counterbalancing Economic Individualism*, Washington, DC: Georgetown University Press.

Brinkerhoff, D. W. and A. A. Goldsmith. 2005. Institutional Dualism and International Development: A Revisionist Interpretation of Good Governance. *Administration & Society*, 37, 2: 199–224.

Brown, B. 2003. Ethics and Public Policymaking: An Incomplete Transition in Central and Eastern Europe. *Public Policy in Central and Eastern Europe: Theories, Methods and Practices*, Bratislava: NISPAcee, pp. 175–200.

Brown, J. R. 1999. *The Ministry of Finance. Bureaucratic Practices and the Transformation of the Japanese Economy*, Westport, CO: Quorum Books.

Buchanan, J. M. and G. Tullock. 1962. *The Calculus of Consent: Logical Foundations of Constitutional Democracy*. Ann Arbor: University of Michigan Press.

Bulgarian Law for the Civil Servant 1999. http://unpan1.un.org/intradoc/groups/public/documents/NISPAcee/UNPAN012623.pdf.

Bumgarner, J. and C. B. Newswander. 2009. The Irony of NPM: The Inevitable Extension of the Role of the American State. *The American Review of Public Administration*, 39, 2: 189–207.

Burnet, J. ed. 1959. *Plato's Phaedo*, Oxford: Clarendon Press.

Burnyeat, M. F. 1980. Aristotle on Learning to Be Good, in A. Oksenberg Rorty ed. *Essays on Aristotle's Ethics*, Berkeley, CA: University of California Press.

Cable, D. M. and Ch. K. Parsons. 2001. Socialization Tactics and Person-Organization Fit, *Personnel Psychology*, 54: 1–23.

Caiden, G. E., O. P. Dwivedi and Joseph Jabbra (Eds). 2001 *Where Corruption Lives*, Bloomfield, CO: Kumarian Press.

Caiden, G. E. and Naomi Caiden. 1995. Brothers Keepers. *Transaction Social Science and Modern Society*, 326: 16–22.

Caiden, G. E. and Naomi Caiden. 2002. *The Erosion of Public Service*, American Society of Public Administration ASPA. National Conference, Phoenix, Arizona, March 2002 Van Riper Panel.

Calhoun, L. 2004. "Dirty Hands" and Corrupt Leadership. *The Independent Review*, 8, 3: 363–385.

Campbell, J. C. 1999. Administrative Reform as Policy Change and Policy Non-Change. *Social Science Japan Journal*, 2, 2: 157–176.

Camus, A. 1954. L'Exil d' Hélène in *L'Été*, Paris: Gallimard, pp. 102–117.

Carlson, M. (2008), Leadership, Democracy, and the Impact of Religion: An Analysis of the AsiaBarometer and World Values Surveys, in T. Inoguchi ed., *Human Beliefs and Values in Incredible Asia: South and Central Asia in Focus: Country Profiles and Thematic Analyses Based on the AsiaBarometer Survey of 2005*, Akashi Shoten, New York: Harcourt Brace Jovanovich, 1976.

Cavafy, Constantine. 1974. R. Dalven trans. *Expecting the Barbarians*, Orlando: HBJ .

Ceaser, J. W. 1994. Doctrines of Presidential–Congressional Relations, in B. P. Wilson and P. W. Schramm eds. *Separation of Powers and Good Government*, Lanham, MD: Rowman & Littlefield Publishers, pp. 89–111.

Chapman, R. 1993. Ethics in Public Service, in R. Chapman ed. *Ethics in Public Service*, Edinburgh: Edinburgh University Press, pp. 155–171. http://www.ccbh.ba/public/down/USTAV_BOSNE_I_HERCEGOVINE_engl.pdf.

Charter for The Public Service in Africa. February, 2001. Windhoek, Namibia.

Chhatre, A. and A. Agrawal. 2008. Forest Commons and Local Enforcement. *Proceedings of the National Academy of Sciences*, 10536: 13286–13291.

Chon-Kyun Kim. 2008. Public Administration in the Age of Globalization. *International Public Management Review*, 9, 1: 39–54.

Clark, B. 1998. *Political Economy: A Comparative Approach*, 2nd Edition, Westport, CO: Praeger.

Cohen, S. and W. Eimicke. 2008. *The Responsible Contract Manager: Protecting the Public Interest in an Outsourced World*, Washington, DC: Georgetown University Press.

Coleman, E. 2009. Institutional Factors Affecting Ecological Outcomes in Forest Management. *Journal of Policy Analysis and Management*, 281: 122–146.

Coleman, E. and B. Steed. 2009. Monitoring and Sanctioning in the Commons: An Application to Forestry. *Ecological Economics*, 687, May: 2106–2113.

Constitution of Montenegro. 2007. http://www.legislationline.org/download/action/download/id/929/file/b4b8702679c8b42794267c691488.htm/preview.

Constitution of the Czech Republic. 1992. http://www.hrad.cz/en/ustava_cr/index.shtml.

Constitution of the Republic of Albania. 1998. http://www.president.al/english/pub/doc/Albanian%20Constitution.pdf.

Constitution of the Republic of Bulgaria. 1991. http://www.government.bg/cgi-bin/e-cms/vis/vis.pl?s=001&p=0159&n=000007&g=.

Constitution of the Republic of Croatia. 1990. http://www.servat.unibe.ch/law/icl/hr00000_.html.

Constitution of the Republic of Estonia. 1992. http://www.servat.unibe.ch/law/icl/en00000_.html.

Constitution of the Republic of Hungary. 1949. http://net.jogtar.hu/jr/gen/getdoc.cgi?docid=94900020.tv&dbnum=62.

Constitution of the Republic of Kosovo. 2008. http://www.kushtetutakosoves.info/repository/docs/Constitution.of.the.Republic.of.Kosovo.pdf.

Constitution of the Republic of Latvia. 1922. http://www.saeima.lv/Likumdosana_eng/likumdosana_satversme.html.

Constitution of the Republic of Lithuania. 1992. http://www.lrkt.lt/Documents2_e.html.

Constitution of the Republic of Makedonia. 1991. http://www.usud.gov.mk/domino/WEBSUD.nsf/GlavenE?OpenFrameSet.

Constitution of the Republic of Poland. 1992. http://www.servat.unibe.ch/law/icl/pl00000_.html.

Constitution of the Republic of Serbia. 2006. http://confinder.richmond.edu/country.php.

Constitution of the Republic of Slovenia. 1991. http://confinder.richmond.edu/admin/docs/slovenia.pdf.

Constitution of the Republic Romania. 2003. http://www.legislationline.org/download/action/download/id/1630/file/e3b89dda11209ec032c71c1a36a7.htm/preview.

Constitution of the Slovak Republic. 1992. http://www-8.vlada.gov.sk/index.php?ID=1376.

The Constitution. 1952. *The Constitution of the United States of America*, Encyclopaedia Britannica Great Books, Volume 43. Chicago, IL: William Benton, pp. 11–21.

Constitutive Act of the African Union. July 2000. Lome, Togo.

Conway, R. 1992. *The Rage for Utopia*, Sydney: Allen & Unwin.

Cooper, P. J. 2003. *Governing by Contract: Challenges and Opportunities for Public Managers*, Washington, DC: CQ Press.

Cooper T. 2000. *Handbook of Administrative Ethics*, San Francisco: CRC Press.

Cooper, T. 2004. Big Questions in Administrative Ethics: A Need for Focused, Collaborative Effort. *Public Administration Review*, 644: 395–407.

Cooper, T. 2006. *The Responsible Administrator: An Approach to Ethics for the Administrative Role*, 5th Edition, San Francisco: Jossey-Bass.

Cooper, T. L.1992. Public Administration Ethics: Theory and Praxis in the United States of America. *Asian Journal of Public Administration*, 14, 1: 79–97.

Cooper, T. L. 1987. Hierarchy, Virtue, and the Practice of Public Administration: A Perspective for Normative Ethics. *Public Administration Review*, 474: 320–328.

Cooper, T. L. 1998. *The Responsible Administrator. An Approach to Ethics for the Administrative Role*, San Francisco: Wiley.

Cooper, T. L. 1998. *The Responsible Administrator: An Approach to Ethics for the Administrative Role*, San Francisco: Jossey-Bass.

Cooper, T. L. 2004. Big Questions in Administrative Ethics: A Need for Focused, Collaborative Effort. *Public Administration Review*, 64, 4: 395–407.

Cooper, T. L. and D. E. Yoder. 2002. Public Management Ethics Standards in a Transnational World. *Public Integrity*, 4, 4: 333–352.

Crawford, S. E. S. and E. Ostrom. 2005. A Grammar of Institutions, in Elinor Ostrom *Understanding Institutional Diversity*, Princeton, NJ: Princeton University Press, pp. 137–174.

Crisp, Roger and Michael Slote eds. (1997). *Virtue Ethics*, New York: Oxford University Press.

Croatian Civil Service Act. 2005. http://www.respaweb.eu/images/croatia_strategic_docs/croatia_csact_010106.pdf.

Croatian Civil Service Code of Ethics. 2006. http://www.safu.hr/datastore/filestore/10/The_Civil_Service_Code_of_Ethics.pdf.

Crozier, M. 1964. *The Bureaucratic Phenomenon*, Chicago, IL: University of Chicago Press.

Curtis, G. L. 1999. *The Logic of Japanese Politics*, New York: Columbia University Press.

Cutting, B. A. and A. Kouzmin. 1999. From Chaos to Patterns of Understanding: Reflections on the Dynamics of Effective Decision-Making. *Public Administration*, 77, 3: 473–508.

Cutting, B. A. and A. Kouzmin. 2000. The Emerging Patterns of Power in Corporate Governance: Back to the Future in Improving Corporate Decision-Making. *Journal of Managerial Psychology*, 15, 5: 477–507.

Cutting, B. A. and A. Kouzmin. 2003. Emerging Archetypal Perspectives on University Governance: New Conceptual Understandings About the Role of Universities, in S. M. Natale and A. F. Libertella eds. *Business Education and Training: A Value Laden Process—Volume 1X: Instructed by Reason*, Lanham: University Press of America, Inc., pp. 31–80.

Cutting, B. A. and A. Kouzmin. 2004. A Synthesis of Knowing and Governance: Making Sense of Organizational and Governance Polemics. *Corporate Governance: The International Journal of Business in Society*, 4, 1: 76–114.

Cutting, B. A. and A. Kouzmin. 2009a. *Re-founding Political Governance: The Metaphysics of Public Administration*, Bentham Publishing E-Books.

Cutting, B. A. and A. Kouzmin. 2009b. *Re-founding Corporate Governance: The Metaphysics of Corporate Leadership*, Bentham Publishing E-Books.

Czech Act on Service of Public Servants. 2002. http://unpan1.un.org/intradoc/groups/public/documents/NISPAcee/UNPAN012622.pdf.

Czech Code of Ethics of Public Servants. 2001. Brochure.

Czech Charter of Fundamental Rights and Freedoms amended by Constitutional Act 1998. http://spcp.prf.cuni.cz/aj/2-93en.htm.

Dahrendorf, R. 1990. *Apmąstymai apie revoliuciją Europoje* [Reflections on the Revolution in Europe], Vilnius: Periodika.

de Bruijn, H. and W. Dicke. 2006. Strategies for Safeguarding Public Values in Liberalized Utility Sectors. *Public Administration*, 84, 3: 717–735.

de Graaf, G. and L. W. J. C. Huberts. 2008. Portraying the Nature of Corruption Using an Explorative Study Design. *Public Administrative Review*, 684, 640–653.

de Jong, E., R. Smeets and J. Smits. 2006. Culture and Openness. *Social Indicators Research*, 78: 11–136.

de Jong, E. 2005. Conflicts about the ECB: The Role of Culture, paper presented at the annual meeting of the European Public Choice Society, Durham UK, March–April 2005.

de Jong, E. 2009. *Culture and Economics: On Values, Economics and International Business*, London: Routledge.

de Jong, E. and R. Semenov 2004. A Theory on the Cultural Determinants of Stock Market Development: Its Strength and Limits, *mimeo*, Radboud University Nijmegen.

de Leon, L. 1998. Accountability in a Reinvented Government. *Public Administration*, 763: 539–558.

de Leon, L. & Denhardt, R. (2000), The political theory of reinvention, *Public Administration Review*, 60, 2: 89–97.

Demmke, C. 2004. *Working Towards Common Elements in the Field of Ethics and Integrity*. Study for the 43rd Meeting of the Directors-General of the Public Services of the Member States of the European Union, EIPA.

Denhardt, J. V., R. B. Denhardt. 2007. *The New Public Service. Serving not Steering*, Armonk, NY: Sharpe.

Dent, M., J. Chandler and J. Barry eds. 2004. *Questioning the New Public Management*, Aldershot: Ashgate.

Denzau, A. T. and D. C. North. 1994. Shared Mental Models: Ideologies and Institutions. *Kyklos*, 47: 3–31.

Devettere, R. J. 2002. *Introduction to Virtue Ethics: Insights of the Ancient Greeks*, Washington, DC: Georgetown University Press.

Dibben, P., G. Wood and I. Roper. 2004. *Contesting Public Sector Reforms: Critical Perspectives, International Debates*, Basingstoke: Palgrave Macmillan.

Dickinson, L. A. 2009. Public Values/Private Contract, in J. Freeman and M. Minow eds. *Government by Contract: Outsourcing and American Democracy*, Cambridge, MA: Harvard University Press, pp. 335–359.

Dietz, T, E. Ostrom and P. Stern. 2003. The Struggle to Govern the Commons. *Science*, 302, 5652: 1907–1912.

Djilas, M. 1957. *The New Class: An Analysis of the Communist System*, New York: Praeger.

Dobel, J. P. 1990. Integrity in the Public Service. *Public Administration Review*, 50, 3: 354–366.

Dobel, J. P. 2005. Public Management As Ethics, in E. Ferlie, L. Lynn, and C. Pollitt eds, *The Oxford Handbook of Public Management*, New York: Oxford University Press, pp. 156–181.

Dosi, G. and M. Egidi. 1987. *Substantive and Procedural Uncertainty: An Exploration of Economic Behaviours in Complex and Changing Environments*. Paper prepared for the International Workshop on Programmable Automation and New Work Modes, Paris, April 2–4.

Drogendijk, R. and A. Slangen. 2006. Hofstede, Schwartz, or Managerial Perception? The Effects of Different Cultural Distance Measures on Establishment Mode Choices by Multinational Enterprises. *International Business Review*, 15: 361–380.

Dror, Y. 2001. *The Capacity to Govern: A Report to the Club of Rome*, London: Frank Cass Publishers.

Du Gay, P. 2000. *In Praise of Bureaucracy*, London: Sage.

Durant, R. F. 1995. Public Policy, Overhead Democracy and the Professional State Revisited. *Administration & Society*, 27, 2: 165–202.

Dvořáková, Z. 2004. *Encouraging Ethical Behaviour in Public Administration by Human Resource Management*. http://kvalitazivota.vubp.cz/prispevky/encouraging.doc.

Dwivedi, O. P., Renu Khator and J. Nef. 2007. *Managing Development in a Global Context*, New York: Palgrave Macmillan.

Easterly, W. 2006. *The White Man's Burden*, London: Penguin Press.

Ebert, T. 1995. Phronêsis. Anmerkungen zu einem Begriff der Aristotelischen Ethik, in O. Höffe ed. *De Nikomachische Ethik*, Berlin: Akademie Verlag, pp. 165–186.

Edel, M. and A. Edel. 2000. *Anthropology and Ethics*, New Jersey: Transaction Publishers.

Erakovich, R. and S. Wyman. 2009. *Social Role of Public Organization Ethics Building in Local Governance in the Balkans*. http://www.nispa.sk/_portal/files/conferences/2009/papers/200904271309530.Wyman_Erakowic.doc.

Erakovich, R., D. Kavran and S. M. Wyman. 2001. *Ethics or Corruption?: Building a Landscape for Ethics Training in Southeastern Europe*, May, http://www.aspanet.org/ethicscommunity/documents/Ethics%20or%20Corruption%20in%20SEE.pdf.

Estonian Code of Ethics 1999. http://unpan1.un.org/intradoc/groups/public/documents/NISPAcee/UNPAN007216.pdf.

Estonian Public Service Act 1995. http://unpan1.un.org/intradoc/groups/public/documents/NISPAcee/UNPAN007216.pdf.

Ethics Resource Center. 2007. *National Government Ethics Survey*. Arlington, VA: Ethics Resource Center.

Farmer, D. J. 1995. *The Language of Public Administration*, Tuscaloosa, AL: University of Alabama Press.

Farmer, D. J. 2005. *To Kill The King. Post-traditional Governance and Bureaucracy*, New York: Sharpe.

Feeney, M. K. and B. Bozeman. 2007. Public Values and Public Value Failure: Implications of the 2004–2005 Flu Vaccine Case. *Public Integrity*, 72: 175–190.

Feeney, M. K. and G. Kingsley. 2008. The Rebirth of Patronage: Have We Come Full Circle? *Public Integrity*, 102, 165–176.

Feldman, D. C. 1976. A Contingency Theory of Socialization. *Administrative Science Quarterly*, 21: 433–452.

Fesler, J. 1990. The State and its Study: The Whole and the Parts, in N. Lynn and A. Wildavsky eds. *Public Administration: The State of the Discipline*, Chatham, NJ: Chatham House, pp. 84–97.

Festinger, L. 1957. A *Theory of Cognitive Dissonance*, Evanston, IL: Row Peterson.

Festinger, L. and J. M. Carlsmith. 1959. Cognitive Consequences of Forced Compliance. *Journal of Abnormal and Social Psychology*, 58: 203–210.

Finer, H. 1941. Administrative Responsibility in a Democratic Government. *Public Administration Review*,1, 1: 336, 350.

Fisher, C. D. 1986. Organizational Socialization: An Integrative Review. *Personnel and Human Resources Management*, 4: 101–145.

Fisher, L. 1978. *The Constitution between Friends*, New York: St. Martin's Press.

Fisher, L. 1987. *The Politics of Shared Power: Congress and the Executive*, Washington, DC: CQ Press.

Foot, P. 1978. *Virtues and Vices*, Berkeley, CA: University of California Press.

Frankena, W. 1967. Values and Valuation, in P. Edwards ed. *Encyclopaedia of Philosophy*, New York: Palgrave Macmillan, pp. 229–232.

Frankena, W. K. 1973. *Ethics*, 2nd edition. New Jersey: Prentice-Hall.

Fraser-Moleketi, G. (ed.) 2005. *The World We Could Win: Administering Global Governance*, Amsterdam: IOS Press.

Fraser-Moleketi, G. and D. Argyriades. 2009. *Democratic Governance with Government: Scope, Objectives and Significance*, Paper presented at the International Conference of the International Institute of Administrative Sciences IIAS. Helsinki, July 7–11, 2009.

Frederickson, H. G. 2002. Confucius and the Moral Basis of Bureaucracy. *Administration & Society*, 33, 4: 610–628.

Frederickson, H. G. 2005. Public Ethics and the New Managerialism: An Axiomatic Theory, in H. George Frederickson and Richard K. Ghere eds. *Ethics in Public Management*, Armonk, NY: M. E. Sharpe, pp. 165–183.

Frederickson, H. G. and Richard K. Ghere eds. 2005. *Ethics in Public Management*, New York: M.F. Sharpe.

Frederickson, H. G. 1996. Comparing the Reinventing the Government Movement with the New Public Management. *Public Administration Review*, 563: 265.

Freeman, J. 2003. Extending Public Law Norms through Privatization. *Harvard Law Review*, 116: 1285–1352.

French, P. E. 2009. Recent Trends in Human Resource Management: Employment Laws and the Public Sector Employer: Lessons Learned from a Review of Lawsuits Filed against Local Governments. *Public Administration Review*, 691: 92–103.

Freud, S. 1939. *Moses and Monotheism*, Translated from the German by Katherine Jones, New York: Vintage Books, 1967.

Friedrich, C. J. 1940. Public Policy and the Nature of Administrative Responsibility. *Public Policy*, 1, 5–6: 19–20.

Fukuyama, F. 1993. The End of History and the Last Man, New York: Avon Books.

Fukuyama, F. 1996. *End of History*, New York: Simon and Schuster.

Furukawa, S. 1999. Political Authority and Bureaucratic Resilience. Administrative Reform in Japan, *Public Management*, 1, 3: 439–448.

Garner, Richard T. and Bernard Rosen. 1967. *Moral Philosophy: A Systematic Introduction to Normative Ethics and Meta-ethics*, New York: Palgrave Macmillan.

Garofalo, C. and D. Geuras. 2006. *Common Ground, Common Future: Moral Agency in Public Administration, Professions, and Citizenship*, Boca Raton, FL: Taylor &

Francis.

Gecas, V. 2001. Socialization, in Edgar F. Borgatta and Rhonda J. V. Montgomery eds. *Encyclopedia of Sociology*, Vol. 4. 2nd ed, New York: Palgrave Macmillan Reference USA, 5 vols, pp. 2855–2864.

Gersch, J. 2009. Lessons in Ethics in American High Schools: Getting Out the Wrong Message. *Public Integrity*, 113: 251–260.

Gibson, C., M. McKean and E. Ostrom, eds. 2000. *People and Forests: Communities, Institutions, and Governance*, Cambridge, MA: MIT Press.

Giddens, A. 1971. *Capitalism and Modern Social Theory: An Analysis of the Writings of Emile Durkheim and Max Weber*, London: Cambridge University Press.

Gilman, S. C. 1999. Public Sector Ethics and Government Reinvention: Realigning Systems to Meet Organizational Change. *Public Integrity*, 1, 2: 175–192.

Gilmour, R. S. and L. S. Jensen. 1998. Reinventing Government Accountability: Public Functions, Privatization, and the Meaning of State Action. *Public Administration Review*, 58, 3: 247–258.

Goda, H. 2001. Preparation and Implementation of Japan's National Public Service Law, OECD, ADB, *Progress in the Fight against Corruption in Asia and the Pacific*, Seoul: OECD, ADB, pp. 175–179.

Goldsen, R. K. 1960. *What College Students Think*, Princeton, NJ: Van Nostrand.

Goodsell, C. T. 1990. Public Administration and the Public Interest, in G. L. Wamsley, R. N. Bacher, C. T. Goodsell, P. S. Kronenberg, J. A. Rohr, C. M. Stivers, O. F. White and J. F. Wolf eds. *Refounding Public Administration*, London: Sage Publications, pp. 96–113.

Goodsell, C. T. 2007. Six Normative Principles for the Contracting-Out Debate. *Administration & Society*, 38, 6: 669–688.

Gortner, H. 2001. Values and Ethics, in T. Cooper ed. *Handbook of Administrative Ethics*, New York: Marcel Dekker, pp. 509–528.

Goslin, D. A. ed. 1999. *Handbook of Socialization Theory and Research*, Chicago: Rand McNally.

Gottlieb, P. 2006. The Practical Syllogism, in R. Kraut ed. *The Blackwell Guide to Aristotle's Ethics*, Oxford: Blackwell, pp. 218–233.

Gould, D. J. and T. B. Mukendi. 1989. Bureaucratic Corruption in Africa: Causes, Consequences and Remedies. *International Journal of Public Administration*, 12, 3: 427–457.

Gow, J. I. 2005. *A Practical Basis for Public Service Ethics*. Paper presented at The Annual Conference of the Canadian Political Science Association, Western University, London Ontario, June.

Guest, D. E. 1998. Is the Psychological Contract Worth Taking Seriously? *Journal of Organizational Behaviour*, 19 special issue: 649–664.

Guttman, D. 2002. *Who's Doing Work for Government? Monitoring, Accountability, and Competition in the Federal and Service Contract Workforce*. Testimony, United States Senate Committee on Government Affairs. www.senate.gov/ ~govt-aff/ 030602guttman.htm.

Gwyn, W. B. 1965. *The Meaning of the Separation of Powers: An Analysis of the Doctrine from its Origin to the Adoption of the United Sates Constitution*, Martinus Nijhoff: The Hague.

Habermas, J. 1993. *Justification and Application: Remarks on Discourse Ethics*, Cambridge: Polity Press.

Hackett, S., E. Schlager and J. Walker. 1994. The Role of Communication in Resolving Commons Dilemmas: Experimental Evidence with Heterogeneous Appropriators.

Journal of Environmental Economics and Management, 27: 99–126.

Haimes, E. 2002. What Can the Social Sciences Contribute to the Study of Ethics? Theoretical, Empirical and Substantive Considerations. *Bioethics*, 16, 2: 89–113.

Halachmi, A. and G. Bouckeart eds. 1996. *Organizational Performance and Measurement in the Public Sector*, London: Quorum Books.

Hamilton, A., J. Madison and J. Jay. 1952. *The Federalist*, Encyclopaedia Britannica Great Books, Volume 43. Chicago, IL: William Benton, pp. 21–259.

Hamilton, A., J. Jay and J. Madison. n.d. [1788]. *The Federalist*. ed. Edward M. Earle, New York: Modern Library.

Haque, M. S. 1996. The Contextless Nature of Public Administration in Third World Countries. *International Review of Administrative Sciences*, 62, 3: 315–329.

Haque, M. S. 1999. Ethical Tension in Public Governance: Critical Impacts on Theory Building. *Administrative Theory & Praxis*, 21, 4: pp. 468–473.

Haque, M. S. 2001. Privatization in Developing Countries: Formal Causes, Critical Reasons, and Adverse Impacts, in Ali Farazmand ed. *Privatization or Public Enterprise Reform?* Westport, CO: Greenwood Press, pp. 217–238.

Haque, M. S. 2001. The Diminishing Publicness of Public Service under the Current Mode of Government. *Public Administration Review*, 611: 65–82.

Haque, M. S. 2004. The New Crisis in Administrative Ethics in Developing Nations: Trends and Implications, in R. B. Jain ed. *Corruption-Free Sustainable Development: Challenges and Strategies for Good Governance*, New Delhi: Mittal Publications, pp. 115–138.

Haque, M. S. 2007. Revisiting New Public Management. *Public Administration Review*, 67, 1: 179–182.

Harlow, C. 2001. *Public Administration and Globalization: International and Supranational Institutions*, Interim Report to the First Regional International Conference of the IIAS, Bologna, June 19–22, 2000.

Harmon, M. M. 1995. *Responsibility As Paradox: A Critique of Rational Discourse on Government*, Thousand Oaks: Sage.

Hart, D. K. 1994. Administration and the Ethics of Virtue, in T. E. Cooper ed. *Handbook of Administrative Ethics*, New York: Marcel Dekker.

Hart, D. K. 2001. A Dream of What We Could be: the Founding Values, the Oath, and Homo Virtutis, in T. Cooper ed. *Handbook of Administrative Ethics*. New York: Marcel Dekker, pp. 207–226.

Hartcher, P. 1998. *The Ministry. How Japan's Most Powerful Institution Endangers World Markets*, Cambridge, MA: Harvard Business School Press.

Harwood, J. The Visible Man. *The New York Times*, Sunday, April 26, 2009 Week-in-Review, pp. 1–2.

Hayao, K. 1993. *The Japanese Prime Minister and Public Policy*, Pittsburgh, PA: University of Pittsburgh Press.

Hayek, F. A. von. 1945. The Use of Knowledge in Society. *American Economic Review*, 35: 519–530.

Hays, S. W. and R. C. Kearney. 1997. Riding the Crest of a Wave: The National Performance Review and Public Management Reform. *International Journal of Public Administration*, 20, 1: 11–40.

Heady, F. 2001. Principles for 2001 and Beyond. *Public Administration Review*, 614: 391.

Healy, P. 2009. The Anguish of War for Today's Soldiers, Explored by Sophocles. *The New York Times*, Thursday, November 12, pp. C1&5.

Heclo, H. 1994. What has Happened to the Separation of Powers?, in B. P. Wilson and P. W. Schramm eds. *Separation of Powers and Good Government*, Lanham, MD: Rowman & Littlefield Publishers, pp. 131–165.

Heider, F. 1958. *The Psychology of Interpersonal Relations*, New York: John Wiley and Sons.

Heintzman, R. 2007. Public-service Values and Ethics: Dead End or Strong Foundation? *Canadian Public Administration*, 50, 4: 543–573.

Hellsten, S. K. 2006. Leadership Ethics and the Problem of Dirty Hands in the Political Economy of Contemporary Africa. *Ethics and Economics*, 4, 2: 1–25.

Hellsten, S. K. and G. A. Larbi 2006. Public Good or Private Good? The Paradox of Public and Private Ethics in the Context of Developing Countries. *Public Administration and Development*, 26, 2: 135–145.

Himmelfarb, G. 1996. *The Demoralization of Society. From Victorian Virtues to Modern Values*, New York: Vintage Books.

Hodgson, G. M. 2006. What are Institutions? *Journal of Economic Issues*, 40, 1: 1–25.

Hofstede, G. 2001. *Culture's Consequences: Comparing Values, Behaviors, Institutions and Organizations across Nations*, 2nd edition, Beverly Hills: Sage Publications.

Hondeghem, A. 1998. *Ethics and Accountability in a Context of Governance and New Public Management: EGPA Yearbook*, Amsterdam: IOS Press.

Hood, C. 1991. A Public Management for All Seasons? *Public Administration*, 69, 1: 3–19.

Hood, C. 1995. The New Public Management in the 1980s: Variations on a Theme. *Accounting, Organizations and Society*, 20, 2/3: 93–109.

Horton, J. and S. Mendus eds. 1994. *After MacIntyre: Critical Perspectives on the Work of Alasdair MacIntyre*, Cambridge: Polity Press.

Huberts, L. W. J. C., E. W. Kolthoff and H. van den Heuvel. 2003. *The Ethics of Government and Business: What is Valued Most*. Paper presented at the EGPA Study Group on "Ethics and Integrity of Governance", Oeiras, Portugal, September.

Hughes, O. E. 1998. *Public Management and Administration: An Introduction*, 2nd Edition, New York: St. Martins Press.

Hungarian Civil Service Act 2001. http://unpan1.un.org/intradoc/groups/public/documents/NISPAcee/UNPAN012621.pdf.

Inglehart, R. 1977. *The Silent Revolution: Changing Values and Political Styles among Western Publics*, Princeton, NJ: Princeton University Press.

Inglehart, R. 1997. *Modernization and Postmodernization: Cultural, Economic and Political Change in 43 Societies*, Princeton: Princeton University Press.

Inoguchi, T. 1997. Japanese Bureaucracy: Coping with New Challenges, in P. Jain and T. Inoguchi ed. *Japanese Politics Today. Beyond Karaoke Democracy?*, Melbourne: Palgrave Macmillan, pp. 92–107.

Inoguchi, T. 2009. *Human Beliefs and Values in East and Southeast Asia in Transition: 13 Country Profiles on the Basis of the AsiaBarometer Survey of 2006 and 2007*, Tokyo: Akashi Shoten.

International Institute of Administrative Sciences. 2002. *Proceedings of the XXVth International Congress of Administrative Sciences, General Report*, Brussels: IIAS, pp. 31–64.

Jabbra, J. G. and O. P. Dwivedi eds. 2005. *Administrative Culture in a Global Context*, Whitby: Ontario, de Sitter Publications.

Jacobs, E. 2009. Business Class, *Financial Times FT Wealth*, iss 8, Winter: 30–33.

Japanese government, *National Public Service Ethics Law*, Law No. 129 of 1999, August 13, 1999. http://www.jinji.go.jp/rinri/eng/index.htm.

Japanese Government, *National Public Service Officials Ethics Code* Cabinet Order No. 101 of 2000: March 28, 2000.

Jennings, M. K. and Niemi, R. G. 1968. The Transmission of Political Values from

Parent to Child, *The American Political Science Review*, 62, 1: 169–184.

Johnson, S., R. La Porta, F. Lopez-de-Silanes and A. Shleifer. 2000. Tunneling. *The American Economic Review*, 902: 22–27.

Johnston, P. 2009. What Happened to Westminster?, *The Daily Telegraph*, Monday, May 11: 23.

Jones, E. L. 2006. *Cultures Merging: A Historical and Economic Critique of Culture*, Princeton, NJ: Princeton University Press.

Jordon, B. and F. Barnes. 1995. *Citizen Focus: Accountability in Government. Managing for Results: Advancing the Art of Performance Measurement.* November 1 – 3, Austin, Texas. Conference Proceedings.

Joshi, P. 2003. *Accountability, Indian Administrative Culture and Trust.* Paper presented at the conference on Public Administration: Challenges of Inequality and Exclusion, International Association of Schools and Institutes of Administration, Miami, USA, September 14–18.

Jowett, B. 2004. *The Trial and Death of Socrates*, New York: Barnes & Noble.

Jun, J. S. 2006. *The Social Construction of Public Administration*, Albany: State University of New York Press.

Jun, J. S. 2009. The Limits of Post-New Public Management and Beyond. *Public Administration Review*, 69: 161–165.

Jung, C. J. 1960. *The Structure and Dynamics of the Psyche*, Collected Works, Volume 8. London: Routledge & Kegan Paul.

Jung, C. J. 1964a. *The Development of Personality*, Collected Works, Volume 17, London: Routledge & Kegan Paul.

Jung, C. J. 1964b. *Man and his Symbols*, London: Pan Books.

Jung, C. J. 1969. *The Archetypes and the Collective Unconscious*, Collected Works, Volume 9, part 1, London: Routledge & Kegan Paul.

Jung, C. J. 1971/1921. *Psychological Types*, Collected Works, Volume 6, London: Routledge & Kegan Paul.

Kafka, F. 1958. Before the Law, *Parables and Paradoxes*, New York: Shocken Paperbacks.

Kakabadse, A., N. Korac Kakabadse and A. Kouzmin. 2003. Ethics, Values and Behaviours: Comparison of Three Case Studies Examining the Paucity of Leadership in Government. *Public Administration*, 823: 479 et seq.

Kamarck, E. 2002. The End of Government as We Know It, in D. Donahue and J. S. Nye, Jr. eds. *Market-Based Governance: Supply Side, Demand Side, Upside, and Downside*, Washington, DC: Brookings Institution Press, pp. J227–J263.

Kane, J. and H. Patapan. 2006. In Search of Prudence: The Hidden Problem of Managerial Reform. *Public Administration Review*, 66, 5: 711–724.

Kaneko, Y. 1999. History of Unethical Conduct and Recent Measures to Raise Ethical Standards in the Government of Japan. *Global Virtue Ethics Review*, 1, 4: 266–282.

Kaplan, H. B. 2001. Social Psychology, in Edgar F. Borgatta and Rhonda J. V. Montgomery eds. *Encyclopedia of Sociology*, Vol. 4, 2nd edition, New York: Palgrave Macmillan Reference USA, 5 vols, pp. 2766–2780.

Kato, J. 1994. *The Problem of Bureaucratic Rationality—Tax Politics in Japan*, Princeton, NJ: Princeton University Press.

Kennedy, S. S. 2001. When is Private Public? State Action in the Era of Privatization and Public-Private Partnerships. *George Mason Civil Rights Law Review*, 11, 2: 1–27.

Kerbo, H. R. and J. A. McKinstry. 1995. *Who Rules Japan?—The Inner Circles of Economic and Political Power*, Westport, CT: Praeger.

Kernaghan, K. 2003. Integrating Values into Public Service: The Value Statement as Centerpiece. *Public Administration Review*, 63, 6: 711–719.

Kernaghan, K., B. Marson and S. Borins. 2000. *The New Public Organization*, Toronto:

Institute of Public Administration of Canada (IPAC).

Kernaghan, Kenneth. 2000. The Post-Bureaucratic Organization and Public Service Values. *International Review of Administrative Sciences*, 66: 91–104.

Kettl, D. F. 2002. *The Transformation of Governance: Public Administration for Twenty-First Century America*, Baltimore and London: The Johns Hopkins University Press.

Kettl, D. F. 2009. *The Next Government of the United States: Why Our Institutions Fail Us and How to Fix Them*, New York and London: W. W. Norton & Company.

Kidder, R. M. 1995. *How Good People Make Tough Choices*, New York: Fireside.

Kingdon, J. W. 1995. *Agendas, Alternatives and Public Policies*, New York, NY: HarperCollins.

Kiser, L. L. and E. Ostrom. 1982. The Three Worlds of Action: A Metatheoretical Synthesis of Institutional Approaches, in Elinor Ostrom ed. *Strategies of Political Inquiry*, Beverly Hills, CA: Sage, pp. 179–222.

Koch, U. and G. Jovanovic. 1997. From War to Peace: Sociohistorical Context and Current Challenges for the Public Administration in the Federal Republic of Yugoslavia. *International Review of Administrative Sciences*, 63: 493–508.

Koh, B. C. 1989. *Japan's Administrative Elite*, Berkeley, CA: University of California Press.

Kolthoff, E., L. W. C. Huberts and H. van den Heuvel. 2007. The Ethics of New Public Management: Is Integrity at Stake? *Public Administration Quarterly*, Winter: 399–439.

Kosovo Civil Service Act 2001. http://www.unmikonline.org/regulations/2001/RE%202001-36.pdf.

Kosovo the Civil Service Code of Conduct 2003. http://www.unmikonline.org/regulations/admdirect/2003/ADE2003_02.pdf.

Kouzmin, A. et al. 1999. *The Impact of Information Technology on the Ethics of Public Sector Management in the Third Millennium*. Paper presented at the IIAS Conference on Accountability and Ethics, Sunningdale, UK, July 12–15.

Krugman, P. 2009a. How Did Economists Get It So Wrong?, *The New York Times*, Sunday, September 6, Magazine Section, pp. 36–43.

Krugman, P. 2009b. All the President's Zombies, *The New York Times*, Monday, August 24, Op-Ed, p. A19.

Kubr, M. 1976, 1996, 2002. *Management Consulting: A Guide to the Profession*, 4th edition, Geneva: International Labour Organization.

Kwok, C. C. Y. and S. Tadesse. 2006. National Culture and Financial Systems. *Journal of International Business Studies*, 37: 227–247.

Lähdesmäki, K. (2010). Hyvää hallintoa – ketä kiinnostaa? Nuorten käsityksiä hyvästä hallinnosta ja reilusta yhteiskunnasta. [Good Governance – Who Cares? Youth perspectives on good governance and fair society]. Proceedings of the University of Vaasa. Research Papers 292. Vaasa University.

Lam, W. F. 1998. *Governing Irrigation Systems in Nepal: Institutions, Infrastructure, and Collective Action*, Oakland, CA: ICS Press.

Lam, W. F. 1996. Institutional Design of Public Agencies and Coproduction: A Study of Irrigation Associations in Taiwan. *World Development*, 246: 1039–1054.

Lasswell, H. D. and A. Kaplan. 1950. *Power and Society: A Framework for Political Inquiry*, New Haven, CT: Yale University Press.

Latvian Principles of Ethical Behavior of Civil Servants 2001. http://www.likumi.lv/doc.php?id=1574.

Latvian State Civil Service Law 2000. www.ttc.lv/index.php?&id=10&tid=59&l=LV&seid=down&itid=13756.

Law on Civil Service in the Institutions of Bosnia and Herzegovina 2001. http://unpan1.un.org/intradoc/groups/public/documents/nispacee/unpan012624.pdf.

Lawton, A. 1998. *Ethical Management for the Public Services*, Buckingham: Open University Press.

Lawton, A. 2005. Public Service Ethics in a Changing World. *Futures*, 37: 231–243.

Lewis, C. W. 1991. *The Ethics Challenge in Public Service*, San Francisco: Jossey-Bass Publishers.

Lewis, C. W. and S. C. Gilman. 2005. *The Ethics Challenge in Public Service*, 2nd edition, San Francisco, CA: Jossey-Bass.

Linklater, A. 1998. *The Transformation of Political Community*, Oxford: Blackwell.

Lithuanian Code of Conduct of Civil Servants. 2002. http://www.vtek.lt/site.admin/scripts/scripts/Editor/assets/EN/code%20of%20conduct%20of%20civil%20servants%20en.doc.

Lithuanian Law on Public Service. 2002. http://www3.lrs.lt/pls/inter3/dokpaieska.showdoc_l?p_id=94580.

Lively, J. and A. Roeva eds. 1989. *Modern Political Theory: From Hobbes to Marx*, London: Routledge.

Lonergan, B. J. F. 1957. *Insight: A Study of Human Understanding*, New York: Longmans.

Lonergan, B. J. F. 1967. *Verbum: Word and Idea in Aquinas*, Notre Dame: University of Notre Dame Press.

Lonti, Z. and R. Gregory. 2007. Accountability or Countability? Performance Measurement in the New Zealand Public Service, 1992–2002. *Australian Journal of Public Administration*, 66, 4: 468–484.

Louis, M. 1980. Surprise and Sense Making: What Newcomers Experience in Entering Unfamiliar Organizational Settings. *Administrative Science Quarterly*, 25: 226–251.

Macaulay, M., A. Lawton. 2006. From Virtue to Competence: Changing the Principles of Public Service. *Public Administration Review*, 665: 702–710.

Macedonian Law on Civil Servants. 2000. http://unpan1.un.org/intradoc/groups/public/documents/nispacee/unpan012615.pdf.

Macedonian Law on the Civil Servants' Code of Conduct. 2008. http://www.rapc.gov.md/file/Code%20of%20Conducat_en.doc

MacFarquhar, U. N. 2009. Inquiry sees Gaza War Crimes, *The New York Times*, September 16, pp. A1 & 4.

MacIntyre, A. 1985. *After Virtue: A Study in Moral Theory*, 2nd edition, London: Duckworth.

Maesschalck, J. 2004. The Impact of New Public Management Reforms on Public Servants' Ethics: Towards a Theory. *Public Administration*, 82, 2: 465–489.

Maguire, M. 1998. Ethics in the Public Service—Current Issues and Practice, in A. Hondeghem ed. *Ethics and Accountability in a Context of Governance and New Public Management*, Amsterdam: IOS Press, pp. 23–34.

Maimonides, M. 1961. *Le Livre de la Connaissance*, Paris: Presses Universitaires de France.

Malinowski, B. 1929. *The Sexual Life of Savages in North-Western Melanesia: An Ethnographic Account of Courtship, Marriage and Family Life among the Natives of the Trobriand Islands*, British New Guinea: Halcyon House.

Manabe, K. 2008. Data Analysis of the AsiaBarometer Survey: Methodological Discussions and Exploratory Data Analysis, in Inoguchi, T. (ed.) *Human Beliefs and Values in Incredible Asia: South and Central Asia in Focus: Country Profiles and Thematic Analyses Based on the AsiaBarometer Survey of 2005*, Akashi Shoten: Tokyo.

Mannheim, K. 1936. *Ideology and Utopia: An Introduction to the Sociology of Knowledge*, Translated by L. Wirth and E. Shils, London: Routledge & Kegan Paul.

Mansfield, H. C. 1994. Separation of Powers in the American Constitution, in B. P. Wilson and P. W. Schramm, eds. *Separation of Powers and Good Government*,

Lanham, MD: Rowman & Littlefield Publishers, pp. 3–15.

March, J. G. and J. P. Olsen. 1989. *Rediscovering Institutions. The Organizational Basis of Politics*, New York: Free Press.

Marini, M. M. 2001. Social Values and Norms, in Edgar F. Borgatta and Rhonda J. V. Montgomery eds. *Encyclopedia of Sociology*, Vol. 4. 2nd edition, New York: Palgrave Macmillan Reference USA, 5 vols, pp. 2828–2840.

Mathiasen, D. 2005. International Public Management, in E. Ferlie, L. Lynn and C. Pollitt eds. *The Oxford Handbook of Public Management*, New York: Oxford University Press, pp. 643–670.

Mbaku, J. M. 1996. Bureaucratic Corruption in Africa: The Futility of Cleanups. *Cato Journal*, 16, 1: 1–15.

Mbigi, L. and Maree, J. 1995. *Ubuntu.* The spirit of African transformation management. Randburg: Knowledge Resources.

McCabe, B. and J. Vinzant. 1999. Governance Lessons: The Case of Charter Schools. *Administration and Society*, 313: 361–377.

McSwite, O. C. 1996. Postmodernism, Public Administration and the Problem of the Presidency, in G. L. Wamsley and J. F. Wolf, eds. *Refounding Democratic Public Administration: Modern Paradoxes, Postmodern Challenges*, Thousand Oaks, CA: Sage Publications, pp. 198–224.

Mead, M. 1928 org. 1961. *Coming of Age in Samoa*, New York: Dell.

Mead, M. 1935 org. 1963. *Sex and Temperament in Three Primitive Societies*, New York: William Morrow.

Menzel, D. C. 2007. *Ethics Management for Public Administrators: Building Organizations of Integrity*, Armonk, NY and London, England: M. E. Sharpe.

Michels, R. 1962. *Political Parties: A Sociological Study of Oligarchical Tendencies of Modern Democracy.* Translated by E. and C. Paul, New York: The Free Press.

Mishima, K. 1998. The Changing Relationship between Japan's LDP and the Bureaucracy. *Asian Survey*, 38, 10: 968–985.

Mkandawire, T. 2009. Africa on the March. *LSE Magazine,* London: The London School of Economics and Political Science, Summer, 21, 1: 6–7.

Moe, R. C. 1987. Exploring the Limits of Privatization. *Public Administration Review*, 47, 6: 453–460.

Montenegro Code of Ethics of Civil Servants and State Employees. 2005. http://www.google.lt/search?hl=lt&rlz=1T4ADBR_enLT291LT292&q=Montenegro+code+of+ethics+of+civil+servants+and+state+employees&meta=.

Montenegro Law on Civil Servants and State Employees. 2004. http://www.uzk.cg.yu/eng/publications/doc/Zakon%20o%20DSiN%20i%20Zakon%20o%20platama%20ENG.pdf.

Montesquieu, C. de. 1952/1748. *The Spirit of Laws*, Translated by T. Nugent, Encyclopaedia Britannica Great Books, Volume 38, Chicago, IL: William Benton.

Moore, M. 1995. *Creating Public Value: Strategic Management in Government*, Cambridge, MA: Harvard University Press.

Moore, M. 2002. Privatizing Public Management, in J. D. Donahue and J. S. Nye, Jr. eds. *Market-Based Government: Supply Side, Demand Side, Upside, and Downside*, Washington, DC: Brookings Institution Press, pp. 296–322.

Morrison, D. E. 1994. Psychological Contracts and Change. *Human Relations*, 7: 353–372.

Mulgan, R. 2005. Outsourcing and Public Values: The Australian Experience. *International Review of Administrative Sciences*, 71, 1: 55–70.

Mulgan, R. 2007. Truth in Government and Politicization of Public Service Advice. *Public Administration*, 853: 569–586.

Murrell, P. 1995. The Transition According to Cambridge, Mass. *Journal of Economic Literature*, 32: 164–178.

Nachmias, N. and D. H. Rosenbloom. 1980. *Bureaucratic Government USA*, New York: St. Martin's Press.

Nagendra, H. 2007. Drivers of Reforestation in Human Dominated Forests. *Proceedings of the National Academy of Sciences of the USA*, 10439: 15218–15223.

National Personnel Authority. 2000. *Annual Report 1999*, National Personnel Authority Japan.

National Personnel Authority 2001. *Annual Report 2000*, National Personnel Authority Japan.

National Personnel Authority 2002. *Annual Report FY 2001*, National Personnel Authority Japan.

National Personnel Authority 2004. *Annual Report FY 2002*, National Personnel Authority Japan.

National Personnel Authority 2005. *Annual Report FY 2003*, National Personnel Authority Japan.

Nehamas, A. 1998. *The Art of Living: Socratic Reflections from Plato to Foucault*, Berkeley, CA: University of California Press.

Newland, C. 2007. Accountability for Responsible American Governance in Today's Facilitative State/Garrison State Era, in D. Argyriades, et al. eds. *Public Administration in Transition: Essays in Honor of G.E. Caiden*, London: Vallentine Mitchell, pp. 24–46.

Nieuwenburg, P. 2007. The Integrity Paradox. *Public Integrity*, 93: 213–224.

North, D. C. 1990. *Institutions, Institutional Change and Economic Performance*, Cambridge: Cambridge. University Press.

NRC National Research Council. 2002. *The Drama of the Commons*. Committee on the Human Dimensions of Global Change, in Elinor Ostrom, Thomas Dietz, Nives Dolšak, Paul Stern, Susan Stonich and Elke Weber, eds. Washington, DC: National Academies Press.

Nussbaum, M. C. 1999. Virtue Ethics: A Misleading Category. *The Journal of Ethics*, 33: 163–201.

Nye, J. S. 1967. Corruption and Political Development: A Cost-Benefit Analysis. *American Political Science Review*, 61, 2: 417–427.

O'Donnell, M. and J. Shields. 2002. Performance Management and the Psychological Contract in the Australian Public Sector. *The Journal of Industrial Relations*, 44, 3: 435–457.

O'Flynn, J. 2007. From New Public Management to Public Value: Paradigmatic Change and Managerial Implications. *The Australian Journal of Public Administration*, 66, 3: 353–366.

Oakerson, R. J. 1992. Analyzing the Commons: A Framework, in Daniel W. Bromley, et al. eds. *Making the Commons Work: Theory, Practice, and Policy*, San Francisco, CA: ICS Press, pp. 41–59.

Oakerson, R. J. 1994. The Logic of Multi-Level Institutional Analysis. Paper presented at the Workshop on the Workshop conference, Indiana University, Bloomington, June 15–19.

Oakeshott, M. 1962. *Rationalism in Politics and Other Essays*, London: Methuen and Co.

Obama, B. 2009. Inaugural Address, *The New York Times*, Tuesday, January 20, p. 2 and Speech at Lincoln Memorial Dinner, Springfield, Illinois, 1 February.

OECD PUMA. 1996. Public Management: Current Issues and Practices. Occasional Paper No.14, *Ethics in the Public Service*, Available online at http://www.oecd.org.

OECD PUMA. 1998. Principles for Managing Ethics in the Public Service. Policy Brief No. 4, Available online at http://www.oecd.org.

OECD. 2000. *Trust in Government. Ethics Measures in OECD Countries*, Paris: OECD.

OECD. 2001. *Citizens as Partners*, Paris: OECD.

OECD. 2001. *Engaging Citizens in Policy-Making: Information*, Consultation and Public Participation Policy Brief No. 10, Paris: OECD.

OECD. 2003. *Engaging Citizens Online for Better Policy-Making OECD Observer*, March, Paris: OECD.

OECD. 2005. *Managing Conflict of Interest in the Public Sector*, Paris: OECD.

OECD. 2005. *Public Integrity: A Framework for Assessment*, Paris: OECD.

OECD. 2006. *Alternative Measures of Well-Being Statistics Brief No.11*, May, Paris: OECD.

OECD. 2009. *Focus on Citizens and Public Engagement for Better Policy and Services*, Paris: OECD.

OECD Annual Report. 2000, available online at http://www.oecd.org.

OECD Annual Report. 2001, available online at http://www.oecd.org.

OECD Annual Report. 2002, available online at http://www.oecd.org.

OECD Annual Report. 2003, available online at http://www.oecd.org.

OECD Annual Report. 2004, available online at http://www.oecd.org.

OECD Annual Report. 2005, available online at http://www.oecd.org.

OECD Annual Report. 2006, available online at http://www.oecd.org.

OECD Annual Report. 2007, available online at http://www.oecd.org.

OECD Annual Report. 2008, available online at http://www.oecd.org.

OECD Annual Report. 2009, available online at http://www.oecd.org.

OECD GOV/PGC. 2004. *Measures for Promoting Integrity and Preventing Corruption: How to Assess?* Paris: OECD.

Okimoto, D. I. 1989. *Between MITI and the Market: Japanese Industrial Policy for High Technology*, Stanford, CA: Stanford University Press.

Olson, M. 1965. *The Logic of Collective Action: Public Goods and the Theory of Groups*, Cambridge, MA: Harvard University Press.

Osborne, D. and T. Gaebler. 1993. *Reinventing Government: How the Entrepreneurial Spirit is Transforming the Public Sector*, New York: Penguin Books.

Osborne, D. and T. Gaebler. 1992. *Reinventing Government*, New York: Addison-Wesley.

Osborne, S. P. 2006. The New Public Governance? *Public Management Review*, 8, 3: 377–387.

Osgood, C. E., G. J. Suci and P. H. Tannenbaum. 1957. *The Measurement of Meaning*, Illinois: University of Illinois Press.

Ostrom, E. 1972. Metropolitan Reform: Propositions Derived from Two Traditions. *Social Science Quarterly*, 53: 474–493.

Ostrom, E. 1990. *Governing the Commons: The Evolution of Institutions for Collective Action*, New York: Cambridge University Press.

Ostrom, E., J. Walker and R. Gardner. 1992. Covenants with and without a Sword: Self-Governance is Possible. *American Political Science Review*, 862: 404–417.

Ostrom, E. and R. Gardner. 1993. Coping with Asymmetries in the Commons: Self-Governing Irrigation Systems Can Work. *Journal of Economic Perspectives*, 74: 93–112.

Ostrom, E., L. Schroeder and S. Wynne. 1993. *Institutional Incentives and Sustainable Development: Infrastructure Policies in Perspective*, Boulder, CO: Westview Press.

Ostrom, E., R. Gardner and J. Walker. 1994. *Rules, Games, and Common-Pool Resources*, Ann Arbor: University of Michigan Press.

Ostrom, E. 1999. Institutional Rational Choice: An Assessment of the Institutional Analysis and Development Framework, in Paul A. Sabatier ed. *Theories of the Policy Process*, Boulder, CO: Westview Press, pp. 35–71.

Ostrom, E. 2005. *Understanding Institutional Diversity*, Princeton, NJ: Princeton University Press.

Ostrom, E. and H. Nagendra. 2006. Insights on Linking Forests, Trees, and People from the Air, on the Ground, and in the Laboratory. *Proceedings of the National Academy of Sciences*, 10351: 19224–19231.

Ostrom, E. 2009. A General Framework for Analyzing Sustainability of Social-Ecological Systems. *Science* 325, 5939, July 24: 419–422.

Ostrom, E. 2011. Background on the Institutional Analysis and Development Framework. *Policy Studies Journal* 39, 1: 7–27.

Ostrom, V. 1980. Artisanship and Artifact. *Public Administration Review*, 40: 309–317.

Ostrom, V. 1991. *The Meaning of American Federalism: Constituting a Self-Governing Society*, San Francisco, CA: ICS Press.

Ostrom, V. 1997. *The Meaning of Democracy and the Vulnerability of Democracies: A Response to Tocqueville's Challenge*, Ann Arbor: University of Michigan Press.

Ostrom, V. 2008. *The Political Theory of a Compound Republic: Designing the American Experiment*, 3rd edition, Lanham, MD: Lexington Books.

Ostrom, V. and E. Ostrom. 1971. Public Choice: A Different Approach to the Study of Public Administration. *Public Administration Review*, 31: 203–216.

Pagaza, P. I. and D. Argyriades eds. 2009. *Winning the Needed Change: Saving our Planet Earth; a Global Public Service*, Amsterdam: IOS Press.

Page, E. C. and M. J. Goldsmith. 1987. Central and Locality: Explaining Cross-national Variations, in E. C. Page and M. J. Goldsmith eds. *Central and Local Government Relations: A Comparative Analysis of West European Unitary States*, London: Sage Publishers, pp. 156–174.

Palidauskaitė, J. 2007. Search for a New Civil Service Ethos in Transitional Democracies: Similarities and Differences. *Socialiniai mokslai*, 4, 58: 50–63.

Palidauskaitė, J. 2008. *Conflict of Interest Prevention in Three Baltic States* (Ekonomika ir vadyba: aktualijos ir perspektyvos), Šiauliai: Šiaulių universitetas, 1: 121–126.

Parks, R., B. Paula C. Baker, L. L. Kiser, R. J. Oakerson, E. Ostrom, V. Ostrom, S. L. Percy, M. Vandivort, G. P. Whitaker and R. Wilson. 1982. Coproduction of Public Services, in Richard C. Rich ed. *Analyzing Urban-Service Distributions*, Lexington, MA: Lexington Books, pp. 185–199.

Parks, R. B. 1985. Metropolitan Structure and Systematic Performance: The Case of Police Service Delivery, in K. Hanf and Th. A. J. Toonen eds. *Policy Implementation in Federal and Unitary Systems*, Dordrecht, the Netherlands: Martinus Nijhoff, 161–191.

Perenboom R. 1998. Confucian Harmony and Freedom of Thought: The Right to Think Versus Right Thinking, in W. Theodore de Bary and Tu Weiming eds. *Confucianism and Human Rights*, New York: Columbia University Press, pp. 234–260.

Pevkur, A. 2007. Compatibility of Public Administration Systems and Ethics Management. *Viešoji politika ir administravimas*, 19, 16–24.

Pfiffner, J. 2003. Elliot L. Richardson: Exemplar of Integrity and Public Service, *Public Integrity*, 5, 3: 252–269.

Piaget, J. 1926. *The Child's Conception of the World*. [Online]. Available from: http://www.crystalinks.com/piaget.html and http://www.learningandteaching.info/learning/piaget.htm, Accessed 15 March 2009.

Pierre, J. 1995. The Mercerization of the State, in B. G. Peters and D. Savoie eds. *Governance in a Changing Environment*, Montreal: McGill-Queens University Press, pp. 64–91.

Pincoffs, E. L. 1986. *Quandaries and Virtues*, Lawrence: University Press of Kansas.

Plant, J. F. 1998. Using Codes of Ethics in Teaching Public Administration, in J. Bowman and D. Menzel eds. *Teaching Ethics and Values in Public Administration Programs. Innovations, Strategies, and Issues*, Albany: State University of New York Press, pp. 161–177.

Plato. 1995. *Statesman*, Translated by R. Waterfield; Edited by Julia Annas and R. Waterfield, New York: Cambridge University Press.

Plato. 2004. Four Dialogues Euthyphro, Apology, Crito and Phaedo. In *The Trial and Death of Socrates*, Translated by Benjamin Jowett, New York, Barnes and Noble.

Plotinus 1952. *The Six Enneads*, Translated by S. Mackenna, and B. S. Page32, Encyclopaedia Britannica Great Books, Volume 17, Chicago, IL: William Benton.

Polish Civil Service Code of Ethics. 2002. *Brochure*, Warsaw: Ministry of Interior.

Polish Law on Civil Service. 1998. http://europeandcis.undp.org/uploads/public/File/AC_Practitioners_Network/Poland_Law_Civil_Service.pdf.

Pollitt, C. 2001. Convergence: the Useful Myth. *Public Administration*, 794: 933–947.

Pollitt, C. 2003. *The Essential Public Manager*, Berkshire, UK: Open University Press.

Pop-Eleches, G. 2009. *From Economic Crisis to Reform: IMF Programs in Latin America and Eastern Europe*, Princeton, NJ: Princeton University Press.

Popper, Karl. [1945] 1963. *The Open Society and Its Enemies*, 2 vols. New York: Harper & Row.

Poteete, A., M. Janssen, and E. Ostrom. 2010. *Working Together: Collective Action, the Commons, and Multiple Methods in Practice*, Princeton, NJ: Princeton University Press.

Premfors, R. 1998. Reshaping the Democratic State: Swedish Experience in Comparative Perspective in *Public Administration*, 791: 141–160.

Price, J. 1997. *Japan Works: Power and Paradox in Postwar Industrial Relations*, Ithaca, NY: ILR Press.

Proclus 1963. *The Elements of Theology*, Translated by E. R. Dodds, Oxford: Clarendon Press.

Rabin, J. and J. Bowman eds. 1984. *Politics and Administration: Woodrow Wilson and American Public Administration*, New York: Marcel Dekker.

Radnitzky, G. 1987. Cost-Benefit Thinking the Methodology of Research: The "Economic Approach" Applied to Key Problems to the Philosophy of Science, in Gerard Radnitzky and Peter Bernholz eds. *Economic Imperialism: The Economic Approach Applied Outside the Field of Economics*, New York: Paragon House.

Rainey, H. G. 1990. Public Management: Recent Developments and Current Prospects, in N. B. Lynn and A. Wildavsky eds. *Public Administration: The State of the Discipline*, Chatham, NJ: Chatham House Publishers, pp. 157–184.

Rainey, H., G. M. Koehler and C. Jung. 2008. *Public Values and Public Service Motivation. Paper presented at the Workshop on Public Values and Public Interest*, Copenhagen, Denmark: University of Copenhagen.

Ramos, A. G. 1981. *The New Science of Organizations: A Reconceptualisation of the Wealth of Nations*, Toronto: University of Toronto Press.

Rawls, J. 1999. *A Theory of Justice*, Revised Edition, Cambridge, MA: Harvard University Press.

Rest, J. 1973. The Hierarchical Nature of Moral Judgment. *Journal of Personality*, 41: 86–109.

Riggs, F. W. 1964. *Administration in Developing Countries: The Theory of Prismatic Society*, Boston, MA: Houghton Mifflin.

Riso, D. R. 1987. *Personality Types: Using the Enneagram for Self-Discovery*, Boston, MA: Houghton Mifflin.

Rochet, C. 2008. Macchiavelli's Legacy and the Common Good. *International Review of Administrative Sciences*, 743: 497–521.

Rochet, C. 2009. Management public et bien commun: convergences euro-atlantiques presentation at the IIAS Annual Conference, Helsinki, July 7–11.

Roehling, M. V. 1997. The Origins and Early Development of the Psychological Contract Construct. *Journal of Management History*, 3, 2: 204–217.

Rohr, J. 1978. *Ethics for Bureaucrats: An Essay on Law and Values*, New York: Marcel Dekker.

Rohr, J. 2007/2008. Ethics and Comparative Administration. A Constitutional Commentary. *Public Integrity*, 10, 1: 65–74.

Rokeach, M. 1973. *The Nature of Human Values*, New York: John Wiley.

Romanian Law Regarding the Regulations of Civil Servants. 1999. http://unpan1.un.org/intradoc/groups/public/documents/NISPAcee/UNPAN012616.pdf.

Rosenberg, M. J, C. I. Hovland, W. J. McGuire and R. P. Abelson. 1960. *Attitude Organization and Change; An Analysis of Consistency among Attitude Components*, New Haven: Yale University Press.

Rosenblatt, G. 2009. Year of Hurt Forcing Tough New Choices. *The Jewish Week*, September 18, pages 1 and 7.

Rosenbloom, D. H. and S. J. Piotrowski. 2005. Outsourcing the Constitution and Administrative Law Norms. *The American Review of Public Administration*, 35, 2: 103–121.

Rosenbloom, D. H. 2001. History Lessons for Reinventors. *Public Administration Review*, 612:161–165.

Ross, W. D. 1930. *The Right and the Good*, Oxford: Clarendon Press.

Rousseau, D. 1994. *Two Ways to Change and Keep the Psychological Contract: Theory Meets Practice*, Lausanne: Executive Summary for the International Consortium for Executive Development Research.

Rousseau, D. M. 1995. *Promises in Action: Psychological Contracts in Organizations*, Newbury Park, CA: Sage.

Ruscio, K. P. 1996. Trust, Democracy, and Public Management: A Theoretical Argument. *Journal of Public Administration Research and Theory*, 6, 3: 461–477.

Ryan, R. W. 1987. Bureaucrats, Politics and Development Strategies. *International Journal of Public Administration*, 10, 1: 77–89.

Saarniit, L. A. 2005/2006. Public Service Code of Ethics Applied in a Transitional Setting. The Case of Estonia. *Public integrity*, 8, 1: 49–63.

Sabine, G. H. and T. L. Thorson. 1973. *History of Political Theory*, Fort Worht: Dryden Press.

A. Salminen 2009. Ethics: Does it Play a Role in the Finnish University Reform?, in *Administrative Studies*, Hallinnon Tutkimus, 283: 48–61.

Salminenen, A. and T. Moilanen. 2006. Comparative Study on the Public Service Ethics of the EU Member States. Summary. Human Resource Working Group. http://www.vm.fi/vm/en/04_publications_and_documents/01_publications/08_other_publications/Comparative_Study_On_The_Public_Service_Ethics_Of_The_Eu_Member_States.pdf;jsessionid=ccdbcmpjeabl.

Sandel, M. 1996. *Democracy's Discontent: America in Search of a Public Philosophy*, Cambridge, MA: Harvard University Press.

Schein, E. H. 1965. Reprinted 1980. *Organizational Psychology*,: Englewood Cliffs, Prentice Hall.

Schein, E. H. 1978. *Career Dynamics: Matching Individuals and Organizational Needs*, New York: Addison-Wesley.

Schlager, E., W. Blomquist and S. Y. Tang. 1994. Mobile Flows, Storage, and Self-Organized Institutions for Governing Common-Pool Resources. *Land Economics*, 703: 294–317.

Schweik, Ch. M. 2000. Optimal Foraging, Institutions, and Forest Change: A Case from Nepal, in Clark C. Gibson, Margaret A. McKean and Elinor Ostrom eds. *People and Forests: Communities, Institutions, and Governance*, Cambridge, MA: MIT Press, pp. 99–134.

Sent, E.-M. 2004. Behavioral Economics: How psychology made its (limited) way back into economics. *History of Political Economy*, 364: 744–760.

Serbian Law on Civil Servants. 2005. http://www.mpravde.sr.gov.yu/images/33__law_on_civil_servants.pdf.

Shimanoff, S. B. 1980. *Communication Rules: Theory and Research*, Beverly Hills, CA: Sage.

Siedentop, L. 1994. *Tocqueville*, New York: Oxford University Press.

SIGMA *European Principles for Public Administration*. SIGMA papers No. 27. http://www.oced.org/.puma/sigmaweb/index.htm.

Simon, H. A. 1947. *Administrative Behavior: A Study of Decision-making Processes in Administrative Organizations*, New York: Free Press.

Simon, H. A. 1972. Theories of Bounded Rationality, in B. McGuire and Roy Radner eds. *Decision and Organization: A Volume in Honor of Jacob Marschak*, Amsterdam: North Holland.

Simon, H. A. [1947] 1965. *Administrative Behavior: A Study of Decision-making Processes in Administrative Organization*, New York: Free Press.

Singer, Peter. ed. 1986. *Applied Ethics*, New York: Oxford University Press.

Slote, M. 1992. *From Morality to Virtue*, New York: Oxford University Press.

Slovakian Civil Service Act. 2001. http://www.ilo.org/public/english/employment/gems/eeo/law/slovakia/act2.htm.

Slovakian Code of Ethics for Civil Servants. 2002. http://www.korupcia.sk/eticky_kodex_sz_en.doc.

Slovenian Civil Servants Act. 2002. http://upravneenote.gov.si/fileadmin/pageuploads/ue-ljutomer/jpg/Kakovost/Prispevki/CAF_Case_study_of_administration_-_Slovenia.pdf.

Smart, J. J. C. and B. Williams. 1973. *Utilitarianism: For and Against*, Cambridge: Cambridge University Press.

Smith, R. F. I. 2004. Focusing on Public Value: Something New and Something Old. *The Australian Journal of Public Administration*, 63, 4: 68–79.

Sobis, I. and M. S. de Vries. 2009. *The Story Behind Western Advice to Central Europe during its Transition Period*, Bratrislava: NISPAcee.

Sommermann, K. P. 2002. The Rule of Law and Public Administration in a Global Setting. *General Report* on XXVth IIAS Congress, Brussels, IIAS, p. 33.

South Africa (Republic). 1996. *The Constitution of the Republic of South Africa. (Act 108 of 1996)*. Pretoria Government Printer.

South Africa (Republic). 1997. *White Paper on Transforming Public Service Delivery*. Pretoria Government Printer.

Spicer, M. 2007. Politics and the Limits of a Science of Governance: Some Reflections on the Thought of Bernard Crick. *Public Administration Review*, July/August, 768–779.

Sproule-Jones, M. 1993. *Governments at Work: Canadian Parliamentary Federalism and Its Public Policy Effects*. Toronto: University of Toronto Press.

Steward, D. W. 1991. Theoretical Foundations of Ethics in Public Administration. *Administration and Society*, November, 23, 3.

Stiglitz, J. 2002. *Globalization and its Discontents*, London: Penguin Books.

Stillman, R. J. 2003. Twenty-first Century United States Governance: Statecraft as Reform Craft and the Peculiar Governing Paradox it Perpetuates. *Public Adminis-*

tration, 81, 1: 19/40.

Stivers, C. 2008. *Governance in Dark Times: Practical Philosophy for Public Service*, Washington, DC: Georgetown University Press.

Stivers, C. M. 1990. Active Citizenship and Public Administration, in G. L. Wamsley, R. N. Bacher, C. T. Goodsell, P. S. Kronenberg, J. A. Rohr, C. M. Stivers, O. F. White and J. F. Wolf eds. *Refounding Public Administration*, London: Sage Publications, pp. 246–273.

Stockwin, J. A. A. 1997a. The Need for Reform in Japanese Politics, in A. Clesse, T. Inoguchi, E. B. Keehm and J. A. A. Stockwin eds. pp. 91–111.

Stockwin, J. A. A. 1997b. Reforming Japanese Politics: Highway of Change or Road to Nowhere?, in P. Jain and T. Inoguchi eds. 1997, pp. 75–91.

Stoker, G. 2006. Public Value Management. A New Narrative for Networked Governance? *The American Review of Public Administration*, 36: 41–57.

Stratton-Lake, P. 2001. *Kant, Duty, and Moral Worth*, London: Routledge.

Suleiman, E. 2003. *Dismantling Democratic States*, Princeton and Oxford: Princeton University Press.

Szucz, S. and L. Stromberg. 2006. *Local Elites, Political Capital and Democratic Development*, VS Verlag fur Sozialwissenschaften. Wiesbaden.

Taagepera, R. 2002. Baltic Values and Corruption in Comparative Context. *Journal of Baltic Studies*, XXXIII, 3: 243–258.

Talisayon, S. 1998. *Relevance of Values in the Management of Corruption*. Paper prepared for conference on Integrity in Governance in Asia, June 29–July 1, 1998, Bangkok, Thailand.

Tang, S. Y. 1992. *Institutions and Collective Action: Self-Governance in Irrigation*, San Francisco, CA: ICS Press.

Tannenbaum, S. I., R. L. Beard and E. Salas. 1992. Team Building and its Influence on Team Effectiveness: An Examination of Conceptual and Empirical Evidence, in K. Kelley ed. Issues, *Theory, and Research in Industrial/Organizational Psychology*, Amsterdam, Holland: Elsevier Science Publishers.

Taylor, M. 1987. *The Possibility of Cooperation*, New York: Cambridge University Press.

Terry, L. T. 2003. *Leadership of Public Bureaucracies. The Administrator as Conservator*, New York: Sharpe.

Tester, K. 1999. Weber's Alleged Emotivism. *British Journal of Sociology*, 504: 563–573.

Thayer, F. C. 1984. Woodrow Wilson and the Upstairs/Downstairs Problem: Is Change Possible?, in J. Rabin and J. Bowman eds. *Politics and Administration: Woodrow Wilson and American Public Administration*, New York: Marcel Dekker, pp. 263–276.

The Bhagavadgita or The Song Divine, Gorakhpur: Gita Press, 1954.

The New York Times The Torture Debate, *Editorial*, Thursday, May 7, 2009, p. A.32.

The Republic of Kenya. *The Public Officer Ethics Act*. 2003. Public Service Commission of Kenya.

The Republic of Uganda. *The Code of Conduct and Ethics for Uganda Public Service*. July 2005. Ministry of Public Service. Kampala-Uganda.

Thomas. W and P. Singer. 1992. *Great Political Thinkers*, Oxford: Oxford University Press.

Thompson, D. F. 1992. Paradoxes of Government Ethics. *Public Administration Review*, 52, 3: 254–259.

Thompson, J. R. 2006. The Federal Civil Service: The Demise of an Institution. *Public Administration Review*, 664: 496–503.

Thomson, J. T., D. Feeny and R. J. Oakerson. 1992. Institutional Dynamics: The Evolution and Dissolution of Common-Property Resource Management, in D. W. Bromley et al. eds. *Making the Commons Work: Theory, Practice, and Policy*, San Francisco, CA: ICS Press, pp. 129–160.

Tiller, T. ed. 1966. *Dante's Inferno*: The New, Annotated BBC edition, in Italian & English, New York: Shocken Books.

Timberlake, R. H. 1993. *Monetary Policy in the United States: An Intellectual and Institutional History*, Chicago, IL: The University of Chicago Press.

Timsit, G. 2008. Les habits neufs de l'action publique, in S. Magiera, K-P Sommermann and J. Ziller *Verwaltungswissenschaft und Verwaltungspraxis in nationaler und transnationaler Perspektive*, Berlin: Duncker & Humblot.

Tocqueville, A. de. [1835, 1840] 1990. *Democracy in America*. 2 vols. Ed. Phillips Bradley, New York: Alfred A. Knopf.

Toulmin, S. 1974. Rules and Their Relevance for Understanding Human Behavior, in T. Mischel ed. *Understanding Other Persons*, Oxford: Basil Blackwell.

Treverton, G. F. 2005. Governing the Market State, in R. E. Klitgaard and P. C. Light eds. *High-Performance Government: Structures, Leadership, Incentives*, Santa Monica, CA: RAND, 89–111.

Tylor, E. B. 1871/1958. *Primitive Culture: Researches into the Development of Mythology, Philosophy, Religion, Art and Custom*, Vol. 1: "Origins of Culture", Gloucester, MA: Smith.

Uganda Report. 2002. *Report on Proceedings of a One-Day Dissemination Workshop for the DESA Public Service Ethics in Africa Project*, September, Uganda Management Institute and The United Nations Department of Economic and Social Affairs (UN-DESA).

Umeh, O. J. and G. Andranovich. 2005. *Culture, Development and Public Administration in Africa*, Bloomfield, CT: Kumarian Press.

UNDP (United Nations Development Programme) 2001. *Public Service Ethics in Africa*. Vol. 1, New York: United Nations.

United Nations. 1997. *Ethics, Professionalism and the Image of the Public Service*. Report of the Group of Experts on the UN Program on Public Administration and Finance, New York: UN Secretariat.

United Nations. 1999. *Public Service in Transition: Enhancing its Role, Professionalism, Ethical Values and Standards*, New York: United Nations.

United Nations. 2000a. *Millennium Declaration* A.RES/55/2/8.9.2000.

United Nations. 2000b. *Professionalism and Ethics in the Public Service: Issues and Practices in Selected Regions*, New York: UN Department of Economic and Social Affairs.

United Nations. 2001. *World Public Sector Report: Globalization and the State*, New York: United Nations.

United Nations. 2005. *World Public Sector Report 2005: Unlocking the Human Potential for Public Sector Performance*, New York: United Nations.

van de Wal, Z., G. de Graaf and K. Lasthuizen. 2008. What's Valued Most? A Comparative Empirical Study on the Differences and Similarities between the Organizational Values of the Public and Private Sector. *Public Administration*, 862: 465–482.

van de Wal, Z. 2009. Public Value Privatized? The Need for a Continuous emphasis on How to Actualize the Public Interest. *Public Administration Review*, 691: 166–167.

van de Walle, S. 2009. Professor, Erasmus University, Rotterdam. Correspondence with author.

van der Eyden, T. 2003. *Public Management of Society: Rediscovering French Institutional Engineering in the European Context*, Amsterdam: IOS Press.

van Maanen, J. and E. H. Schein. 1979. Toward a Theory of Organizational Socialization. *Research in Organizational Behavior*, 1: 203–264.

van Wart, M. 1998. *Changing Public Sector Values*, New York: Garland Publishing.

Vanagunas, S. 1999. The Civil Service Reform in the Baltics, in T. Verheijen ed. *Civil Service Systems in Central and Eastern Europe*, Cheltenham: Edgar Elgar, pp. 213–234.

Velasquez, M. G. 1983. Why Corporations are not Morally Responsible for Anything They Do. *Business and Professional Ethics Journal*, 3, 2: 1–18.

Verheijen, T. and A. Dimitrova. 1996. Private Interests and Public Administration: The Central and East European Experience. *International Review of Administrative Sciences*, 62: 197–218.

Verkuil, P. R. 2007. *Outsourcing Sovereignty: Why Privatization of Government Functions Threatens Democracy and What We Can Do About It*, Cambridge and New York: Cambridge University Press.

Vile, M. J. C. 1967. *Constitutionalism and the Separation of Powers*, Oxford: Clarendon Press.

Vlastos, G. ed. 1978. *Plato II.: A Collection of Critical Essays, Ethics, Politics and Philosophy of Art and Religion*, Notre Dame, Indiana: University of Notre Dame Press.

Waldo, D. 1984a. *The Administrative State: A Study of Political Theory of American Public Administration*, 2nd edition. New York: Holmes & Meier Publishers.

Waldo, D. 1984b. The Perdurability of the Politics—Administration Dichotomy: Woodrow Wilson and the Identity Crisis in Public Administration, in J. Rabin and J. Bowman eds. *Politics and Administration: Woodrow Wilson and American Public Administration*, New York: Marcel Dekker, pp. 219–233.

Waldo, D. 1990. A Theory of Public Administration Means in Our Time a Theory of Politics Also, in N. B. Lynn and A. Wildavsky eds. *Public Administration: The State of the Discipline*, Chatham, NJ: Chatham House Publishers, pp. 73–83.

Walker, J. and E. Ostrom. 2009. Trust and Reciprocity as Foundations for Cooperation, in K. Cook, M. Levi and R. Hardin eds. *Who Can We Trust?: How Groups, Networks, and Institutions Make Trust Possible*, New York: Russell Sage Foundation, pp. 91–124.

Wallace, J. F. 1978. *Virtues and Vices*, Ithaca: Cornell University Press.

Wamsley, G. L. and J. F. Wolf. eds. 1996. *Refounding Democratic Public Administration: Modern Paradoxes, Postmodern Challenges*, Thousand Oaks, CA: Sage Publications.

Wamsley, G. L. 1990. The Agency Perspective: Public Administrators as Agential Leaders, in G. L. Wamsley, R. N. Bacher, C. T. Goodsell, P. S. Kronenberg, J. A. Rohr, C. M. Stivers, O. F. White and J. F. Wolf eds. *Refounding Public Administration*, London: Sage Publications, pp. 114–162.

Wamsley, G. L. 1996. A Public Philosophy and Ontological Disclosure as the Basis for Normatively Grounded Theorizing in Public Administration, in G. L. Wamsley and J. F. Wolf eds. *Refounding Democratic Public Administration: Modern Paradoxes, Postmodern Challenges*, Thousand Oaks, CA: Sage Publications, pp. 351–401.

Wamsley, G. L. et al., eds. 1992. A Legitimate Role for Bureaucracy in Democratic Governance, in L. B. Hill, ed. *The State of Public Bureaucracy*, Armonk, NY: M. E. Sharpe, pp. 59–86.

Wamsley, G. L. et al. 1990. Public Administration and the Governance Process: Shifting the Political Dialogue, in G. L. Wamsley, R. N. Bacher, C. T. Goodsell, P. S. Kronenberg, J. A. Rohr, C. M. Stivers, O. F. White and J. F. Wolf eds. *Refounding Public Administration*, London: Sage Publications, pp. 31–51.

Wanous, J. P., T. D. Poland, S. L. Premack and K. S. Davis, 1992. The Effects of Met Expectations on Newcomer Attitudes and Behaviors: A Review and Meta-analysis. *Journal of Applied Psychology*, 77: 288–297.

Weber, M. 1949. *The Methodology of Social Sciences*, Translated and edited by E. Shils and H. Finch, New York: The Free Press.

Weber, M. 1952. *Ancient Judaism*, New York: Free Press, Palgrave Macmillan.

Weber, M. 1962. *Basic Concepts in Sociology*, Translated and edited by H. P. Secher, Secaucus: The Citadel Press.

Weber, M. 1967. *The Protestant Ethic and the Spirit of Capitalism*, London: Unwin University Books.

Weber, M. 1977. Society and Religion in China, in R. Bendix ed. *Max Weber: An Intellectual Portrait*, Berkeley, CA: University of California Press.

Weber, M. 1991. Selected Writings, in H. H. Gerth and C. Wright Mills eds. *From Max Weber: Essays in Sociology*, London: Routledge.

Weimer, J. and J. Pape 1999. A Taxonomy of Systems of Corporate Governance. *Governance: An International Review*, 2: 152–166.

Weiss, T. G. 2000. Governance, Good Governance and Global Governance: Conceptual and Actual Challenges. *Third World Quarterly*, 21, 5: 795–814.

Wellin, M. 2007. *Managing the Psychological Contract. Using the Personal Deal to Increase Business Performance*, Farnham: Gower Publishing.

Werlin, H. H. 1973. The Consequences of Corruption: The Ghanaian Experience. *Political Science Quarterly*, 88, 1: 71–85.

Whitaker, G. P. 1980. Coproduction: Citizen Participation in Service Delivery. *Public Administration Review*, 404: 309–317.

White, R. D. 1997, *Ethics and Hierarchy: the Influence of a Rigidly Hierarchical Organizational Design on Moral Reasoning.* Unpublished doctoral dissertation. Pennsylvania State University.

Wiggins, D. 1980. Deliberation and Practical Reason, in A. Oksenberg Rorty ed. *Essays on Aristotle's Ethics*, Berkeley, CA: University of California Press, pp. 221–240.

Williamson, O. E. 1985. *The Economic Institutions of Capitalism*, New York: Free Press.

Williamson, O. E. 1979. Transaction Cost Economics: The Governance of Contractual Relations. *Journal of Law and Economics*, 222: 233–261.

Williamson, O. E. 2000. The New Institutional Economics: Taking Stock, Looking Ahead. *Journal of Economic Literature*, 383: 595–613.

Wilson, W. 1966/1887. The Study of Public Administration, in P. Woll ed. *Public Administration and Policy: Selected Essays*, New York: Harper & Row, pp. 15–41.

World Bank. 1996. *World Bank Annual Report 1996.* Washington, DC: International Bank for Reconstruction and Development.

Yamamoto, H. 2003. *New Public Management- Japan's Practice*, Institute for International Policy Studies, Tokyo.

Yoon, J. 2006. How Team Leaders Use Salient Vision and Self-Sacrifice to Enhance Team Effectiveness, in Shane R. Thye and Edward J. Lawler eds. *Social Psychology of the Workplace*, Bingley: Emerald Group Publishing, pp. 63–87.

Yutang, L. 1960. *The Wisdom of Confucius*, New York: The Modern Library, Random House.

Zakaria, F. 2008. *The Post-American World*, New York: W.W. Norton & Co. Ltd.

Zakaria, F. 2009. The Capitalist Manifesto: Greed is Good to a Point, *Newsweek*, June 22, pp. 35–39.

Zelikow, P. 2009. A Dubious CIA Shortcut, *The New York Times*, Op-Ed, Friday, April 24, p. A27.

作者简介

　　克里斯汀娜·安德鲁斯，巴西圣保罗联邦大学（Unifesp）
的高级讲师，主讲政治学理论和公共政策。她于 2003 年获得了
巴西圣保罗联邦大学的哲学博士学位（优等）。在开启学术生涯
之前，她曾在巴西和美国的公益组织里担任管理职务。目前，她
就职于《国际行政科学评论》（*International Review of Admin-
istrative Sciences*）编辑部。她在国内外期刊上发表了数篇文章，
同时也是米歇尔·S·德·弗里斯、P. S. 雷迪和沙姆苏尔·哈克
编辑的《促进当地政府发展：成果对比研究》（*Improving Local
Government：Outcomes of Comparative Research*，Palgrave/
MacMillan，2008）的撰稿人，并与埃迪森·巴里亚尼（Edison
Bariani）共同编辑《巴西公共管理：政治史简介》（*Administração
Pública no Brasil，Breve História Política*，Editora Unifesp，
2010）。

　　迪米特里厄斯·阿基瑞德斯，毕业于伦敦政治经济学院和索
邦大学。1967 年，他在英国和希腊开始了他的职业生涯，并加
入了国际公共服务的队伍。最初，他在经济合作与发展组织工
作，后来在联合国秘书处任职。在过去 17 年里，他曾担任许多
国际机构的顾问，涉及人力资源发展、公共服务改革、伦理和有
效管理方面。1975 年，他开始在纽约大学教学，目前在纽约城
市大学约翰杰伊学院和位于都灵的国际劳工组织（I. L. O）培训
中心教学，同时也在美国以及其他海内外大学任职。2001 年，
他曾担任三个国际行政科学学会工作组关于全球治理大会报告的

起草人，并担任第二十五届国际行政科学学会国际会议报告的总起草人。他是雅典大学的荣誉博士，也是美国公共行政学会 F. W. 雷格斯奖（ASPA F. W Riggs Award）的获得者。

布鲁斯·卡廷，目前是澳大利亚政府的政策顾问。他已获得阿德莱德大学的工程（优等）与科学学位、澳大利亚国立大学经济学位和西悉尼大学的哲学博士学位。他曾就职于澳大利亚国防部的多个政策领域，之后被纳入"国防部装备采购计划"，担任中央政策制定职位，职责包括通过美国对外军售项目对澳大利亚政府的采购进行监督。他也曾就职于澳大利亚财政部和澳大利亚政府中央预算机构，主要负责协调资金流动和预算信息，并对澳大利亚内阁进行分析。对于财政部门的中央预算，卡廷博士曾带领其部门在澳大利亚公共服务领域推广"财政管理改善计划"。

查尔斯·加洛法罗，美国得克萨斯州立大学政治学教授，主讲公共管理、公共政策和行政伦理。其研究重心为行政伦理，曾在美国海内外发表演讲并开展伦理学研讨会。他与人合著了《公共服务道德：工作中的思想道德》（*Ethics in the Public Service：The Moral Mind at Work*，Georgetown University Press）、《共同基础、共同未来：公共管理中的道德机构、职业精神和公民意识》（Taylor & Francis）、《公共管理的实践伦理学》（*Practical Ethics in Public Administration*，Management Concepts）。他的作品曾在许多学术期刊上发表，包括《历史管理期刊》（*The Journal of Management History*）、《全球美德伦理评论》（*Global Virtue Ethics Review*）、《公共部门管理国际期刊》（*The International Journal of Public Sector Management*）以及希腊、立陶宛、波兰和西班牙的出版物。

沙姆苏尔·哈克，哲学博士，新加坡国立大学政治学系教授。他的主要研究领域包括各种不同的主题和议题，如发展理论、公共部门改革、私有化、行政伦理、责任性、性别、环境和可持续发展。他已发表了大量关于此类主题的文章，其中，许多作品发表在：《公共行政评论》（*Public Administration Review*）、《行政与社会》（*Administration & Society*）、《国际行政科学评论》、《公共管理国际期刊》（*International Journal of Public Administration*）、《国际政治科学评论》（*International Political Science Review*）、《公共管理评论》（*Public Management Review*）、《治理》（*Governance*）等。哈克教授还是《亚洲政治科学期刊》（*Asian Journal of Political Science*）的主编和《国际行政科学评论》的副主编。

艾尔克·德·琼，内梅亨大学国际经济学学院院长。1994 年，他曾在捷克布拉格查理大学的经济研究与研究生教育中心（CERGE）担任讲师。他的研究涉及各种议题，包括国际货币经济学领域、经济发展领域和文化领域（就基准与价值观而言）以及经济制度领域。他已出版了七本书，并在国内外期刊上发表了数篇文章，包括《欧洲经济评论》、《经济体系》、《经济转型和社会指标研究》等期刊。他最新出版的书籍是《文化和经济：价值观、经济观和国际贸易》（*Culture and Economics：On values, economics and international business*，London：Routledge）。

　　金判锡，国际行政科学学会现任主席以及联合国公共行政专家委员会副主席。他曾任职于韩国中央政府并担任总统人事政策秘书。他获得了华盛顿特区的美利坚大学哲学博士学位，并任教于美国境内的奥斯汀皮耶州立大学以及奥多明尼昂大学。他目前是韩国延世大学政府与商业学院公共管理学教授，并在延世大学减贫与国际发展研究中心担任主任。他的文章广泛刊载于行政管理和公共政策领域的主要国际期刊，并出版了数本著作。他最近编辑的著作包括《东盟成员国和韩国的公共行政与公共管理》(*Public Administration and Public Governance in ASEAN Member Countries and Korea*，2009) 以及《东盟成员国和韩国的公务员制度与公务员体制改革》(*Civil Service System and Civil Service Reform in ASEAN Member Countries and Korea*，2010)。

　　亚历山大·库兹敏 (1946—2010)，澳大利亚南十字星大学商业与管理学院管理学教授以及南澳大学管理学院副教授。先后于 1967 年、1970 年、1976 年在墨尔本大学获得土木工程、政治科学以及管理学位。2000—2002 年，他是第 15 届联合国专家组成员，对联合国公共经济及公共管理项目提供建议。在 1996 年和 1998 年，由于与人合著的一篇期刊论文，他被英国的《安巴尔电子情报》(*ANBAR Electronic Intelligence*) 授予"卓越引文奖"(Citation of Excellence)。2004 年 2 月，他和另外两位合著者共同获得了美国公共行政学会颁发的 2003 年度"莫舍奖"(Mosher Award) 最佳公共行政综述论文。2007 年，他接受了由爱墨瑞得图书杂志出版集团 (Emerald Literati Network) 颁授的"高度赞扬奖"(Highly Commended Award)。他出版了十本著作，并在国内外著作中贡献了超过80 章节的内容，在 240 多个国际会议及座谈会上发表学术论文和主题演讲，至今已在超过 35 个领先的国际期刊发布了多达 235 篇学术论文及综述文献。同时，他还是布莱克威尔 (Blackwell) 的国际《突发事件和危机管理期刊》(*Journal of Contingencies and Crisis Management*)（此期刊为季刊，创办于 1993 年 3 月的创始合作编辑）。

　　工藤弘子，日本中央大学法学院和公共政策学院研究生院公共政策和管理方向的教授。她是米兰博科尼大学、罗马大学以及斯洛文尼亚卢布尔雅那大学的客座教授，于 1998 年从威尼斯大学获得哲学博士学位后，在日本政府内务省的经济和社会研究学院担任客座研究员。其研究课题主要包括公共部门改革、地方政府、分权政策、公告财政及电子政务。主要出版著作为意大利文版的《东欧、亚洲与澳大利亚的当地市政府》(*Municipi d'Oriente*，*Il governo locale in Europa orientale*，*Asia e Australia*，Donzelli)。

　　辛西娅·林奇，得克萨斯州爱丁堡得克萨斯大学泛美分校社会与行为科学学院公共管理硕士课程的副教授。供职于得克萨斯大学泛美分校之前，她曾担任南方大学纳尔逊·曼德拉公共政策和城市事务学院与路易斯安那州的巴吞鲁日农业科技学院的公共管理硕士课程的助理教授，主讲公共管理基础课程、伦理学、组织理论和设计、公共事业管理和拨款申请书写。1993 年，她获得了波士顿马萨诸塞大学规划与管理学院学士学位。1996 年，她获得了路易斯安那州州立大学公共管理硕士学位。2003 年，她获得了南方大学博士学位。2008 年，她被聘请担任纽约市"神圣者"圣约翰教堂的跨信仰牧师。目前她担任《全球美德伦理评论》期刊的编辑，已在道德与心灵智慧领域写作数篇专业会议论文、书刊篇章和文章。1998 年，她和丈夫托马斯·林奇共同执笔《光语》（*The Word of the Light*）。

托马斯·林奇，路易斯安那州立大学荣誉教授，目前是国际跨信仰研究的执行理事。他拥有爱达荷大学学士学位以及纽约州立大学奥尔巴尼分校的公共管理硕士学位和博士学位。2003 年 6 月，他被聘请担任纽约市"神圣者"圣约翰教堂的跨信仰牧师。林奇博士先后在华盛顿联邦政府、美国住房和城市发展部、城市轨道交通管理部及海事管理部工作数年。他是美国公共行政学会的终身成员，在 1992—1993 年间担任学会主席。他时常在美国公共行政学会、跨大西洋伦理对话、欧洲公共管理集团、国际行政科学学会、国际行政院校联合会等全国性会议上发表论文。他独立撰写或与人合著了 80 多篇期刊文章、14 本书籍，其中的《美国公共预算》（*Public Budgeting in America*）作为公共预算和金融管理领域领先的教科书，目前已更新至第五版。他创办《公共管理者》（*The Public Manager*）并担任编辑长达十载。近期，他又撰写了大量文章深入探讨美德伦理。

埃莉诺·奥斯特罗姆，特聘教授，印第安纳大学伯明顿分校政治科学教授，布卢明顿印第安纳大学政策理论和政策分析的高级研究室主任，亚利桑那州州立大学机构多样性研究中心的创始董事。她还是美国艺术科学学院和国家科学院的成员，在 2009 年阿尔弗雷德·诺贝尔纪念大会上，被授予瑞典中央银行诺贝尔经济学奖，在国际学术和文化交流上被授予 Reimar Lüst 奖。她的著作包括：《公共事物治理之道：规则、游戏和共有资源》（*Governing the Commons；Rules，Games，and Common-Pool Resources*，with Roy Gardner and James Walker）、《当地群众和全球相互依存》（*Local Commons and Global Interdependence*，with Robert Keohane）、《新千年的下议院》（*The Commons in the New Millennium*，with Nives Dolšak）、《制度多样性的理解》（*Understanding Institutional Diversity*）和《合作：群众集体行动、公共事物和多种实践方法》（*Working Together：Collective Action，the Commons，and Multiple Methods in Practice*，with Amy Poteete and Marco Janssen）。

文森特·奥斯特罗姆，印第安纳大学伯明顿分校政治科学学院荣誉教授，兼政治和政策分析讨论学院创始董事。他被社会科学研究委员会、高级研究行为科学中心、比勒费尔德大学跨学科研究中心、美国政治科学协会和北部学院授予各种奖学金和奖项，并且获得阿特拉斯经济研究基金会终身成就奖和印第安纳大学的大学奖章。他曾担任怀俄明州立法临时委员会、田纳西水利政策委员会、阿拉斯加州宪法惯例水资源部、夏威夷州研究资源管理和经济发展、国家水务委员会的顾问，俄勒冈州水资源委员会成员兼副主席。其著作包括：《复合共和制政治理论》（*The Political Theory of a Compound Republic*）、《美国公共行政的情报危机》（*Intellectual Crisis in American Public Administration*）、《美国的地方政府》（*Local Government in the United States*）、《美国联邦制的意义》（*The Meaning of American*

Federalism）以及《民主的含义和民主的脆弱性》（*The Meaning of Democracy and the Vulnerability of Democracies*）。

约兰塔·帕里道斯凯特，考纳斯科技大学（立陶宛）公共行政学院教授。她致力于公共管理多种伦理方面的研究，包括价值观、动机因素、腐败和道德标准等。她出版了数本著作（包括一本有关公共行政伦理学的教科书、一部关于立陶宛政治文化方面的著作以及一部关于行政部门伦理学的专刊）。除了在立陶宛出版的著作外，她还在国际期刊上发表多篇文章，如《公共廉政》（*Public Integrity*）、《波罗的海研究公报》（*Journal of Baltic Studies*），同时她在培训公务员方面拥有丰富的经验。

穆斯·辛单，南非布隆方丹自由州大学公共管理学院院长及教授。他拥有 17 年公共部门工作的经验并定期出版伦理学、责任性、公共政策及政府间关系方面的著作。他也是首位获得由国际行政院校联合会颁发的皮埃尔·德·塞勒奖（Pierre de Celles Award）的黑人。

伊万娜·索比斯，哥德堡大学公共管理学院副教授。她于 2002 年发表的博士论文是关于波兰在社会主义向市场经济过渡期间的公共行政改革的研究，并特别侧重于社会主义就业服务到市场经济的适应性。论文得出的综合结论是欧盟援助被证实是在适应策略背后的一个非常具有影响力的力量。她在随后的研究中描述了过渡时期形成的西方对于中东欧国家的技术援助链，并催生了著作《过渡时期西方给中欧建议的背后故事》（*The Story behind Western Advice to Central Europe during its Transition*，NISPAcee Press，2009）。

贝里·索伦，内梅亨大学公共管理学院副教授。他的研究领域集中于移民政策、行政伦理的伦理议题，以及公共管理作为科学学科的恰当角色。他曾在国际期刊如《国际行政科学评论》、《欧洲移民和法律专刊》（*European Journal of Migration and Law*）发表过关于这些议题的文章。

米歇尔·S·德·弗里斯，内梅亨大学公共管理学院院长。他的研究主要集中于政策评估、政策变迁及比较行政学，现任国际行政院校联合会副主席，是《国际行政科学评论》及其他一些公共行政期刊编辑委员会成员。同时他也是国际行政院校联合会地方治理和发展工作组组长及中东欧和中亚公共行政改革（NISPACEE）工作组组长。其最新著作包括：《促进地方政府的发展》（*Improving Local Government*，Palgrave）以及《过渡时期西方给中欧建议的背后故事》（*The Story behind Western Advice to Central Europe during its Transition*，NISPACee Press）。其著作还刊登在众多期刊上，其中包括《行政与社会》（*Administration & Society*）、《国际行政科学评论》、《政治研究和地方政府研究欧洲专刊》（*European Journal of Political Research and Local Government Studies*）。

姓名索引

术语索引

译后记

　　经过近 10 个月的紧张翻译和准备工作，《公共行政中的价值观与美德：比较研究视角》一书终于要付梓了。

　　在本书的编译过程中，我们坚持尊重原著的原则，尽量原汁原味地展示原书的本来面貌，体现原作者对公共行政中价值观与美德的观点和看法，将国外的相关理念展现给国内的读者。本书提出价值观和美德在公共管理领域不可能轻而易举地实现。本书认为，在传统公共管理和新公共管理之外，出现了可供选择的新的第三种范式，即公共价值观管理，同时还提出价值观管理对于促进公共部门伦理发展的必要性，并指出更好地进行公共价值观管理，才能够更好地应对来自效率、公平、责任等方面的挑战。公共价值观管理是后公共管理时代的一种新的思维方式，是公共治理理论的进一步拓展。本书对这一公共行政学领域中的新焦点问题作了深层次的研究和剖析，研究的问题本身比较新颖独特，运用的研究方式也别具一格。

　　该书原编者是国际行政科学学会现任主席、韩国延世大学政府与商业学院公共管理学教授金判锡先生和国际行政院校联合会副主席、荷兰内梅亨大学公共管理学院院长米歇尔·S·德·弗里斯先生。中国人事科学研究院国际交流合作处处长熊缨女士、副主任科员耿小平女士负责本书某些章节的翻译工作，并负责全书的最后统稿，付出了大量的心血和汗水。国家行政学院王满船教授对本书前言部分进行了审校，并提出了宝贵的意见。中国人事科学研究院副院长柳学智先生、学术委员会主任柏良泽先生、陈力女士、李维平女士等专家、学者为书稿翻译提出了宝贵的修改意见。此外，刘露、汪玉琼、蔡依邑、程百惠、瞿晓霞等人参与了翻译工作。虽然翻译组成员只能在工作之余挤出时间进行书稿的翻译，但他们仍然秉承着严肃谨慎、一丝不苟的精神，在译文初稿完成后，不断对照修改，为此书的顺利出版贡献了力量。在此，翻译组对他们的辛勤劳动和努力表示最真挚的感谢！中国人民大学出版社领导及负责书稿编辑的同志对译稿进行了反复审校并促成其顺利出版，特予鸣谢！

人大版公共管理类翻译（影印）图书

公共行政与公共管理经典译丛

书名	著译者	定价
公共管理名著精华："公共行政与公共管理经典译丛"导读	吴爱明　刘晶　主编	49.80 元

经典教材系列

书名	著译者	定价
公共管理导论（第三版）	［澳］欧文·E·休斯　著　张成福　等　译	39.00 元
政治学（第三版）	［英］安德鲁·海伍德　著　张立鹏　译	49.80 元
公共政策分析导论（第四版）	［美］威廉·N·邓恩　著　谢明　等　译	49.00 元
公共政策制定（第五版）	［美］詹姆斯·E·安德森　著　谢明　等　译	46.00 元
公共行政学：管理、政治和法律的途径（第五版）	［美］戴维·H·罗森布鲁姆　等　著　张成福　等　译校	58.00 元
比较公共行政（第六版）	［美］费勒尔·海迪　著　刘俊生　译校	49.80 元
公共部门人力资源管理：系统与战略（第六版）	［美］唐纳德·E·克林纳　等　著　孙柏瑛　等　译	58.00 元
公共部门人力资源管理（第二版）	［美］埃文·M·伯曼　等　著　萧鸣政　等　译	49.00 元
行政伦理学：实现行政责任的途径（第五版）	［美］特里·L·库珀　著　张秀琴　译　音正权　校	35.00 元
民治政府：美国政府与政治（第 23 版·中国版）	［美］戴维·B·马格莱比　等　著　吴爱明　等　编译	58.00 元
比较政府与政治导论（第五版）	［英］罗德·黑格　马丁·哈罗普　著　张小劲　等　译	48.00 元
公共组织理论（第五版）	［美］罗伯特·B·登哈特　著　扶松茂　丁力　译　竺乾威　校	32.00 元
公共组织行为学	［美］罗伯特·B·登哈特　等　著　赵丽江　译	49.80 元
组织领导学（第五版）	［美］加里·尤克尔　著　陶文昭　译	49.80 元
公共关系：职业与实践（第四版）	［美］奥蒂斯·巴斯金　等　著　孔祥军　等　译　郭惠民　审校	68.00 元
公用事业管理：面对 21 世纪的挑战	［美］戴维·E·麦克纳博　著　常健　等　译	39.00 元
公共预算中的政治：收入与支出，借贷与平衡（第四版）	［美］爱伦·鲁宾　著　叶娟丽　马骏　等　译	39.00 元
公共行政学新论：行政过程的政治（第二版）	［美］詹姆斯·W·费斯勒　等　著　陈振明　等　译校	58.00 元
公共和第三部门组织的战略管理：领导手册	［美］保罗·C·纳特　等　著　陈振明　等　译校	43.00 元
公共行政与公共事务（第十版）	［美］尼古拉斯·亨利　著　孙迎春　译	52.00 元
公共管理案例教学指南	［美］小劳伦斯·E·列恩　著　郄少健　等　译　张成福　等　校	26.00 元

书名	著译者	定价
公共管理中的应用统计学（第五版）	［美］肯尼思·J·迈耶 等 著 李静萍 等 译	49.00 元
现代城市规划（第五版）	［美］约翰·M·利维 著 张景秋 等 译	39.00 元
非营利组织管理	［美］詹姆斯·P·盖拉特 著 邓国胜 等 译	38.00 元
非营利组织战略营销（第五版）	［美］菲利普·科特勒 等 著 孟延春 等 译	58.00 元
公共财政管理：分析与应用（第六版）	［美］约翰·L·米克塞尔 著 白彦锋 马蔡琛 译 高培勇 等 校	69.90 元
企业与社会：公司战略、公共政策与伦理 （第十版）	［美］詹姆斯·E·波斯特 等 著 张志强 等 译	59.80 元
公共行政学：概念与案例（第七版）	［美］理查德·J·斯蒂尔曼二世 编著 竺乾威 等 译	75.00 元
公共管理研究方法（第五版）	［美］伊丽莎白森·奥沙利文 等 著 王国勤 等 译	79.00 元
公共管理中的量化方法：技术与应用（第三版）	［美］苏珊·韦尔奇 等 著 郝大海 等 译	39.00 元
公共与非营利组织绩效考评：方法与应用	［美］西奥多·H·波伊斯特 著 肖鸣政 等 译	35.00 元
政治体制中的行政法（第三版）	［美］肯尼思·F·沃伦 著 王丛虎 等 译	78.00 元
政府与非营利组织会计（第12版）	［美］厄尔·R·威尔逊 等 著 荆新 等 译校	79.00 元
政治科学的理论与方法（第二版）	［英］大卫·马什 等 编 景跃进 张小劲 欧阳景根 译	38.00 元
公共管理的技巧（第九版）	［美］乔治·伯克利 等 著 丁煌 主译	59.00 元
领导学：理论与实践（第五版）	［美］彼得·G·诺斯豪斯 著 吴爱明 陈爱明 陈晓明 译	48.00 元
领导学（亚洲版）	［新加坡］林志颂 等 著 顾朋兰 等 译 丁进锋 校译	59.80 元
领导学：个人发展与职场成功（第二版）	［美］克利夫·里科特斯 著 戴卫东 等 译 姜雪 校译	69.00 元
二十一世纪的公共行政：挑战与改革	［美］菲利普·J·库珀 等 著 王巧玲 李文钊 译 毛寿龙 校	45.00 元
行政学（新版）	［日］西尾胜 著 毛桂荣 等 译	35.00 元
官僚政治（第五版）	［美］B·盖伊·彼得斯 著 聂露 等 译	39.80 元
理解公共政策（第十二版）	［美］托马斯·R·戴伊 著 谢明 译	45.00 元
公共政策导论（第三版）	［美］小约瑟夫·斯图尔特 等 著 韩红 译	35.00 元
公共政策分析：理论与实践（第四版）	［美］戴维·L·韦默 等 著 刘伟 译校	68.00 元
应急管理概论	［美］米切尔·K·林德尔 等 著 王宏伟 译	55.00 元
公共行政导论（第六版）	［美］杰伊·M·沙夫里茨 等 著 刘俊生 等 译	65.00 元
城市管理学：美国视角（第六版）	［美］戴维·R·摩根 等 著 杨宏山 陈建国 译 杨宏山 校	49.00 元

书名	著译者	定价
公共经济学：政府在国家经济中的作用	[美] 林德尔·G·霍尔库姆 著 顾建光 译	69.80 元
公共部门管理（第八版）	[美] 格罗弗·斯塔林 著 常健 等 译 常健 校	75.00 元

公共管理实务系列

书名	著译者	定价
新有效公共管理者：在变革的政府中追求成功（第二版）	[美] 史蒂文·科恩 等 著 王巧玲 等 译 张成福 校	28.00 元
驾御变革的浪潮：开发动荡时代的管理潜能	[加] 加里斯·摩根 著 孙晓莉 译 刘霞 校	22.00 元
自上而下的政策制定	[美] 托马斯·R·戴伊 著 鞠方安 等 译	23.00 元
政府全面质量管理：实践指南	[美] 史蒂文·科恩 等 著 孔宪遂 等 译	25.00 元
公共部门标杆管理：突破政府绩效的瓶颈	[美] 帕特里夏·基利 等 著 张定淮 译校	28.00 元
创建高绩效政府组织：公共管理实用指南	[美] 马克·G·波波维奇 主编 孔宪遂 等 译 耿洪敏 校	23.00 元
职业优势：公共服务中的技能三角	[美] 詹姆斯·S·鲍曼 等 著 张秀琴 译 音正权 校	19.00 元
全球筹款手册：NGO 及社区组织资源动员指南（第二版）	[美] 米歇尔·诺顿 著 张秀琴 等 译 音正权 校	39.80 元

政府治理与改革系列

书名	著译者	定价
新公共服务：服务，而不是掌舵	[美] 珍妮特·V·登哈特 罗伯特·B·登哈特 著 丁煌 译 丁煌 方兴 校	28.00 元
公共决策中的公民参与	[美] 约翰·克莱顿·托马斯 著 孙柏瑛 等 译	28.00 元
再造政府	[美] 戴维·奥斯本 等 著 谭功荣 等 译	45.00 元
构建虚拟政府：信息技术与制度创新	[美] 简·E·芳汀 著 邵国松 译	32.00 元
突破官僚制：政府管理的新愿景	[美] 麦克尔·巴泽雷 著 孔宪遂 等 译	25.00 元
政府未来的治理模式（中文修订版）	[美] B·盖伊·彼得斯 著 吴爱明 等 译 张成福 校	38.00 元
无缝隙政府：公共部门再造指南（中文修订版）	[美] 拉塞尔·M·林登 著 汪大海 等 译	48.00 元
公民治理：引领 21 世纪的美国社区（中文修订版）	[美] 理查德·C·博克斯 著 孙柏瑛 等 译	38.00 元
民营化与公私部门的伙伴关系	[美] E.S. 萨瓦斯 著 周志忍 等 译	39.00 元
持续创新：打造自发创新的政府和非营利组织	[美] 保罗·C·莱特 著 张秀琴 译 音正权 校	28.00 元
政府改革手册：战略与工具	[美] 戴维·奥斯本 等 著 谭功荣 等 译	59.00 元

书名	著译者	定价
公共部门的社会问责：理念探讨及模式分析	世界银行专家组　著 宋涛　译校	28.00 元
公私合作伙伴关系：基础设施供给和项目融资的全球革命	［英］达霖·格里姆赛　等　著 济邦咨询公司　译	29.80 元
非政府组织问责：政治、原则与创新	［美］丽莎·乔丹　等　主编 康晓光　等　译　冯利　校	32.00 元
市场与国家之间的发展政策：公民社会组织的可能性与界限	［德］康保锐　著 隋学礼　译校	49.80 元
建设更好的政府：建立监控与评估系统	［澳］凯思·麦基　著 丁煌　译　方兴　校	30.00 元

学术前沿系列

书名	著译者	定价
公共行政的精神（中文修订版）	［美］H·乔治·弗雷德里克森　著 张成福　等　译　张成福　校	48.00 元
后现代公共行政：话语指向（中文修订版）	［美］查尔斯·J·福克斯　等　著 楚艳红　等　译　吴琼　校	38.00 元
公共行政的合法性：一种话语分析（中文修订版）	［美］O.C. 麦克斯怀特　著 吴琼　译	待出
公共行政的语言：官僚制、现代性和后现代性（中文修订版）	［美］戴维·约翰·法默尔　著 吴琼　译	待出
官僚制内幕	［美］安东尼·唐斯　著 郭小聪　等　译	38.00 元
领导学	［美］詹姆斯·麦格雷戈·伯恩斯　著 常健　孙海云　等　译　常健　校	69.00 元
官僚经验：后现代主义的挑战（第五版）	［美］拉尔夫·P·赫梅尔　著 韩红　译	39.00 元
制度分析：理论与争议（第二版）	［韩］河涟燮　著 李秀峰　柴宝勇　译	待出
公共服务中的情绪劳动	［美］玛丽·E·盖伊　等　著 周文霞　等　译	38.00 元
预算过程中的新政治（第五版）	［美］阿伦·威尔达夫斯基　等　著 苟燕楠　译	58.00 元
公共行政中的价值观与美德：比较研究视角	［荷］米歇尔·S·德·弗里斯　等　主编 熊缨　耿小平　等　译	58.00 元

案例系列

书名	著译者	定价
公共管理案例（第五版）	［美］罗伯特·T·戈伦比威斯基　等　主编 汪大海　等　译	28.00 元
组织发展案例：环境、行为与组织变革	［美］罗伯特·T·戈伦比威斯基　等　主编 杨爱华　等　译	29.00 元
公共部门人力资源管理案例	［美］T·赞恩·里夫斯　主编 句华　主译　孙柏瑛　统校	22.00 元
非营利组织管理案例与应用	［美］罗伯特·T·戈伦比威斯基　等　主编 邓国胜　等　译	23.00 元

书名	著译者	定价
公共管理的法律案例分析	[美]戴维·H·罗森布鲁姆 等 著 王丛虎 主译	33.00 元
公共政策分析案例（第二版）	[美]乔治·M·格斯 等 著 王军霞 等 译	待出

学术经典系列

书名	著译者	定价
新公共行政	[美]H·乔治·弗雷德里克森 著 丁煌 方兴 译 丁煌 校	23.00 元

公共政策经典译丛

书名	著译者	定价
公共政策评估	[美]弗兰克·费希尔 著 吴爱明 等 译	38.00 元
议程、备选方案与公共政策（第二版）	[美]约翰·W·金登 著 丁煌 方兴 译	38.00 元
公共政策工具——对公共管理工具的评价	[美]B·盖伊·彼得斯 等 编 顾建光 译	29.80 元
第四代评估	[美]埃贡·G·古贝 等 著 秦霖 等 译 杨爱华 校	39.00 元
政策规划与评估方法	[加]梁鹤年 著 丁进锋 译	39.80 元

当代西方公共行政学思想经典译丛

书名	编译者	定价
公共行政学中的批判理论	戴黍 牛美丽 等 编译	29.00 元
公民参与	王巍 牛美丽 编译	45.00 元
公共行政学百年争论	颜昌武 马骏 编译	49.80 元
公共行政学中的伦理话语	罗蔚 周霞 编译	45.00 元

当代世界学术名著

书名	著译者	定价
政策悖论：政治决策中的艺术（修订版）	[美]德博拉·斯通 著 顾建光 译	58.00 元
公共行政的语言——官僚制、现代性和后现代性	[美]戴维·约翰·法默尔 著 吴琼 译	49.80 元
公共行政的精神	[美]乔治·弗雷德里克森 著 张成福 等 译	45.00 元
公共行政的合法性——一种话语分析	[美]O.C.麦克斯怀特 著 吴琼 译	48.00 元

卓越领导

书名	著译者	定价
领袖	[美]詹姆斯·麦格雷戈·伯恩斯 著 常健 等 译	49.00 元
特立独行：从肯尼迪到小布什的总统领导艺术	[美]詹姆斯·麦格雷戈·伯恩斯 著 吴爱明 等 译	39.80 元
创新型领导艺术：激发团队创造力	[英]约翰·阿代尔 著 吴爱明 等 译	25.00 元

书名	著译者	定价
创造性思维艺术：激发个人创造力	［英］约翰·阿代尔　著 吴爱明　等　译	25.00 元

公共管理英文版教材系列

书名	作者	定价
公共管理导论（第三版）	［澳］ Owen E. Hughes （欧文·E·休斯）　著	28.00 元
理解公共政策（第十二版）	［美］ Thomas R. Dye （托马斯·R·戴伊）　著	34.00 元
公共行政学经典（第五版）	［美］ Jay M. Shafritz （杰伊·M·莎夫里茨）　等　编	59.80 元
组织理论经典（第五版）	［美］ Jay M. Shafritz （杰伊·M·莎夫里茨）　等　编	46.00 元
公共政策导论（第三版）	［美］ Joseph Stewart, Jr. （小约瑟夫·斯图尔特）　等　著	35.00 元
公共部门管理（第九版·中国学生版）	［美］ Grover Starling （格罗弗·斯塔林）　著	59.80 元
政治学（第三版）	［英］ Andrew Heywood （安德鲁·海伍德）　著	35.00 元
公共行政导论（第五版）	［美］ Jay M. Shafritz （杰伊·M·莎夫里茨）　等　著	58.00 元
公共组织理论（第五版）	［美］ Robert B. Denhardt （罗伯特·B·登哈特）　著	32.00 元
公共政策分析导论（第四版）	［美］ William N. Dunn （威廉·N·邓恩）　著	45.00 元
公共部门人力资源管理：系统与战略（第六版）	［美］ Donald E. Klingner （唐纳德·E·克林纳）　等　著	48.00 元
公共行政与公共事务（第十版）	［美］ Nicholas Henry （尼古拉斯·亨利）　著	39.00 元
公共行政学：管理、政治和法律的途径（第七版）	［美］ David H. Rosenbloom （戴维·H·罗森布鲁姆）　等　著	68.00 元
公共经济学：政府在国家经济中的作用	［美］ Randall G. Holcombe （林德尔·G·霍尔库姆）　著	62.00 元
领导学：理论与实践（第六版）	［美］ Peter G. Northouse （彼得·G·诺斯豪斯）　著	45.00 元

更多图书信息，请登录 www. crup. com. cn/gggl 查询，或联系中国人民大学出版社政治与公共管理出版分社获取

地址：北京市海淀区中关村大街甲 59 号文化大厦 1202 室　　邮编：100872
电话：010－82502724　　　　　　　　　　　　　　　传真：010－62514775
E-mail：ggglcbfs@vip. 163. com　　　　　　　　　　网站：http：//www. crup. com. cn/gggl

图书在版编目（CIP）数据

公共行政中的价值观与美德：比较研究视角/（荷）弗里斯，（韩）金判锡主编；熊缨等译. —北京：
中国人民大学出版社，2014.8
（公共行政与公共管理经典译丛. 学术前沿系列）
"十二五"国家重点图书出版规划项目
ISBN 978-7-300-19894-1

Ⅰ.①公… Ⅱ.①弗… ②金… ③熊… Ⅲ.①行政管理-研究 Ⅳ.①D035

中国版本图书馆 CIP 数据核字（2014）第 189093 号

公共行政与公共管理经典译丛
学术前沿系列
"十二五"国家重点图书出版规划项目
公共行政中的价值观与美德：比较研究视角
［荷］米歇尔·S·德·弗里斯（Michiel S. de Vries）
　　　　　　　　　　　　　　　　　　　　主编
［韩］金判锡（Pan Suk Kim）

熊　缨　耿小平　等　译
Gonggongxingzhengzhong de Jiazhiguan yu Meide

出版发行	中国人民大学出版社	
社　　址	北京中关村大街 31 号	邮政编码　100080
电　　话	010 - 62511242（总编室）	010 - 62511770（质管部）
	010 - 82501766（邮购部）	010 - 62514148（门市部）
	010 - 62515195（发行公司）	010 - 62515275（盗版举报）
网　　址	http://www.crup.com.cn	
	http://www.ttrnet.com（人大教研网）	
经　　销	新华书店	
印　　刷	北京鑫丰华彩印有限公司	
规　　格	185 mm×260 mm　16 开本	版　　次　2014 年 9 月第 1 版
印　　张	17.5 插页 2	印　　次　2014 年 9 月第 1 次印刷
字　　数	369 000	定　　价　58.00 元